"十三五"国家重点图书出版规划项目
2018 年主题出版重点出版物

中国交通运输发展

1978~2018

THE DEVELOPMENT OF
CHINA'S TRANSPORTATION INDUSTRY

林晓言 刘秀英 / 著

社会科学文献出版社
SOCIAL SCIENCES ACADEMIC PRESS (CHINA)

出版者前言

习近平同志指出，改革开放是当代中国最鲜明的特色，是我们党在新的历史时期最鲜明的旗帜。改革开放是决定当代中国命运的关键抉择，是党和人民事业大踏步赶上时代的重要法宝。2018年是中国改革开放40周年，社会各界都会举行一系列活动，隆重纪念改革开放的征程。对40年进行总结也是学术界和出版界面临的重要任务，可以反映40年来尤其是十八大以来中国改革开放和社会主义现代化建设的历史成就与发展经验，梳理和凝练中国经验与中国道路，面向全世界进行多角度、多介质的传播，讲述中国故事，提供中国方案。改革开放研究是新时代中国特色社会主义研究的重要组成部分，是应该长期坚持并具有长远意义的重大课题。

社会科学文献出版社成立于1985年，是直属于中国社会科学院的人文社会科学专业学术出版机构，依托于中国社会科学院和国内外人文社会科学界丰厚的学术和专家资源，坚持"创社科经典，出传世文献"的出版理念、"权威、前沿、原创"的产品定位以及出版成果专业化、数字化、国际化、市场化经营道路，为学术界、政策界和普通读者提供了大量优秀的出版物。社会科学文献出版社于2008年出版了改革开放研究丛书第一辑，内容涉及经济转型、政治治理、社会变迁、法治走向、教育发展、对外关系、西部减贫与可持续发展、民间组织、性与生殖健康九大方面，近百位学者参与，取得了很好的社会效益和经济效益。九种图书后来获得了国家社科基金中华学术外译项目资助和中共中央对外宣传办公室资助，由荷兰博睿出版社出版了英文版。图书的英文版已被哈佛大学、耶鲁大学、牛津大学、剑桥大学等世界著名大学收藏，进入了国外大学课堂，并得到诸多专家的积极评价。

从 2016 年底开始，社会科学文献出版社再次精心筹划改革开放研究丛书的出版。本次出版，以经济、政治、社会、文化、生态五大领域为抓手，以学科研究为基础，以中国社会科学院、北京大学、清华大学等高校科研机构的学者为支撑，以国际视野为导向，全面、系统、专题性展现改革开放 40 年来中国的发展变化、经验积累、政策变迁，并辅以多形式宣传、多介质传播和多语种呈现。现在展示在读者面前的是这套丛书的中文版，我们希望借着这种形式，向中国改革开放这一伟大的进程及其所开创的这一伟大时代致敬。

社会科学文献出版社

2018 年 2 月 10 日

主要作者简介

林晓言　北京交通大学教授、博士生导师。中国人民大学工业经济学、北京交通大学技术经济学、北京交通大学运输经济学专业经济学学士、硕士、博士。国家社科基金重大项目首席专家，北京交通大学应用经济学一级学科责任教授，北京市哲学社会科学重点研究基地北京交通发展研究基地主任，首都高端智库北京综合交通发展研究院副院长。兼任中国技术经济学会运输技术经济分会会长，中国铁道学会经济委员会秘书长。曾任北京交通大学经济管理学院经济分院院长、国家863重大专项"高速磁浮交通技术"总体组专家。

主持及参加过京沪高铁、京九铁路、兰新高铁、青藏铁路、上海高速磁浮机场线等铁路重大工程项目的技术经济论证。多次获得高等学校科学研究优秀成果奖、北京市哲学社会科学优秀成果奖、中国铁道学会科学技术奖、中国技术经济学会优秀成果奖等科研奖项。主持在研国家社科基金重大项目"中国高铁经济理论解析框架及演化路径研究"。代表著作有《高速铁路与经济社会发展新格局》《轨道交通公益性与经营性平衡新模式》《高速铁路服务质量与市场竞争》《铁路的民营化改革与市场融资》等。

内容提要

改革开放 40 年来，我国始终坚持"经济发展，交通先行"的理念，交通运输体系已从单一化、分散化、机械化向多元化、集成化、智能化方向发展。我国交通发展以令世界震惊的速度编织着交通强国梦，有力地支撑了经济社会的发展。本书通过综合交通运输网及各交通行业与领域 40 年的发展情况来展示改革开放 40 年交通发展的成就及其对经济社会和人民生活的影响。本书主要内容涉及铁路（普铁）、公路、民航、海运、内河水运、管道运输、高速铁路、地铁、物流、旅游交通、煤炭运输，分别从基础设施建设、交通技术发展、服务质量提升、管理体制改革、法律法规建立等方面进行阐述。

中国交通运输 40 年发展成绩斐然，综合交通网基本形成了点、线、面相衔接，干支层次清晰，分工明确，各种运输方式相互配合、各展所长、优势互补的发展格局。多层次的铁路网基本形成，建成了横跨东西、纵贯南北的大能力铁路客货运输和南北能源运输大通道以及世界运营里程最长的高速铁路快速客运网络。公路网络广泛覆盖，路网规模加速扩大。干线公路网络不断完善，连接全国县级及以上行政区；农村公路建设实现村落全覆盖；高速公路从无到有，通车里程跃居世界第一。内河航道里程规模逐步扩大，航道等级稳步提高，港口吞吐能力持续增强。海运行业蓬勃发展，我国已成为世界重要的航运大国、造船大国、港口大国。民用机场体系基本成形，航线规模快速扩大。管道建设初步形成覆盖全国 31 个省份的原油、成品油和天然气三大油气管道骨干网络。物流业、旅游业和能源运输业获得快速发展。

序

　　本书是"改革开放研究丛书"之一，主要围绕中国改革开放以来交通运输行业的发展轨迹和取得的成就展开。改革开放即将走过四十载春秋，随着十九大的胜利召开，中国特色社会主义进入了新时代，我国将开启建设交通强国新征程。"总结历史正当时，继往开来续辉煌"正是本书写作的初衷。

　　改革开放之前，我国交通运输整个行业总体上基础非常薄弱，基础设施规模小、密度低，运输装备数量不足、技术落后，整体发展水平低下。由于这一时期的经济基础和实力弱，各行各业都亟须发展，交通运输又被归属于非物质生产部门，投资严重不足，至20世纪70年代末，肩挑背扛、畜力车运输仍为普遍现象，相当多的人没出过远门，没见过火车、汽车和飞机。1978年12月党的十一届三中全会的召开是我国经济社会发展的一次伟大转折，也是我国交通运输业发展的一次伟大转折。改革开放使生产力得到解放，经济快速发展，人民生活水平大幅提高，交通运输业投资建设规模不断扩大，路网布局趋于完善，运输能力显著增强，技术装备水平跻身国际一流，交通运输业面貌焕然一新。

　　改革开放40年来，在经济体制不断改革完善、对外开放深度发展、国家政策强有力支持下，我国交通运输业不仅在交通基础设施建设规模、运营质量、技术装备等方面，而且在发展理念转变、交通体制创新、交通法规完善、运输市场化发展等方面，都取得了前所未有的成就。根据交通部发布的《2016年交通运输行业发展统计公报》数据，截至2016年底，全国运输线路运营总里程已达到505.6万公里，其中铁路12.4万公里（含高铁2.2万公里）、公路 469.6 万公里（含高速公路 13.1 万公里）、内河航道 12.7 万公里、油气管道 10.9 万公里，全国公共交通运行线路总长 66.96 万公里。民航运输机场 218 个，港口拥有生产用码头泊位 30388 个（沿河港口万吨级以上码头泊位 2317 个）。同时，各种交通方式基本形成了"点、线、面"相衔接，干支层次清晰、分工明确、各展所长、优势互补的综合交通运输网络体系。

本书共分为十二章，由林晓言教授策划和主持编写、审校，刘秀英参与了本书内容框架设计，以及全部章节的修改修订、审校工作。第一章"总论：中国综合交通运输"由王萌主笔，全面梳理了中国综合交通运输 40 年的发展与成就、理论与政策、经验与教训以及未来的发展对策。第二章"中国铁路"由姜明宜主笔，介绍了铁路行业的基础设施、技术创新、企业发展及"走出去"的成就等内容。第三章"中国公路"由穆子龙主笔，介绍了公路行业的主要发展成就，尤其是高速公路和农村公路的建设以及公路运输服务发展情况等。第四章"中国民航"由梁潇艺主笔，介绍了民航业的基础设施建设、移动载运工具、民航运输市场和管理体制的发展情况。第五章"中国海运"由陈培瑶主笔，介绍了海运行业 40 年的发展变迁，基础设施、船舶、制度及管理机构发展情况。第六章"中国内河水运"由张爱萍主笔，介绍了内河水运行业的基础设施、载运工具、水运政策、水运市场的发展情况。第七章"中国管道运输"由崔卓然主笔，介绍了管道运输 40 年发展概况，重点介绍了原油、成品油、天然气管道的建设情况，并与国外发展情况进行对比。第八章"中国高速铁路"由罗桑主笔，介绍了中国高铁的起源、技术创新、建设规模、"走出去"成就及对经济社会的影响。第九章"中国地铁"由张泽华主笔，介绍了地铁发展概况及发展历程、案例及 PPP 建设模式等。第十章"中国物流"由李宜航主笔，介绍了物流市场、基础设施、技术装备、第三方物流及物流政策等发展情况。第十一章"中国旅游交通"由王梓利主笔，介绍了旅游交通概况、发展进程、各运输方式旅游交通发展及综合协调机制。第十二章"中国煤炭运输"由刘秀英主笔，介绍了我国能源状况及煤炭分布与调运情况、基础设施建设及煤炭运输的创新发展。

　　本书为北京市哲社重点研究基地北京交通发展研究基地年度资助成果，是国家社科基金重大项目"中国高铁经济理论解析框架及演化路径研究"（17ZDA084）阶段性成果。本书可以作为大学生的阅读参考资料，也可作为交通运输行业从业者、政策研究人员及对交通运输业感兴趣的读者的参考用书。由于笔者水平有限，书中难免有疏漏和错误之处，恳请读者批评指正。

林晓言

2018 年 2 月

目录

第一章　总论：中国综合交通运输　　　001

一　不忘初心，奋力前行——40 年的发展与成就

二　牢记使命，高举旗帜——40 年的理论与政策

三　忆苦思甜，穷且益坚——40 年的经验与教训

四　决胜小康，复兴梦想——综合交通发展对策

第二章　中国铁路　　　026

一　中国铁路 40 年发展概况

二　中国铁路 40 年车辆、车站发展

三　中国铁路 40 年技术创新

四　铁路行业企业 40 年发展

五　结语

第三章　中国公路　　　062

一　公路 40 年主要成就

二　高速公路建设

三　农村公路建设

四　公路运输服务发展

五　公路行业未来展望

第四章　中国民航　　　089

一　基础设施建设

二　移动载运工具发展变迁

三　民航运输市场地位

四　管理体制变革

第五章　中国海运　　　　　　　　　　133

　　一　中国海运 40 年发展变迁

　　二　基础设施建设

　　三　移动载运工具建设

　　四　制度及管理机构变迁

第六章　中国内河水运　　　　　　　164

　　一　内河水运基础设施

　　二　内河水运转载工具

　　三　内河水运政策演变

　　四　内河水运市场份额

　　五　结语

第七章　中国管道运输　　　　　　　193

　　一　管道运输 40 年发展概况

　　二　原油管道 40 年

　　三　成品油管道 40 年

　　四　天然气管道 40 年

　　五　结语

第八章　中国高速铁路　　　　　　　223

　　一　漫漫长路——由观望到现实

　　二　大国技术——高速铁路的创新历程

　　三　厚积薄发——中国高速铁路的建设

　　四　经世济民——高速铁路对经济社会发展的影响

五　兼济天下——高速铁路"走出去"

六　披荆斩棘——高速铁路未来发展建议

七　结语

第九章　中国地铁　　　　　　　　　　　　258

一　地铁发展概况

二　中国地铁发展的曲折历程

三　城市地铁专题

四　轨道交通建设 PPP 模式演进

五　案例

六　结语

第十章　中国物流　　　　　　　　　　　　292

一　中国物流 40 年发展概况

二　物流市场发展状况

三　物流基础设施与技术发展

四　第三方物流企业的兴起

五　物流政策变化

六　我国物流业发展展望

第十一章　中国旅游交通　　　　　　　　　320

一　旅游交通概述

二　旅游交通历史进程

三　旅游交通发展现状

四　旅游交通综合协调机制

第十二章　中国煤炭运输　　344

　　一　中国煤炭运输 40 年发展概况

　　二　煤炭运输基础设施建设

　　三　煤炭运输发展创新

　　四　总结与展望

索　引　　382

CONTENTS

Chapter 1	Introduction: Transportation Development in China	001
Chapter 2	Rail Transport	026
Chapter 3	Roads and Highways	062
Chapter 4	Civil Aviation	089
Chapter 5	Maritime Transport	133
Chapter 6	Inland Waterway Transport	164
Chapter 7	Pipeline Transport	193
Chapter 8	High-speed Rail	223
Chapter 9	Subway	258
Chapter 10	Logistics	292
Chapter 11	Tourism Transport	320
Chapter 12	Coal Transport	344
Index		382

第一章 总论：中国综合交通运输

一 不忘初心，奋力前行——40年的发展与成就

随着十九大胜利召开，中国特色社会主义进入了新时代。这个新时代是承前启后、继往开来、在新的历史条件下继续夺取中国特色社会主义伟大胜利的时代。十九大报告充分肯定了交通运输业五年来取得的辉煌成就，指出"高铁、公路、桥梁、港口、机场等基础设施建设快速推进"，明确提出要建设"交通强国"，这意味着在新时代背景下，我国将开启建设交通强国新征程。

从改革开放初期摩托车改变老百姓的出行方式，到高速干线交织汇聚的交通运输网络（见图1-1和图1-2），在这40年间，我国综合交通运输体系以令世界震惊的速度编织着我国交通强国梦想。我国综合交通运输体系发展迅速，初步形成了覆盖全国的区际、城际、城市、城乡交通网络，有力支撑经济社会发展。我国始终坚持"经济发展，交通先行"的理念，交通运输体系已从单一化、分散化、机械化向多元化、集成化、智能化方向发展。

自改革开放以来，我国交通基础设施发生了巨大变化，综合交通网络总量已初具规模，网络布局和结构明显改善，技术水平日益提高，综合运输能

图1-1 20世纪80年代我国某家摩托车厂接受检查的照片

注：1980年后，摩托车开始逐步进入家庭，中国人的出行方式被极大改变，这是私家车走进百姓生活的序曲。

图1-2 四通八达

注：作者张卫东，拍摄于上海虹桥站，获得2012年全路摄影家作品展纪实类一等奖。上海虹桥站是上海虹桥综合交通枢纽的重要组成部分，连接京沪、沪昆高铁。

力显著增强。截至 2016 年底，全国运输线路总里程[①]已达到 505.6 万公里，其中铁路 12.4 万公里（含高铁 2.2 万公里）、公路 469.6 万公里、内河航道 12.7 万公里、油气管道 10.9 万公里。民航运输机场有 218 个，沿河港口万吨级以上泊位有 2317 个，全国公共交通运行线路总长 66.96 万公里。[②]

（一）综合交通路网布局

我国综合交通运输已形成连接全国城乡的基本网络形态。截至 2015 年底，我国综合交通网的平均密度为 52.67 公里 / 百平方公里，其中东部地区为 125.52 公里 / 百平方公里，中部地区为 93.63 公里 / 百平方公里，西部地区为 28.04 公里 / 百平方公里。[③]截至 2016 年，全国乡镇公路通车率为 99.02%，建制村公路通车率为 95.37%[④]，全国邮路总条数达 2.9 万条，邮路总长度（单程）达 689.6 万公里，邮政普遍服务营业场所总数达 6.2 万处，村邮站总数达 28 万个。快递服务营业网点达 19.8 万处，网路总长度（单程）达 2630.5 万公里。

我国基本形成了点、线、面相衔接，干支层次清晰，分工日趋明确的综合交通运输网络体系。国家"五纵五横"综合运输大通道基本贯通，联通了 21 个城镇化地区，干线通道骨架基本形成，重要枢纽节点渐趋稳定，逐步构建了东部沿海、沿长江、京沪、京广客货运输大通道和南北能源运输大通道，形成了围绕环渤海、长江三角洲、东南沿海、珠江三角洲和西南沿海地区的五大港口群体。以北京、上海、广州等枢纽机场为中心的机场体系，承担了我国民航客货运输的主要任务，各种运输方式的优势得到进一步发挥，运输机动性、承载能力和可靠性明显提高。在"五纵五横"综合运输通道的基础上，我国进一

[①] 综合交通网总里程包含公路、铁路、内河航道、民用机场、沿海主要港口、输油气管道，不包括民航、海上航线、城市内道路、农村公路村道里程。

[②] 数据来源于交通部发布的《2016 年交通运输行业发展统计公报》。

[③] 综合交通网平均密度 = 综合交通网总里程 / 土地面积，其中，数据来源于国家统计局。

[④] 数据来源于《中国道路运输发展报告（2016）》。

步提出"十纵十横"。[①] 预计到 2020 年，我国将进一步构建横贯东西、纵贯南北、内畅外通的综合运输大通道，强化中西部和东北地区通道建设。

（二）综合交通网络结构

我国综合交通网是以自然地理、人口分布为基础，以工农业生产和人民生活等经济社会活动为需求，结合国土开发和保障国家安全逐步发展形成的，在这个网络体系中，各种运输方式以自身的技术经济特点呈现各展所长、优势互补的发展格局。

1. 综合交通运输方式结构变化

本部分选取四个指标分别为客运量、旅客周转量、货运量、货物周转量。通过这四个指标分析各种运输方式结构的变化，如图 1-3、图 1-4、图 1-5、图 1-6 所示。从客运量可知，在这四种交通运输方式中，公路以绝对优势占据主导地位，截至 2015 年末，公路的客运量是铁路的 6.39 倍、民航的 37.12 倍、水运的 59.81 倍。在旅客周转量中，公路在 2014 年以前，在四种交通运输方式中所占比例最高，为 40.81%，2014 年铁路的旅客周转量首次超过公路，铁路占比为 39.24%，公路占比为 38.39%，改革开放 40 年间铁路大发展是铁

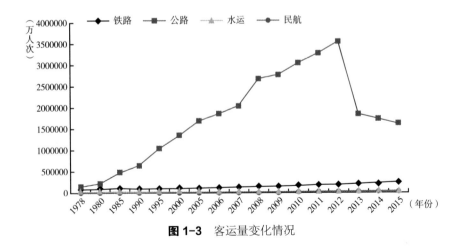

图 1-3　客运量变化情况

① 《"十三五"现代综合交通运输体系发展规划》，国发〔2017〕11 号。

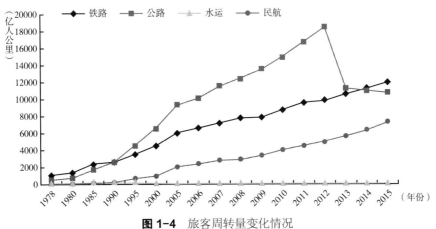

图 1-4 旅客周转量变化情况

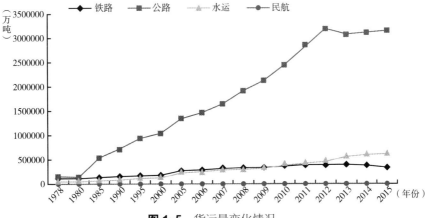

图 1-5 货运量变化情况

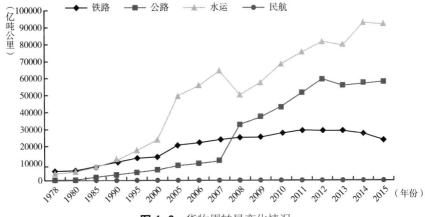

图 1-6 货物周转量变化情况

路客运大幅增长的主要原因。在货运量方面，公路在总量方面仍占据绝对优势，2015年为315亿吨，远高于同期铁路的33.58亿吨、水运的61.36亿吨、民航的0.63亿吨；同时可以看出水运的货运量增长也较为明显，而铁路则呈现下降趋势。在货物周转量方面，水运的优势则更为突出，水运的货物周转量一直占据领先地位，2015年其占比为52.84%，铁路占比为13.68%，公路占比为33.37%，民航占比为0.12%。

2. 铁路

多层次的铁路网基本形成。截至2016年底，中国铁路营运里程达到12.4万公里，全年铁路完成旅客发送量28.1亿人次，货物发送量33.3亿吨，完成的工作量居世界第一[①]，其中高速铁路营运里程已经超过2.2万公里，位居世界第一。全国复线铁路和电气化铁路所占比重分别达到60.83%和66.40%。横跨东西、纵贯南北的大能力通道逐步形成，物流设施同步完善，逐步实现了货物运输直达化、快捷化、重载化。1978年至2016年，国家铁路总营运里程增加了8.52万公里，增长了3.18倍，其中，复线铁路里程增加6.85万公里，增长10.94倍；电气化铁路里程增加8.08万公里，增长54.42倍。21世纪初，我国铁路建设呈现跳跃式增长，2000年的铁路规模增长率为18.52%，为历史最高，此外，在2008年，我国电气化铁路运营里程首次超过复线铁路，并且至此之后一直保持着高速增长态势，如图1-7所示。

以高速铁路为骨架、以城际铁路为补充的快速客运网络初步建成。自20世纪90年代，中国就开始了对高速铁路的技术研究和工程实践。2004年，中国政府批准了《中长期铁路网规划》，翻开了中国高速铁路发展的新篇章。中国已建设了一大批适应各种特殊气候环境、复杂地质条件和不同运输需求的高速铁路，2017年末，我国的高速铁路运营里程已超过2.2万公里，居世界之首，图1-8（a）和图1-8（b）为我国高铁发展大事件一览。

经过改革开放40年的建设，铁路运输线在总规模持续上升的同时，在铁

① 引自2017年中国-阿拉伯国家高铁分会。

路线路的质量方面也不断提高。中国铁路人在交通建设方面，坚持质与量并重，使铁路规模扩大、速度提高、质量提升。

自改革开放后的 40 年，我国铁路运输能力和运输效率以令人震惊的速度飞速上升，开创交通强国之路。

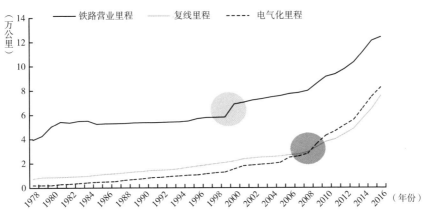

图 1-7 1978 年至 2016 年我国铁路营业里程、复线里程和电气化里程数

资料来源：中国交通数据库（EPS 数据平台）。

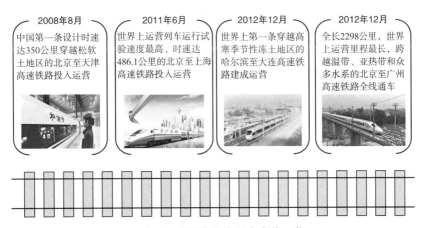

图 1-8（a） 我国高铁发展大事件一览

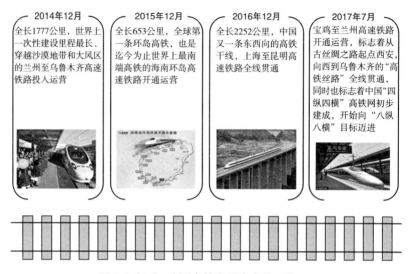

图 1-8（b） 我国高铁发展大事件一览

3. 公路

全国公路网络广泛覆盖，路网规模加速扩大。截至 2016 年底，我国公路里程达 469.63 万公里，相比于 1978 年的 89.02 万公里，增加 380.61 万公里，增长 4.28 倍，以年均增长率 4.5% 的速度迅速扩大规模。如图 1-9 所示，我国公路里程在 2005 年激增，这得益于国家大力发展农村公路的政策。我国农村公路建设得到全面推进和发展，农村公路里程于 2005 年开始作为我国运输线路的重要组成部分，并纳入国家统计范围。

我国省干线公路网络不断完善，连接了全国县级及以上行政区。2016 年末全国公路总里程为 469.63 万公里，公路密度为 48.92 公里/百平方公里。公路养护里程为 459.00 万公里，占公路总里程的 97.7%。全国四级及以上等级公路里程为 422.65 万公里，占公路总里程的 90.0%。二级及以上等级公路里程为 60.12 万公里，占公路总里程的 12.8%。高速公路里程为 13.10 万公里，高速公路车道里程为 57.95 万公里，国家高速公路为 9.92 万公里。

我国农村公路建设稳步推进，农村地区公路网络日益密集化。改革开放初期，我国农村公路只有 59 万公里，到 2016 年底，全国农村公路通车里程

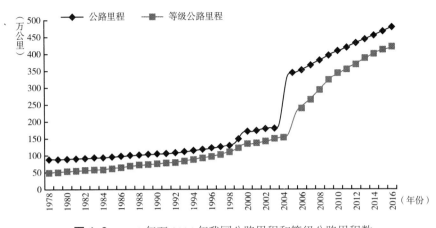

图 1-9　1978 年至 2016 年我国公路里程和等级公路里程数

资料来源：中国交通数据库（EPS 数据平台）。

达 396 万公里。全国乡镇通沥青（水泥）路率达到 98.7%，东中部地区建制村通沥青（水泥）路率达到 98.8%，西部地区建制村通公路率达到 99.98%。[①] 到 2016 年底，农村公路里程为 395.98 万公里，其中县道为 56.21 万公里，乡道为 114.72 万公里，村道为 225.05 万公里。2016 年末全国通公路的乡（镇）占全国乡（镇）总数的 99.99%，其中通硬化路面的乡（镇）占全国乡（镇）总数的 99.00%；通公路的建制村占全国建制村总数的 99.94%，其中通硬化路面的建制村占全国建制村总数的 96.69%。

高速公路从无到有，并攀登全球第一。从 1988 年第一条高速公路沪嘉高速公路建成通车，到 2016 年底，我国高速公路通车里程达 13.2 万公里，已跃居世界第一。从起步到高速公路通车 1 万公里，我国用了 12 年时间；从 1 万公里到突破 2 万公里，只用了 4 年时间；从 2 万公里到突破 3 万公里只用了两年时间。中国高速公路的发展创造了世界瞩目的速度，这是经济和社会发展的现实需要，也是交通实现跨越式发展的重要标志。1978 年至 2016 年我国等级公路规模如图 1-10 所示。

---

① 资料来源：中华人民共和国交通运输部官网。

图 1-10 1978 年至 2016 年我国等级公路规模

资料来源：国家统计局。

4. 水运

改革开放以来，随着我国经济的发展和国际贸易的逐步扩大，人们逐渐开始重视水运在缓解交通运输中所起的重要作用，国家也在不断加强水运的相关基础设施建设，逐渐延长了内河航道里程，扭转了过去二十多年内河航道里程较短，总在固定的航道里程被动的徘徊的局面。

全国内河航道里程规模逐步扩大，航道等级稳步提高（见图 1-11），2016 年末全国内河航道通航里程为 12.71 万公里，等级航道为 6.64 万公里，占总里程的 52.3%。其中三级及以上航道为 1.21 万公里，占总里程的 9.5%。各等级内河航道通航里程分别为：一级航道 1342 公里，二级航道 3681 公里，三级航道 7054 公里，四级航道 10862 公里，五级航道 7485 公里，六级航道 18150 公里，七级航道 17835 公里。等外航道 6.07 万公里。各水系内河航道通航里程分别为：长江水系 64883 公里，珠江水系 16450 公里，黄河水系 3533 公里，黑龙江水系 8211 公里，京杭运河 1438 公里，闽江水系 1973 公里，淮河水系 17507 公里。[①]

---

① 资料来源于《2016 年交通运输行业发展统计公报》。

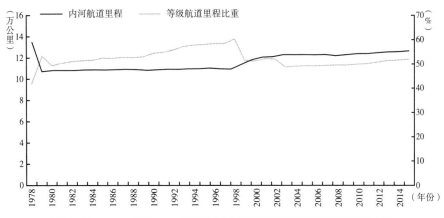

图 1-11 1978 年至 2015 年我国内河航道里程和等级航道里程比重

资料来源：国家统计局。

国家进一步扩大港口吞吐能力，增加生产用码头数量。2016 年末全国港口拥有生产用码头泊位 30388 个，比上年减少 871 个。其中，沿海港口生产用码头泊位 5887 个，比上年减少 12 个；内河港口生产用码头泊位 24501 个，比上年减少 859 个。2016 年末全国港口拥有万吨级以上泊位 2317 个，其中，沿海港口万吨级以上泊位 1894 个，内河港口万吨级以上泊位 423 个。全国万吨级以上泊位中，专业化泊位 1223 个，通用散货泊位 506 个，通用件杂货泊位 381 个。

此外，在运河的经营管理上，不断采取措施完善管理组织机构，扩大对内河水运的水上活动管理和安全监管的覆盖面，并针对内河航运的特征，相继制定和发布了很多管理规章，在很大程度上加强了对内河水上交通运输管理和水上安全监管力度，逐渐凸显了内河水运的重要作用。

5. 民航

民用机场体系基本成型，航线规模快速增长。截至 2016 年底，我国共有定期航班航线 3794 条，按重复距离计算的航线里程为 919.3 万公里，按不重复距离计算的航线里程为 634.8 万公里。改革开放初期，我国航线里程仅为 14.89 万公里。1978 年至 2015 年我国定期航班航线里程和国际航线线路长度如图 1-12 所示。

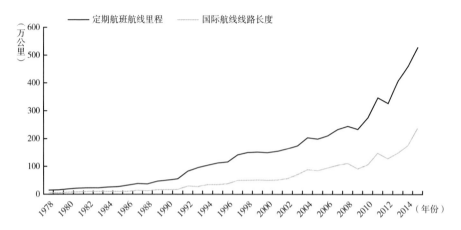

图 1-12 1978 年至 2015 年我国定期航班航线里程和国际航线线路长度

资料来源：国家统计局。

6. 管道

随着我国石油工业的发展，管道运输业也得到了相应的发展，从改革开放初开始，我国展开了大规模的长距离输油管道建设，逐步实现了原油运输由以铁路为主转向以管输为主，油气管道骨干网络初步形成。

1978 年至 2015 年我国管道输油气里程如图 1-13 所示。截至 2016 年底，

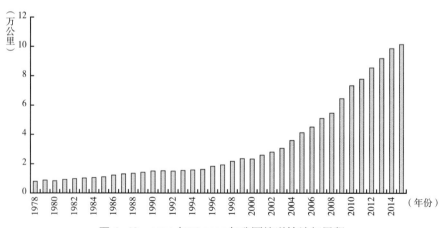

图 1-13 1978 年至 2015 年我国管道输油气里程

资料来源：国家统计局。

全国陆上油气管道总里程达 13.1 万公里，初步形成了覆盖全国 31 个省区市的原油、成品油和天然气三大主干网络和"西油东送、北油南运、西气东输、北气南下、海气登陆"的油气输送网络。目前我国已建成的原油长输管道总长达一万多公里，各油田所产原油的 80% 均由管道外输。天然气长输管道总长近一万公里，承担着全国各油（气）田 100% 的天然气运输任务。目前的管道运输业已成为继铁路、公路、水运、航空之后的第五大运输行业。

（三）综合交通网运输能力

运输量位居世界前位。2015 年，全国完成客运量 194.3 亿人次、旅客周转量 30047 亿人公里，完成货运量 410 亿吨、货物周转量 173690.6 亿吨公里。铁路旅客周转量、货运量居世界第一，货物周转量居世界第二，公路客货运输量及周转量、水路货运量及周转量均居世界第一，民航运输总周转量、旅客周转量、货邮周转量均居世界第二。全国港口完成货物吞吐量和集装箱吞吐量均居世界第一。邮政业年服务用户超过 700 亿人，快递年业务量居世界第一，大型网络购物促销"双十一"活动单日处理峰值超过 1.6 亿件。管道货运量达 7.1 亿吨，周转量达 4138.8 亿吨公里。

运输服务质量全面提升。多式联运、甩挂运输等先进运输组织模式及冷链等专业物流快速发展，集装箱、厢式货车等标准化运载单元加快推广，城乡物流配送信息化、集约化程度明显提升，提高了社会物流运行效率。交通运输安全水平大幅改善，铁路旅客运输总体安全水平居世界前列，2015 年道路交通万车事故死亡人数较 2005 年下降了 72.4%，全国运输船舶百万吨港口吞吐量等级以上事故件数平均每年下降 5%，民航运输航空百万小时重大事故率 10 年滚动值为 0.018（世界平均水平为 0.24）。大力提升客运基本公共服务均等化水平，"公交优先"战略扎实推进，全国公交专用车道达 8569 公里，快速公交系统（BRT）线路长度达 3081 公里，定制公交、夜间公交等特色公共交通服务产品的新模式不断丰富，网约出租汽车等新业态快速发展。

运输服务通达性显著增强。高速铁路覆盖百万人口以上城市比例达 65%。道路客运线路达 18.1 万条。全国城市公共汽（电）车运营线路突破 4.5 万条，城市轨道交通运营线路达 105 条，运营线路总长度达 3195 公里。水路国际运输航线和集装箱班轮航线往来 100 多个国家和地区的 1000 多个港口。民航定期航班航线达 3326 条，航线里程超过 786.6 万公里（按重复距离计算），通达境内 204 个城市，香港、澳门、台湾地区以及 55 个国家（地区）的 137 个城市。全国乡镇快递服务营业网点覆盖率达 70%。

运输工具技术水平不断提高。截至 2015 年底，铁路干线全部实现内燃、电力机车牵引，客货运输车辆品种和结构均实现升级换代。民用汽车数量达到 17228 万辆，公路客货营运车辆总数达 1473 万辆，货运车辆平均吨位数由 6.3 吨增加至 7.5 吨，专用货车（含甩挂运输车辆）占比由 5.1% 提高至 27.2%，营运客车高档化、舒适化和货运车辆大型化、专业化程度不断提高。水上运输船舶达 16.6 万艘，海运船队运力总规模达 1.6 亿吨，内河货运船舶平均吨位超过 800 吨，高等级航道通航水域船型标准化率达到 50%，船舶大型化、专业化和标准化发展趋势明显。民航拥有运输飞机在册架数 2650 架，通用航空企业拥有在册航空器 1904 架。邮政业拥有各类汽车 24.4 万辆、国内快递专用货机 71 架。

初步建立高效的安全监管和海上应急救助体系。建立和完善国家海上搜救和重大海上溢油应急处置部际联席会议制度，海上搜救打捞力量持续增强，搜救志愿者队伍不断扩大。初步构建了广泛覆盖、反应迅速、立体高效的水上交通安全监管和海上应急保障体系。

（四）综合交通网运行机制

从综合交通网的运行机制看，随着交通管理体制改革的逐步推进，运输市场化程度不断提高。铁路运输实现了主辅业分离，公路、水运、民航和管道运输实现了政企分开。除铁路外，政府调控与市场调节相结合的运输价格形成机制初步建立。交通运输领域的投资主体多元化、资金渠道多元化的基本格局初步形成。

综合交通的发展过程大体可以分为两个阶段：一是各种运输方式以其技术经济优势和满足市场需求为主导，处于不断完善的大发展时期；二是伴随先进科技的应用，交通基础设施整体技术水准快速提升，运输网络的发展从以"通"为主上升到以"畅"为先。

市场体系不断完善。经过 30 多年的市场化进程，交通建设、养护、运输不断推向市场。积极推行市场准入负面清单制度，鼓励和引导社会资本参与交通运输投资运营，大力推广社会资本与政府合作模式（PPP）。交通运输全面实现政企分开。不断推进简政放权，创新优化行政审批服务方式。加快市场信用体系建设，市场监管体系逐步完善，统一开放、竞争有序的交通运输市场基本形成。

法律法规体系基本形成。为适应改革发展需要，我国对交通运输法律法规进行了大量的立、改、废工作。目前，共有《铁路法》、《公路法》、《港口法》、《航道法》、《海商法》、《海上交通安全法》、《民用航空法》和《邮政法》等 8 部法律，《铁路安全管理条例》、《公路安全保护条例》、《道路运输条例》、《国际海运条例》、《内河交通安全管理条例》、《船员条例》、《民用机场管理条例》、《民用航空安全保卫条例》和《邮政法实施细则》等 65 部行政法规，以及 300 余件部门规章。

综合交通运输管理体制初步建立。2008 年、2013 年实施了两轮交通运输大部门制改革，形成了由交通部管理国家铁路局、中国民用航空局、国家邮政局的大部门管理体制架构。各地积极推进综合交通运输管理体制改革，加快综合交通运输体系建设。

二　牢记使命，高举旗帜——40年的理论与政策

（一）初级阶段——20世纪50年代末至80年代末

20 世纪 50 年代我国在建立社会主义制度时，基本上是借鉴苏联的经

济建设模式，我国综合运输研究的发展也是这一时期的产物。仿效于苏联，我国在 20 世纪 50 年代后期也由政府推动开展了综合运输研究工作。其标志性事件有两件：一是 1956 年国务院颁布《国家科学技术发展十二年规划》，其中交通运输方面第 1 项（3501）提出开展综合运输研究，主要任务是进行综合运输网发展规划研究；二是 1959 年成立综合运输研究所，建立了开展综合运输体系研究工作的机构和研究队伍。20 世纪 50 年代我国交通运输十分薄弱，发展落后，这一时期对综合交通运输体系的理论认识可以概括为"一个根据，两个综合，三个比例关系"。一个根据，即根据社会主义有计划按比例发展的经济规律，研究、探索交通运输发展问题。两个综合，即综合发展、综合利用，综合发展侧重于规划方面，研究各种运输方式的发展规划及其协调配套建设，组成综合运输网，综合利用侧重于现代各种运输方式在运营和运行中的合理利用、互相贯通和衔接。三个比例关系，即交通运输业与国民经济的比例关系；各种运输方式间的比例关系，即研究铁路、公路、水路、航空、管道等现代运输方式的技术经济特征，探索各扬所长、适应各自的吸引范围和协调发展，以及分流和投资比重等；运输方式内部的比例关系，促进同一运输方式的不同技术与装备的合理发展等。

改革开放初期，由于交通基础设施建设的滞后，交通运输不适应国民经济发展的要求，成为明显的薄弱环节。这一时期，我国交通运输能力普遍不足，缓解运输紧张、促进经济发展成为交通运输业发展的重点。同时经济体制由计划经济向以计划经济为主、以市场调节为辅的转变也推动了交通运输发展思想的转变。在各种运输方式各自加快发展，弥补以前发展"缺课"的同时，交通运输发展理念逐步由以铁路为主的比较单一的发展模式转向以铁路为骨干、以公路为基础、其他运输方式相协调的发展模式。这一阶段，发展综合运输的理念被党和政府接受，1987 年党的十三大采用"综合运输体系"概念，提出把加快发展综合运输体系作为今后相当长时期内交通发展的方向。1988 年中央政府工作报告提出"积极发展综合运输"。

（二）快速发展阶段——20世纪90年代

这一阶段各种运输方式基础实力进一步增强，建设综合运输体系逐步得到认同。发展综合运输，推动各种运输方式的加快发展和现代化建设，并在发展中合理配置资源、加强各种运输方式的有机衔接与配合，成为交通运输发展的必然要求，也逐渐成为国家交通运输发展的基本方向。

在改革开放方针的指导和相关政策的支持下，交通部提出从"八五"计划开始，用几个五年计划的时间，实施"三主一支持"交通基础设施建设长远规划。"八五"计划中提出"交通运输的建设要着眼于 2000 年或者更远一点时间国民经济发展对运力的需要，搞好综合运输体系的建设，以增加铁路运力为重点，同时积极发挥公路、水运、空运、管道等多种运输方式的优势，并使各种运输方式衔接配套"。

1996 年《关于国民经济和社会发展"九五"计划和 2010 年远景目标纲要》明确提出"以增加铁路运输能力为重点，充分发挥公路、水运、空运、管道等多种运输方式的优势，加快综合运输体系的建设，形成若干条通过能力强的东西向、南北向大通道。合理配置运输方式，加快交通干线建设，突出解决交通薄弱环节，提高运输效率"。

经"八五""九五"时期，各种运输方式均得到较大发展，对国民经济和社会发展都产生了巨大影响，但是，运输网络总体上还不完善，不能满足需求。因此，发展综合交通运输，推动各种运输方式加快发展和现代化建设，并在发展中合理配置资源、加强各种运输方式的有机衔接与配合，逐渐成为国家运输发展的基本方向。1997 年时任总理李鹏在《建设统一的交通运输体系》中指出，"我国交通运输业应以铁路为骨干，公路为基础，充分发挥水运，包括内河、沿海和远洋航运的作用，积极发展航空运输，适当发展管道运输，建设全国统一的综合运输体系"。

20 世纪 90 年代是我国交通运输逐步进入快速发展的时期，也是从以往以铁路发展为主、以传统的技术经济特征作为分工主要依据，向各种运输方式共同发展、合理配置，建设综合运输体系转变的发展时期。

（三）完善阶段——2000年以后

从2000年开始，我国逐渐将铁路、公路、水运建设发展规划过渡到综合交通运输体系发展规划上。从"十五"至当前的"十三五"，中国已经编制了4个五年综合交通运输体系发展规划。2000年11月我国发布了第一个综合交通发展规划，即《"十五"综合交通运输体系发展规划》，提出"以市场经济为导向，以可持续发展为前提，建立客运快速化、货运物流化的智能型综合交通运输体系"，这是我国第一次在国家文件中明确综合交通体系发展的长期战略目标。"十五"时期是我国综合交通体系发展投入最多、速度最快、成效最大的五年，交通基础设施规模迅速扩大，技术装备水平显著提升，综合运输能力进一步增强，为"十一五"时期的更好发展奠定了坚实的基础。该阶段我国综合交通体系发展取得较大进步，但是交通运输对国民经济发展的"瓶颈"制约因素还没有得到根本消除。铁路运输能力短缺问题、区域间交通运输发展不平衡问题、各种交通运输方式不协调问题成为制约综合交通运输发展的关键阻碍。

2007年4月，国务院发布了《"十一五"综合交通体系发展规划》，该规划的综合交通发展方针为"以发展为主题，全面提升运输供给能力服务水平；以体制改革为保障，促进运输市场体系的完善；以构建现代综合运输体系为主线，加强综合运输大通道和枢纽建设；以协调发展为基本立足点，进一步改善区域交通和农村交通条件；以科技应用创新为动力，推进交通运输信息化和智能化建设"，提出"通过大力发展与改革，大幅度提高运输能力，基本消除运输对经济增长的制约；公平与效率充分兼顾，推进城乡、区域交通协调发展；运输质量、资源利用效率明显提高，交通安全得到有效保障，管理体制获得创新；初步形成便捷、通畅、高效、安全的综合交通运输体系"的阶段性目标。2007年11月，《综合交通网中长期发展规划》出台，提出"到

2020 年基本建成各种运输方式布局合理，结构完整，便捷通畅，安全可靠的现代化综合交通网"的目标。

2012 年 6 月，国家发改委印发了《"十二五"综合交通运输体系规划》，全面总结了"十一五"时期交通运输发展取得的成绩和不足。"十二五"时期，综合交通运输发展以邓小平理论和"三个代表"重要思想为指导，深入贯彻落实科学发展观，加快转变交通运输方式，实现各种运输方式从分散、独立发展转向一体化发展，初步形成网络设施配套衔接、技术装备先进适用、运输服务安全高效的综合交通运输体系，总体适应经济社会发展和人民群众出行需要。

2017 年 2 月《"十三五"现代综合交通运输体系发展规划》发布，并提出要打造"三张网"的总体布局：一是构建高品质的快速交通网，也就是以高铁、高速公路、民航等为主体，构建品质高、运行速度快的骨干网络；二是强化高效率的普通干线网，也就是以普通高等级公路、普速铁路、内河航道等为主体，形成普通干线网络；三是拓展广覆盖的基础服务网，也就是以农村公路、支线铁路等为主体的服务网络。同时，指出要着力构建现代综合交通运输体系，首先要以基础网络作为支撑，尤其是中西部地区的交通网络建设。除了完善国内交通网络以外，"一带一路"国际大通道的建设也是重点领域。

我国交通运输发展规划演进历程见图 1-14。

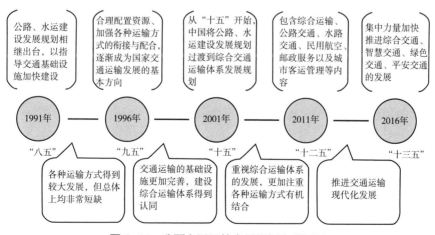

图 1-14　我国交通运输发展规划演进历程

从"八五"至"十三五"，提取各个五年计划指导思想中的关键词，可以明显看出五年计划对交通运输体系发展方向的引导性，"八五"注重公路运输效率，"九五"转向交通科技创新，"十五"提出扩大运输网络的要求，"十一五"到当前"十三五"则更多关注综合交通运输网络的信息化、智能化，区域协调和运行经济高效，资源节约和环境友好，如图1-15所示。

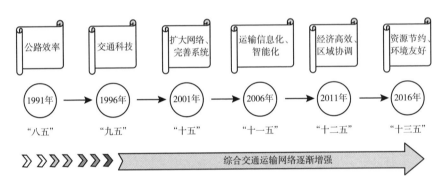

图1-15 我国综合交通规划的指导思想变化

这一阶段的特点是交通基础设施的日趋完善、运输能力的提高和各种运输方式的竞争等实践推动综合运输体系理论的发展。经过长期的建设和发展，到本阶段单一运输方式均获得大发展，各自形成了较为完善的网络布局和功能组成，交通运输发展由单一方式发展阶段进入多方式竞争合作发展阶段。在各种运输方式由独立发展向综合协调发展模式的转变中，综合运输发展的思想得到广泛认同。

这一阶段，通过对国内综合运输发展的思想和实践的总结归纳，综合运输体系构建发展的主要思想体现在以下方面。一是各组成运输方式的多重性、平等性和包容性，从以往的强调分工转向了组合功能、组合发展。二是各组成运输方式在充分发挥各自比较优势基础上的合理利用、协调和可持续发展。三是各组成运输方式的基础设施、运输装备等硬件设施和管理软件在物理上和逻辑上相互连接和配合的紧密性、融合性和一致性。四是各组成运输方式的结构比例随需求结构变化并逐步趋于一致，其结构的技术水平随技术进步而不断升级。五是综合运输体系通过市场机制和宏观调控来建立和发展。六是与传统运输体系相比，综合运输体系具有更高的经济效益和社会效益，更加适应当代经济多样化、国际化、信息化、网络化和持续稳定发展的要求。

三 忆苦思甜，穷且益坚——40年的经验与教训

（一）交通基础设施建设任务繁重，区域交通发展不平衡

我国交通基础设施建设已从"被动追赶"的局面转向"适度赶超"的局面，但与经济社会发展水平相比，适应能力仍有待提升，主要有以下表现。一是对经济规模提升、结构调整、方式转变的支撑力仍然不足，人民群众不断增加的运输需求尚未得到全面满足，特别是公共交通服务的运输供给能力尚显薄弱。二是在自身发展水平上，交通基础设施总体规模依然需要扩大，技术等级仍需提升，网络覆盖广度与通达程度仍需提高，随着综合交通运输的发展，应更注重协调人与自然的关系，智慧交通、生态交通将是综合交通发展的重要方向。三是与发达国家及部分发展中国家相比，我国交通基础设施发展尚存差距，尤其是交通基础设施分布不平衡问题，人均基础设施的拥有量和路网密度指标仍低于日本、美国。此外，我国交通基础设施等级标准及水平与发达国家也存在一定差距。

（二）各种运输方式衔接不畅，运输服务质量不高

各种运输方式自成体系而缺少综合的协调，基础设施的空间布局与功能缺乏衔接的政策机制、标准支撑，造成了基础设施布局、功能上的衔接不畅，并且已经形成了与基础设施伴随的固化格局。运输服务方面，由于各种运输方式在服务组织上的相对独立，加上设施衔接的不畅，实现客货的"零距离"换乘和"无缝"衔接，推进旅客运输与物流的高效率运作，也将是我们长期面临的艰巨任务。尤其是在交通运输能力总体提升和运输对经济社会发展的

制约基本缓解的背景下，各种运输方式之间的资源优化配置和衔接的战略作用愈加明显，各运输方式间的综合协调问题日益显现，设施与设施之间、运输服务与运输服务之间衔接不畅的问题，将严重影响整体运输效率的提升和经济社会综合运输成本的控制。

（三）外部资源约束越来越强，粗放发展难以为继

交通运输是资源消耗型产业，是占用耕地的主要行业，根据国土资源部门的统计，1997 年至 2005 年，交通建设占用耕地是全部建设占用耕地的 20%，交通建设占用耕地是交通用地总净增量的 60%，广东、河南等许多省份交通建设已经受制于土地指标，未来土地供应与交通用地需求矛盾将进一步加剧。我国交通用能占全社会用能的比重已超过 10%，与工业、建筑一并成为我国三大用能行业，舒适化、快速化和个性化是未来出行需求的趋势，交通用能数量和所占份额将继续快速提高。而我国进口石油规模不断扩大，交通运输发展面临着交通能源需求快速增长和石油对外依存度不断提高的双重压力。气候变化问题成为国际社会普遍关注的重点，我国已主动承诺到 2020 年碳排放强度比 2005 年降低 40% ~ 45%，面临越来越大的国际减排责任压力。交通工具的排放是主要的环境污染源，交通节能减排任重而道远。我国交通发展面临着土地、能源、气候等资源的重大约束并且趋紧，以资源投入为主的粗放式发展越来越难以为继。

四 决胜小康，复兴梦想——综合交通发展对策

《国民经济和社会发展第十三个五年规划纲要》提出按照适度超前原则，统筹各种运输方式发展，构建便捷、安全、高效的综合运输体系。基于综合运输体系的内涵，针对我国交通运输业面临的主要问题，未来我国综合运输体系发展的主要对策如下。

（一）整合基础设施资源，搭建综合运输体系发展平台

交通基础设施是综合运输体系的基础和平台，对运输结构、服务水平有着关键性的影响。我国的综合交通基础设施网络正处于大建设、大发展时期，随着京津冀、长江三角洲和珠江三角洲经济带的发展，以及"一带一路"倡议的实施，未来较长时期内我国的客货运输需求规模仍呈增长态势。根据我国资源禀赋和工业化、城镇化发展趋势，预计到 2035 年前后才能基本完成交通基础设施建设任务。从现有交通设施存量和系统运输能力来看，我国综合运输体系还不能完全适应当前庞大的经济总量规模与未来经济社会发展的需要。因此今后一是要继续扩大交通基础设施规模，提高运输能力，加强供给侧结构性改革，以现代化的交通运输设施提供能力充足的现代化运输服务，适应运输需求不断增长和出行方式不断变化的挑战，支持经济长期平稳较快发展和社会持续发展。二是要充分利用我国交通设施建设相对于发达国家的后发优势，在交通基础设施网络建设过程中着眼于综合运输体系的建设，优化交通结构，强调网络化发展和网络化的物理衔接，为一体化的运输服务和先进适用的技术装备应用提供基础。

（二）充分发挥各种运输方式比较优势，实现组合发展

各种运输方式在综合运输体系中都处于不可或缺的地位，综合运输体系的建设不应强调某种运输方式而抹杀或主观延迟其他方式的建设和发展。经过几十年的建设，我国各种运输方式得到较为充分的发展，交通运输紧张状况总体缓解，为进行多种运输方式的合理配置、结构优化、合理调整空间布局、发挥综合优势创造了有利条件和基础。今后交通运输发展理念要从强调分工、突出发展转向组合发展和协调发展。一是要优化运输方式结构，加强铁路、公共交通等重点领域和薄弱环节建设，充分发挥各种运输方式的比较优势，促进各种运输方式从独立发展向综合协调发展转变，推进多式联运，着力提高综合运输体系的整体效率。二是以综合交通枢纽建设为重点，提高

各种运输方式间的衔接水平，推进客运衔接的零距离和货运衔接的无缝化。当前要加快推进 42 个全国性综合交通枢纽建设，通过科学规划、优化布局、完善枢纽功能，提高综合交通枢纽对区际、区域客货运输的集散能力和效率。

（三）坚持以市场为主体，发挥政府引导作用

改革开放以来，市场机制对交通运输发展起到了重要作用。由于政府资金短缺，收费公路等经营性交通设施发展受到重视，而且几乎任何交通建设项目，无论是政府推动还是市场主体推动，都会产生良好的经济效益或社会效益。随着经济社会发展，要求政府更多地从社会公众和以人为本的角度出发，更加注重社会公平，切实保障交通普遍服务，促进交通运输公共服务的均等化。今后在继续发挥市场作用的基础上，交通发展必须重视政府的作用。一是交通领域市场机制的建立、完善需要政府管理体制改革的推动。二是交通运输领域存在市场失灵的现象，需要发挥政府在资源配置中的作用。目前我国交通基础设施建设远未完成、交通运输的市场化改革任重而道远、体制改革还有待深化，这些发展都需要政府的宏观调控或发展政策的引导。综合交通运输体系必须顺应发展趋势，强化并完善政府在基本公共服务领域中的主导作用，充分发挥市场在其他领域的资源配置与调节作用，进一步调动各方面的积极性，加快综合交通运输体系的建设，提高发展质量与效率。

（四）转变交通发展方式，实现资源节约集约利用

我国凭借后发优势把发达国家需要很长时期才能完成的交通建设任务压缩到很短的时期里完成，但也会使发达国家在很长历史时期内所产生的矛盾和问题压缩到很短的时期内集中呈现。目前我国面临着与发达国家交通大建设阶段截然不同的资源环境约束，土地、线位、岸线、空域等资源将日益紧缺，石油对外依存度不断提高，应对气候变化的国际责任压力越来越大。今后要转变交通发展方式，推动交通发展由重建设向建设与服务并重转变，由重投入向投入、科技进步和体制创新并重转变，实现交通发展的经济可持续、

资源可持续和社会可持续。具体包括：加强交通建设项目环境影响分析和监督，尽量减少交通对生态环境的破坏；以经济承受力为前提，尽可能以技术和资金替代不可再生资源的占用，推动交通发展方式向集约型的可持续发展转变；鼓励公共交通，加快铁路、水运发展，提高交通资源利用效率，降低资源占用；树立节约型消费观，加强需求管理，防止对私人交通（小汽车）的过度依赖。

第二章　中国铁路

一　中国铁路40年发展概况

　　40 年来，伴随国家在重大基础设施工程上的投入力度持续加大，铁路网的建设如火如荼。从北国冰雪风光到南国绚丽风情，从西部辽阔边疆到东部沿海河畔，从郑徐高铁、兰新高铁到武九高铁，铁路的触角日益伸进我们生活的每一片土地，切实改变着我们的生活。中国幅员辽阔，铁路的四通八达提高了地区可达性。2006 年 7 月 1 日，世界上海拔最高、里程最长的青藏铁路建成通车。2008 年 8 月 1 日，具有完全自主知识产权的京津城际铁路以350 公里的时速通车；兰新高铁连接了物产丰饶的新疆与中东部地区，新疆的各种诱人的特产，像"吐鲁番葡萄""库尔勒香梨"等丰富的瓜果菜蔬，通过高铁大通道源源不断输送到中东部地区。高铁 350 公里的运营时速创造了高铁时速新高度，北京到上海只需 5 个小时，中午尝北京烤鸭，晚上就能吃到上海小笼包。西成高铁将西安与成都连接起来，只需 3 个小时，就能先吃肉夹馍后吃老火锅。对既有的铁路干线实施了提速改造，时速达 200 公里及以上国产动车组列车大面积开行；快速地发展了铁路重载运输，干线大量开行5000~6000 吨货物列车，大秦铁路大量开行 1 万吨和 2 万吨重载组合列车，运量在 2008 年达 3.4 亿吨，创造了世界铁路重载运输的奇迹。40 年的发展，国家更加注重人文关怀，更多普惠民生之举切实地服务于人民，铁路也在飞速发展中创新服务理念和服务方式，推出一系列科学化、人性化的服务措施，着眼于人民出行的根本需求，为旅客打造一个温馨舒适的"家"。比如列车无线 WiFi 的试点全覆盖，让我们可以利用便捷的网络进行工作、学习；动车组互联网订餐，可以让我们在饿的时候随手点击一下手机订餐 APP，在弹出的网页中尽享沿线美食；大力推进校园机关的"移动售票车"[1]，实施货运列车"门对门"运输服务，精准对接运输平台，为广大货主提供高效的"私人定制"；实现电话、互联网订票的多种组合订票方式，加长互联网订票的预售期。这些便民措施充分释放了改革红利，促进了社会经济发展，取得了良好的经济效益和社会效益。

　　中国铁路在 40 年来实现了跨越式的快速发展，满足了人民生产生活的需求，也推动了国民经济的发展和平稳运行。在铁路发展的过程中，为了推动中国铁路进一步的平稳健康发展，促进企业提升效率，发挥铁路促进国民经济增长的作用，我国也进行了一系列铁路改革，加快我国综合交通运输体系的构建。[2]改革开放以来，我国铁路行业在建设、运营管理、技术创新、运价制定、铁路体制等方面进行了一系列的改革。其中，最为深刻的当属铁路体制改革，即所谓的"铁道部政企分离改革"。2013 年 3 月，国务院将中华人民共和国铁道部撤销，建立了国家铁路局，由国家铁路局进行铁路的发展规划制订以及承担原铁道部行政职责，并组建中国铁路总公司，由中国铁路总公司承担铁道部的企业角色职责。自此，铁路运输指挥由中国铁路总公司统一调度，确保铁路的运营管理安全和保质保量完成运输任务，继续为人民、国家提供安全优质的运输服务。中国铁路总公司以铁路客运运输服务为主营业务，并且实行业务多元化的战略，铁路总公司负责全国铁路运输的调度指挥工作，并且负责经营管理铁路客运货运运输，负责制订和实施相应的

---

① 《移动售票车进校园，暖了千万"学子心"》，东北新闻网，2018 年 1 月 16 日，http://news.nen.com.cn/system/2018/01/16/020315451.shtml。

② 李红昌：《中国铁路体制改革的基本发展方向分析》，《铁道经济研究》2011 年第 4 期。

铁路建设投资计划，并负责相关建设项目的管理以及前期总工作，如图 2-1 所示。

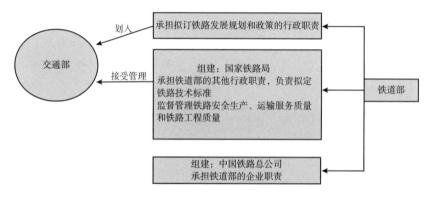

图 2-1 铁路行业"政企分开"体制改革

资料来源：笔者绘制。

铁路大规模建设和铁路行业大刀阔斧的改革为改革开放 40 年来铁路发展所取得的成就奠定了基础。40 年来，中国铁路发展迅速，在营运里程、客运、货运等方面均取得了显著的发展。由《中国铁路发展统计公报》知，截至 2016 年底，全国铁路路网密度为 129.2 公里 / 万平方公里，比上年增加 3.2 公里 / 万平方公里。其中，复线里程为 6.8 万公里，比上年增长 5.2%，复线率为 54.9%，比上年提高 1.4 个百分点；电气化里程为 8.0 万公里，比上年增长 7.4%，电化率为 64.8%，比上年提高 3.0 个百分点。西部地区的铁路营运里程为 5.0 万公里，比上年增加 2230.9 公里，增长 4.6%。由图 2-2 可知，截至 2016 年底全国铁路营运里程达到 12.4 万公里，比上年增长 2.5%。与 1978 年的 5.17 万公里相比，复合增长率为 2.32%。40 年以来，中国铁路营运里程实现了平稳增长。由国家发改委、交通部、中国铁路总公司联合发布的《铁路"十三五"发展规划》中提出，全国铁路营运里程在 2020 年将达到 15 万公里。

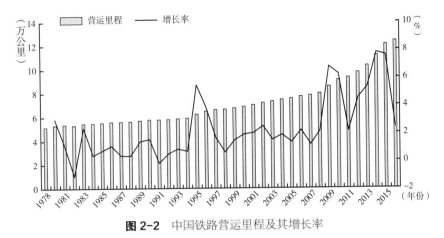

图 2-2 中国铁路营运里程及其增长率

资料来源：中华人民共和国国家统计局编《中国统计年鉴》，http://www.stats.gov.cn/tjsj/ndsj/。

在铁路旅客运输方面，如图 2-3、图 2-4 所示，截至 2016 年底，全国铁路旅客发送量完成 28.14 亿人次，比 2015 年增加 2.79 亿人次，同比增长 11.0%，1978 年，全国铁路旅客发送量仅为 8.15 亿人次，与 1978 年相比，铁路旅客发送量复合增长率为 3.3%；2004 年后，铁路旅客发送量呈高速增长。2016 年底，全国铁路旅客周转量完成 12579.29 亿人公里，比上年增加 618.69 亿人公里，同比增长 5.2%，1978 年，全国铁路旅客周转量仅为 1093.2 亿人

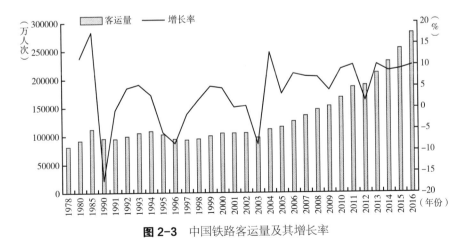

图 2-3 中国铁路客运量及其增长率

资料来源：中华人民共和国国家统计局编《中国统计年鉴》，http://www.stats.gov.cn/tjsj/ndsj/。

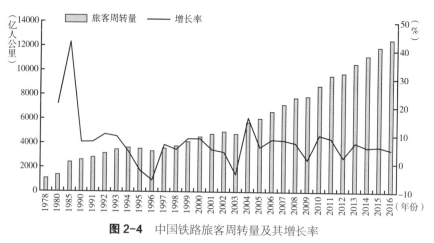

图2-4 中国铁路旅客周转量及其增长率

资料来源：中华人民共和国国家统计局编《中国统计年鉴》，http://www.stats.gov.cn/tjsj/ndsj/。

公里，旅客周转量复合增长率为 6.6%，2004 年的铁路旅客周转量增长率最高，为 16.17%。

货物运输方面，如图 2-5、图 2-6 所示，截至 2016 年底，全国铁路货运总发送量完成 33.32 亿吨，比上年减少 0.26 亿吨，下降 0.8%。1978 年，全国铁路货运总发送量为 11.01 亿吨，铁路货运发送量的复

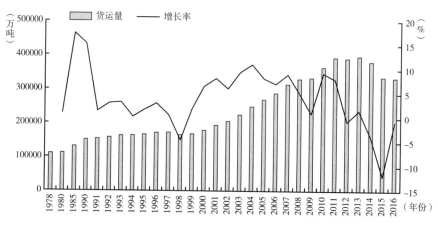

图2-5 中国铁路货运量及其增长率

资料来源：中华人民共和国国家统计局编《中国统计年鉴》，http://www.stats.gov.cn/tjsj/ndsj/。

图 2-6 中国铁路货物周转量及其增长率

资料来源：中华人民共和国国家统计局编《中国统计年鉴》，http://www.stats.gov.cn/tjsj/ndsj/。

合增长率为 2.96%。2004 年，铁路货运发送量增长率达 11.05%。到 2015 年、2016 年，铁路货运发送量略有下降。2016 年底，全国货物周转量为 23792.26 亿吨公里，同比增加 0.16%。1978 年，货物周转量为 5345.2 亿吨公里，货物周转量复合增长率为 4%。2004 年货物周转量增长率达 11.84%。

截至 2016 年底，如图 2-7 所示，全国铁路固定资产投资完成 8015 亿元，2000 年，铁路固定资产投资仅为 672.2 亿元，相比 2000 年复合增长率为 16.75%。投产的新线达 3281 公里，其中高速铁路为 1903 公里。

40 年来，随着经济的快速发展和改革进程的不断推进，铁路发展迅猛，人民出行得到了极大的便利，铁路的发展离不开铁路车辆、车站的建设发展、技术进步，以及铁路的体制改革和对区域经济的推动作用。车辆是铁路运输的载体，车站是客运、货运的重要枢纽，铁路的发展离不开载体及枢纽的发展升级；科学技术的快速发展是经济发展的重要助推力，铁路技术发展也是铁路发展的重要推力，铁路发展过程中有着几个举世瞩目的技术进步，如铁路电气化改造、建造青藏铁路、发展建造重载铁路、铁路大提速等。铁路的体制改革也为铁路改革发展注入了新活力。

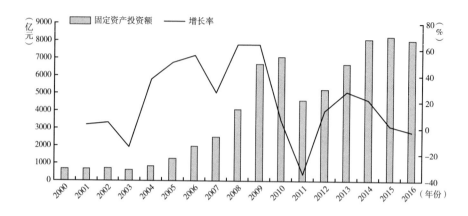

图 2-7 中国铁路固定资产投资额及其增长率

资料来源：中华人民共和国国家统计局编《中国统计年鉴》，http://www.stats.gov.cn/tjsj/ndsj/。

二 中国铁路40年车辆、车站发展

铁路车辆和车站作为铁路运输的载体和枢纽，是铁路重要的基础设施，从绿皮火车到现在的高速动车组，从小小的破旧的车站站台到现在功能齐全、现代化的车站，车辆、车站的发展是中国铁路发展的重要组成部分。

（一）铁路车辆

铁路车辆是运送货物、旅客的承载工具。按用途的不同，铁路车辆可以分成铁路货车、铁路客车两个大类。由《中国铁路发展统计公报》知，截至2016年底，全国铁路机车拥有量为2.1万台，比上年增加87台，其中，内燃机车占41.8%，比上年下降0.9个百分点，电力机车占58.1%，比上年提高0.9个百分点。全国铁路客车的拥有量为7.1万辆，比上年增加0.3万辆。其中，动车组拥有2586个标准组20688辆，同比增加了380个标准组3040辆。全国铁路货车拥有量为76.4万辆。

1. 铁路货车及类型

货物运输是铁路运输中不可或缺的重要组成部分，铁路货车即铁路上用来载运货物的车辆。铁路货车根据用途的不同，有通用货车和专用货车之分。常见的铁路货车主要有棚车、敞车、罐车、平板车等。改革开放 40 年以来，随着我国铁路运输事业的快速发展，铁路货车的种类和技术也实现了快速发展。

铁路货车根据其建造结构和运送材料的不同分为以下几类。①

（1）敞车。敞车是铁路货运中最常见和主要的车型之一，是装运煤炭、木钢材、建筑材料等一系列货物的铁路货运列车，它能够满足人工装卸的要求，可以进行翻车机等机械化卸车作业，也可以满足解冻库的要求，敞车具有很大的通用性，在货车组成中数量最多。

通用敞车。改革开放 40 年以来，为了适应铁路运输的快速发展，提高敞车的载运能力和载运性能，技术人员对敞车的性能进行了多次的优化改良。1976 年以前，敞车的类型大多是 C50 型，从 1976 年开始，C50 型敞车停止生产，大批生产 C62M 型敞车，1980 年以前，C65 型、C62 型、C62M 型敞车成为我国的主型敞车。1980 年，将 C62M 车体主要部分的钢架木衬改为全钢结构，C62M 型升级为全钢结构 C62A 型敞车，升级后的敞车坚固耐用。1986 年，为了进一步提高敞车的使用年限，提高质量，延长回厂返修的周期，将 C62A 型敞车的一些主要零部件改为耐候钢，升级后的敞车为 C62B 型。1988 年，引进了国外的新制动技术，采用了新型转向架 8A，在 C62A 型敞车的基础之上，对侧墙、端墙进行了改造，升级为 C64 型，成为当时铁路货运主型通用敞车。2000 年以后，该车型先后进行了转 8G、转 8AB 完善改造，改造后铁路货车定型为 C62AT 和 C62BT 型敞车。后又进行了转 K2 改造，该铁路货车定型为 C62AK 和 C62BK 型敞车，改造后最高运行速度达到了 120 公里 / 小时。2005 年，我国完成了载重 70 吨的新型通用敞车工作图设计、小批量

---

① 朱光华、高峰:《铁路货车类型与运用（一）》,《铁道知识》2016 年第 6 期。

试制及各项性能试验工作，同年进行了生产，该车型为 C70 型（见图 2-8），载重 70 吨。此后，又进行了一系列的容积改进设计。在既有 C70 型敞车车体长度、宽度不变的情况下，进行车体加高、增加容积，定型为 C70E 型通用敞车。

图 2-8 C70 型敞车

专用敞车。专用敞车主要用于运送煤、钢材、矿石等。1982 年，为了提高货物列车牵引总重，适应翻车机卸车的要求，研制了载重 61 吨的 C61 型敞车作为大秦线运煤专用敞车。该车在 C62A 型敞车基础上缩短车体，采用双侧柱和加强上侧梁的侧墙结构，装用大容量缓冲器。将钢板材料升级成耐候钢，从此该车制造质量达到了一个新的水平。1998 年，我国又研制了 C76A、C76B、C76C 型的全钢运煤专用敞车，具有 25 吨轴重。这种型号的敞车能够最大限度地利用货车的下部空间，降低重心和自重，并且，在车体的底部形成一个圆弧底结构，能够增大装载重量和物体容积。2005 年，我国又研发了不锈钢的运煤专用敞车 C80 型（见图 2-9）。该车采用不锈钢新材料以及相应新技术，攻克了铁素体类不锈钢新材料开发和焊接工艺难题。

C80 型不锈钢运煤敞车与货物接触的侧、端墙主要型材、板材及地板采用不锈钢，较好地解决了墙板、地板腐蚀的问题，保证了铁路货车在寿命期内的使用性能。

图 2-9　C80 型专用敞车

（2）棚车。棚车（见图 2-10）也是我国铁路货物运输中常见的货运车辆，具有地板和车顶，主要用于运送贵重货物以及不能日晒雨淋的货物。有的在车内安装火炉、烟囱、床板等，必要时可以运送人员和牲畜。1974 年我国自主研制了 P61 型棚车，但该型号的棚车由于结构的问题不利于机械化的装卸作业，因此，在 1979 年，我国升级改造了 P61 型棚车，研发了 P62 型棚车，对牵引梁、车窗进行了升级改造。

1987 年，又将 P62 型棚车主要材料改用为耐候钢材，升级为 P62N 型棚车。该车先后进行了转 8G、转 8AG 提速改造、转 8B、转 AB 完善改造和转 K2 提速改造，改造后铁路货车定型为 P62T 和 P62NT 型棚车，装用转 K2 型转向架的铁路货车定型为 P62K 和 P62NK 型棚车。1993 年，又研发了使用内衬结构的 P64 型棚车。2001 年，我国进行了货车新材料、新工艺、新技术的研发，当年研发出 P64GK 型棚车。2005 年，我国又升级改造了转向架，研发

图 2-10　棚车

出 P70 型棚车。

（3）平车。平车（见图 2-11）也是我国铁路货物运输中的常见车辆，平车主要用来运送体积重量很大的货物，如钢木材、机械设备等。有一些平车上加装了活动墙，此类平车就可运送矿石、沙土等大重量的散粒货物。我国在 1970 年研制了 N17 型平车，该车加大了集载能力，设有活动侧门，可以运输散粒货物。1988 年，我国对 N17 型平车进行了进一步的研发改造，加装了闸调器，升级为 N17G 型平车。2001 年进行了提速改造，升级为 N17T 型平车。目前国内使用的主要平车是 N17 系列平车。此后，我国又进一步研制了 NX70（H）型、NX70A 型共用平车。

图 2-11　平车

2. 铁路客车及类型

铁路客运是我国铁路运输中的重要组成部分，截至 2016 年底，全国铁路旅客发送量完成 28.14 亿人次，与 1978 年的 8.15 亿人次相比，复合增长率为 3.3%；全国铁路旅客周转量完成 12579.29 亿人公里，与 1978 年的 1093.2 亿人公里相比，复合增长率为 6.6%。铁路客车作为铁路客运中的承载工具，在铁路客运中扮演重要的角色。铁路客车又分为旅客运送、旅客服务和特殊用途三种车辆。中国铁路客运车辆经过改革开放 40 年的快速发展，通过引进创新，大力研发，目前已经初步形成了普速车辆和动车组齐头并进的局面。其中普速客运车辆主要分为 120 公里 / 小时、140 公里 / 小时、160 公里 / 小时三种速度类型，动车组分为 250 公里 / 小时和 350 公里 / 小时两种速度类型。

（1）普速客车。我国现有普速铁路客车数万辆，数十种型号，目前得到广泛使用的有 22B 型、25B 型、25G 型、25K 型和 25T 型等几种。22B 型客车是由 22 型客车改进而来，该型客车车体长 23.6 米，构造时速可达 120 公里，无空调安装。目前主要运用于各铁路局的管内普客、普快列车和春运临客上。此后，我国又总结了各种 22 型客车型号的设计技术经验，在此基础之上，研发了非空调式客车 25B 型。1994 年，25B 型客车全面投产。25B 型客车车体长达 25.5 米，最高时速达 120 公里，该型客车主要有长途普快列车和无空调的快速列车。此后，又将 25B 型升级为加装空调的 25G 型客车。目前，25G 型客车是所有客车中数量最多、使用面积广泛的普速客车，主要运用于新型空调快速列车和一些有空调的普快列车上。1996 年，我国研发生产了 25K 型客车，该型车辆是快速空调客车，最高时速可达 140 公里。25K 型客车作为我国研制提速客车的试验和过渡产品，已经停产，目前主要运用于新型空调特快列车上。在第五次大提速中，我国又设计制造了 25T 型客车，最高时速可达 160 公里。最初的 25T 型客车引进了加拿大庞巴迪的先进技术，由青岛四方庞巴迪铁路运输设备有限公司（BSP）生产，其后实现了完全国产化。该车型主要运用于直达特快列车和部分特快列车上，是我国目前等级最高的铁路普速客车。[1]

（2）动车组。在中国铁路第六次大提速后投入运用了一批"和谐号"动车组，从此中国铁路客运车辆中增加了一批自带行驶动力的新成员。2004 年起，我国先后向国外制造企业引进购买了高铁车辆技术，CRH 系列动车组就是此时开始引入的。引入后，我国通过"消化吸收再创新"的手段，进行了自我生产研发，高铁动车逐步实现了国产化。例如：由青岛四方庞巴迪铁路运输设备有限公司生产的 CRH1 系列的高铁动车是以加拿大庞巴迪生产的 Regina C2008 型号为基础；由青岛四方机车车辆股份有限公司生产的 CRH2 系列高铁动车组是以日本川崎重工生产的新干线 E2-1000 型动车组为基础；由唐山轨道客车有限责任公司生产的 CRH3C 型高铁动车组则是以西门子生产的 ICE3 型动车为基础；由长春轨道客车股份有限公司生产的 CRH5 高铁动车是以阿尔斯通 Pendolino 型动车组为基础。在引进国外高速列车先进技术后，经过数年自主创新，我国生产出了拥有自主知识产权的 CRH380 系列动车组，主要有 CRH380A、CRH380AL、CRH380B、CRH380BL、CRH380CL 和 CRH380D 几种型号，这些都是 350 公里/小时速度级别的高速动车组。以上各型号动车广泛运用于近年来新建成的 250 公里/小时、350 公里/小时速度级别的客运专线和一些经过提速改造的既有线区间上。

（二）车站

铁路车站，俗称火车站，为铁路客运、货运和铁路列车作业提供场所。按作业性质的不同，火车站可以分为客运站、货运站、编组站以及客货功能兼备的客货运站四种。按照列车作业性质的不同，则可分为编组站、区段站、中间站、越行站和会让站五种。除此之外，火车站按照业务量大小、地理条件是否优越，可以划分为特、一、二、三、四、五等站（见表 2-1）。

---

[1] 盛伟民：《铁路客车》，中国铁道出版社，1984。

表 2-1　各等级车站的特点

车站等级	特点
特等站	日均发送旅客大于 60000 人，办理到达、中转行包大于 20000 件的客运站；日均装卸车大于 750 辆的货运站；日均办理有调作业车大于 6500 辆的编组站
一等站	日均发送旅客大于 15000 人，办理到达、中转行包大于 1500 件的客运站；日均装卸车大于 350 辆的货运站；日均办理有调作业车大于 3000 辆的编组站
二等站	日均发送旅客大于 5000 人，办理到达、中转行包大于 500 件的客运站；日均装卸车大于 200 辆的货运站；日均办理有调作业业车大于 1500 辆的编组站
三等站	日均发送旅客大于 2000 人，办理到达、中转行包大于 100 件的客运站；日均装卸车大于 50 辆的货运站；日均办理有调作业车大于 500 辆的编组站
四等站	办理综合业务，但按核定条件，不具备三等站条件者
五等站	只办理列车会让，越行的会让站与越行站

资料来源：笔者总结整理。

改革开放 40 年来，我国的铁路车站也随着经济发展发生了翻天覆地的变化，具体表现在：枢纽客站的数量增加；铁路客站规模增大，列车开行数量急剧增加，满足了人们日益增加的出行需求；铁路客站的功能逐渐趋于完善，车站建筑造型呈多样化发展，符合现代化的发展需求。

北京站（见图 2-12）40 年来的变化体现了中国改革开放以来车站的发展变化。[1] 北京站建于 1959 年，从建成到运营一共用了不到 8 个月的时间，是国庆十周年献礼工程之一。北京火车站是我国铁路网中最重要的车站之一，是全国铁路枢纽，北京站位于北京市东城区，原北京内城城墙以北、东长安街以南，隶属北京铁路局管辖，为直属特等站。站名由毛泽东亲自题写，当年外宾来访，都会乘火车到北京站。国家领导人外出访问苏联也是从北京站出发。北京站建成 50 多年来，见证了中国铁路的变迁。

1978 年后的 40 年间，北京站也经历了天翻地覆的改变，如进行了客运服务的现代化改造，建立了微机制票、电视监控系统、无线通信系统、自动广播系统、自动查询系统、自动检票系统和计算机管理系统等现代化管理系

---

[1]　郑健：《我国铁路客站规划与建设》，《铁道经济研究》2007 年第 4 期。

图 2-12 改革开放初期的北京站

统。1998 年至 1999 年，北京站在北京市以及铁道部的指挥下，进行了抗震加固大修改造的工程，实现了"风格依旧、面貌一新、功能齐全、科技领先"的构想。此后，北京站又引进、开发和使用科技新项目多项，包括中央空调系统、自动喷淋消防系统、客运引导揭示系统、客运多功能广播系统、电脑问询及闭路电视监控系统、多媒体触摸查询系统、自动检票系统、自动售票机等，满足了旅客的各种不同需求。

2008 年北京奥运会前夕，北京站挂上英文站名 "Beijing Railway Station"。2016 年，北京站启用自助验票通道，是全国首批启用自助验票通道的车站，乘客可以仅持二代身份证和蓝色车票"刷脸"进站。这是北京火车站范围内首次使用脸部识别验证验票，机器比对将比人工识别更加准确，真正做到票、证、人合一。目前，北京站每天发送列车 455 趟，比 1978 年的 34 趟增加了 12 倍左右，2017 年的北京站见图 2-13。

2008 年，北京又建立了北京南站（见图 2-14）。北京南站是目前已建成铁路客站中规模最大、先进技术运用最多、现代化程度最高的一座客站。它

图 2-13 2017 年的北京站

图 2-14 北京南站

是功能逐渐完善、建筑造型多样化、适应时代发展要求的客站建设代表。北京南站的四大明显特点如下。

（1）利用了大跨度、高空间的建筑结构。北京南站设计采用了大跨度的钢架结构、悬垂梁、A 型塔等一系列的建筑建造先进技术，房屋空间宽敞通透，增强了车站的通透性与方向感，提升了旅客的舒适度。

（2）绿色环保设施。北京南站的主要环保优势在于其节能、节电、节地的特征。节能方面，北京南站建设使用了热电冷三联供＋污水源热泵节能环保技术，使天然气的一次能源利用率从 35% 提高到了 85% 以上。节电方面，车站中央候车厅屋面采用了超大面积的玻璃穹顶，隔层地面都做了局部透光处理，可以将自然光直接引入高架候车室和站台层，同时在中央站房屋面铺设了太阳能板，年发电总量约为 18 万千瓦时。在节地方面，站房采用重叠复合的五层立体式布局，将检票口、停车场、地铁站台、车站广场等内置到火车站内，节省了大量的土地。

（3）多种交通方式于一体，接驳方便。北京南站建筑设计将地铁和市郊铁路引入车站内，乘客在铁路车站内便可方便换乘地铁、市郊铁路、公交、出租等接驳车辆。符合北京市的总体规划要求。北京南站目前已经成为国内领先的大型综合交通枢纽。

（4）服务设施人性化。车站共设有 113 部电梯、84 个人工售票窗口、32 台自动售票机、80 台进出站自动闸机，减少了旅客排队购票、进站上车的时间。

随着科技的进一步发展，为了方便旅客出行，2017 年，我国有几个车站推出了"刷脸"进站[①]，2017 年 1 月，北京西站也开通了人脸识别验票系统，网友亲切地称其为"刷脸"进站，人脸识别验票系统的优势在于速度快，每个人的通行时间在 3~6 秒，并且能够节省大量的检票人力，为旅客提供了便利。比起传统的靠工作人员识别放行，这些机器最大的优势在于节省人力，而且方便快捷。"刷脸"进站开启了我国铁路检票服务的新时代。目前，我国开通"刷脸"进站的铁路车站有北京、上海、广州、郑州、太原、武汉、南昌、西安、长沙站等。

三　中国铁路40年技术创新

（一）电气化改造

电气化改造，是指将非电气化铁路改造转化成电气化铁路的工程，而电

---

① 《铁总：高铁将覆盖 Wi-Fi，推广刷脸进站》，http://www.sohu.com/a/211270515_630175。

气化铁路是指以电能为主要供能来源运行货车的铁路，电气化铁路的沿线都需要配套相应的电气化设备为列车提供电力保障，它包括电力机车、机务设施、牵引供电系统、各种电力装置以及相应的铁路通信设备。电气化铁路的主要优势是运输能力大、运行速度快、能耗低、运行费用低（见表2-2）。

表 2-2 电气化铁路的优势

优势	说明
多拉快跑，提高运输能力	电力机车功率大、速度快，因而能多拉快跑，提高牵引吨数，缩短区间运行时间，从而可以大幅度提高运输能力
综合利用资源、降低燃料消耗	由于电力机车的能源可以来自多方面，因而可以综合利用资源，即使在纯火力发电的情况下，电力机车总效率也可达25%左右，为蒸汽机车的四倍多
运输成本低、劳动生产率高	电力机车构造简单，工作稳定可靠，检修周期长，维修次数少，可以节省成本和人力。电力机车不需要添煤、加水和加油，整备作业少，宜长交路行驶，因而可以少设机务段，乘务人员和运用机车台数相应减少。所以运输成本低，劳动生产率高
劳动条件好、环境友好	电力属于二次能源、清洁能源，由于电力机车无煤烟，乘务员和乘客都不会受到有害气体的侵害，对保护沿线的环境有重要的意义

资料来源：笔者总结。

电气化的铁路伴随着电力机车的出现应运而生，电气化铁路需要持续的供电来驱动车辆。经历了半个世纪的发展，中国的电气化铁路超越了电气化铁路发达国家，100多年来，电气化铁路经历了从无到有、从恒速到高速、从低吨位到重载的飞跃。

如图2-15、图2-16所示，截至2016年末，中国电气化铁路总里程已达8万公里，相比1980年的0.17万公里，复合增长率为11.3%。1980年，铁路电气化率仅为3.28%，而2016年，铁路电气化率已达64.8%，位居世界第一位。预计到2020年，我国铁路的电气化里程、电气化率将分别达到9.38万公里、65.5%。

1. 铁路电气化40年发展历程

中国第一条电力铁路宝成路段于1961年8月正式交付作业，全长93公

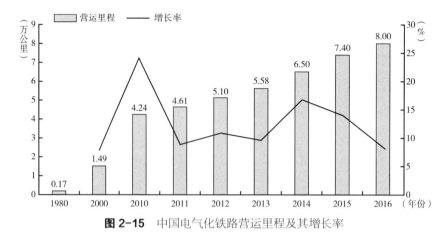

图 2-15 中国电气化铁路营运里程及其增长率

资料来源：国家统计局，http://www.stats.gov.cn/。

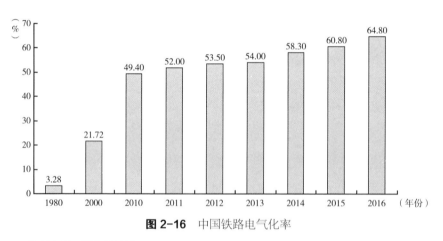

图 2-16 中国铁路电气化率

资料来源：国家统计局，http://www.stats.gov.cn/。

里。后来由于国民经济暂时遇到困难，基建前线缩短，加之人们对电气化铁路在提高运力和促进当时国民经济发展中的重要作用认识不足，我国刚刚起步的电气化铁路建设停了下来。到了 1968 年，为了加速大西南的建设，沟通西南地区与全国的物资交流，宝成铁路凤州至成都段的电气化工程又重新进行建设，经过建设者们 7 年的艰苦奋战，1975 年 7 月 1 日，宝成电气化铁路终于全线建成通车，全长 676 公里，是我国铁路建设史上的重大里程碑。铁道部于 1977 年制定了"内电并举、以电为主"的技术政策，自此，随着改革开放的步伐，中国电气化铁路建设也实现了有计划的发展进步。1978 年十一届三中全会，确定了将工作重点转移到社会主义现代化建设上来，尤其是改革开放，大大拓展了铁路电气化的发展空间。1978 年 3 月石太线石家庄至阳泉段、1979 年 10 月陇海线宝鸡至天水段、1980 年 4 月成渝线成都至资阳段相继动工修建，电气化铁路的建设速度逐年加快，建设规模也逐步扩大，从在一条线、一个区段内施工，发展到了同时在几条线上施工，而且电气化铁路开始由山区铁路向运输繁忙的煤运通道发展，由单线电气化向复线电气化发展。1980 年，电气化铁路总长 1679.6 公里，电气化率为 3.28%。

改革开放后，电气化铁路建设加快了步伐。"六五"期间修建了电气化铁路 2507.53 公里，"七五"期间修建了 2787.10 公里，"八五"期间修建了 3012.21 公里，"九五"期间修建了 4783.77 公里，而且建成了我国第一条时速 200 公里的广深准高速电气化铁路，建设速度一年比一年快，建设规模也一年比一年大。"十五"期间，我国电气化铁路建设步伐进一步加快。2001 年一年就建成了电气化铁路 2652.40 公里，如果加上株六铁路复线娄底至六盘水段 873 公里和广深铁路第三线 140 公里，建成的电气化铁路里程达 3665.40 公里，建设速度创造了世界电气化铁路建设史上的最高纪录。2002 年又建成了电气化铁路 1193.12 公里，还建成了我国第一条快速客运专线——秦沈电气化铁路。截至 2002 年底，我国已建成了 41 条电气化铁路干（支）线，电气化铁路建设里程达到了 18615.73 公里，已经超过了日本、印度，跃居亚洲第一位、世界第三位，成为世界电气化铁路大国。[①]"十一五"期间，建成京津城际铁路，京津城际铁路是我国第一条时速达 250 公里的高速电气化铁路，全程 120 公里，运行时间 30 分钟，是中国电气化铁路建设史上的一个新的里程碑。截至 2016 年底，中国电气化铁路总里程已达 80000 公里。

---

① 《我国电气化铁路突破两万公里》，《铁道机车车辆》2006 年第 3 期。

2. 电气化改造中关键技术

在中国铁路电气化改造的过程中，主要有两项关键的核心技术。[1]

（1）牵引供电系统。电气化牵引供电系统是指从电力系统得到电能，通过变流、变相或换流后，向电力机车提供所需的电能，并完成电能传输、配电等功能的完整系统。电气化牵引供电系统是电气化改造中的核心技术之一。

（2）供电制式。在世界电力牵引发展的今天，电气化铁路供电系统已经从低压直流、三相交流、单相低频交流向单相工频交流演变。中国电气化铁路一开始就选择了先进的单相工频交流供电系统，单相工频交流的供电制式能够直接从具有巨大容量的电力系统中获取电能，不需要在牵引变电所内设置整流和变频设备，又能以较高的电压向电力机车供电，因而大大简化了牵引变电所的供电设备，增大了牵引变电所之间的距离，缩小了接触导线的截面，减少了电能损失，降低了建设投资和运营费用，避免了重走世界各国先直流后交流、先低压后高压的发展老路，避免了交流与直流接轨的技术难题，为我国电气化铁路的发展打下了良好的基础。而近年来，由于各国铁路运量急剧增大，行车速度不断提高，逐渐向高速、重载、大密度发展，自耦变压器供电方式得到了极大的发展，我国的京秦、大秦、郑武铁路都采用这种供电方式。

（二）高原铁路

1. 高原铁路建设成就

顾名思义，高原铁路是指在高原地区进行建设运营的铁路。最为著名的高原铁路是家喻户晓的青藏铁路。青藏铁路，是世界上海拔最高的高原铁路。青藏铁路第一期完工的线路是自1958年开工建设，1984年投入运营，从西宁至格尔木，全长814公里的线路；青藏铁路第二期完工的线路是2001年开工，2006年建成通车，从格尔木至拉萨，全长1142公里的线路。格尔木至拉萨段有550公里长的冻土地段，以及占线路总长近90%的海拔4000米以上的地区，

---

[1] 周建：《中国电气化铁路技术发展的思考》，中国轨道交通建设与装备技术发展高层论坛暨世界轨道交通发展研究会年会，2010。

格拉段海拔最高点为 5072 米。

　　青藏铁路的建设过程中，攻克了三大高原铁路建设难题（高原缺氧、多年冻土、生态脆弱）。[①]青藏铁路开通以来，冻土工程安全稳定，运营平稳有序，没有对生态环境造成破坏。青藏铁路为西藏地区的发展注入了巨大的活力，2006 年青藏铁路开通当年，西藏经济增长 13.2%，增幅最高，人均 GDP 突破万元（见图 2-17）。

图 2-17　百年高原行，天堑变通途

---

① 刘兰华、李耀增、康锋锋：《高原地区铁路建设生态恢复技术初探——以青藏铁路格唐段为例》，《水土保持研究》2007 年第 1 期。

2. 高原铁路建设的关键技术

（1）高原冻土技术。[①]冻土是一种对温度变化反应剧烈的土体。在冬季，冻土十分坚硬，并且，随着温度的降低，体积会发生巨大的膨胀，在这种情况下，冬季的冻土会对上层的路基产生向上的作用力。在夏季，随着温度升高，冻土逐渐融化，体积会变小，这样就会使上层路面发生沉降，冻土的这种特点，很容易导致路面路基的下沉、塌陷、变形、破裂等后果。冻土问题，是青藏铁路建设中的核心技术问题之一。

青藏铁路建设中采用的冻土技术如下。[②]

片石气冷措施。片石气冷措施主要是在路基上铺设具有一定厚度的片石，铺设的片石上层和下层温度不一样，所以，片石层内会产生空气对流，从而产生热交换作用。所以，片石层的铺设有利于路基底层的热量散发，能够降低地面温度，保护冻土层。青藏铁路的建设铺设了 1.5 米左右厚度的片石层，此外，以桥梁跨越特殊不良冻土地段，全线冻土区段桥梁总长 120 公里，占冻土区段线路长度的 21.8%。全线片石气冷路基总长 116 公里，占冻土区段线路长度的 21%。全线采用热棒措施的路基总长 30.3 公里，占冻土区段线路长度的 5.5%。在路基内埋设通风管，降低冻土层温度，提高冻土稳定性，冻土路基、桥梁和隧道结构稳定、线路平顺，绝大多数观测点冻土路基年沉降小于 2 厘米，列车运行速度达 100 公里 / 小时，高原机车采用 NJ2 型，能提供氧气、防止紫外线以及高原低气压。

碎石（片石）护坡措施。在路堤的一侧或两侧堆积碎石或石板，形成护坡或护栏。砾石（板石）边坡防护能够使空气在一定的温度梯度作用下产生对流。空气对流强、热交换有利于底部的热量保护，暖季砾石在空气对流中减弱，屏蔽热效应入地，从而提高了寒冷季节的地层冷却，减少了热量的传递，在温暖的季节达到降低地温、保护冻土的效果。文献表明，1~1.5 米砾石护坡

[①] 尹国安、牛富俊、林战举、罗京、刘明浩、李安原：《青藏铁路沿线多年冻土分布特征及其对环境变化的响应》，《冰川冻土》2014 年第 4 期。

[②] 冉理：《青藏铁路多年冻土工程的探索与实践》，《铁道工程学报》2007 年第 1 期。

厚度有较好的降温效果。通过改变路基边坡的护坡厚度，可以调整路基温度场的不平衡，对解决多年冻土路基边坡变形引起的不均匀变形起着重要的作用。

通风管措施。水平路基埋在路基的底基内，冬季管道内的冷空气对流增强了路基填土的散热性，降低了地温，提高了冻土的稳定性。现场试验研究表明，通风管道应设置在路基下部不小于 0.7 米处，其间距不超过 1.0 米，直径 0.3~0.4 米。通风管道的冷却效果受管径、风向和管内积雪的影响，管内的热量，特别是管内热空气的夏季对流，对冷冻土的使用有一定的限制。青藏铁路部分地段具有建设通风管道基础。

（2）生态恢复技术。青藏铁路建设工程中，很容易因为铁路建设而破坏沿线的生态环境，例如，征占用地、破坏沿线植被，扰动、改变地表的结构，可能会对脆弱的生态系统造成破坏，导致荒漠化的形成。青藏铁路建设过程中，可能还会影响野生动物栖息和生活场所，破坏野生动物的生活规律。青藏铁路的建设由于对河谷地区的切入，会影响生态用水，采砂作业对河道的堵塞也会影响生态用水的补给，易在高原地带形成荒漠化。在这样的背景下，我国生态专家进行了研究和实践，实施了建设过程中对高原生态系统保护的措施，主要应用了植被防护恢复技术、野生动物保护手段和生态用水阻隔防护等技术，实现了对高原地区生态环境的保护。

（三）重载铁路

1. 重载铁路发展历史

重载铁路是指用于运载大宗货物的运输量大于 5000 吨、总重 1 万～2 万吨、轴重 25 吨以上、年运量 2 亿吨以上的铁路。重载铁路的优点在于运输效率极高。美国是世界铁路运输史上首次开行重载铁路的国家，美国重载铁路开行于 20 世纪 60 年代。20 世纪 80 年代后，随着高新技术的广泛应用，运能大、效率高、成本低、能耗小的重载运输得到世界广泛认可，发展迅猛。[1]

---

[1] 钱立新：《世界重载铁路运输技术的最新进展》，《机车电传动》2010 年第 1 期。

我国重载铁路从 20 世纪 80 年代开始迅速发展。在 30 年的时间里，中国重载铁路取得了举世瞩目的成就。1984 年，中国首先选择晋煤外运的北通道——丰沙大线作为试点，试验开行了双机牵引 7400 吨的重载组合列车。20世纪 80 年代中期至 20 世纪 90 年代初，中国分三期修建了第一条双线电气化重载运煤专线——大秦铁路，开行重载单元列车。在此期间，中国铁路中的京沪、京广、京哈三大干线也相继开行了 5000 吨级重载列车。2002 年，全国铁路日装车需求量最高达到 30 万辆，铁路全力确保国计民生重要物资运输，日装车也只能满足 1/3。2004 年铁道部颁布《铁路主要技术政策》，明确货物运输重载化是我国铁路技术的发展方向，首次提出运煤专线可开行 1 万吨或 2万吨的重载货物列车。从 2006 年开始大秦线开通了 2 万吨的组合列车，23 吨轴重的通用货车在全铁路线推广使用。自此，我国重载铁路运输已形成两种主要模式。一是在大秦线及其相邻重载铁路线上开行 1 万吨的单元列车以及1 万吨和 2 万吨的组合重载列车。二是在一些铁路干线如京广、京沪、京哈、陇海等线路上开行 1 万吨的整列式重载列车。大秦铁路是中国建造的第一条电气化重载运煤专线，1992 年底通车，2002 年运量达 1 亿吨。为最大限度发挥大秦铁路作用，有效缓解煤炭运输紧张状况，2004 年起，铁道部对大秦铁路实施持续扩能技术改造，大量开行 1 万吨和 2 万吨重载组合列车，全线运量逐年大幅度提高，2008 年运量突破 3.4 亿吨，成为世界上年运量最大的铁路线。2010 年 12 月 26 日，大秦铁路运量达到 4 亿吨，是最初设计运量的4 倍。

2. 重载铁路主要技术

重载铁路发展过程中有以下几个核心技术。[①]

（1）径向转向架技术。大功率交流传动内燃机车和电力机车使用径向转向架已经成为国际上重载机车发展的趋势。大型径向转向架技术在加拿大和澳大利亚已经变得越来越成熟，大型公司生产的机车径向转向架的轮毂转角比

---

① 康熊、宣言：《我国重载铁路技术发展趋势》，《中国铁路》2013 年第 6 期。

传统转向架减少了 75%，有效地减小了两者之间的横向力，从而能够减少轮轨和轨道的磨损和阻力，提高运行的稳定性，使机车车轮使用寿命延长 10%。

（2）重载铁路制动技术。近年来，微电子等微机控制的技术得到了快速的发展，一些发达国家如美国、日本等开发了用于铁路货车的电空制动装置。该装置能够直接利用计算机控制列车中的每一节货车的制动缸，利用电信号来传递列车的制动和缓解的信号，从而能够大大缩短列车制动缓解时间，保证了重载铁路每辆车制动缓解作用的一致性，并且该制动技术的使用可以提高重载列车运行安全性，目前，中国已经掌握了核心重载铁路制动技术，并且已经达到国际先进水平。

（四）节能减排

1. 铁路与节能减排

节能减排是我国的一项重要国策，节能减排的目的是节约能源，减少化石燃料的消耗，从而减少污染物的排放以及对空气的污染。节能减排国策是在 2006 年提出的，具体内容为：截至 2010 年，和 2005 年相比，单位 GDP 能耗比降低两成、主要污染物的排放量至少减少一成。

铁路是国家重要基础设施、国民经济大动脉和大众化交通工具，具有运力强大、节约资源、环境友好、运输成本低的优势。根据《中国统计年鉴》，2016 年，国家铁路单位运输工作量能耗仅为公路的 10.3%、民航的 7.1%、管道的 16.7%，与水运基本持平。由《中国铁路发展统计公报》知，截至 2016 年，国家铁路能源消耗折算标准煤 1591.60 万吨，比上年增加 14.25 万吨，增长 0.9%；单位运输工作量综合能耗为 4.71 吨标准煤 / 百万换算吨公里，基本与上年持平；单位运输工作量主营综合能耗为 4.15 吨标准煤 / 百万换算吨公里，与上年相比，仅增加 0.08 吨标准煤 / 百万换算吨公里；铁路化学需氧量排放量为 1965 吨，比 2015 年减排 41 吨，降低了 2.0%；二氧化硫排放量为 23924 吨，比上年减排 3851 吨，降低了 13.9%；铁路绿化里程达 4.57 万公里，比 2015 年增加了 0.12 万公里。因此，大力发展铁路，能够减少交通运输的能源消耗，能够加快节能减排的步伐，实现低碳经济。[①]

国家推行节能减排政策后，铁路部门相继出台了各种实施意见以及设计规划等，如《铁路做好建设节能型社会和加快发展循环经济的实施意见》、《关于加强铁路节能工作的实施意见》、《铁路工程节能设计规范》、《铁路"十一五"规划》、《铁路"十一五"环境保护规划》和《铁路"十一五"节能和资源综合利用规划》等，这些规划和意见实施贯彻了铁路节能减排的各项细节要求，大力发展了铁路节能减排，为国家做出了贡献，发展了低碳经济。

2. 铁路节能减排中的技术应用

（1）节能技术。运输节能技术的表现在于，在相应的运输范围内，对运输路径进行优化，最大化地运用运输能力，在货运方面，将货运机车与牵引吨位进行合理的匹配，在规定的范围内，尽可能运输最多重量的货物，提高铁路货运机车的使用效率，从而减少能源的使用。[②]充分利用铁路机车的能源，关注燃油的密度、湿度等指标，并提高电力机车的比例，对铁路客车的空调进行自动化管理，对于制冷制热空调车要注意能源使用，降低能源电力的消耗。铁路内燃机车以及电力机车应当配备轮轨润滑装置，减少轮轨的摩擦和阻力，从而节省能源。内燃机车应采取优化增压器压力、提高最大气缸压力、改善缸内摩擦副、燃料空气混合稀化等技术措施；在气温低的地区，铁路机车应采用燃油自动加温装置。据了解，我国铁道行业如应用淬火钢轨、侧面涂油和钢轨适时打磨，并采用磨耗型车轮、轮轨润滑装置和径向转向架、优化柴油机缸内摩擦副匹配、在润滑油中添加减磨荆等相关技术后，铁道机车车辆的关键摩擦副因减少物耗、能耗和延长使用寿命等，每年直接节约费用约61.26亿元。

（2）节热技术。将传统铁路机车的内燃设备逐步转换为电能、热能联合供能，不仅能够增加热效率，还能够节省能源、减少化石燃料的使用、保护

① 颜菡：《节能减排：经济又好又快发展的突破口》，《济宁日报》2008年6月10日。
② 许红：《铁路电力工程节能减排有关技术措施的研究》，《铁路工程造价管理》2012年第4期。

环境。采用新型的隔热保温材料，减少机车内燃炉表面的散热以降低热能损失。发展推广炉温均匀节能的新型内燃炉型，以及直流电炉技术，可以减少电能的损耗，有利于节约能源。在铁路沿线应当利用节能型炉灶，进行高效节能，推行节能减排。

（3）新能源技术。可以大力开发太阳能，推广使用高效、低成本的中、小型光伏发电系统；积极推广生物质能转化技术。铁路沿线燃料获取困难的单位，可以利用沼气技术取得清洁方便的优质能源，在风力资源丰富的山区或沿海地区，可建立风力发电、柴油发电与太阳能光伏发电联合供电系统，改善铁路沿线和施工单位的用电状况。有条件的地区还可充分利用地热。

（五）铁路提速

1. 中国铁路提速历程

改革开放 40 年以来，随着经济高速发展，中国铁路也经历了 6 次速度的飞跃。1997 年 4 月 1 日，中国铁路经历了第一次大提速，以京广线、京沪线、京哈线三大干线为主，以北上广、沈阳、武汉等城市群为中心进行了全面的提速，开行了共 104 列时速达 140 公里的列车。此次提速，中国铁路客运速度从开始的 48 公里 / 小时提高到了 55 公里 / 小时。中国铁路的第二次大提速是在 1998 年，依然以京沪、京广、京哈三大干线为重点，此次提速后，最高运行时速达到 160 公里，采用了摆式列车的广深线速度高达 200 公里 / 小时，中国铁路客运速度提高到了 55.16 公里 / 小时，有超过 1454 公里的道路时速达到了 140 公里，有 445 公里的道路时速达 160 公里。2000 年，中国铁路进行了第三次大提速，本次提速的干线有京九线、兰新线、陇海线等，不仅将祖国南北的距离缩短，也将东西向的时空距离缩短，不仅给客运、货运带来了方便，也为东西部的经济平衡、西部大开发打开了局面。2001 年，中国铁路实行了第四次大面积提速，并且实施了新的列车运行图，此次提速覆盖了全国大部分的城市和地区，主要提速干线有京九线、京广线南段、浙赣线、沪杭线等，并且此次提速后，对全国列车运行图进行了相应的调整，更加适应了经济社会的发展。2004 年，中国铁路进行了第五次提速，此次提速后，京沪线、京广线、京哈线等干线的部分线路速度可达 200 公里 / 小时，在京广线、京沪线上运行的直达特快列车时速可达 160 公里，中国铁路客运平均速度达到了 65.7 公里 / 小时，全路网有 16500 公里的线路时速达到了 120 公里以上，7700 公里的线路时速达到了 160 公里以上。第六次大提速是在 2007 年进行的，这一年，我国开行了 52 对时速 200 公里以上的高速动车组，中国高铁 CRH 出现在世人的目光中。自此，京九、沪昆、武九等干线时速达到 200 公里以上，京哈、京沪、京广、秦沈等线路最高时速达到了 250 公里。2008 年 8 月 1 日，中国第一条高速铁路京津城际铁路的开通，标志着我国进入了高铁时代。

2. 铁路提速中运用的技术

在 6 次全国铁路大提速的过程中，中国取得了 8 个方面的创新技术成果，我国掌握了既有线路提速等级设计、施工、制造、试验、运营、管理和维修的成套系统集成技术，形成了既有线路提速 200 公里 / 小时技术标准体系。在工务工程方面，路基、桥梁、检测、评估、加固等措施达到了预期效果。轨道部分首次研制了 18 号有砟道岔（直向通过速度为 250 公里 / 小时），铺设了自主研发的适用于高速、重载运输的 PD3 钢轨、Ⅲ 型轨枕、一级道砟，正线全部采用超长无缝线路。中国铁路客运专线在技术上也取得了一系列重要成果。比如，我国首次开发应用了 CTCS--2 列控系统（列车运行控制系统），该列控系统能够解决多种类型列车高密度的混合运输、动车跨线运营、系统设备互联互通等技术难题。在通信方面，首次采用 GSM-R 系统和新型额度机车综合无线通信设备。在 200 公里 / 小时的等级线路上实现了调度通信和承载业务分组数据通信。在调度集中系统方面，我国首次在繁忙的铁路上采用分散自律的调度集中系统，该系统能够对列车运行进行直接指挥和远程控制。动车组的制造和批量投入运营为铁路提速提供了新的动力。在列车交会方面，首次全面验证了 4.4 米线间距条件下，动车组以 250 公里 / 小时速度交会的安全性以及与 160 公里 / 小时及以下旅客列车、120 公里 / 小时货物列车交会的安全性。

四　铁路行业企业40年发展

中国铁路 40 年的发展，离不开基础设施（车辆、车站）的发展，离不开技术创新带来的助推力，在这个过程中，铁路建筑企业、铁路机车制造企业为中国铁路的发展做出了巨大贡献。

（一）铁路建筑企业40年发展

中国铁路发展过程中，离不开自己国家的努力建设和技术创新，这就要求有优质的企业进行不断的创新建设，我国铁路建筑代表企业主要有中国中铁、中国铁建。

（1）中国中铁。中国中铁股份有限公司，是一家成立于 1950 年 3 月，集基建建设、勘察设计与咨询服务、工程设备和零部件制造、房地产开发、铁路和公路投资及运营、矿产资源开发、物资贸易等业务于一体的多功能、特大型企业集团，也是中国和亚洲最大的多功能综合型建设集团。[①]

成立 60 年来，中国中铁先后修建了 77925 公里的铁路，占全国铁路总里程的 2/3 以上；建成电气化铁路接触网 52894 公里，占全国电气化铁路的 95%。公司参与过国内所有主要铁路的建设，其中包括青藏铁路、大秦铁路、成昆铁路和京九铁路等。截至 2016 年底，成功参与铁路建设 100 多条，承建的新建、扩建和改建的铁路总里程超过 50000 公里，

（2）中国铁建。中国铁建股份有限公司成立于 2007 年 11 月 5 日，是我国基建行业龙头企业，是中国最大的铁路设计和建设企业，参与建设了我国所有的大型铁路建设项目，掌握了时速 350 公里高速铁路的设计和修建技术，独立修建铁路里程累计超过 4 万公里，占我国 1949 年以来修建铁路里程的 50% 以上。在国内铁路、公路、轨道交通、市政工程、房建建设和对应勘察

① 中国中铁股份有限公司，http://www.crecg.com/。

设计领域市场中占有率领先。中国铁建海外业务范围遍及全球，在非洲、亚洲、南美洲和欧洲等90多个国家及地区开展基础设施建设。经过多年的发展，公司目前已经拥有科研、规划、勘察、设计、施工、监理、维护、运营和投融资等完善的行业产业链，具备为业主提供一站式综合服务的能力。[①]

中国铁建自2007年成立后，先后参与修建了大秦铁路、青藏铁路（一期、二期）、秦沈高速客运专线、广深准高速铁路、西康铁路秦岭隧道、京沪高速铁路、沪宁城际铁路、成渝铁路客运专线、大秦运煤专用线、秦岭隧道群和2017年底开通的西成铁路等大型铁路建设项目。

（二）铁路机车制造企业40年发展

中国中车是经国务院同意、国务院国资委批准，由中国北车股份有限公司、中国南车股份有限公司按照对等原则合并组建的A+H股上市公司。中国中车承继了中国北车股份有限公司、中国南车股份有限公司的全部业务和资产，是全球规模最大、品种最全、技术领先的轨道交通装备供应商。[②] 受益于国内铁路建设高峰及车辆技术引进，中国中车成立时间不足10年，已经成长为年产值2300亿元的全球轨交航母，在营收方面，中国中车已远远超过庞巴迪、阿尔斯通等竞争对手。2016年，铁路装备业务占公司营业收入的46.53%。中国中车历史沿革见图2-18。

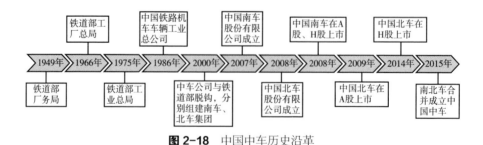

图 2-18 中国中车历史沿革

资料来源：笔者收集并绘制。

---

① 中国铁建股份有限公司，http://www.crcc.cn/。

② 中国中车股份有限公司，http://www.crrcgc.cc/。

　　中国中车生产的铁路车辆主要包括铁路机车、动车组与客车、铁路货车等。

　　在机车生产方面，随着社会进步和铁路发展，中国中车机车经历了从无到有、从弱到强的发展过程，先后走过了蒸汽时代、内燃时代和电力时代三个阶段（见图 2-19），形成了直流传动、交流传动两大主要平台，覆盖了窄轨、标轨、宽轨各系列产品，全面搭建并掌握了机车总成、车体、转向架、牵引电机、牵引变流器、牵引变压器、网络控制系统、制动系统、驱动装置 9 大核心技术。特别是在近十年中国铁路装备现代化高速发展的推动下，在国家及原铁道部的组织下，通过技术引进、消化、吸收、再创新，中车机车开创了中国机车技术及产品发展的又一个里程碑，系统研究开发、规模生产制造、全供应链体系建设、运维服务健全等全方位迈上了一个新台阶。从以 DF（东风）系列为代表的内燃机车平台、以 SS（韶山）系列为代表的电力机车平台、以 GK（工矿）系列为代表的工矿用机车平台，全面发展至以 HXN（和谐内燃）和 HXD（和谐电力）为代表的大功率交流传动系列产品平台。截至目前，中车机车已涵盖 HXD1、HXD2、HXD3、HXN3、HXN5 5 大系列 17 个品种。"十三五"阶段，中车机车以"高速化、舒适化、重载化、快捷化、智能化、环境友好化"为方向，继续推出高性能、高可靠性的系列产品，满足轨道交通领域客、货运多形式、多层次的需求。

　　在机车产品保有量和市场领域，截至 2015 年底，中车机车产品保有量约为 28000 台，其中国铁机车约为 19300 台，路外机车约为 5700 台，海外机车约为 3000 台；市场领域方面，覆盖国铁 18 个路局及国内全部工矿企业，海外市场主要进入非洲、澳大利亚、中亚、中东、东南亚、南亚等 46 个国家和地区。

　　在动车组客车制造方面，中国中车具备极其强大的自主研发和制造能力。中国中车拥有博士、硕士、高级工程师、教授级工程师组成的累计超过 2000 人的研发团队，建有国家工程实验室、多条试验线以及国家级企业技术中心、博士后科研工作站等，承担了大量的国际合作项目、国家级重点项目以及新产品研发项目。通过近年技术改造，中国中车具备年新造检修高速动车组超

和谐内燃机车

和谐电力机车

节能环保机车

图 2-19 不同类型的机车

过 600 组、年新造铁路客车超过 3000 辆、年检修铁路客车超过 4500 辆的能力，形成了系列化、多样化的产品结构层次。中国中车以高速动车组、城际动车组、内燃动车组、25 型系列铁路客车为主体，具备了适合不同速度等级、不同档次水平、不同动力牵引方式，能满足多层次用户需求的多样化、梯次化的产品结构。铁路客车产品主要有时速 120 ~ 200 公里座车系列、卧车系列、餐车、行李车、发电车、特种车、高原车等。中国中车生产的高铁动车组有时速 250 公里、时速 350 公里两个速度等级的系列产品，出口至澳大利亚、阿根廷、突尼斯、伊朗、孟加拉国、斯里兰卡等几十个国家和地区。

在铁路客车方面，自 2003 年以来，中国铁路货车新产品开始全面升级换代，中国中车研制开发了载重 70 吨级通用货车和载重 80 吨级专用货车的全系列货车产品。车辆轴重提高到 23 吨至 25 吨，转向架为运行速度 120 公里 / 小时的转 K5 型（摆式）、转 K6 型（下交叉支撑）转向架。车体采用了铝合金、不锈钢、高强度耐候钢，推广了富氩气体保护焊、高强度螺栓和防松螺母、专用拉铆钉等新技术；开始试用 120-1 型制动机，高摩合成闸瓦、空重车自动调整装置和旋压式密封制动缸成为货车标准配置；采用 16 型、17 型联锁车钩，研制采用了新一代大容量缓冲器。

目前的通用货车的代表性产品为 C70 型敞车、P70 型棚车、NX70 型共用车、GQ70 型轻油罐车、KZ70 型石碴漏斗车、KM70 型煤炭漏斗车等各型货车。专用货车代表性产品有载重 75 吨的 C76 系列运煤敞车，载重 80 吨车体材质为铝合金、不锈钢、高强度耐候钢的 C80 系列运煤敞车，C100 型三支点钢材专用敞车，X4K、X6K 型集装箱专用车和装运双层集装箱的 X2 型集装箱专用车，SQ5 运输汽车专用车和 DL1 型预制梁运输专用车组等。

近年来，为进一步提高货车装载能力，中国中车完成了载重 80 吨级通用货车各种车型的研制开发和相关试验，其载重能力较目前既有载重量最大的货车提高 14% 以上。为向新建重载线路提供适用的货车产品，中国中车完成了载重 100 吨级 KM100 型煤炭漏斗车等专用货车的研制，该车较 C80 系列敞车载重提高约 20%。预研的快运货车的试验最高速度达到 200 公里/小时以上，动力学性能良好。

采用先进设计技术和制造技术完成了出口海外高端市场的智能化货车，其采用了电空制动、轴温监测、脱轨监测等先进技术，实现了车辆轻量化、操作智能化，显著提高了安全可靠性，是目前世界上技术最先进的铁路货车之一。2008年出口澳大利亚的40吨轴重矿石漏斗车为世界首创。

目前，中国中车具备研制开发运行速度160公里/小时快捷货车和轴重42~45吨重载专用货车的能力，已研制开发并投入批量运用的货车产品涵盖最高运行速度120公里/小时的全系列货车产品。

（三）中国铁路行业企业"走出去"发展成就

高铁作为中国名片，国之重器，国家大力实施高铁"走出去"战略，中国高铁在国际上取得了一系列的成果，中老铁路、中泰铁路、匈塞铁路相继启动，亚万高铁正式开工，中美高铁达成初步意向。高铁"走出去"离不开铁路行业企业的"走出去"。

2015年，中国南车、北车进行了合并，成为中国中车，自此，中国中车成为全球轨道交通销量第一的企业，中车以机车、火车为基础，借力"高铁外交"以"一带一路"倡议方针，积极推进"走出去"和国际产能合作，逐步实现国际市场扩张，已经出口到了全球100多个国家和地区，海外业务应收已经从2010年的68亿元增长至2016年的266亿元，复合增长率为25.5%。截至2016年，中国中车获得出口订单81亿美元，同比增长近40%。其产品出口至全球102个国家和地区，全球83%拥有铁路的国家都奔驰着中车的产品，出口产品实现了从低端到高端的升级，出口市场实现从亚非拉到欧美市场的飞跃，出口形式也从产品出口到产品、资本、技术服务等多种形式的组合出口，高铁也成为我国高端装备"走出去"的亮丽名片，中车陆续实现了产品"走出去"，品牌"全球化"。

2010年至2016年的海外订单，城轨车辆、机车及火车订单占比达83%，动车组比例为14%。伴随着我国动车组自主制造能力趋向成熟，国产化水平不断提高，动车组产品的国际竞争力随之提升。2015 年以来，中车动车组先后出口马其顿、土耳其、捷克、印尼、马来西亚等国家。

中国铁建 2010 年加入联合国全球契约组织，海外业务范围遍及全球近100 个国家和地区，在"一带一路"建设中，中国参与了哈萨克斯坦、土库曼斯坦、阿塞拜疆、阿富汗、格鲁吉亚等国的铁路建设，2016 年，中国铁建在海外完成和在建的铁路里程超过 10000 公里，占中国企业在海外全部在建和已完成铁路里程的 70%。

五　结语

改革开放的 40 年，是中国经济发展突飞猛进的 40 年，铁路行业的发展也逐渐实现了从无到有，从简到繁。

铁路货车、客车实现了多次的升级改造换代，新型机车逐渐替代了老式机车，将老式机车的优点发扬，将不足之处逐渐改善，大幅度地提高了列车的速度与运输效率；铁路车站也由破旧的老式人工车站发展成为自动化、现代化的新型车站，不仅为旅客的出行提供了便利，也为旅客提供了舒适的出行枢纽。

40 年来，我国的铁路技术发展也迈向了一个新台阶，电气化技术的发展将我国铁路电气化里程提高至世界第一；青藏铁路的建成通车大大缩短了青藏高原与中东部地区的距离，将天堑变通途；以大秦线为主要代表的重载铁路提高了运输效率；铁路中的节热、节电等技术也符合中国的节能减排国策；高速铁路的发展提高了铁路运输速度，提高了地区可达性。

40 年来，我国的铁路行业企业实现了快速发展，中国中车、中国铁建、中国中铁等上市公司为中国的铁路发展提供了强有力的物质资源保障，也为中国高铁"走出去"提供了力量。此外，中国铁路体制改革的一系列政策也逐渐使铁路的发展与经济社会发展更加契合。相信中国铁路的未来一定会更加璀璨。

第三章　中国公路

一　公路40年主要成就

（一）公路基础设施的跨越式发展

改革开放40年来，交通运输生产力得到了解放和发展。公路基础设施从改革开放之初的严重滞后，到现在基本能够满足公众出行和经济发展的需要，主要表现为：改革开放之时，全国公路发展严重滞后，全国公路总里程为89.02万公里；一年后，全国一级和二级公路的统计里程分别为188公里和1.16万公里。

截至2016年，全国公路总里程为469.63万公里，是1978年的5倍多。高速公路的发展速度震惊世界，我国从改革开放初期没有高速公路，到2016年底高速公路总里程达到13.1万公里，一跃成为世界第一。大型桥梁和隧道的建设成就显著，到2016年末，全国建成公路桥梁80.53万座4916.97万米，建成公路隧道15181处1403.97万米。[①]公路基础设施建设取得了跨越式发展。全国公路里程变化如图3-1所示。

---

① 交通部：《2016年交通运输行业发展统计公报》，2017年发布，http://zizhan.mot.gov.cn/zfxxgk/bnssj/zhghs/201704/t20170417_2191106.html。

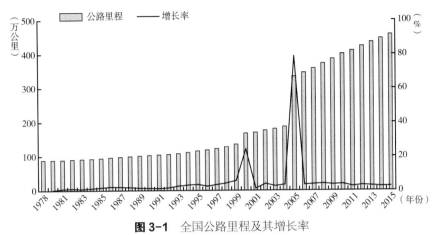

图 3-1 全国公路里程及其增长率

资料来源：历年交通统计公报。

（二）农村公路建设取得新的突破

农村公路是社会主义新农村建设的先驱力量。为服务农村改革和经济社会发展，公路交通系统紧紧围绕落实党中央、国务院解决"三农"问题的重大决策，积极行动，特别是从 21 世纪初国家启动西部大开发后，公路行业随即启动了西部乡村通达工程，农村公路的发展成为有效改善民生的重中之重。改革开放之初，我国农村公路发展落后，以土路和砂石路为主，路面崎岖不平且扬尘大。县乡公路尤其乏善可陈，给农民的生产出行带来了极大困扰。

2003 年开始，中央政府在全国范围内先后启动了西部通县油路工程、乡村通畅和通达工程、革命圣地农村公路建设以及红色旅游公路建设等，实施"五年千亿元"工程，农村公路和客运基础设施开始发力。随着"五年千亿元"工程的动工，我国农村公路密度显著增加，不通公路的乡、村明显减少。

2015 年，国务院政府工作报告提出"新建改建农村公路 20 万公里"和"全面完成西部边远山区溜索改桥建设"两项任务。农村公路建设速度进一步加快，边远山区的农村公路成为建设改造的重点。

党的十八大以来，习近平总书记对农村公路建设高度重视，多次做出重要指示，要求建好、管好、护好、运营好农村公路。交通部等部门和各级党委、政府认真贯彻落实习近平重要指示精神，扎实推进"四好农村路"建设并取得明显成效。

截至 2016 年底，农村公路总里程达 395.98 万公里，其中县道为 56.21 万公里，乡道为 114.72 万公里，村道为 225.05 万公里。2016 年末全国通公路的乡（镇）占全国乡（镇）总数的 99.99%，其中通硬化路面的乡（镇）占全国乡（镇）总数的 99.00%；通公路的建制村占全国建制村总数的 99.94%，其中通硬化路面的建制村占全国建制村总数的 96.69%，城乡运输一体化水平接近 80%。农村"出行难"问题得到有效解决，交通扶贫精准化水平不断提高，农村物流网络不断完善，广大农民群众得到了实实在在的获得感、幸福感。

（三）高速公路从无到居世界第一

改革开放 40 年，我国的高速公路建设成果更加喜人。在改革开放初期，中国并没有高速公路。1988 年，我国第一条高速公路——沪嘉高速公路建成通车，中国没有高速公路的历史从此终结。2013 年，中国高速公路建设再次发力，总里程突破 10 万公里，超过美国，排名世界第一。高速公路建设从无到有到成为世界第一，我们只用了不到 30 年的时间。高速公路里程变化如图 3-2 所示。

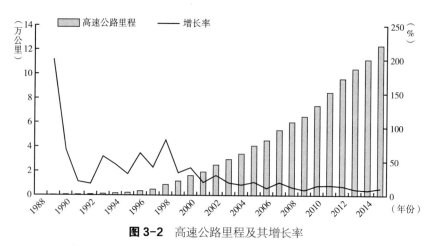

图 3-2 高速公路里程及其增长率

资料来源：历年交通统计公报。

随着时间的变化，高速公路发挥的作用也越来越明显。在连接城市的同时，高速公路还能缩短城市到港口之间的运输时间，在高速公路沿线形成一个个经济带，带动周边城市的经济发展。这有利于形成城市群，将各城市的资源流通起来，各省各取所需通力合作，让发达城市带动不发达城市，实现互利共赢的局面。各级政府也在高速公路沿线兴建了各种开发区和高新区，相信各地能借着高速公路带来的便利实现更快发展。

同时实践也证明了，发展公路，特别是投入巨大的高速公路，不能只看眼前的利益，目光应该长远。当时的运输流量可能没有达到预期，但是随着中国经济的蓬勃发展，我国的公路运输事业也势必会迎来高速发展的阶段。这既是公路运输行业的发展契机，也是巨大的挑战。未来我国应以今后的经济发展水平为要求来修建高速公路，使其更好地为我国的经济发展助力。

（四）道路运输服务能力显著提高

改革开放初期，全国公路客运量和旅客周转量分别为 14.92 亿人次和 521.30 亿人公里，在综合运输体系中分别占 58.8% 和 29.9%；到 2016 年底，公路全年客运量达到 220.70 亿人次，旅客周转量达到 12636 亿人公里，分别是 40 年前的 14 倍和 24 倍多，分别占当年综合客运量的 92.1% 和 54.1%。改革开放初期，我国公路运输工具比较匮乏，截至 2016 年，我国拥有载客汽车 85 万辆、载货汽车 1352 万辆，拥有私家车的家庭已不再是少数。

截至 2016 年，在国家紧急的能源、粮食、原材料等大宗物资抢运中，公路网都发挥了积极的应急保障作用。在"春运"、"五一"及"十一"长假的运输中，公路运输也担当了重要的角色，基本满足了城乡居民出行的需求。我国公路运输现在已基本建成了服务鲜活农产品的"绿色通道"网络；建立起了全国道路运输信息系统，实施了部省道路运输管理信息系统的联网试点；交通部网站和各省公路交通系统网站，成为服务公众出行、办事的便捷窗口，其服务社会公众的能力大幅度提高，社会认可度不断提高；建立了道路运输应急反应机制，在防控"非典"、防治"禽流感"、抗洪、抗雨雪冰冻灾害以及抗震救灾等方面，公路运输都发挥了突出作用。同时，在引导和规范车辆装备的发展、保障客货运输快速发展方面，公路也贡献了重要力量。

（五）覆盖全国的公路网逐步形成

公路按照其行政级别型等级，分为国道、省道、县道、乡道和专用公路。国道除正常连接各重要省市和交通枢纽、重要基地港口等功能外，在维护政治稳定、带动经济发展和保障地区安全等方面，也发挥着重要作用。国道网系统在全国公路网系统中处于领导地位，同时也是全国综合运输体系的中坚力量。国道网主要由高等级公路组成，为社会提供快速、便捷、通畅、环保的运输条件。国道网系统安全系数高，其系统的规划具有明确的时限性，受统一管理，在和外界的连接方面有自己的体系，主要承担重要城市间、省际的直达客货运输。省道是在省内具有维护政治稳定和带动地区经济发展作用的连接省内主要城市的道路。省道相比国道，主要功能是联系省内城市和地区，对省内交通发展起着重要的作用。

对中华人民共和国第一个公路规划草案的研究开始于 20 世纪 50 年代；60 年代，相关专家又对此草案进行了深入研究；70 年代，开始着手制订国家未来十年的交通规划。受历史上政治环境以及投资、体制等诸多因素影响，这些规划都停留在研究阶段，没有得到确认，但是这些研究工作，为后来的干线公路网的确立奠定了基础。

1978 年 1 月，交通部草拟了《关于实现交通运输现代化的汇报提纲》。该《提纲》提出了 2000 年交通运输的四个方面规划设想，其中要求"建成以高速公路和国防、经济干线为骨架的现代化公路网"。1981 年，交通部正式颁布了《国家干线公路网（试行方案）》。方案规划路线 70 条，总里程10.92 万公里。《试行方案》划定的国道网，以网络布局为主体，用放射线作为补充。①

---

① 刘秀红：《江苏省公路建设信息》，《华东公路》2011 年第 1 期。

1994 年交通部又提出了《国家干线公路网（调整方案）》。《调整方案》按照"整体不变，局部调整"的原则，根据"交通量小"和"仅限于一省之内的个别路线应予取消"的原则，取消了 226（楚雄—墨江）和 313（安西—若羌）两条国道，将原 70 条线路调整为 68 条，总里程减少了 2950 公里。按照适应经济发展、促进对外开放、优化路网布局、提高技术水平以及环境保护等方面的要求，对 57 个路段走向进行了局部的调整。

2004 年经国务院审议通过《国家高速公路网规划》，这是中国历史上第一个"终极"的高速公路骨架布局，同时也是中国公路网中最高层次的公路通道规划。

2013 年国务院通过了《国家公路网规划（2013 年—2030 年）》。根据《规划》，国家公路网总规模约 40 万公里，到 2030 年将建成布局合理、功能完善、覆盖广泛、安全可靠的国家干线公路网络，实现首都辐射省会、省际多路联通、地市高速通达、县县国道覆盖。

2016 年，交通部和财政部开始在公路建设领域推广公共部门和私人资本合作的模式，旨在鼓励私人资本与政府合作，参与到公路的投资、建设、运营、维护中来。该模式有助于减轻政府财政在公路建设领域的投入，同时可以帮助社会资本实现稳定可预期的收益，有利于实现双赢的局面。

二　高速公路建设

高速公路是供汽车分道高速行驶的干线公路，是高等级公路的重要代表。高速公路在各国的命名不同，但基本都具备包含四车道以上、双向分隔行驶、严格控制出入口的特点，一般来说，高速公路能适应 120 公里 / 小时或者更高的速度。高速公路的发展为人们的日常出行提供了极大便利，节约了出行时间，提高了出行的舒适度，增加了安全性，具有行驶速度快、单位时间汽车通过量大、节省能源消耗等特点，相比其他等级公路，更具优越性。高速公路是一个国家经济高速发展的产物，同时，高速公路的发展又能反哺地区经济和社会的发展，这种互相带动作用证明了我国大力发展高速公路是明智之选。

（一）最初的萌动

1. 万事开头难

20 世纪 50 年代，公路计划体制下放，在很长一段时间里，我国的公路建设原地踏步，没有改观。70 年代，一些地区的干线公路开始出现严重的拥堵问题，严重阻碍了人们的出行和地区经济的发展。此时，国家领导人逐渐意识到公路建设存在的问题，审批通过了交通部赴外考察的请求，提出我国公路建设应充分借鉴发达国家的先进经验，尽快扭转落后局面。同年，交通部一行六人赴日本进行考察。考察团在日本，被其公路建设的高速发展震撼，深感公路交通给社会经济带来的巨大便利。特别是日本的高速公路，因为高速、便捷、舒适、安全的特点，给赴日考察团留下了深刻的印象，高速公路第一次进入了中国人的视野。此次访问，考察团也搜集了很多公路建设的有关资料带回了中国，这些资料，成为后来我国高速公路建设的重要技术参考。在决心让高速公路带动中国经济发展后，考察团兴奋地回国，想改变中国公路运输的落后局面时却发现，国内的阻碍重重。因为那时国内人民运动气氛高涨，高速公路的建设被迫一推再推。但有关专家并没有因此放弃，修建高速公路的相关准备工作就此萌芽，并不断发展。有关部门将翻译整理好的高速公路技术资料进行了汇编出版，为之后高速公路的建设提供了有利的技术保障。

十一届三中全会后，国家提出了要把工作重心转移到经济建设上来，高速公路的建设似乎迎来了新的发展契机。交通部时任领导人在赴外考察中目睹了国外高速公路给人民出行和经济发展带来的巨大便利后，回国马上要求公路局着手建设京津塘高速公路，并提出要尽快完成。公路局在有关科研机构和设计单位以及当地政府部门的配合下，终于开始了高速公路建设的前期勘测工作。但主要领导机关对于是否要修建高速公路的问题仍处于对立局面，资金迟迟不能到位，导致了高速公路的建设再次被搁置。

党的十二大以后，关于是否应该修建高速公路的争论一直没有停止。不赞成修建高速公路的主要理由是高速公路是为小汽车服务的，中国目前的经济并不发达，私家车在很多人看来更是不能想象的事，而且未来也不应该鼓励群众购买私人小汽车；另外，一些人认为修建高速公路需要消耗大量钢筋水泥，中国的建筑材料本来就短缺，不应该浪费那么多钢筋水泥去修高速公路；同时高速公路占地多，会减少农民种庄稼的地，庄稼地没了势必会造成粮食减产。修的高速公路还不让跑拖拉机，更远远脱离了广大的农民群众的日常生活，甚至有报纸写道，提倡大力发展高速公路的行为具有资本主义倾向，这是鼓励资产阶级思想在中国的渗透。针对上述情况，交通部门主要抓了以下几项工作。

一是进行广泛宣传，向广大群众宣讲高速公路在解决人们出行问题和促进地区经济发展等方面的积极作用，让广大群众切实意识到高速公路对大家生活的重要性。除交通系统的传统报刊外，充分利用《人民日报》《经济日报》《经济参考报》等权威报刊，以此为主要宣传阵地，发表了一系列介绍高速公路知识的文章，使广大人民群众切实意识到建设高速公路的必要性。同时，交通部也联合各下属部门，如技术经济研究中心等，从技术经济角度对高速公路建设和社会经济发展之间的关系等问题展开了广泛论证，并开展研讨会等，切实论证了我国发展高速公路的急切性。

二是加强技术准备，在进行宣传工作的同时，修建高速公路的技术准备工作，如前期的勘测、规划等也在紧锣密鼓地展开。对相关技术标准的制定有关部门采取了"曲折迂回"的实施措施。考虑到人民群众还未完全接受高速公路的概念，我国在前期修建高速公路时并未直接采用国际通用的指标，但是各项指标又符合高速公路的最低要求。对外我们并没有宣传这是高速公路，修建时也只完成了半幅施工，但是所有前期工作都为之后将其转为高速公路做好了准备。

三是大力拓展资金来源，因为当时中国的国情决定了国家并没有充足的资金支持公路建设，想大力发展高速公路，势必需要更加广泛的资金来源。为此交通部门提出了三个主要解决办法：（1）对购买私家车的买主征收附加税，作为公路建设的专用基金，由交通部门负责征收管理；（2）提高养路费标准，所得财政收入作为公路建设新的资金来源；（3）采取"借款修路，收费还贷"的方式进行公路建设，贷款方式不限于国内外贷款和集资等手段，可以多样化。

2. 有志者事竟成

高速公路建设前期，相关部门并未直接强迫群众和有关机构接受高速公路的概念，而是考虑到大家接受程度的不同，采用了"曲折迂回"的道路，以此进行了我国最初的高速公路建设。

20世纪80年代开工的沈大高速公路可以说是这种操作模式的典型代表。最初并未宣传这是在修建高速公路，但实际在技术上我们已经具备了修建高速公路的能力。沪嘉高速公路因为长度在20公里以内，省部级可以直接进行审批，我国第一条高速公路终于在中央和各级地方政府的关注下开始修建。时隔不久，京津塘高速公路也开始动工，我国的高速公路建设正式打响了第一枪。之后，各地区的高速公路建设有条不紊地进行。但是这期间的高速公路基本上是短距离的省内线路，跨省的长距离线路并不多见，高速公路建设依然停留在初级阶段。各省的高速公路修建里程不能过长，超出20公里的公路将不能由省部级直接审批。到80年代末，北至哈尔滨，南至三亚，全国大部分省份都已经出现了高速公路的身影。

20世纪80年代末，沪嘉高速公路正式通车。这一具有历史意义的公路建成通车，标志着我国从此正式拥有了第一条高速公路。同时，沈大高速公路也于同年10月建成重要路段。两条高速公路的通车，引起了重要的社会反响，人们开始意识到高速公路带来的快捷和便利，之前抵触的情绪和声音开始有所扭转。交通部领导认为，应该审时度势利用好良好社会反响的契机，趁机推进我国高速公路的发展。在第一条高速公路顺利通车后趁热打铁地召开了高速公路建设经验交流会，旨在把最先进的建设经验推广至全国各交通部门。会上，有关部门介绍了修建第一条高速公路的先进技术标准和前沿管理经验，认为修建高速公路离不开各个部门的全力支持和配合，从最开始的勘测和可行性研究，到中期的建设过程，再到后期的运营管理，都需要各部门大力配合，确保万无一失。参会领导也给出了重要指示，提出我国今后的高速公路建设应谨慎规划，合理布局，各省应利用好此次经验分享，在省内做好发展高速公路的相关准备。

（二）在探讨中发展

自我国开始建设高速公路以来，发展速度出人意料。虽然建设的脚步已经开始，但国内对修建高速公路的讨论却一直没有停止，当时社会的讨论主要集中在两个方面。

1. 是否需要修建高速公路

反对的声音依然存在，他们主要是认为：①西方国家和中国的国家政治体制不同，经济发展情况也不同，高速公路建设成本高，消耗了大量的人力、财力、物力，占用了农民的耕地，却不能为农民带来切实的利益，与中国以第一产业为主的社会现状相悖，中国的国情决定了我们不应该大力发展私人汽车，所以主要为私人汽车服务的高速公路看来并不是必需的；②我国目前装备制造业仍相对落后，也不具备生产较高品质的小汽车的实力，距离小汽车在中国遍地跑仍需要很多年时间，所以暂且不必修建高速公路；③修建高速公路是一个长期的资本投入过程，对当时经济不够发达的中国来说是一个巨大的挑战，并且建成后的不确定因素也很多。高速公路安全事故保持在较高的水平，让人们产生担忧，结合我国耕地少、能源匮乏、小汽车数量较少、经济不够发达的现实，人们认为不适宜修建高速公路。当时反对的声音此起彼伏，认为现在修建高速公路不符合我国的基本国情，并且具有资本主义倾向，甚至在我国很多高速公路已经得到了上级政府主管部门审批，准备动工时，反对的声音依旧没有停止。

在 19 世纪 80 年代全国交通工作会议上，我国交通主管部门在充分考虑我国交通建设的现状并对未来的交通发展进行科学预测的基础上，提出了将公路建设成为我国交通运输主要骨架的战略构想。一石激起千层浪，社会基层对高速公路建设的反对声音再次爆发，很多人认为，铁路才是中国作为社会主义国家需要大力发展的交通运输方式，我国应将铁路建设作为发展的重点。如果盲目模仿西方资本主义国家，将精力放在发展公路运输上，则会超前发展，大力发展公路运输也是鼓励发展小汽车，这会导致运输成本的增加，不适应中国国情。不少外国专家也认为中国目前不应该大力发展公路运输，纷纷致信国家领导人。

但事实证明，国家的决定是正确的。我国高速公路在今后的几十年时间里为国家的经济发展做出了不可磨灭的贡献，发挥了意义深远的作用。从最开始没有高速公路到第一条高速公路通车到现在高速公路总里程位居世界第一，高速公路沿线城市发展成果显著。之前社会大众对公路建设和对修建高速公路的质疑终究随着时间的推进烟消云散了。

2. 如何修建高速公路

在我国交通建设的初期阶段，我国各级部门对高速公路的概念是十分模糊的，更不要说如何设计修建技术标准极其复杂严格的高速公路了。这时，主管部门意识到借鉴国外经验的重要性，赴日考察团回国后编制的我国第一本《高速公路技术标准》，为我国今后的高速公路建设提供了重要的理论依据，具有积极的指导作用。

但如何结合我国的具体情况修建高速公路同样存在巨大的争议和困难。有人认为高速公路的修建应该靠近城市，方便城市车辆进出；有人认为高速公路应远离城市，减少对城市用地的占用。至于每条高速公路应该怎样设计修建，高速公路的连接处应该如何处理，是否应当架设高架桥，是否应该用栅栏把高速公路全部封闭起来，两条二级公路是否能代替一条高速公路，应当先修建四车道的高速公路还是直接一步到位修建六车道的高速公路这些细节问题，更是困扰着当时的交通建设部门。这些问题可能当时没有得到明确的答案，但历史的经验告诉我们，实践是检验真理的唯一标准。我国的高速公路建设工作没有因为这些问题就此停滞，开始在摸索和实践中艰难前行。

2004 年《国家高速公路网规划》发布，这是中国历史上第一个"终极"的高速公路骨架布局，同时也是中国公路网中最高层次的公路通道规划。《规划》的颁布，使我国早前高速公路建设中存在争议的问题，基本都得到了解答。高速公路从此进入快速建设的新时期。

2013 年，全国高速公路通车总里程达到 10.4 万公里，超过美国，位居世界第一。2016 年，全国公路总里程为 469.63 万公里，高速公路里程为 13.1 万公里。[①] 这些数据再次表明了我国长期摸索总结出来的高速公路建设方案是行之有效的，是符合我国基本国情的。之前关于高速公路的争论和困难，并没有变成我们建设高速公路的障碍，相反都在实践中找到了答案。

（三）通向新时代

《国家高速公路网规划》发布后，全国 31 个省区市的高速公路建设如火如荼地进行。截至 2015 年底，我国高速公路总里程为 12.5 万公里，建设增速明显。如表 3-1 所示，高速公路建设总里程排在前六位的分别是广东、河北、河南、湖北、四川、湖南，里程均在 5500 公里以上，其中广东最高达 7018 公里。在高速公路路网密度方面，排在前六位的都是经济发达的地区，分别是香港、上海、天津、北京、江苏、福建，其中前三名密度在 10 公里 / 百平方公里以上，第四至第六名密度为 5 公里 / 百平方公里左右，香港的路网密度更是高达 19.73 公里 / 百平方公里。在高速公路人均拥有量方面，排在前六位的基本都在我国西北部地区，分别是青海、宁夏、新疆、内蒙古、贵州、甘肃，人均拥有量最高为青海 308.24 米 / 千人，这说明改革开放以来，我国重视对西部地区交通的建设和改善。2015 年各省区市高速公路建设情况如表 3-1 所示。

---

① 中国公路网，http://news.eastday.com/c/20170826/u1a13222987.htm。

表 3-1 2015 年底全国各省区市高速公路建设情况

地区	里程（公里）	里程排行	新增（公里）	面积（万平方公里）	密度（公里/百平方公里）	密度排行	人口（万人）	人均（米/千人）	人均排行
广东	7018	1	752	17.98	3.9	7	10644	65.93	27
河北	6333	2	445	18.77	3.37	11	7333	86.37	19
河南	6305	3	446	16.7	3.78	9	9413	66.98	26
湖北	6204	4	1108	18.59	3.34	12	5799	106.98	12
四川	6016	5	510	48.14	1.25	26	8107	74.21	23
湖南	5649	6	156	21.18	2.67	20	6691	84.43	22
山东	5348	7	240	15.78	3.39	10	9733	54.94	29
贵州	5128	8	1121	17.6	2.91	17	3502	146.42	5
陕西	5093	9	627	20.56	2.48	21	3764	135.31	8
江西	5088	10	604	16.69	3.05	15	4522	112.51	11
山西	5028	11	17	15.63	3.22	13	3630	138.52	7
福建	5001.6	12	949	12.13	4.12	6	3774	132.53	9
新疆	5000	13	684	166.5	0.3	31	2264	220.82	3
内蒙古	5000	14	763	118.3	0.42	30	2498	200.19	4
江苏	4600	15	112	10.26	4.48	5	7939	57.94	28
黑龙江	4347	16	263	45.48	0.96	28	3835	113.35	10
广西	4289	17	567	23.67	1.81	24	4719	90.89	17
安徽	4246	18	494	13.97	3.04	16	6030	70.42	25
辽宁	4195.7	19	24	14.59	2.88	18	4390	95.57	14
云南	4005	20	750	38.33	1.04	27	4687	85.46	20
浙江	3932	21	48	10.2	3.85	8	5498	71.52	24
甘肃	3600	22	338	45.44	0.79	29	2582	139.42	6
吉林	2629	23	281	18.74	1.4	25	2751	95.56	15
重庆	2525	24	124	8.23	3.07	14	2970	85.02	21
青海	1781	25	62	72.23	0.25	32	578	308.24	1
宁夏	1527	26	184	6.64	2.3	23	654	233.42	2
天津	1350	27	237	1.13	11.95	3	1472	91.7	16
台湾	1009	28	0	3.6	2.8	19	2337	43.18	31

续表

地区	里程（公里）	里程排行	新增（公里）	面积（万平方公里）	密度（公里/百平方公里）	密度排行	人口（万人）	人均（米/千人）	人均排行
北京	982	29	0	1.68	5.85	4	2115	46.43	30
上海	825	30	0	0.63	13.1	2	2415	34.16	32
海南	803	31	46	3.4	2.36	22	895	89.69	18
西藏	299	32	261	122.8	0.02	33	312	95.82	13
香港	217	33	0	0.11	19.73	1	719	30.18	33
澳门	0	34	0	0.03	0	34	6	0	34
全国	125373		12212	965.71	1.3		138579	90.47	

资料来源：中国高速网，http://www.china-highway.com/Home/Alonepage/item/id/7.html。

从第一条高速公路建成通车到 2001 年，我国高速公路只有 2 万公里，而 2011 年以来，我国每年新增加的高速公路里程已超过 1 万公里。

早在 2003 年，辽宁省和山东省率先实现了省会城市和其他地市全部由高速公路连接；2016 年，长江三角洲、珠江三角洲等经济发达地带的高速公路网也已基本建设完成。随着高速公路的不断延伸，人们日益感受到高速公路给日常生活带来的舒适和便捷。之前在"五一"和"十一"才能选择的旅行目的地，如今可以轻松变成周末两日游甚至一日游。北京提出的"迎奥运 1 小时交通"构想，重庆提出建设的"8 小时重庆"，浙江的"4 小时公路交通圈"，都已变成现实。未来高速公路还将怎么改变人们的出行，我们拭目以待。

除了改变出行方式，发达国家的经验也告诉我们，便捷的基础设施网络不仅可以带动地区经济发展，在优化地区分工、引导地区整体协调发展方面也发挥着积极的作用。地处长江三角洲的江、浙、沪，依靠高速公路提供的便利条件，加速了生产要素在整个区域内的流动，深化合作，加深产业融合，在促进区域经济协调发展的同时，也使长江三角洲在全国的经济影响力进一步加强。

高速公路在完善国家综合运输体系和保障国家安全等方面，也发挥着重要的作用。随着高速公路的发展和运输市场的完善，各种运输方式之间可以形成公平有序的竞争模式，提高国家综合运输体系的服务能力，使交通在服务公众、服务经济社会发展等方面发挥更大的作用。同时，发展高等级公路，特别是高速公路也是保障客货运输安全以及应对自然灾害等突发事件的有利举措。发展具有高水平服务能力的高速公路在地区冲突依然存在、国际反恐任务依旧严峻的新时代，是刻不容缓的任务，也是国家的战略要求。

三 农村公路建设

（一）农村公路的定义

1997年公布的《中华人民共和国公路法》中还没有"农村公路"的定义。"农村公路"的定义最早见于国家部委文件，是在2003年3月14日国家发展计划委员会（现为国家发展和改革委员会）、交通部联合印发的《县际及农村公路改造工程管理办法》中，其具体表述是"县际公路一般是指连接相邻县与县之间的公路，包括经济干线、口岸公路和省际公路。农村公路一般是指通乡（镇）、通行政村的公路"。2005年，国务院办公厅在《关于印发农村公路管理养护体制改革方案的通知》（国办发〔2005〕49号）中，对"农村公路"的定义有所改变，其表述为："农村公路（包括县道、乡道和村道）是全国公路网的有机组成部分，是农村重要的公益性基础设施。"农村公路开始涉及村道概念。但在国家法律的层面上，村道依然没有列入我国公路网的范畴。

虽然法律定义的出现远远落后于农村公路的诞生，但我们不能否认农村公路在广大农村地区扮演的重要角色，特别是在提高农民生活水平、保障农村经济发展等方面，农村公路都做出了重要贡献。在农村地区，农村公路作为唯一的交通基础设施为我国新农村的建设提供了重要保障，看似简朴的柏油路和水泥路，在广大农民的心目中却十分重要。而让农民同胞出门就能走上公路，则是我们大力开展农村公路建设的主要目标。

（二）国家高度重视农村公路建设

中华人民共和国成立以后，由于技术等级偏低，交通部的统计数据中只包含"国道"、"省道"、"县道"和"乡道"，没有纳入"村道"一项，直到2006年底，交通部完成农村公路普查后，才将县道、乡道以及达到一定技术标准的村道纳入"农村公路"的统计数据。从此之后，国家和地方的交通主管部门才开始对农村公路进行统计，但是因为统计资料不足等客观因素的制约，还有很大一部分技术标准低的公路未计入里程。

改革开放以来，国家领导人始终把农业、农村、农民问题放在心上，把改善农村的经济状况、提高农民的生活水平放在工作的首位，要完成上述工作，发展农村交通基础设施建设可谓重中之重。特别是改革开放的市场经济环境下，在农业基础设施中，公路交通是最重要的方面之一。在很多地区，公路交通是农民群众与外界交往的唯一方式，其重要性不言而喻。农村公路的建设也一直有条不紊地进行，从少到多，从修通公路到逐渐提高相关技术标准，从建设最低等级的公路到不断提高其技术等级，农村经济也随着农村公路的建设逐渐发展起来，农民从此开始走向发家致富的新道路。

1978年，我国农村公路建设里程虽然已在全国公路总里程里超过半数，但仍无法满足农民群众的出行需求，还未通公路的人民公社占9.5%。截至2016年底，农村公路总里程达395.98万公里，全国通公路的乡（镇）占全国乡（镇）总数的99.99%，其中通硬化路面的乡（镇）占全国乡（镇）总数的99.00%；通公路的建制村占全国建制村总数的99.94%，其中通硬化路面的建制村占全国建制村总数的96.69%，城乡运输一体化水平接近80%。2016年，我国用于修建农村公路的财政支出已经达到了创纪录的1887亿元，新改建的农村公路里程也再创新高。同年，交通部加大了对贫困地区农村公路的建设力度，全年全国完成新改建农村公路规模相比之前显著提高，特别是对四川、云南等地区的公路投资进一步增加，对农村公路的建设持续深入。

改革开放之初，我国的农村公路发展严重滞后，农民的出行极为不便，农村公路不论是建设里程还是运营技术等级方面，都存在严重不足。到2016年底，农村公路不论是在里程、等级还是通达深度上，40年前与现在都不可同日而语。国家对农村公路的建设力度和资金投入规模越来越大，也表明了国家对农村公路的重视、对农业发展的重视、对农村的重视和对农民的重视。农村公路真正成为公路网的重要组成部分，成为连接全国路网的重要纽带，在农村经济发展中发挥着重要作用。农村公路建设不仅成为农民增收的直接来源，而且为农村经济的腾飞提供了重要的基础设施保障。

（三）农村公路助农民发家致富

40年来，各级地方政府响应政府号召，新改建的农村公路里程不断增加，有效改善了农民的出行环境。农村客运货运公交路线和客运站建设也在有条不紊地进行，农村公路基础设施的快速发展，改变了人们传统印象中农村公路低级落后的刻板形象，改善了农村交通环境，惠及了广大农民，为发展农村经济、农民致富奔小康提供了强大的生机和动力。

河南省项城市在改革开放以来不断提升自己的公路设施建设水平。2016年项城市修筑农村公路里程超过1000公里，公路网密度达176公里/百平方公里，使该市466个行政村全部实现了村村通，90%以上的行政村通了班车，农民出行问题得到极大改善。主管部门并没有陷入"业绩工程"的怪圈，在注重速度的同时也没有放下对公路工程质量的监督和把控，甚至成立了专门的工程管理部门来负责监督管理农村公路的建设过程，下发了一系列重要文件，只为保障农村公路的建设项目不断推进。河南省项城市农村公路的发展不仅改变了农民的出行方式，因为交通环境的改善，前来投资的外商也逐渐增加，给该地区的经济发展带来了新的活力。农村公路的建成使农村与外界的连接成为可能，吸引了外商外资来到项城寻求新的发展和合作，为农民提供了更多的工作机会。当地农民不再把务农当作唯一的谋生手段，彻底摆脱了之前贫穷落后的局面，真正走上了发家致富的道路。

三张店乡是项城市一个贫困乡，外出务工人员众多，在外地创办的各类企业效益良好。但是由于交通设施的落后，外出务工人员回家时甚至不能把车开到自家门口。经过几年的发展，三张店乡的公路状况得到明显改善，外出务工人员回家感到惊喜的同时，也看到了家乡的变化，决定返乡投资办企业及捐资支持家乡公益性事业建设的有400多人，总投资达7000多万元。

在交通基础设施还不发达的西北地区，农村公路就像是连接绿洲及乡村的生命线，有着重要的作用。地广人稀的新疆天山地区南北星罗棋布地分散着800多个绿洲。乡村公路以砂石路为主，路面坑洼不平，车辆经过时经常尘土飞扬，人要躲得远远的。改革开放以来，自治区党委、人民政府及交通运输主管部门认真贯彻落实党中央部署，大力推进农村公路建设。2016~2017年，全区完成农村公路建设投资488.75亿元，完成新改建里程39409公里，改善了240个乡（镇）、2200个建制村的通行条件，使455万名农牧民受益。截至2017年底，全区农村公路总里程达12.28万公里。现在遍布天山南北的农村公路四通八达，农民能够把当地的哈密瓜、核桃、大枣等农产品从大山和荒漠中运到全国各地，使农民的收入有了保障。天山深处的三道沟村因为沿河谷分布，景色优美，特别是夏天，更是人们避暑养生的好去处。农村公路修通后，全村100多农户，有1/4转型开始从事旅游业，现在一个月的工资赶得上之前种地时一年的收入。2017年以来，新疆的新建公路建设项目90%的劳动力从当地招工，成千上万的新疆同胞，在家门口参与农村公路建设，实现了基础设施建设和农民增收的双赢局面。农村公路在帮助农民发展经济和维护少数民族地区稳定等方面发挥着更加积极的作用。

四 公路运输服务发展

在我国，道路运输是综合运输体系中通达程度最深、服务面积最广、承担社会运量最大的一种运输方式，在我国各类型运输方式中处于领先地位，道路运输能力的高低，直接影响着广大人民群众的出行和社会经济的发展。

在一些交通不便的地区，道路运输甚至是唯一的运输方式。改革开放40年来，道路运输发展和基础设施建设形成相辅相成、互相促进的关系，取得了巨大成就，其发展惠及每一位公众。

（一）公路客运

改革开放前，我国道路客运以国有运输企业为主，市场没有放开，运力严重短缺。改革开放后，这种状况很快被突破，客运开始走上健康发展的轨道。经过40年的发展，道路客运取得了突出成就。

1978年，公路全年客运量为14.92亿人次，旅客周转量为521.30亿人公里，分别占当年公路、铁路、水运和民航综合客运量的58.74%和29.91%；到2016年底，公路全年客运量达到220.70亿人次，旅客周转量达到12636.00亿人公里，分别是40年前的14倍和24倍，分别占当年综合客运量的92.1%和54.1%。公路旅客运输在综合运输体系中所占市场份额不断增加，地位不断提高。历年公路客运量变化如图3-3所示。

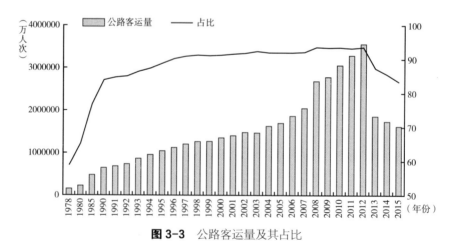

图3-3 公路客运量及其占比

资料来源：历年交通统计公报。

中国还加强与周边国家的国际道路运输合作，中国和老挝就国际道路的运输问题展开充分讨论，签署了双边合作的协定书草案；中国和越南就边境道路客运和货运的许可证、归属权、联络机制等问题达成了共识；①中俄就临时过境运输线路、口岸、车辆配额、许可证式样等相关问题达成了一致意见，并就此草签了《临时过境货物运输协议（草案）》，商讨如何进一步增加跨国货物运输运量，并就特殊货物的运输展开讨论。中国与周边国家的国际道路运输合作，可以促进国际运输线路的不断完善，促进对外开放，并且能有效提升对外开放的水平和等级。加强区域和国际合作有利于打造安全、高效、便捷、绿色的国际道路运输带，在"一带一路"背景下，让中国更好地实现"走出去"。

（二）公路货运

改革开放后，我国道路货物运输发展很快，运输能力显著提高，很大程度上解决了之前运货难的问题。道路运输的货物也从过去数量多、单价低、品种单一的货物演变为数量少、单价高、品种丰富的货物，公路年货运量及所占的市场份额不断提高，为保障国民经济快速发展、人民群众正常生活发挥了重要作用。

改革开放初期，运输市场开放的步伐不够大，道路货运主要由交通专业运输企业承担，行业发展缓慢，全社会公路货运量为 15.16 亿吨，货物周转量为 350.27 亿吨公里，在综合运输体系中分别占到 47.46% 和 3.53%。到 20 世纪 80 年代初，我国县以上交通专业运输企业近 2000 家，地市以上中心城市均有大中型国有运输企业，几乎所有县城和一些经济发达地区的乡镇都有汽车站、业务受理点。专业运输企业拥有营运车 30 多万辆，固定资产达到 140 亿元，职工人数超过 100 万人。这时的道路运输为国营所"垄断"，个体运输户凤毛麟角。

1983 年，交通部提出"有河大家走船，有路大家走车"的口号，做出放开道路运输市场的决策，极大地激发了社会各界从事道路运输的积极性。两

---

① 中国政府网，http://www.gov.cn/xinwen/2015-12/14/content_502345。

年后，也就是"六五"最后一年的 1985 年，这项措施开始在货运市场上产生巨大的效益。此后的二十多年里，虽然社会货运量和需求发生了较大的转变，但公路的货运量和货物周转量在综合运输体系中一直保持了稳定的发展，从而奠定了道路货运在综合运输体系中的基础地位。

"七五"期间，全社会年度公路货运量先后迈过 60 亿吨和 70 亿吨门槛，货物周转量也先后跃过 2000 亿吨公里和 3000 亿吨公里的台阶，达到了一个新的高度。

20 世纪 90 年代初期，在建立社会主义市场经济体制的新形势下，道路货物运输得以迅速发展。全社会年度公路货运量实现了从 70 亿吨到 100 亿吨的历史性跨越，年度货物周转量也连续跨过了 3000 亿吨公里、4000 亿吨公里和 5000 亿吨公里三个台阶，逼近 6000 亿吨公里，道路货物运输实现了快速发展。这一时期公路货运呈现货物种类增多、价值增大，特别是运距大幅延长的特点。原来运距以三四百公里为主，到"八五"末期的 1995 年，数千公里的运输已经屡见不鲜。

20 世纪 90 年代中期，我国二级以上公路不断增多，为发展道路货运提供了可能。交通部开始着手在全国建立高速公路快运系统。1997 年 12 月 22 日至 24 日，交通部在湖北武汉召开"全国高速公路快运系统建设座谈会"，明确了今后建立快运系统的目标、基本原则和重点。90 年代末，交通部第一次在全国选择了部分道路运输企业作为试点，发展公路快运，同时要求各省区市根据本地实际情况，做好快件货运发展规划和组织工作，引导汽车快件货运发展。

到 1999 年底，我国有货物运输经营业户 301.8 万户、营业性货运车辆 417 万辆、各种货运站场约 1500 个，已经形成一定的规模。道路货物运输的发展呈现良好态势，道路货物运输组织方式迅速调整。在进一步巩固普通货物运输市场占有率的基础上，快件货运、出租货运、搬家运输以及特种货物运输和物流服务等货物运输服务方式得到极大发展，一个与国民经济发展需求相适应的多样化、多层次的道路货物运输组织结构已基本形成。

"十五"时期，我国交通运输业飞速发展，且成绩尤为显著。全社会道路年度货运量在 100 亿吨以上的高位上实现了 32% 的增量，年度货物周转量从 6000 亿吨公里迈过了 7000 亿吨公里和 8000 亿吨公里，实现了 61% 的增长。在"十一五"期间，道路货运发展的强劲势头依然不减，货运量、货物周转量分别增长了 20％以上，特别是货物周转量迈过了 1 万亿吨公里门槛。

2004 年，《中华人民共和国道路运输条例》由国务院颁布，《道路货物运输及站场管理规定》等配套规章相继实施，为"依法治运"、实现公路基础设施与道路运输协调发展提供了重要保障。

截至 2015 年底，全国营运载货汽车达 1389.2 万辆 10366.5 万吨位；全年全国营业性货运车辆货运量和货物周转量分别完成 333.28 亿吨、61016.62 亿吨公里；道路运输完成的货运量、货物周转量在综合运输体系中所占比重分别为 77.27％和 33.52％；载货汽车 1389.2 万辆 10366.5 万吨位，公路货运量315 亿吨，公路货物周转量 57955.72 亿吨公里。历年公路货运量变化如图 3-4所示。

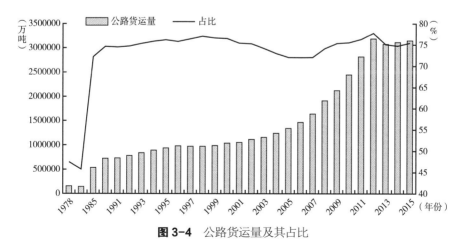

图 3-4　公路货运量及其占比

资料来源：历年交通统计公报。

目前，我国正处于道路运输能力扩张与质量提高并进的关键时期，与积极建设现代综合运输体系相适应，道路运输必将通过进一步的规范化管理、多样化服务，努力实现与其他运输方式的无缝连接。

（三）运输装备

交通运输的产品形态是"人和物的位移"。对于公路运输发展来说，公路基础设施建设和车辆运输装备发展是两个必不可少的因素。

相对于公路基础设施，我国的车辆装备制造业起步更晚。1956年，随着12辆国产"解放"牌汽车开下一汽总装线，中国汽车工业从无到有，迈出了艰难的第一步。"解放"牌汽车如图3-5所示。1978年底，全国民用车辆拥有量为135.84万辆，其中载货汽车为100.17万辆、载客汽车为25.90万辆。1978年，全国公路部门营运汽车拥有量为18.50万辆，其中载客汽车为3.34万辆、载货汽车为14.80万辆。

图3-5 "解放"牌汽车

资料来源：中国一汽网。

改革开放后，公路客车、货车、配件、保修、装卸机械及筑养路机械等企业成为交通部归口管理的重要内容。为使车辆装备快速跟上国家经济发展的步伐，满足人民生活的需要，国家和交通部采取了一系列措施：在资金上大力扶持，政策上引导企业自主创新、引进吸收；通过实行企业的股份制改造，实行现代企业制度，使相关制造企业脱胎换骨，具有较强的市场竞争能力，使我国落后的车辆装备工业在改革开放20年后，快速赶上世界先进水平。随着改革的深化，1999年1月1日起，按照党中央和国务院的统一部署，中远集团、长航集团、中海集团、路桥集团、港湾集团五大国有交通企业正式脱离交通部直属。此举标志着交通部完成了改革过程中至关重要的政企分开的步骤，从此专司公路和水路运输行业管理职能。[1]

与交通部脱钩后的众多交通装备制造企业，也经受住了市场激烈竞争的考验，在改革开放的道路上展翅高飞，为我国公路运输车辆装备的发展做出了不可磨灭的贡献。

进入21世纪，我国车辆装备的发展更加迅猛。截至2015年底，全国公路营运汽车拥有量为1473.1万辆，其中载客汽车为83.9万辆，总客位达到2148.6万个；载货汽车为1389.2万辆，总吨位达到10366.5万吨。历年载客汽车辆数和载货汽车辆数如图3-6、图3-7所示。

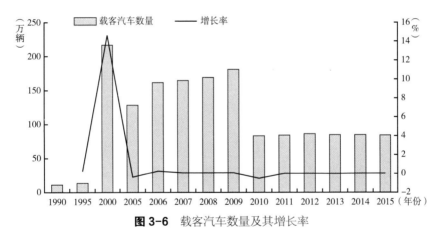

图 3-6　载客汽车数量及其增长率

资料来源：历年交通统计公报。

改革开放40年来，车辆的数量、客位和吨位以及车辆种类、质量、技术水平，特别是车型结构等方面都发生了巨大的变化。时至今日，我国道路运输车辆装备已经具备了现代交通运输的雏形，呈现门类齐全、大型重载、

---

[1] 交通部：《1999年中国航运发展报告》，2000年1月发布。

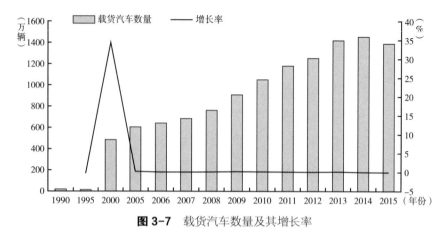

图 3-7 载货汽车数量及其增长率

资料来源：历年交通统计公报。

高速智能、绿色节能的趋势，初步形成了专业化、标准化、系列化的车辆装备体系。

五 公路行业未来展望

我国公路正处于快速扩张时期，在扩大规模的同时，全社会也更加关注公路建设工程的质量问题。我国公路建设事业由于发展时间较短，技术能力和装备制造能力和发达国家相比还有较大差距，加之我国人口众多，且人们的出行需求不断提高，未来我国公路事业面临的挑战依旧十分严峻，发展公路的脚步依然不能放缓。在未来，我国的公路建设应加大投资力度，提高技术管理水平，加强建设管理的监督机制，使公路行业向着规范化、标准化、科学化、专业化的方向发展，使我国的公路更好地为人民群众服务，主要发展方向有以下几个方面。

1. **促进多种运输方式的紧密连接，以期提供高效优质的运输服务**

未来，我国应协调各种运输方式的配合，同步加快国道、省道和低等级公路的建设，以及加快发展铁路、航运、海运等运输方式，使各种运输方式在衔接上更加紧密，节约更多的出行时间，让交通运输更好地为公众服务。特别是高速公路和其他交通运输方式之间的连接，比如高速公路和城际道路的衔接、公路和铁路的衔接、城市公路和城市快轨的衔接处理等，这些都需要有关部门切实提高规划管理能力。

2. 建设完成覆盖全国的高速公路网，更好地为经济协调发展助力

逐步形成覆盖全国、布局清晰、规划合理的高速公路网。未来一段时间内，我国应继续推进高速公路建设，特别是应加快高速公路网剩余路段、特殊路段的建设，尽快完善我国的高速公路网，使公路更好地发挥为经济增长助力的作用。对于已经纳入全国路网规划的高速公路，应加快建设步伐；对于那些有利于改善当地交通环境和有效带动地区经济发展的关键公路，应重点建设、按期交付并提高技术管理水平，确保不会出现质量问题；继续完善具有重要政治、经济、国防意义的高速公路建设；提高二级以上公路在全国的覆盖密度，特别是要加大县级二级公路建设力度，对于已建设完成的国道和省道，做好后期的养护和改建工作。加快农村公路、口岸公路等专项建设步伐。

3. 积极推进技术创新与交流合作，贯彻实施"走出去"战略

在未来，我国应继续推进公路工程标准体系的修订工作，完善相关技术规范，健全公路人才培养体制。加强与周边国家的国际道路运输合作，促进国际运输线路的不断完善，让公路有效带动提升我国对外开放的水平和等级；加强区域和国际合作，打造安全、高效、便捷、绿色的国际道路运输带。加快公路行业相关标准的国际化步伐，编译出版外文版公路工程标准规范；强化中日、中韩公路技术交流等国际技术交流合作。

4. 设计研发绿色、环保、安全、便捷的运输车辆，建设集约化、网络化的运输市场

未来我国应继续设计研发绿色、环保、安全、便捷的运输车辆，使运输装备更加科学化、人性化；鼓励发展大中型高档客车，鼓励运输企业和互联网、大数据产业公司等充分开展合作，使运输市场向网络化、技术化方向发展；继续推广节能减排技术，包括施工区集中供电技术、温拌沥青路面技术、耐久性路面结构应用、隧道弃渣利用、表土资源收集利用、电子不停车收费系统、不停车超载检测系统等，为绿色公路发展提供技术保障；继续推广生态环保技术，包括桥面径流污染防治工程、预制场养生用水循环利用工程、声屏障防噪音工程、固碳植被建设工程等，为绿色公路全面落实生态环保要求奠定基础。

5. 积极拓展融资渠道、加强资金保障

公路资产因为现金流相对稳定，从金融市场投资角度看，是优质的投资品种。在未来我国政府和企业应该更加重视银行贷款、股权融资和债券融资，为公路企业通过银行间市场交易和交易所市场发行债券提供便利。交通行业在我国资本市场累计债券融资额数目将越来越大，公路企业应更积极地与资本市场展开合作，参与国内金融产品的设计与实施，拓展广泛的融资渠道，来加强自身的资金保障[1]，为我国的金融市场发展与制度创新贡献新的力量。

---

[1] 郑齐翔:《高速铁路发展前景分析》,《世界华商经济年鉴》2013 年第 2 期。

第四章　中国民航

传说中，那是地球的第三极，被称为"世界屋脊"，那里就是青藏高原。

多少年以来，能够在这里自由翔翔的，只有被藏族人民顶礼膜拜的"神鹰"，因为只有它们才能在转瞬间高高飞起，飞越重重雪山。它们孤独而骄傲地在雪山之巅盘旋徘徊，年复一年。然而，这个传说在 1956 年 5 月 29 日突然被改变了，一只比"神鹰"更大，飞得更高，飞得更快，飞得更远的"钢铁神鹰"飞来了，它飞进了西藏，飞到了世界屋脊，飞到了西藏各族人民中间。北京经四川广汉飞来的"北京号"飞机，降落在了西藏拉萨当雄机场，在世界屋脊上创造了亘古未有的人间奇迹，在新中国民航史上写下了光辉的一页。

——《随共和国腾飞》

回顾历史，文成公主于一千多年前进藏，以长安为起点走到了今天的拉萨，总共用了三年零六个月的时间。20 世纪 50 年代初，从四川雅安到拉萨进行运输活动，人扛畜驮是运输物资的全部渠道，完成全过程需要半年左右的时间。川藏公路通车后，坐车从成都到拉萨，需要一个星期左右的时间。而今天，只需要两个小时便可以乘坐飞机从成都到达拉萨；只需要四个到五个小时就可以从北京乘坐飞机到达拉萨。可以说，我国民航业的发展为人民的交通出行提供了非常大的便利。

中华人民共和国成立以来，经过民航工作者的不懈努力，我国民航航线已经遍布祖国的大江南北。民航运输业目前已成为我国国民经济体系中规模较大、发展良好、前景广阔并极具现代气质的新兴产业部门。在我国民航运输业的发展历程中，也经历了多轮产业体制改革。这些改革不仅仅适应了国民经济和产业发展的客观需求，而且形成了高效的内外机制，使产业能够更好地适应外部和内部的经济体制变化，促进产业更好更快发展。改革开放40年以来，我国民航业以令人欣喜的速度不断发展并取得了可喜可贺的成就。

一　基础设施建设

回顾我国民航基础设施建设发展历程，大致分为以下三个阶段。

第一个阶段是改革开放至1987年。改革开放之前，我国的交通运输业重点发展水路、铁路与公路，改革开放后才逐渐认识到各种运输方式的优势与不足，注意到建设和发展水路、铁路、公路、航空和管道等各种运输方式综合发展的运输系统的重要性。该阶段特别是1987年以来我国民航基础设施已有较大改善，但总体规模仍然较小，且技术水平相对落后，空管设备系统和各种信息系统与发达国家的先进水平存在相当大的差距。

第二个阶段是1987年至21世纪初期。民航总局、外经贸部、国家计委联合颁布《外商投资民用航空业规定》，该规定扩大了外商投资范围，拓展了外商投资方式，放宽了外商投资比例，增加了外商管理权限，民航基础设施建设基金和机场管理建设费的使用，大大改变了我国地面基础设施不足的局面，使我国民用机场的数量、服务水平和对飞行安全的保障能力有了很大的提高。21世纪初期，我国民航业基础设施建设完成投资773257万元，空管系统完成投资105792万元，科学系统完成投资5645万元，机务航材系统完成投资5338万元，运输服务完成投资49492万元，公用设施完成投资17752万元，计算机信息系统完成投资330万元，民航实际完成技术改造投资35138

万元。民航基础设施建设资金的投入，使国内航线网络日趋合理、完善，有力地提高了对航空公司的保障能力，根本扭转了机票供应与社会需求间的不平衡局面，促进了民航业的发展。

第三个阶段是 21 世纪初期至今。民航基础设施建设受到了高度重视，中央直接领导与指挥一些重大的民航基础设施建设项目。按照党中央和国务院的战略部署，特别是进入"十三五"时期，民航基础设施建设明显加快。其中 2012 年国务院出台《关于促进民航业发展的若干意见》，2016 年印发《关于促进通用航空业发展的指导意见》，都对民航基础设施建设提出了明确要求。机场系统完成固定资产投资总额 656.1 亿元，重点建设项目 15 个，空管系统完成固定资产投资 177.7 亿元，民航其他系统完成固定资产投资总额 95.5 亿元。该阶段着重推进民航重点建设项目实施进度，加快推进新机场建设，着力管控行业运行安全风险，强化航行新技术普及应用，促进民航行业的迅速发展。当前我国民航基础设施建设总体呈现上升趋势，基础设施建设对民航快速发展的贡献率不断提升。

（一）民航航线的发展变迁

截至 1975 年底，中国民航的国内航线仅为 128 条，通航城市为 80 个，国内通航里程为 47104 公里，占通航总里程的 56%；国际航线为 7 条，通航国家为 10 个，国际通航里程为 37062 公里，占通航总里程的 44%。

可以说，改革开放促进了民航事业的大发展。1978 年，党的十一届三中全会把全党的工作重点转移到社会主义现代化建设上来，提出了对内改革、对外开放。中国民航为了响应党的号召，以北京、广州、上海为中心，先后开辟了一批干线、支线，自此，中国民航事业的发展步伐逐渐加快，并且取得了非常大的成绩和进步。

在航线数量方面，中国民航的国内航线由 1975 年底的 128 条分别在 1985 年、1995 年、2005 年和 2015 年增加到了 233 条、694 条、1024 条和 2666 条；国际航线由 1975 年底的 7 条分别在 1985 年、1995 年、2005 年和 2015 年增加至 27 条、85 条、233 条和 660 条。

在通航城市和国家方面，国内通航城市由 1975 年底的 80 个不断增加，1985 年达到了 82 个，1995 年达到 133 个，2015 年达到 204 个；国际通航国家由 1975 年底的 10 个增加至 1985 年的 18 个、1995 年的 31 个、2005 年的 33 个和 2015 年的 55 个。

在通航里程方面，1975 年，国内航线通航里程为 47104 公里，国际航线通航里程为 37062 公里；1985 年，国内航线和国际航线的通航里程分别为 160323 公里和 105959 公里；1995 年分别为 750794 公里和 431626 公里；2005 年分别为 1142569 公里和 855932 公里；到了 2015 年，我国民航业国内航线通航里程达到 2922796 公里，国际航线通航里程达到 2394434 公里。

表 4-1 统计了 1975~2015 年中国主要年份航线条数及通航国家和城市个数，表 4-2 统计了 1975~2015 年中国主要年份航线里程，图 4-1 展示了 1970~2015 年中国主要年份航线条数的变化趋势，图 4-2 展示了 1970~2015 年中国主要年份通航国家和城市个数的变化，图 4-3 展示了 1975~2015 年中国主要年份国内、国际航线里程的变化。

表 4-1 中国主要年份航线条数及通航国家和城市统计（1975~2015 年）

年份	总航线条数（条）	国内航线		国际航线	
		航线条数（条）	通航城市（个）	航线条数（条）	通航国家（个）
1975	135	128	80	7	10
1980	180	159	78	18	14
1985	267	233	82	27	18
1990	437	385	94	44	24
1995	797	694	133	85	31
2000	1165	1032	126	133	33
2005	1257	1024	133	233	33
2006	1336	1068	140	268	42
2007	1506	1216	146	290	43
2008	1532	1235	150	297	46
2009	1592	1329	163	263	44
2010	1880	1578	172	302	54

续表

年份	总航线条数（条）	国内航线		国际航线	
		航线条数（条）	通航城市（个）	航线条数（条）	通航国家（个）
2011	2290	1847	175	443	58
2012	2457	2076	178	381	52
2013	2876	2449	188	427	50
2014	3142	2652	198	490	48
2015	3326	2666	204	660	55

注：国内航线 1997 年后含中国内地至香港航线，1999 年后含中国内地至澳门航线，2009 年后含中国大陆至台湾航线。

资料来源：中国民用航空局发展计划司编《从统计看民航 2016》，中国民航出版社，2016。

表 4-2　中国主要年份航线里程统计（1975~2015 年）

年份	合计（公里）		国内航线（公里）		国际航线（公里）	
	不重复距离	重复距离	不重复距离	重复距离	不重复距离	重复距离
1975	84166	180158	47104	143096	37062	37062
1978	148941	236660	93599	168840	55342	67820
1980	195252	310887	110414	196187	81237	111099
1985	277217	498574	160323	293920	105959	193373
1990	506762	852352	329493	436670	166350	374896
1995	1128961	1420584	750794	958966	431626	348175
2000	1502887	2229600	994482	1572523	508405	657077
2005	1998501	2724535	1142569	1623380	855932	1101155
2006	2113505	2888906	1147337	1675924	966168	1212982
2007	2342961	3289490	1295543	1989622	1047418	1299868
2008	2461840	3373408	1341674	1996905	1120166	1376503
2009	2345085	3330615	1425186	2199934	919899	1130681
2010	2765147	3980873	1694980	2714447	1070167	1266426
2011	3490571	5127695	1996184	3180038	1494387	1947657
2012	3280114	4948832	1995402	3390424	1284712	1558408
2013	4106000	6342192	2602850	4405715	1503150	1936477
2014	4637214	7031118	2870004	4853206	1767210	2177912
2015	5317230	7865736	2922796	4963976	2394434	2901760

注：国内航线 1997 年后含中国内地至香港航线，1999 年后含中国内地至澳门航线，2009 年后含中国大陆至台湾航线。

资料来源：中国民用航空局发展计划司编《从统计看民航 2016》，中国民航出版社，2016。

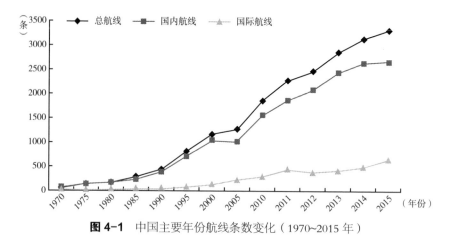

图 4-1 中国主要年份航线条数变化（1970~2015 年）

资料来源：中国民用航空局发展计划司编《从统计看民航 2016》，中国民航出版社，2016。

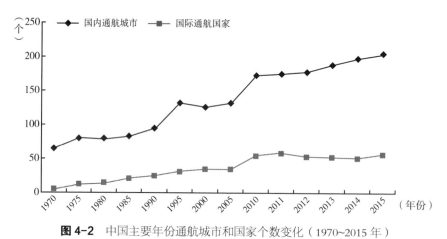

图 4-2 中国主要年份通航城市和国家个数变化（1970~2015 年）

资料来源：中国民用航空局发展计划司编《从统计看民航 2016》，中国民航出版社，2016。

我国民航业最繁忙也是最重要的航线包括北京—上海、上海—深圳、成都—北京、广州—北京、深圳—北京、上海—广州等航线，目前已有包括中国国际航空公司、南方航空公司、海南航空公司等在内的多家航空公司开辟了以上航线，为两地之间的旅客和货主提供更多便捷的服务。

中国国际航空公司目前开通了由北京到上海、广州、深圳、重庆、成都、

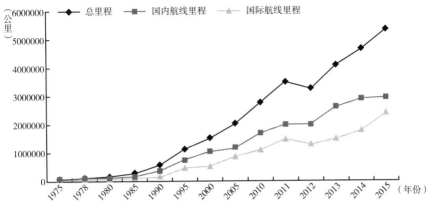

图 4-3　中国主要年份国内航线和国际航线里程变化（1975~2015 年）

资料来源：中国民用航空局发展计划司编《从统计看民航 2016》，中国民航出版社，2016。

杭州、香港等 7 座城市的空中快线，其中，北京至上海、广州、深圳、重庆、成都、杭州等 6 条快线的每日往返航班数量分别达到了 24 班、16 班、18 班、20 班、30 班、24 班，而北京至香港快线，每日有国航实际承运及国航代码共享航班共计 30 班。这些空中快线基本都整点或半点出发，往返航班非常密集，设有专属服务区，提供免费换乘等服务，为旅客提供了极大的便利，创建起了 7 座大都市与北京之间的空中快捷通道。

（二）机场建设

改革开放以来，我国不断增加在民航业基础设施方面的投资总量，机场建设不断加快且卓有成效，基础设施科技含量逐步提高。民航业基础设施的建设为民航业的发展做出了越来越多的贡献。

自 1990 年以来，我国在机场建设方面的总投资达到了 1200 多亿元，机场建设进入了一个高峰时期。在这段时期，全国有 47 个机场被新建、迁建，并有 90 多个机场进行了改造或扩建[①]，北京新机场工程、长沙黄花机场扩建工

[①] 民航总局机场司建设处：《加快完善机场布局　构建合理机场体系》，《中国民航报》2007 年 11 月 28 日。

程、浦东机场飞行区扩建工程等多个重点项目顺利开展。

截至 2005 年底，中国内地民航运输机场达到 142 个，其中，4E 级、4D 级、4C 级、3C 级机场分别有 26 个、33 个、52 个和 31 个。运输机场密度为每十万平方公里 1.4 个，年吞吐量 1000 万人次以上的机场有 7 个，分别为首都机场、浦东机场、虹桥机场、深圳机场、广州机场、成都机场和昆明机场。

2015 年，我国境内颁证民用航空机场共有 210 个，其中，4F 级、4E 级、4D 级、4C 级、3C 级、1B 级机场分别有 8 个、34 个、39 个、120 个、8 个和 1 个。年旅客吞吐量超过 1000 万人次的机场达到 28 个。高级别机场的不断增多意味着我国有越来越多的机场能够起降更大型飞机，同时也意味着更多机场跑道及升降带、滑行道、停机坪、灯光助航设施、地面标志及排水系统等设施的全面提升。

另外，在机场数量增加和规模扩大的同时，机场保障能力尤其是安全保障能力也在不断提高。在生产规模扩大、发展速度加快、行业不断改革的情况下，航空安全状况不断改善。机场的安全保障是机场得以运行的关键因素，不仅包括机场地面设施的安全，更重要的是航空航线的安全保障问题，如航空器飞行安全和空防安全等。改革开放以来到 20 世纪末 21 世纪初，我国民航发生的较大及重大以上飞行事故中有 110 起发生在机场或临时机场区域内。随着 2002 年机场属地化改革的进行，机场定位、性质及隶属关系的改变对机场的运营管理等方面造成较大冲击，给机场的安全运行保障带来极大的影响。2011 年机场责任原因导致的事故征候达 11 起，事故征候万架次率为 0.035，同比增加 0.012。2010 年至 2016 年初，运输航空连续安全飞行 64 个月，累计安全飞行 3672 万个小时。2015 年全年共发生事故 394 起，其中严重事故 8 起，较上年下降 34.6%。我国航空安全已经逐渐接近航空发达国家水平，保障了航空运输持续稳定的发展。

下面介绍几个具有代表性的机场的发展建设案例。

1. 首都国际机场

北京首都国际机场位于北京市东北侧六环内，距离市中心的车程大约 30

公里，是首个被投入使用的国内机场。作为全国规模最大、运输最繁忙的大型国际航空港，首都国际机场拥有世界顶尖水平的服务和设施。首都国际机场目前共有三座航站楼，航站楼间有免费的摆渡车可以方便中转。

1958 年 3 月 2 日，首都国际机场正式投入使用。在刚刚建成投入使用时，首都国际机场仅有一座现在被称为"机场南楼"的小型候机楼，而现在，这座候机楼主要用于 VIP 乘客和包租的飞机。1980 年 1 月，一号航站楼及其配套工程建成并正式投入使用。1999 年，一号航站楼停止使用。1995 年 10 月，二号航站楼开始建设，并于 1999 年 11 月 1 日正式投入使用，其建筑面积为 33.6 万平方米。2004 年 9 月，一号航站楼经过修整后再次投入使用，单独负责中国南方航空公司的航班起降工作。由于一号、二号航站楼设计总量只有 3550 万人次，2008 年，三号航站楼（见图 4-4）和第三条跑道建成，位于机场东边，能承载空客 A380 等新型超大型客机的起降。

图 4-4　首都国际机场 T3 航站楼

运营多年来，北京首都国际机场的年旅客吞吐量从 1978 年的 103 万人次增长到了 2016 年的 9239.35 万人次，位居亚洲第 1 位、全球第 2 位。1993 年，北京首都国际机场旅客吞吐量首次突破了 1000 万人次。2000 年，旅客吞吐量达到 2169 万人次。2002 年，在一号航站楼改建未投入使用的情况下，首都国际机场旅客吞吐量已达到 2715 万人次，以第 26 位的排名首次进入世界前三十大最繁忙机场行列。2006 年，首都国际机场旅客吞吐量达 4865.48 万人次，排名世界第 9 位，进入世界前十大最繁忙机场行列。2009 年 11 月 30 日，北京首都国际机场的旅客吞吐量正式突破 6000 万人次，从此成为世界第四大机场。

2015 年 9 月 4 日，国际民航权威认证机构 Skytrax 发布了由全球 1.1 亿名旅客通过问卷调查及投票产生的"2015 年世界前百位主要机场排名"结果。评选覆盖全球 240 多个机场，指标包括清洁程度、等待时间、购物体验等旅客乘机体验要素。其中，首都国际机场位居全球第 10 位，中国内地第 1 位。2016 年 12 月 14 日，首都机场年旅客吞吐量正式突破 9000 万人次大关。

2. 义乌机场

在星罗棋布的城市网中，有这样一个不起眼的点，一个小小的县级城市——浙江义乌。然而，就是这个不起眼的建在市场上的小城市，在改革开放 40 年间，成为全球最大的日用消费品市场。市场最重要的三大要素分别为人流、商品和流通，三个要素都离不开交通，离不开客货运输，也离不开民航事业的发展。20 年间，义乌机场（见图 4-5）扩建了 3 次，开辟了多条航

图 4-5　义乌机场

线，航班可飞往北京、深圳、广州、天津、成都、重庆、西安、厦门、三亚、长沙、乌鲁木齐、兰州、南宁、海口、昆明、沈阳、珠海、郑州、合肥、福州、香港等城市。长期以来，义乌市委、市政府高度重视义乌民航事业的发展，大力支持和开发新航空公司、新航线、新航班，不断改善义乌机场的软硬环境，使义乌的民航事业得到了不断的快速发展。

3. 西双版纳机场

1961 年 4 月，周恩来总理与缅甸吴努总理在云南西双版纳会晤。当时我国还未实行改革开放政策，交通发展非常缓慢且闭塞，周总理不得不乘坐汽车和渡船等多种交通工具才能渡过澜沧江会晤缅甸总理。

改革开放之后，到了 1990 年 4 月，西双版纳机场（见图 4-6）正式建成并投入使用，先后开辟了至天津、重庆、昆明、大理、丽江、郑州等多座城市的航线，1996 年还开通了西双版纳至曼谷的国际航线。机场的开通极大地加强了西双版纳与外界的沟通交流，也大大促进了西双版纳旅游业的发展，更多的游客能够更加方便地来到云南，来到西双版纳亲身体验其美丽的风景和灿烂的传统文化，泼水节也被更多的人熟悉。

图 4-6 西双版纳机场

4. 林芝米林机场

林芝米林机场（见图4-7）位于青藏高原东南部，于2006年建成通航，海拔低于邦达和拉萨机场，是目前西藏海拔最低的机场。虽然林芝米林机场的海拔高度只有2948公里，但飞行难度却属国内之最。林芝米林机场常年被云雾笼罩，周围都是4000多米的高山峻岭，又地处雅鲁藏布江河谷地带，因而飞机一般情况下都需要在狭窄弯曲的河谷中起降飞行。加之机场常常遭遇乱流、大风等恶劣天气，飞行难度非常大。

图4-7 林芝米林机场

对此，林芝米林机场积极应对，采用RNP卫星导航，将卫星导航和飞机自身的定位及航迹跟踪能力结合起来，大大提高了飞行的定位精度，从技术上比较好地解决了信号受到地形遮蔽的困难。形象地说，飞机就好比在一个直径1100米的管道中安全飞行。

自2006年9月1日通航以来，林芝米林机场的航班正常率达到85.6%，机场放行率为97%。

5. 丝绸之路沿线机场

2000多年前，张骞两次出使西域，开辟了中外交流的新纪元，欧亚丝绸之路的建立将东西方连接了起来，为东西方之间经济、政治、文化交流做出了重要贡献。2000 多年后，一条新的空中丝绸之路在现代化改革前进的道路上熠熠生辉。2006 年 10 月，包括敦煌、西安、兰州、乌鲁木齐等城市在内的丝绸之路沿线 18 个城市决定实施旅游合作，携手推进区域旅游经济的发展。《丝绸之路区域旅游发展联合宣言》的发布为我国民航业的发展带来了新的机遇和挑战。

昔日丝绸之路的起点西安，目前是我国区域性航空枢纽，已然成为国内最繁忙的机场之一，甚至进入了世界繁忙机场之列。2016 年，西安咸阳国际机场（见图 4-8）旅客吞吐量达到 3699 万人次，排名全国第 8 位。

图 4-8 西安咸阳国际机场

古城兰州，地处欧亚航路要冲，成为中国西部航路建设的重要节点。2016 年，兰州中川机场（见图 4-9）的旅客吞吐量突破 1000 万人次，相比于 2015 年 800 万人次，实现了"百万级"增长。

在天下第一雄关嘉峪关以及东西方文化交流的见证地敦煌，民航事业的发展使当地的旅游事业得到迅猛发展，丝绸古道到处都是热烈的建设场面。嘉峪关机场见图 4-10，敦煌机场见图 4-11。

丝绸之路沿线机场的发展促进了当地旅游业的发展，也增强了丝绸之路沿线城市的对外经济文化交流。

图 4-9 兰州中川机场

图 4-10 嘉峪关机场

　　2013 年，基于传统丝绸之路，习近平总书记提出了"一带一路"倡议。"一带一路"倡议的提出和深入，对我国民航事业来说是一次重大的发展机遇，同时也是一次前所未有的挑战。航空运输业具有建设周期短、适应性强、安全性高、环境影响小、运行灵活性高、速度快、效率高等优点，这些得天独厚的优势决定了民航能够在"一带一路"倡议中实现先行先试、先联先通，发挥"先行军""排头兵"的作用，"一带一路"沿线机场也将得到更好的建设与发展。

图 4-11　敦煌机场

二　移动载运工具发展变迁

（一）飞机型号及数量的变迁

　　1972 年 2 月 21 日，美国总统尼克松访华，其乘坐的飞机便是如图 4-12 所示的空军一号——波音 707 飞机。这架飞机的到来标志着波音系列飞机正式进入我国，并用于民航运输业。1973 年，我国民航首次从美国购入 10 架波音 707 飞机，自此，波音系列飞机正式开始进入中国。

　　党的十一届三中全会召开之后，国内、国际航线不断增多。为适应发展需要，民航机型需要加速更新。1980 年，中国民航局又购买了波音 747SP 型宽体客机，标志着我国飞机使用已部分达到了国际先进水平。1983 年后，我国又通过贷款、国际租赁和自筹资金相结合的方式，购买了一批波音和麦道多种型号的先进水平飞机。

　　20 世纪 60 年代中期，由于欧洲几家航空公司对新型宽体客机有一定的需求，Airbus S.A.S.（空中客车公司）诞生。1985 年，两架空中客车 310 落户上海，由此，我国民航使用的飞机缩小了与国际先进水平的差距。空客从 1985 年起进入我国，其数量以及占我国民航飞机总量的比例不断攀升，由 1995 年底的 29 架、占我国飞机总量的 7%，到 2007 年底的 390 架、占我国飞机总量的 33%。从机型上讲，我国基本上拥有空客各系列机型，包括 A300、A310、

A320、A330、A340 和 A380 等多个系列的机型。

在运（Y）-5 的基础上，我国又先后研发了运（Y）-8（见图 4-12）、运（Y）-10、运（Y）-11、运（Y）-12（见图 4-13）等飞机。1998 年 5 月，Y7-200A 适航试验型飞机取得了我国适航当局颁发的型号合格证。这标志着国产飞机的发展迈上了一个新的台阶，国产运（Y）-7 飞机正式进入国内航空市场，用于支线运输飞行。

图 4-12 运（Y）-8 飞机

图 4-13 运（Y）-12 飞机

20 世纪 90 年代初，为适应航空运输对运力的需求，中国民航加快了飞机引进和更新换代的步伐。[①] 采取融资租赁、经营租赁、购买等多种途径添置运输飞机，使机队规模不断扩大。

---

① 夫见：《展翅奋飞的中国民航——纪念新中国民航成立 50 周年》，《中国民用航空》1999年第 10 期。

目前，我国各航空公司已经拥有多架各种型号的现代化飞机，截至 2015
年底，我国民航拥有飞机 4554 架，通用航空飞机 1904 架，运输飞机 2370 架，
主力运输飞机均为世界上技术水平先进、经济性能良好的机型。机队的更新
和扩张不仅大大提高了我国航空运输的能力和运输质量，而且能够向旅客提
供更安全、更舒适、更廉价的服务。表 4-3 中统计了我国较有代表性的航空
公司，如中国国际航空公司、中国东方航空公司、中国南方航空公司、海南
航空公司、深圳航空公司、四川航空公司、春秋航空公司、联合航空公司等 8
个航空公司截至 2015 年拥有的飞机型号和数量。

表 4-3 2015 年主要中国航空公司飞机一览

航空公司	机型	飞机数量（架）		
		期末实有	上年同期	增减架数
中国国际航空 股份有限公司	合计	386	355	31
	运输飞机	386	355	31
	A319	33	30	3
	A320	39	38	1
	A321	52	49	3
	A330-200	30	30	0
	A330-300	23	19	4
	A340-300		4	−3
	B737-300		1	0
	B737-800	129	111	18
	B737-700	21	21	0
	B747-400		4	0
	B747-8		4	3
	B747-400F		3	0
	B757-200		2	−1
	B757-200F		4	0
	B777-200	10	10	0
	B777F	8	5	3
	B777-300ER	20	20	0

续表

航空公司	机型	飞机数量（架）		
		期末实有	上年同期	增减架数
中国东方航空股份有限公司	合计	431	402	29
	运输飞机	431	402	29
	A319	35	29	6
	A320	160	154	6
	A321	48	39	9
	A330-200	33	28	5
	A330-300	15	13	2
	A340-600	0	4	−4
	B737-300	5	16	−11
	B737-800	63	42	21
	B737-700	45	45	0
	B747-400F	3	4	−1
	B757-200F	0	2	−2
	B767-300	3	6	−3
	B777F	6	6	0
	B777-300ER	9	4	5
	CRJ-200	0	0	0
	EMB-145	6	10	−4
中国南方航空股份有限公司	合计	506	476	30
	运输飞机	506	476	30
	A319	37	39	−2
	A320	120	115	5
	A321	79	75	4
	A330-200	16	16	0
	A330-300	19	15	4
	A380	5	5	0
	B737-300	3	3	0
	B737-800	129	115	14
	B737-700	31	31	0
	B747-400F	2	2	0
	B757-200	12	13	−1
	B777-200	4	4	0
	B777F	12	8	4
	B777-300ER	7	5	2
	B787-8	10	10	0
	EMB-190	20	20	0

续表

航空公司	机型	飞机数量（架）		
		期末实有	上年同期	增减架数
海南航空股份 有限公司	合计	119	95	24
	运输飞机	119	95	24
	A330-200	9	8	1
	A330-300	13	8	5
	B737-800	78	62	16
	B737-700	6	6	0
	B767-300	3	3	0
	B787-8	10	8	2
深圳航空有限 责任公司	合计	158	145	13
	运输飞机	158	145	13
	A319	5	5	0
	A320	70	65	5
	B737-800	78	70	8
	B737-900	5	5	0
四川航空股份 有限公司	合计	107	97	10
	运输飞机	107	97	10
	A319	24	24	0
	A320	49	41	8
	A321	26	25	1
	A330-200	4	3	1
	A330-300	4	4	0
春秋航空有限 公司	合计	52	46	6
	运输飞机	52	46	6
	A320	52	46	6
中国联合航空 有限公司	合计	33	31	2
	运输飞机	33	31	2
	B737-800	25	21	4
	B737-700	8	10	−2

资料来源：中国民用航空局发展计划司编《从统计看民航 2016》，中国民航出版社，2016。

根据 CADAS 民航数据分析系统，2016 年全年，中国民航共引进了飞机 369 架，至 2016 年底，中国民航运输飞机机队数量（不含香港、澳门、台湾）达到了 2933 架。图 4-14 展示了 2006~2016 年中国民航运输飞机数量的变化。

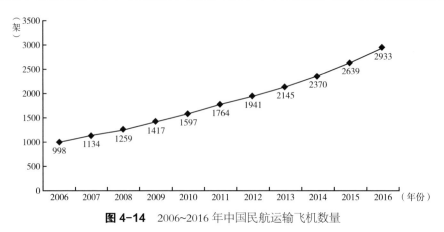

图 4-14 2006~2016 年中国民航运输飞机数量

资料来源：CADAS 民航数据分析系统。

全国共计有 8 家航空公司的机队规模达到了百架以上。中国南方航空股份有限公司机队拥有飞机共计 520 架；中国东方航空股份有限公司拥有飞机共计 452 架；中国国际航空股份有限公司拥有飞机共计 369 架；海南航空股份有限公司拥有飞机共计 178 架。图 4-15 展示了 2016 年中国国内各大航空公司运输机队规模。

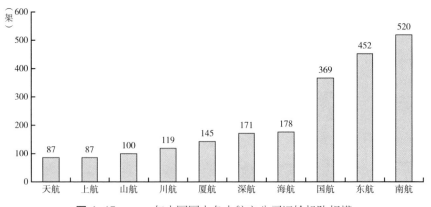

图 4-15 2016 年中国国内各大航空公司运输机队规模

资料来源：CADAS 民航数据分析系统。

在国内机队中，窄体客机是主要机型，2016 年我国民航运输飞机中共有 2335 架窄体客机，占总规模的 80%。宽体客机数量为 310 架，占总规模的 11%，其次是支线喷气客机为 137 架，占比 5%，涡桨客机最少，仅有 21 架，占比 1%。货机数量为 130 架，占比 4%，可见，在民用航空市场中，主要是客运，货运相对而言很少。图 4-16 展示了 2016 年中国民航运输各类飞机占比情况。

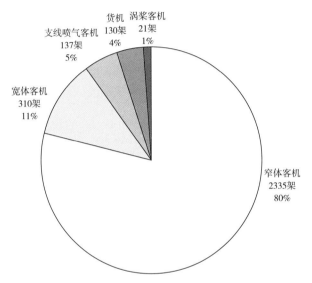

图 4-16 2016 年中国民航运输各类飞机占比

资料来源：CADAS 民航数据分析系统。

（二）中国国内航空公司飞机引进方式的演变过程

自我国民航业发展初期至今，国内航空公司一直从国外引进飞机用于干线飞行。1980 年，我国引进两架波音 747SP 型飞机，这是我国首次采用外国投资减税杠杆的方式引进国外飞机。截至 1995 年底，我国民航业已经积累了 10 余年的飞机融资租赁经验，并且通过融资租赁方式引进了波音 747-400、767、777，空客 A300、A320 等喷气式客机共 365 架。在此阶段，我国民航业主要采用融资租赁的方式进行飞机引进，方式缺乏多样化，其他引进或融资方式很少或者可以说几乎不使用。当时我国基础建设资金短缺，因此在此背景下，融资租赁作为一种具有中国特色的融资方式，成为我国航空公司引进飞机的通用采购方式。

20 世纪 90 年代后，经营性租赁方式逐渐瓜分了一定的市场份额。在当时，世界上最大的飞机租赁公司是爱尔兰 GPA 集团。1990 年，民航广州管理局（现为中国南方航空公司）与 GPA 集团签订了协议，协议主要内容为中国南方航空公司采用经营租赁的方式从 GPA 集团租入 B737-500 型飞机和波音 737-300 飞机各 5 架。此次事件拉开了中国民航经营性租赁飞机的序幕。此后，越来越多的航空公司意识到了经营性租赁在航空公司运营策略中非常灵活的优点以及在财务上的优势。因此，越来越多的航空公司如东方航空公司、厦门航空公司、西南航空公司等也都先后采用经营性租赁的方式引进飞机，使得采用经营性租赁方式租赁的飞机占据航空公司引进的飞机总数的比例不断增大，到了 1981 年，经营性租赁飞机占租赁飞机总数的比例为 20%。

20 世纪 90 年代中后期，国内资本市场不断完善，导致国内各大航空公司都在寻求新的融资方式。1997 年，南方航空公司和东方航空公司开创了中国航空公司上市的先河，分别完成了股权分置改革上市。2004 年，中国国航在香港联交所上市，这标志着国内大型航空公司全部完成上市工作。截至 2006 年底，国内航空公司通过股票融资筹集到的资金占融资结构的比例达到 12.1%。

2005 年，中国国航发行了 30 亿 10 年期的债券，填补了多年以来国内航空公司飞机融资领域长期债券融资方式的空白。随后，东方航空公司、海南航空公司和南方航空公司为了解决飞机引进的资金问题，都积极申请发行长期债券，国内航空公司飞机融资方式不断多样化。2004 年到 2006 年，国内航空公司连续三年总体赢利，其内部融资比例有所上升，2005 年国内航空公司的内部融资比例平均达到了 2.4%，而国航由于赢利较佳，其内部融资比例相对较高，达到了 4.2%。

总之，从 20 世纪 90 年代中期开始，国内航空公司在以租赁融资方式为主的基础上积极寻求新的融资方式，到目前为止，已形成多种融资方式并存的格局。

（三）中国自主研发的大型飞机——中国大飞机"三剑客"

COMAC919 是我国首个拥有自主知识产权的中短程商用干线大型喷气式客机，代号"C919"（见图 4-17）。COMAC 是 Commercial Aircraft Corporation of China（中国商用飞机有限责任公司）的简写。简写中的首字母"C"既是 COMAC 的第一个字母，也是中国的英文名称 China 的第一个字母，体现了大型客机是国家意志，人民的期望；数字"9"的寓意是天长地久，数字"19"是代型，代表的是中国首型大型客机的标准载客量为 190 座。C919 飞机标准航程为 4075 公里，最大航程为 5555 公里，标准航程型飞机最大起飞重量为 72500 公斤，最大设计经济寿命为 90000 飞行小时或 60000 飞行循环或 30 个日历年，其基本型全经济级布局为 168 座，混合级布局为 158 座。2017 年 5 月 5 日上午，C919 在浦东机场成功完成首次飞行，全中国为之振奋，为之激动。2017 年 11 月 10 日，C919 第一次远距离飞行，从浦东基地转场西安阎良。

图 4-17　我国自主研发第一款大飞机——C919

　　运-20（见图4-18）是由中国航空工业集团公司承担研制的我国首款自主研制的200吨级大型多用途运输机，可在复杂地域和气象条件下执行各种装备、物资和人员长距离、快速航空运输任务，是为服务军队现代化建设，应对抢险救灾、国际人道主义援助等紧急情况而研发的一款重要装备，对振奋民族精神、加速科技产业发展和建设创新型国家、提高综合国力和大国地位具有重要意义。2007年，运-20飞机研发项目正式立项，2013年1月成功首飞，2014年11月在珠海航展公开亮相，2016年7月正式列装。运-20飞机走出了一条我国自主创新研发大型飞机的成功之路。运-20的顺利研制标志着我国成功跻身于世界上少数几个能自主研制200吨级大型飞机的国家之列，标志着国家大型飞机重大科技专项和我国远程投送力量发展取得里程碑意义的进展，是我国科技创新能力和整体工业水平全面提升的重要标志，对国民经济建设、国防建设、国家科技进步和产业转型升级都具有重大战略意义。

图4-18 我国自主研发的第二款大飞机——运-20

　　蛟龙-600（AG600，见图4-19）是中国自行设计研制的大型灭火/水上救援水陆两栖飞机。该机拥有执行应急救援、森林灭火、海洋巡察等多项特种任务的功能。飞机采用了单船身、悬臂上单翼布局型式，选装四台WJ-6发动机，采用前三点可收放式起落架。这是中国新一代特种航空产品代表作。

图 4-19 我国自主研发第三款大飞机——蛟龙 -600

2009 年 9 月 5 日，中国航空工业集团正式对外宣布，启动大型灭火 / 水上救援水陆两栖飞机研制项目。该飞机定名为"蛟龙 -600"，2014 年取得中国民航型号合格证后，在珠海实现批量生产。

经过 40 年的发展，我国民航经历了从小到大、从弱到强的发展历程。民航机型也从美制、苏制、德制，发展到今天全型号的先进机型以及各种自主研发的飞机，不能不说这是我国国力强盛以及几代民航人励精图治、团结奋斗的结果。

三 民航运输市场地位

（一）运量

随着民航事业的不断发展，旅客运输量、旅客周转量、货邮运输量、货邮周转量等衡量民航运量的指标全部有了大幅度提升，呈现明显上升趋势。表 4-4 统计了 1978~2015 年主要年份中国航空运输指标。

表 4-4 1978~2015 年中国主要年份航空运输指标统计

航线类型	年份	旅客运输量（万人次）	旅客周转量（万人公里）	货邮运输量（吨）	货邮周转量（万吨公里）	运输总周转量（万吨公里）
全部航线	1978	231	279191	63815	9705	29866
	1980	343	395552	88866	14060	42935
	1990	1660	2304798	369721	81824	249950
	2000	6722	9705437	1967123	502683	1225007
	2010	26769	40389960	5630371	1788982	5384490
	2015	43618	72825513	6292942	2080683	8516516
国内航线	1978	220	219232	58554	6697	22416
	1980	293	280904	68591	7395	27671
	1990	1346	1576561	239467	31646	145157
	2000	6031	7377283	1474767	211133	759818
	2010	24838	32800635	3704056	535954	3454801
	2015	39411	55657154	4424498	669258	5590410
国际航线	1978	11	59959	5262	3008	7450
	1980	29	106785	13905	6466	14475
	1990	114	516910	81102	43829	82595
	2000	690	2328154	492356	291550	465190
	2010	1931	7589325	1926315	1253028	1929689
	2015	4207	17168359	1868444	1411425	2926107

资料来源：中国民用航空局发展计划司编《从统计看民航 2016》，中国民航出版社，2016。

2015 年，民航业运输总周转量达到 851.65 亿吨公里，比上年增长 13.8%，1978~2015 年年均增长率为 16.51%；完成旅客周转量 7282.55 亿人公里，比上年增长 15.0%，年均增长率为 16.23%；完成货邮周转量 208.07 亿吨公里，比上年增长 10.8%，年均增长率为 15.61%。2015 年，国内航线的运输总周转量达到 559.04 亿吨公里，比上年增长 10.0%，比 1978 年增长约 250 倍，年均增长率为 16.09%；国际航线的运输总周转量达到 292.61 亿吨公里，比上年增长 21.9%，比 1978 年增长近 400 倍，年均增长率为 17.52%。

民航业的发展为我们提供了世界范围的运输和交流沟通的渠道，使全球范围的商务和旅行成为可能。随着经济的发展和国民生活水平的提高，选择远距离旅行和民航出行的旅客越来越多，民航客运方式甚至成为游客出行的首选。民航客运与旅游客流量之间存在长期稳定的均衡关系，民航运输业的发展对旅游客流量的增长具有显著且持久性的推动作用。随着我国民航业的不断加速发展，旅客运输量也在逐年飙升。2015 年，民航业的旅客运输量达到 43618 万人次，比上年增长 11.3%，1978~2015 年年均增长率为 15.22%。国内航线的旅客运输量达到 39411 万人次，比上年增长 9.4%，1978~2015 年年均增长率为 15.05%；国际航线的旅客运输量达到 4207 万人次，比上年增长 33.3%，比 1978 年增长 381 倍，年均增长率高达 17.44%。

航空物流与国际贸易及经济发展之间互为因果，相辅相成，互相依赖，共同发展，两者间存在长期均衡的关系。随着民航事业的发展，2015 年，民航业货邮运输量达到 629.3 万吨，比上年增长 5.9%，1978~2015 年年均增长率为 13.21%。国内航线的货邮运输量达到 442.4 万吨，比上年增长 3.9%，年均增长率为 12.40%；国际航线的货邮运输量达到 186.8 万吨，比上年增长 10.9%，年均增长率为 17.20%。

由此可见，从 1978 年到 2015 年，无论是客运还是货运的运量和周转量都有大幅度提升，增长率基本保持在百分之一万以上。更可喜可贺的是，国际航线的客货运输指标增长均是改革开放初期的 300 倍以上，取得了非常可观的成绩。

2015 年，全国民航运输机场的旅客吞吐量达到 9.15 亿人次，比上年增长 10.0%。年旅客吞吐量在 100 万人次以上的机场有 70 个，其中北京、上海和广州三大城市机场旅客吞吐量占全部机场旅客吞吐量的 27.3%；东部地区旅客吞吐量为 5.02 亿人次，东北地区旅客吞吐量为 0.55 亿人次，中部地区旅客吞吐量为 0.90 亿人次，西部地区旅客吞吐量为 2.69 亿人次。图 4-20 展示了 2015 年民航运输机场旅客吞吐量的地区分布。

2015 年全国民航运输机场货邮吞吐量为 1409.40 万吨，比上年增长 3.9%。年货邮吞吐量 1 万吨以上的机场有 51 个，其中北京、上海和广州三大城市机场货邮吞吐量占全部机场货邮吞吐量的 50.9%；东部地区货邮吞吐量为

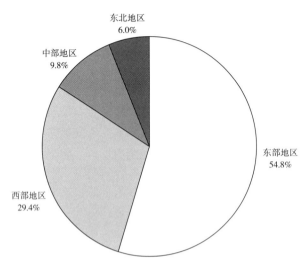

图 4-20 2015 年民航运输机场旅客吞吐量的地区分布

1062.88 万吨，东北地区货邮吞吐量为 48.87 万吨，中部地区货邮吞吐量为 85.89 万吨，西部地区货邮吞吐量为 211.76 万吨。图 4-21 展示了 2015 年民航运输机场货邮吞吐量的地区分布。表 4-5 统计了 1980 年至 2015 年主要年份中代表性机场的旅客吞吐量，表 4-6 统计了 1980 年至 2015 年主要年份中代表性机场的货邮吞吐量。

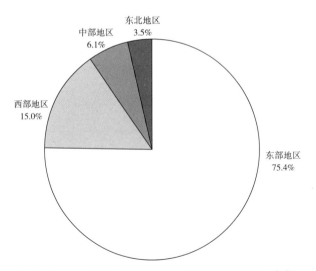

图 4-21 2015 年民航运输机场货邮吞吐量的地区分布

表 4-5 中国主要年份机场旅客吞吐量统计（1980~2015 年）

机场	旅客吞吐量（人次）					
	1980 年	1990 年	2000 年	2005 年	2010 年	2015 年
合计	6390094	30424704	133701495	284351063	564312300	914773311
北京 / 首都	1188630	4820811	21691077	41004008	73948114	89939049
广州 / 白云	1313738	6045088	12790999	23558274	40975673	55201915
上海 / 浦东			5543667	23664967	40578621	60098073
上海 / 虹桥	620783	3983825	12139462	17797365	31298812	39090865
成都 / 双流	310257	1414098	5524709	13899929	25805815	42239468
深圳 / 宝安			6422685	16283071	26713610	39721619
昆明 / 长水	189886	619597	5604090	11818682	20192243	37523098
西安 / 咸阳	220101	1007062	3878988	7942034	18010405	32970215
重庆 / 江北	136679	441332	2780359	6631420	15802334	32402196
杭州 / 萧山	114081	399016	2492442	8092641	17068585	28354435
厦门 / 高崎		1155221	3551531	6585489	13206217	21814244
长沙 / 黄花	70076	275496	2034526	5301396	12621333	18715278
南京 / 禄口	117411	721594	2436455	5385933	12530515	19163768
武汉 / 天河	129358	563268	1756733	4743877	11646789	18942038
乌鲁木齐 / 地窝堡	142309	484291	1597575	4424458	9148329	18506463
大连 / 周水子	29970	466502	2751613	5407452	10703640	14154130
青岛 / 流亭	730	281293	2431490	5879552	11101176	18202085
郑州 / 新郑	33476	179226	1516658	2969318	8707873	17297385
三亚 / 凤凰		16906	654473	3087045	9293959	16191930
沈阳 / 桃仙	149691	602970	2420455	4560162	8619897	12680118
海口 / 美兰	87581	718096	4362743	7027397	8773771	16167004
哈尔滨 / 太平	53699	401013	1574980	3222907	7259498	14054357
贵阳 / 龙洞堡	34465	211151	1389477	3125390	6271701	13244982
天津 / 滨海	46881	120779	884448	2193914	7277106	14314322
福州 / 长乐	38174	720688	2158994	3454812	6476773	10887292
济南 / 遥墙	16497	50725	1212129	3063946	6898936	9520887
南宁 / 吴圩	102941	32996	808198	1878047	5632933	10393728
太原 / 武宿	29656	128269	460824	2240291	5252783	8842987
南昌 / 昌北	43764	155861	783419	2303545	4748980	7487930
长春 / 龙嘉	19979	231354	967263	1753235	4749471	8556182
桂林 / 两江	229162	1398749	2316011	3384709	5259260	6361045

续表

机场	旅客吞吐量（人次）					
	1980 年	1990 年	2000 年	2005 年	2010 年	2015 年
温州 / 龙湾		66505	1627682	2623149	5326802	7360467
呼和浩特 / 白塔	35271	100618	376963	1101698	3663383	7446250
宁波 / 栎社		110005	1179888	2532910	4517070	6855075
合肥 / 新桥	34767	172961	612169	1511705	3817051	6613111
石家庄 / 正定			360662	456209	2723596	5985389
兰州 / 中川	107245	236369	679142	1439164	3603512	8009040
银川 / 河东	4124	34943	252673	876455	2939822	5389908
北京 / 南苑			179623	27313	2140474	5265201
无锡 / 硕放			32232	619131	2535277	4609344
烟台 / 蓬莱		84162	661637	1216313	2496318	4246581
丽江 / 三义			257578	1114264	2217824	5626307
西宁 / 曹家堡	6559	1131	200931	537551	1664823	4005667
西双版纳 / 嘎洒		21746	853824	1217734	1887362	4150734
泉州 / 晋江			252934	1204424	1997126	3635607
珠海 / 金湾			558485	657117	1819051	4708706
拉萨 / 贡嘎	73259	188363	489534	857671	1296328	2908416
九寨 / 黄龙				1097204	1740728	1416980
张家界 / 荷花			436905	1584834	1126361	1405465
喀什	24815	71181	130396	389680	792681	1732958
呼伦贝尔 / 海拉尔	2741	14216	67679	129486	608804	1835915
徐州 / 观音			98357	216622	658395	1318477
义乌			94756	208588	695148	1196477
威海 / 大水泊			60221	232105	824938	1320989
宜昌 / 三峡	22530	23536	173484	419046	724121	1244275
临沂 / 沭埠岭			41431	117890	542759	1038437
洛阳 / 北郊		27633	33341	157760	285774	721665
北海 / 福成		10209	377607	200002	694177	1078148
武夷山			547037	523135	589554	503090
绵阳 / 南郊				130295	577236	1547533
库尔勒	8415	3726	38804	195840	359137	1179185
连云港 / 白塔埠		19736	46904	96154	423031	708963

资料来源：中国民用航空局发展计划司编《从统计看民航 2016》，中国民航出版社，2016。

表 4-6　中国主要年份机场货邮吞吐量统计（1980~2015 年）

机场	货邮吞吐量（吨）					
	1980 年	1990 年	2000 年	2005 年	2010 年	2015 年
合计	157390	658405	4001776	6330842	11289872	14094003
北京 / 首都	37850	141972	774204	782066	1551472	1889439
广州 / 白云	25432	125356	491868	600604	1144456	1537759
上海 / 浦东			266682	1857120	3228081	3275231
上海 / 虹桥	21207	126768	612219	359595	480438	433600
成都 / 双流	6848	34604	158635	251018	432153	556552
深圳 / 宝安			202743	466476	809125	1013691
昆明 / 长水	3595	9618	125034	196530	273651	355423
西安 / 咸阳	5007	18780	76445	83256	158054	211591
重庆 / 江北	2550	8569	75721	100910	195687	318782
杭州 / 萧山	2198	6959	74631	165918	283427	424933
厦门 / 高崎		17884	99484	158740	245644	310607
长沙 / 黄花	1868	3882	27966	52360	108635	122022
南京 / 禄口	3569	10459	53752	139369	234359	326027
武汉 / 天河	3522	8172	34418	64017	110191	154656
乌鲁木齐 / 地窝堡	2777	8340	54457	61617	95124	156470
大连 / 周水子	1600	12007	76283	99078	140554	137048
青岛 / 流亭	115	5440	48381	89058	163749	208064
郑州 / 新郑	1283	3084	25949	44714	85798	403339
三亚 / 凤凰		101	6845	21378	45256	85369
沈阳 / 桃仙	6819	13113	58138	83351	123816	142070
海口 / 美兰	823	7372	71064	60590	91667	135945
哈尔滨 / 太平	2181	11877	30699	41106	71265	116104
贵阳 / 龙洞堡	738	2796	20198	33311	61653	87207
天津 / 滨海	3090	5517	53156	80192	202484	217279
福州 / 长乐	1068	11777	53471	50076	79350	116497
济南 / 遥墙	982	722	25228	34499	70175	86337
南宁 / 吴圩	1531	342	13955	22618	55633	95710
太原 / 武宿	914	2481	40829	29759	41227	45464
南昌 / 昌北	1029	1660	9463	17370	32418	51081
长春 / 龙嘉	1202	5203	16864	20005	61672	77794
桂林 / 两江	2182	15738	39216	23829	32543	29520

续表

机场	货邮吞吐量（吨）					
	1980 年	1990 年	2000 年	2005 年	2010 年	2015 年
温州 / 龙湾		369	31728	26100	50024	72638
呼和浩特 / 白塔	663	1141	13426	8554	20675	36078
宁波 / 栎社		1347	21922	30748	55967	77054
合肥 / 新桥	1200	2274	11501	19387	31883	51291
石家庄 / 正定			6548	16566	25710	44694
兰州 / 中川	3185	3921	10901	10686	30743	50094
银川 / 河东	201	369	1155	7464	20343	33326
北京 / 南苑				106	17476	36756
无锡 / 硕放				11525	57071	89060
烟台 / 蓬莱		1417	11852	18136	41514	36611
丽江 / 三义			3014	606	3059	8291
西宁 / 曹家堡	203	132	2468	3436	12266	21657
西双版纳 / 嘎洒		152	9158	6854	7401	7875
泉州 / 晋江			1492	10074	22932	43033
珠海 / 金湾			8833	7981	17579	25828
拉萨 / 贡嘎	1767	5979	12459	7284	13827	25378
九寨 / 黄龙				60		233
张家界 / 荷花			1874	3363	1272	914
喀什	433	1050	1262	1129	3207	6657
呼伦贝尔 / 海拉尔	37	117	504	280	2130	7188
徐州 / 观音			1384	1294	3772	7039
义乌			1421	2508	3802	5380
威海 / 大水泊			757	1411	3751	5251
宜昌 / 三峡	246	342	1834	1169	3185	3609
临沂 / 沐埠岭			608	324	2017	4754
洛阳 / 北郊		494	246	898	1170	1510
北海 / 福成		48	3483	1261	2849	4103
武夷山			2549	918	1048	1257
绵阳 / 南郊				2255	4834	5313
库尔勒	145	29		288	1131	5556
连云港 / 白塔埠		170	961	544	1149	1436

资料来源：中国民用航空局发展计划司编《从统计看民航 2016》，中国民航出版社，2016。

（二）市场份额

表4-7、表4-8、表4-9、表4-10分别统计了1978年至2015年主要年份的铁路、公路、水运、民航四大运输方式的客运量、旅客周转量、货运量和货物周转量以及几个指标的总量。

表4-7　主要年份客运量总计及四大运输方式客运量（1978~2015年）

单位：万人次

年份	客运量总计	铁路客运量	公路客运量	水运客运量	民航客运量
1978	253993	81491	149229	23042	231
1980	341785	92204	222799	26439	343
1985	620206	112110	476486	30863	747
1990	772682	95712	648085	27225	1660
1995	1172596	102745	1040810	23924	5117
2000	1478573	105073	1347392	19386	6722
2005	1847018	115583	1697381	20227	13827
2006	2024158	125656	1860487	22047	15968
2007	2227761	135670	2050680	22835	18576
2008	2867892	146193	2682114	20334	19251
2009	2976898	152451	2779081	22314	23052
2010	3269508	167609	3052738	22392	26769
2011	3526319	186226	3286220	24556	29317
2012	3804035	189337	3557010	25752	31936
2013	2122992	210597	1853463	23535	35397
2014	2032218	230460	1736270	26293	39195
2015	1943271	253484	1619097	27072	43618

资料来源：中华人民共和国国家统计局编《中国统计年鉴2016》，http://www.stats.gov.cn/tjsj/ndsj/。

表4-8 主要年份旅客周转量总计及四大运输方式旅客周转量（1978~2015年）

单位：亿人公里

年份	旅客周转量总计	铁路旅客周转量	公路旅客周转量	水运旅客周转量	民航旅客周转量
1978	1743.1	1093.2	521.3	100.6	27.9
1980	2281.3	1383.2	729.5	129.1	39.6
1985	4435.4	2416.1	1724.9	178.7	115.7
1990	5628.4	2612.6	2620.3	164.9	230.5
1995	9001.9	3545.7	4603.1	171.8	681.3
2000	12261.1	4532.6	6657.4	100.5	970.5
2005	17466.7	6062.0	9292.1	67.8	2044.9
2006	19197.2	6622.1	10130.8	73.6	2370.7
2007	21592.6	7216.3	11506.8	77.8	2791.7
2008	23196.7	7778.6	12476.1	59.2	2882.8
2009	24834.9	7878.9	13511.4	69.4	3375.2
2010	27894.3	8762.2	15020.8	72.3	4039.0
2011	30984.0	9612.3	16760.2	74.5	4537.0
2012	33383.1	9812.3	18467.5	77.5	5025.7
2013	27571.7	10595.6	11250.9	68.3	5656.8
2014	28647.1	11241.9	10996.8	74.3	6334.2
2015	30058.9	11960.6	10742.7	73.1	7282.6

资料来源：中华人民共和国国家统计局编《中国统计年鉴2016》，http://www.stats.gov.cn/tjsj/ndsj/。

表4-9 主要年份货运量总计及四大运输方式货运量（1978~2015年）

单位：万吨

年份	货运量总计	铁路货运量	公路货运量	水运货运量	民航货运量
1978	319431	110119	151602	47357	6.4
1980	310841	111279	142195	46833	8.9
1985	745763	130709	538062	63322	19.5
1990	970602	150681	724040	80094	37.0
1995	1234938	165982	940387	113194	101.1
2000	1358682	178581	1038813	122391	196.7
2005	1862066	269296	1341778	219648	306.7
2006	2037060	288224	1466347	248703	349.4
2007	2275822	314237	1639432	281199	401.8

续表

年份	货运量总计	铁路货运量	公路货运量	水运货运量	民航货运量
2008	2585937	330354	1916759	294510	407.6
2009	2825222	333348	2127834	318996	445.5
2010	3241807	364271	2448052	378949	563.0
2011	3696961	393263	2820100	425968	557.5
2012	4100436	390438	3188475	458705	545.0
2013	4098900	396697	3076648	559785	561.3
2014	4167296	381334	3113334	598283	594.1
2015	4175886	335801	3150019	613567	629.3

资料来源：中华人民共和国国家统计局编《中国统计年鉴2016》，http://www.stats.gov.cn/tjsj/ndsj/。

表 4-10 主要年份货物周转量总计及四大运输方式货物周转量（1978~2015 年）

单位：亿吨公里

年份	货物周转量总计	铁路货物周转量	公路货物周转量	水运货物周转量	民航货物周转量
1978	9928	5345.2	350.3	3801.8	0.97
1980	11629	5717.5	342.9	5076.5	1.41
1985	18365	8125.7	1903.0	7729.3	4.15
1990	26208	10622.4	3358.1	11591.9	8.18
1995	35909	13049.5	4694.9	17552.2	22.30
2000	44321	13770.5	6129.4	23734.2	50.27
2005	80258	20726.0	8693.2	49672.3	78.90
2006	88840	21954.4	9754.2	55485.7	94.28
2007	101419	23797.0	11354.7	64284.8	116.39
2008	110300	25106.3	32868.2	50262.7	119.60
2009	122133	25239.2	37188.8	57556.7	126.23
2010	141837	27644.1	43389.7	68427.5	178.90
2011	159324	29465.8	51374.7	75423.8	173.91
2012	173804	29187.1	59534.9	81707.6	163.89
2013	168014	29173.9	55738.1	79435.7	170.29
2014	181668	27530.2	56846.9	92774.6	187.77
2015	178356	23754.3	57955.7	91772.5	208.07

资料来源：中华人民共和国国家统计局编《中国统计年鉴2016》，http://www.stats.gov.cn/tjsj/ndsj/。

1978 年至 2015 年，民航客运量在总客运量中的占比由 0.09% 上升到了 2.24%，增长了 2.15 个百分点；旅客周转量在总旅客周转量中占比由 1.60% 上升到了 22.24%，增长了 20.64 个百分点；货运量占比由 0.002% 上升到 0.015%，增长了 0.013 个百分点；货物周转量由 0.01% 上升到 0.12%，增长了 0.11 个百分点。

在综合运输体系中，航空运输增长最快，地位不断上升。在国家整个交通运输总量中航空的比重逐步加大，民航已经成为我国旅客运输方式的重要力量，并且成为长途客运和国际客运的主力。民航在运输中所占市场份额虽在 40 年中有了稳步提升，但与其他运输方式相比仍处于劣势，运输市场仍然由公路运输和铁路运输占据主导地位。尤其是在货物运输方面，因航空运输货物存在成本高、不便利、运输能力小、运输能耗高等局限性，民航业在货物运输市场中的占有率一直未超越 0.15%，与其他三大运输方式形成了鲜明的反差。然而，航空运输主要承担的运输货物多为国内国际贸易中的贵重物品（如奢侈品、鲜活货物）和精密仪器（如电子元件、电子器材）等，凡是价值昂贵、容易损坏或者市场销售周期特别短的产品为了确保产品在全国范围行销一般都采用航空的形式，因此，航空运输仍然是运输市场不可或缺且需要大力发展的一部分。

四 管理体制变革

我国民航运输业在改革开放以来开始了高速的成长过程，也成为我国经济体制改革中具有代表性的产业。民航运输业的发展改革从计划经济向社会主义市场经济转型。中国民航管理体制的改革使得民航产业高速发展并表现出旺盛的生命力，这也充分体现了我国经济体制改革带来的显著绩效。大多数学者倾向于立足民航运输业管理体制改革的发展过程，将民航运输业的产业改革发展作为国民经济改革发展的有机组成部分进行研究。自改革开放以来，我国民航管理体制大致经历了四个阶段，分别为 1980~1986 年、

1987~1996 年、1997~2002 年以及 2002 年之后。四个阶段改革的主要基调分别为：第一阶段走企业化道路，由军队领导转为民营；第二阶段政企分离，放松对民航业的管制；第三阶段再次加强对民航业的管制；第四阶段收放兼施，主要实行机场属地化改革以及航空企业兼并重组。下面分别介绍四个阶段的具体改革内容与措施。

（一）改革的第一阶段：1980~1986年

改革开放之前，中国民航一直走的是军队领导、政企合一的道路，然而在党的十一届三中全会召开并决定实施改革开放政策后，这种管理体制便无法适应生产力发展的需要，因此，民航业迫切需要进行管理体制的改革。1980 年 2 月，邓小平同志提出"民航一定要企业化"，民航由原来的空军代管改为由国务院直接领导。1980 年 8 月《人民日报》发表《民航要走企业化道路》社论，标志着我国民航业体制改革的正式开始以及民企分开、军转民改革的实施。1980 年至 1986 年，我国民航业进行了改革的初步尝试，尝试放松管制，尝试改变领导体制，尝试走企业化道路。具体内容包括经济核算体制的建立、机构改革、投资体制改革以及初步放松进入管制减小进入壁垒四个方面。

首先，建立经济核算体制。从 1980 年开始，实行各省区市局的二级核算和跨区航线联营。1982 年，各地区管理局被授予了更大的自主经营权，开始推行岗位责任制和经营责任制。其次，进行机构改革。1980 年和 1982 年，我国民航业进行了两次机构改革，改变了原来的军队建制，组建了作为政府主管部门的各个业务司局；各个地区管理局、省区市局也相应成立并加强了经营管理机构，为明确政府管理职能奠定了基础，为实现企业化经营创造了条件。再次，进行投资体制的改革。将筹资渠道拓宽，实行多渠道筹资，鼓励采用租赁方式引进飞机，并加快飞机更新。最后，初步放松进入管制。1984 年，中央允许部门和地方创办航空公司，加快政企分开，适应改革开放的需要。在这一时期，厦门航空公司、新疆航空公司、上海航空公司等地方航空公司纷纷应运而生。

这一阶段，我国民航业对管理体制进行了大胆的改革尝试。虽然民航业改变了原来的军队建制，改为国务院直属，并强调企业化经营，但在这段时期中，计划经济体制仍然掌控着国民经济。因此，在改革开放初期，政府职能的转变仍然是在计划经济体制内的局部调整和修正，改变的只是政企合一条件下对经济效益工作的重视和加强。民航总局及其地区管理局、省区市局在承担政府部门责任的同时仍然直接经营航空运输等业务，民航总局仍然集政府职能与企业职能于一身，民航业政企合一体制下的国家垄断运营模式并未改变。

（二）改革的第二阶段：1987~1996年

1987年之后，中国民航业进入了管制改革的新阶段，开始了以政企分开和机场与航空公司分设为主线的改革。在这一阶段，改革的主要目的是全面放松民航业的进入管制，放开市场和航线准入，并努力实现政企分开和经营单位的分割。

这一阶段改革的主要内容有三个。第一，民航总局机关机构的改革。1989年11月，组建了新的民航局，调整机构设置和人员配备，进行管理局、航空公司和机场的分设。第二，对各地及各部门筹办地方航空公司进一步放开，放松进入管制，放开市场准入，准许航空分公司和地方航空公司的组建，并且支持和帮助地方以及部门兴办和发展航空企业。1987~1992年，民航业完成了原民航总局与地区管理局的政企分离，组建了6个地区管理局与6家骨干航空公司。[①] 至1996年底，全国共有26家运输航空公司，其中，11家航空公司直属民航总局，另外15家航空公司由地方实行管制。第三，放松航线进入和飞机购买等方面的管制，并对机票的价格进行了小幅度上调。

---

① 李健：《我国航空运输业放松管制绩效研究》，《工业技术经济》2011年第11期。

　　经过这一阶段的努力，民航管制改革取得了一定的成效，促进了民航业的快速增长。民航业实行"利润包干上缴，超收分成，亏损不补"的政策，投资和运力投放方面也有了一定程度的放权，使得民航业逐步开始赢利，为国家财政收入的增加做出了一定的贡献。民航业由改革开放前的经常亏损转变为通过租赁飞机累计获得超过 49 亿元的利润。民航业的投资也有所增加。投资准入的放松使得这一阶段的投资渠道不断拓宽，随之而来的便是机场建设投资量的稳步增加。各年度机场建设投资额由 1978 年以前的不到 1 亿元转变为 1985 年的 3.89 亿元，再转变为 1990 年的 10.21 亿元，最后变为 1994 年的 49 亿元。另外，这一阶段的改革增加了消费者的福利。以建立"模拟竞争市场"为政策导向的市场准入放松政策，使航空公司数量急剧增加。民航业打破了政府主管部门的独家垄断，这一阶段的航空公司共有 26 家，民航市场由改革前的民航局单一经营单位垄断市场变为有几十家航空公司参加的垄断竞争市场，建立起了"模拟竞争"的市场。同时，对需求管制的放松也使得一些以前没有资格坐飞机的旅客获得了坐飞机的机会，社会需求急剧增加，供需水平的变化和它们之间的相对均衡，改善了消费者福利，同时也促进了民航业的快速增长。

　　这一阶段的改革虽然使得民航业的投资有所增加，逐步开始赢利，并一定程度上增加了消费者的福利，但这一阶段的改革还存在很多问题和不到位之处。在市场准入方面，对基地和非基地航空公司区别管制，只允许基地航空公司进入干线市场。区别对待使得部分航空公司能从政府的管制政策中获取相当多的利益。尽管这一阶段放松了市场和航线准入管制，但仍然严格管制票价。这一时期的民航改革没有明确具体的改革目标也没有可以预期的政策约束，因此，政府的管制政策受到各种因素的干扰，无法很好地反映供需利益。在很大程度上，民航的管制目标变成了维护所属企业的财务稳定和生存能力。

　　总体来看，这一时期的民航业放松管制主要表现如下几方面：第一，改革开始从无序管制或是严格管制进入了放松管制阶段；第二，需求管制基本解除，进入管制有了初步的放松，但价格管制尚未解除；第三，市场在释放供需束缚后，价格由原来的低水平情况开始上升，但由于严格的价格管制，又重新形成了价格居高不下的新局面；第四，新的市场环境及管制政策在很多方面受到利益集团的干扰与左右。自此，民航市场化改革进入实质阶段。

（三）改革的第三阶段：1997~2002年

经过十几年的放松管制之后，中国民航运输市场像国外一样开始出现航空公司两极分化的局面，加上国际竞争的压力，把中国民航业推向了新一轮的管制改革。在这一阶段，对民航业的再管制，主要在以下几个方面实施：运输企业准入方面、资源利用方面、国内航线和航班以及国际航线准入方面、票价方面、运输企业体制改革方面以及航空安全方面。这一阶段改革的主要内容有以下几点。

（1）运输企业准入管制方面。提出"大公司，大集团"战略，提出建立具有规模经济效益的航空集团公司，严格实施进入管制。2002年10月，我国民航三大航空运输集团公司正式成立。民航重组计划经历了多年的筹划后终于完成。从此，民航三大航空运输集团公司与民航总局脱钩，逐步建立自主经营、自负盈亏的市场机制。

（2）资源利用管制方面。从1995年开始，严格管制各企业购买和租赁飞机。

（3）国内航线和航班以及国际航线准入管制方面。自1997年开始对航线和航班的进入加强管制，控制运力的投入，并要求国内航空公司加强国内国际合作，发展航线联营和代码共享。民航总局于1998年提出完善和调整国内国际航线结构，合理安排航线航班，并于1999年控制飞机数量的增加，减少航班，调整航线，提高运载率。随后，对支线运输进行最高限价管理，鼓励支、干线航空公司进行代码共享与联营。接着，建立航空枢纽机场，控制和减少多经停点航班，限制非基地航空公司在枢纽机场经停。

（4）票价管制方面。首先，在1997年，民航业实行"一种票价，多种折扣"制度。随后，民航业的机票打折幅度被严格限制。紧接着，在 1999 年，折扣票被取消，取而代之的是国家计委对票价的严格管制以及对售票点的清理和整治。2001 年，北京往返广州、北京往返深圳等 7 条航线试行多级票价体制①，实行"明折明扣"制度。2002 年，国内航线团体机票的优惠幅度被限制在 30% 以内。在运输企业体制改革管制方面，鼓励企业响应现代化的号召，进行企业改革和股份制改造，建立现代企业制度。随后，海南航空、上海航空等在国内上市，东方航空、南方航空在美国和中国香港上市。在航空安全管制方面，建立以民航空管局、地区空管局、机场空管中心为一体的空中交通管制体制，完成了民航空中交通体制改革。

1987 年到 1997 年的改革重点在于政企分离和放松准入，这样的改革纲领使一些航空运输企业逐渐发展起来，但由于竞争过于激烈且无序，问题很快就出现了。第一，包括长期赢利的航空公司在内的大部分航空公司开始出现亏损甚至严重亏损的情况。第二，出现频繁的价格战与价格政策。航空公司数量不断增多，价格竞争异常激烈，从而引发了频繁的价格战，导致政府的价格政策反复变化。放松价格管制的政策实行困难极大。第三，国际航空公司不断壮大，对国内民航市场造成了很大的冲击。截至 1997 年底，共有 31 个国家的 54 家航空公司在我国的 38 个机场经营运输业务。1999 年，我国与美国签订的《中美民航运输协定》规定，中美双方将各自飞往对方的航班从每周 27 班增加到 54 班，而美国通过代码共享将在中国增加 20 个通航城市。

在这种情况下，政府不得不开始考虑航空公司的破产与兼并重组，一方面是为了整顿航空运输市场，另一方面也是为了提升航空运输的国际竞争力。因此，从 1997 年开始，政府对民航业的放松管制政策开始全面紧缩，采取了和放松管制时期完全反向的措施：严格市场进入，开始重视国际航线准入管制，加强航班、航线管制，并且开始尝试放松价格管制。

---

① 李晓津、邓戬：《从价格学原理看民航国内票价管理体制改革》，《中国民航学院学报》2003 年第 2 期。

这一阶段的放松管制改革的种种现象可以体现中国民航业自身的一些特点和弊端，也在许多方面体现了与国外改革不一样的地方，主要表现如下。首先，航空公司之间发生了大规模的重组兼并。从 1997 年到 2002 年，行业内共发生了 11 起航空公司之间的兼并，但是大部分兼并与重组不是通过资本市场的作用自然发生的，而主要是在政府的主导下采取捆绑的方式进行的。国有股仍然占有绝对多的比例，股权多元化只是一个理念而并未付诸实践。因而，有计划、有步骤地推行股权多元化是下一阶段必然要考虑的问题。其次，放松价格管制与严格进入管制逆向共存。上一阶段的价格管制为此阶段的逆向价格政策提供了一定的依据，但是总体来看，此阶段中政府对价格的放松管制并没有达到预期的效果。为了消除各个航空公司之间频繁的价格战并且扭转各大航空公司亏损的局面，政府不得不一次又一次地频繁改变价格政策，几次提价又几次规定和禁止折扣，这样看来，政府似乎是一个市场价格面前的被动角色。政府的价格措施初衷是整顿民航产业提升其竞争力，这些政策和措施更大程度地保护了航空公司的利益，但并没有从消费者的角度出发。最后，管制方式比较单一。相比于国外进行再管制的过程中对放松管制政策有所保留或者在管制手段上做出一定的改变，国内的管制政策显得较为单一，非此即彼。

（四）改革的第四阶段：2002年之后

总体来看，2002 年之后的民航业改革在中华人民共和国成立以来的改革中是范围最广、力度最大的一次改革。到目前为止，政府培育几大行业寡头的政策方向已经十分明确。这次改革虽然从组织形态上已基本完成，但从深层次的政府职能转变以及企业重组后的深度整合和产业整体竞争力提升来看，改革的任务依然很艰巨。

这一阶段改革的主要目的有：第一，将民航业的改革作为完善社会主义经济体制改革的一个重要组成部分，实现政府宏观政策需要；第二，进一步实现政企分离，打破行业垄断；第三，实现民航业资源的优化配置；第四，实现民航业行业内的有效竞争。

在这一阶段，改革的主要措施如下。

（1）2002 年，国务院通过了国家计委上报的《民航体制改革方案》，新一轮民航体制改革开始。同年，对民航总局直属 9 个航空公司联合重组，形成中国航空集团公司、中国东方航空集团公司、中国南方航空集团公司。对民航运输保障企业改组，形成中国航空油料集团公司、中国民航信息集团公司、中国航空器材进口集团公司。开始实行机场属地化管理，除首都国际机场与西藏自治区内民用机场由民航总局直接管辖外，其余下放到省区市一级管理，并实现资产、负债与人员的划转。至 2006 年末，机场属地化改革基本完成。

（2）进行民航公安体制改革。民航总局公安局继续由民航总局和公安部双重领导，地区管理局公安机构由民航总局安全局派驻，机场安全局下放到所在省区市公安机关。组建民航空中警察队伍，由民航总局派驻航空公司，实行双重管制。原有民航总局、地区管理局、省区市局三级管理改为民航总局、地区管理局两级管理，保留原来划分的 7 个地区管理局，撤销 24 个省区市局；民航总局实现职能转变，主要承担民航安全管理、市场管理、空中交通管理、宏观调控以及对外关系职能。

总的来说，这一阶段的改革再次深化了民航业的市场化改革，取得了一定的成果，具体如下。第一，对国有航空公司进行了战略重组，在航空运输企业的产权管理体制上进行了彻底的改革。民航总局把三大直属航空公司的资产全部移交国资委管理，人事权也同时移交中央组织部门。民航总局和民航地区管理局对全部航空公司只行使一小部分管理职能，比如在市场准入、运价调整、宏观规划、安全监督等方面进行管理和监督，真正做到了政企分开、产权主体和行政管理主体分开。第二，在一定程度上放松了对航空公司的设立和航线准入方面的管制。开始允许民营资本和中外资本合资设立新的航空公司，允许航空公司在外场设立过夜基地或分支机构，经营非基地市场的航线，与其他基地公司开展竞争。这样的政策在一定程度上促进了竞争型市场格局的形成，也促进了航空运输市场结构的改善和调整。第三，这一阶段的另一重大改革就是开始对机场实行属地化管理。包括民航总局直接管理的 84 个机场、地方政府管理的 35 个机场、民航总局与地方联合管理的 5 个机场等 100 多个机场都下放给地方进行管理，民航总局不再直接管理机场的业务经营。这样的措施打破了传统的机场管理体制，促进了机场与机场间的相互竞争，有利于提高机场的管理和服务水平。

这一阶段的改革虽然推进了市场化进程，促进了行业内部的竞争并促进了产业结构的调整，但总体来看还是存在一些问题和不足，具体如下。首先，航空公司间的重组兼并是以政府为主导的静态重组，不是市场本身通过优胜劣汰的竞争方式形成的自发性的资源整合，而是通过政府的政策和命令而被动重新"组合"的。这种通过政府政策引导的市场结构的重组与整合，很大程度上会带来只产生"大公司"而非"强公司"的后果。其次，我国民航业的市场化改革，到目前为止，一直将重心放在了市场最前沿的中下游环节上，例如航空运输业。然而，上游垄断产业例如航油供应、机场服务等，其管制体系和市场机制的建立仍未受到较大重视，仍处在起步阶段。这就使得下游民航企业刚性成本结构问题短时间内难以解决，阻碍了市场形成有效公平竞争的环境，制约了有效价格竞争体系的形成，限制了整个民航业改进成本效率、提高国际竞争力的能力。

纵观整个民航业改革的三十年历程，不断深化市场化改革，放松政府管制，引入竞争机制，促进行业内形成有效的竞争，是整个管制制度改革和变迁过程中的主要目标与内容。

第五章　中国海运

《汉书·地理志》记载：自徐闻、合浦船行五月，可达越南、马来西亚、泰国、印度、斯里兰卡等国。2000 多年前，这条中国与南海诸国的贸易往来通道，不仅打开了中国对外交流的新途径，也成为中国海运的开端。自此之后，海上运输经魏晋、隋唐时期的发展，在宋元时期达到顶峰。但随着明清时期的海禁和近代的战争，海运行业一度衰弱。中华人民共和国成立之后，尤其是改革开放以来，我国不断加快基础设施建设、优化产业结构，使海运业得以蓬勃发展。

一　中国海运40年发展变迁

改革开放 40 年以来，伴随着实现中华民族伟大复兴这一历史使命，我国坚持对内改革创新，对外开放交流，不断励精图治、攻坚克难，中华民族伟大复兴事业取得了前所未有的成就。乘着改革开放的东风，海运行业蓬勃发展，如今我国已成为世界重要的航运大国、造船大国、港口大国，在世界海运格局中占据重要地位。

改革开放 40 年，我国已形成了布局合理、层次分明、功能齐全、配套设施完善、现代化程度较高的港口体系，港口向大型化、深水化、专业化方向发展。截至 2016 年，我国沿海港口生产用码头泊位为 5887 个，万吨级以上泊位为 1894 个，其中 10 万吨级以上达 350 个。沿海港口基本建成功能明确、节约资源、安全环保、便捷高效、衔接协调的煤、矿、油和集装箱四大运输系统，水运基础设施建设成效显著。在环渤海地区、长江三角洲、东南沿海地区、珠江三角洲和西南沿海地区形成了五大沿海港口集中群。[①] 港口基础设施和服务效率均处于世界前列。

改革开放 40 年，我国船队运力规模迅速扩大，航线数量和班轮密度显著增加，海运规模快速增长，港口货物和集装箱吞吐量连年大幅递增，海运贸易服务体系不断完善。经过 40 年的发展，我国外贸进出口量增长迅速，平均年增速超过 20%，其中 90% 的转运量由海运承担，进出口集装箱量可达到上亿标准箱。同时，在能源进口方面，海运做出了巨大贡献，95% 的进口原油、99% 的进口铁矿石都由我国沿海港口接卸。如图 5-1 和图 5-2 所示，2016 年，沿海和远洋运输总共完成货运量 63.5 亿吨、货物周转量 95399.9 亿吨公里，分别为 1978 年的 13.4 倍和 25.1 倍。水路运力不断增强，货物周转量在综合交通体系中所占比例不断升高，由 1978 年的 38.3% 上升至 2016 年的 51.5%。沿海港口完成货物吞吐量为 84.55 亿吨，达到改革开放前的 30 倍，其中集装箱吞吐量达 1.96 亿标准箱。我国集装箱运输正以世界罕见的速度迅猛增长，成为我国海运向现代化迈进的重要标志。在改革开放初期，我国港口无一进入世界港口集装箱吞吐量前 100 名的行列中。到如今，仅用了 40 年的时间，在世界前十的集装箱港口中，我国已占据 7 席。在全球海运受到金融危机冲击，港口运转能力紧张的大环境下，我国海运业从自身特点出发，提供高效、便捷、通畅的服务，提升整体运转能力，成为世界港口和航运体系中最重要的组成部分之一。与此同时，我国先后与 60 多个国家签署了双边海运协定，国内港口与 70 多个外国港口建立了"友好港"的关系。

---

① 徐士元：《中国改革开放 30 年民生观的演进》，《浙江海洋学院学报》（人文科学版）2011年第 5 期。

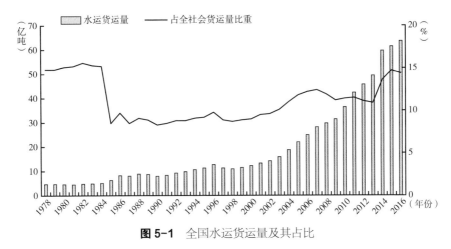

图 5-1　全国水运货运量及其占比

资料来源：中华人民共和国国家统计局编《中国统计年鉴》，http://www.stats.gov.cn/tjsj/ndsj/。

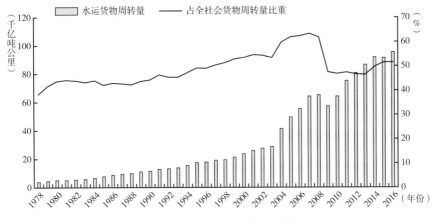

图 5-2　全国水运货物周转量及其占比

资料来源：中华人民共和国国家统计局编《中国统计年鉴》，http://www.stats.gov.cn/tjsj/ndsj/。

　　海运业投融资体制经过 40 年的改革发展，行业内投资和经营主体呈现多元化，拓宽了海运设施建设的资金来源。目前，除国家拨款外，地方投资、银行贷款、引进外资、社会融资、企业自筹等，已成为港口建设资金的主要来源。改革开放前，交通建设投资资金中国家投资在 80% 以上。2016 年，全国港口建设投资达 865.23 亿元，是 1978 年沿海港口投资的 247 倍。

我国海运贸易服务水平在 40 年中不断上升。通过建立适度的竞争机制，快速推进无船承运人、国际船舶代理企业、船舶管理公司等的发展，港口管理水平和作业效率显著提升，海运整体服务质量和水平明显提高。截至 2016 年，我国从事国际运输的船公司超过千家，国际船舶代理企业达 2542 家，与 180 多个国家的超过 5000 家企业进行往来，建立起了全球业务网，彻底结束了全国只有一家外轮代理公司的历史。多家代理公司进行网络化布局，提供优质、高效的服务，为船、港、货三方搭建起了连接的纽带，通过引进外资和国外先进的管理理念和管理方法，以市场为导向、以资本为纽带打破地域和行政界限，优化港口资源配置，港口管理水平和作业效率显著提高。

我国海事监管经过 40 年的发展，能力明显增强，体系日趋完善，安全监督管理体系覆盖全国所有通航水域。海事执法队伍、执法装备和信息化建设方面有了质的变化，为水上交通运输营造了安全通畅、全面可靠的航行环境。中国海事局是国家法律法规赋予的非军用船舶监督管理机构，代表中国履行国际公约，维护国家主权，保护国家海洋权益，中国海事局维护了我国海运事业的根本利益，国际地位明显提高。同时，积极开展船员间的国际交流与合作，使中国船员的适应性明显提高。加大对船公司的安全管理力度，构筑水上安全闭环管理体系，推动水上应急机制的建立。

海运的发展往往与高能耗、高污染联系在一起，我国海运发展过程中注重环保与节能，对船舶溢油进行有效监控，并且控制和减少港口建设、使用中的耗能。[①] 建立船舶溢油应急管理体系，全国沿海港口均建立专门的船舶溢油应急组织指挥机构，沿海省市成立了船舶溢油应急反应中心。沿海港口逐步把科技进步的成果应用于生产中，使用计算机溢油扩散模型、卫星遥感监测和直升机空中监测手段，使溢油监视监测的方式进一步拓展，并且提高了准确性。加大科技投入，开发集装箱码头全场智能调度系统，实时监控能耗，对港区电网采用动态无功补偿及谐波治理等新工艺。加强港口节能设计和评

---

① 《交通部：我国海上船舶溢油应急反应工作综述》，2007 年 6 月。

估，提升港口设施设备科技含量，实施轮胎式集装箱门式起重机"油改电"技术改造，改造与淘汰高能耗设备，船舶油耗下降约 5 公斤 / 千吨公里。

在不断大力建设基础设施和配套监管系统的同时，我国海运发展 40 年中，更加注重技术创新进步，认真贯彻"科教兴国""人才强国"战略，加大科技研发和教育的投入，大力推进交通技术研究成果的转化应用。以天津港为典型案例，我国淤泥质海岸大型码头建设成套技术取得重大突破，为我国在渤海湾、辽东湾以及长江、珠江三角洲等淤泥质海岸地带发展建设港口提供强有力的技术支撑。与此同时，海运行业开发应用高新技术，攻克和掌握核心技术，使技术构成和技术水平发生了显著变化。以信息技术为代表的现代高新技术在海运行业得到了广泛应用，大型专业化散货码头装卸自动化控制系统、国际集装箱运输电子数据交换系统、集装箱智能化生产管理系统，已成为水运行业技术进步的重要标志。此外，加强了新型运输方式及运输技术的开发应用，在国际集装箱运输成套技术、江海联运系统技术、电子海图显示与船舶运输控制技术、船岸一体化信息管理技术等方面取得系列重大成果。在大型专业化港口机械设备和集装箱产品研究、设计、制造领域取得一批核心技术和自主知识产权。中国港口机械设备研发制造从无到有，从小到大，目前，我国大型专用港口机械设备产量已居世界前列，集装箱岸边起重机、集装箱轮胎龙门起重机畅销世界 50 多个国家和地区，产量占据了市场份额的 70% 以上。

海运的发展打破了地理隔绝，由此不仅带来了贸易发展和文化交流，推动了国家的进步，也促使全球化的脚步不断加快。进入 21 世纪，迎来全新的海洋世纪，我国把握新的发展机遇，总结历史中的经验教训，聚集新的发展动力，致力于把"海洋大国"转变为"海洋强国"。海运作为"海洋强国"的重要组成部分，其建设和发展不仅关乎大国崛起、民族复兴、"中国梦"的实现，更直接关系到国家民族的兴衰。

2013 年，以习近平同志为核心的党中央站在历史高度，着眼大局，审时度势，创造性地提出了建设"一带一路"和"21 世纪海上丝绸之路"的倡议，标志着我国的发展思路由陆地文明向陆海统筹发展转变。2014 年，国务院印发了《关于促进海运业健康发展的若干意见》，更是首次把"海运强国"的建设提升到国家战略层面。一系列政策的出台，为海运的发展创造了难得的历史机遇，也提出了更高的要求。

借由"21 世纪海上丝绸之路"发展的东风，我国加强港口、船舶等基础设施建设，提高航运能力，加强同沿线国家的经贸往来，通过培育我国在国际经济竞争中的新优势，加强对周边地区的经济辐射，进一步发挥我国在区域经济一体化中的主导作用，把我国建设成经济强国、贸易强国。与此同时，我国着眼全球，谋求与世界各地区和国家进行合作，推动全球化进程，从而通过和平的发展实现海洋强国战略，海运行业也将大有作为、大有可为。

二 基础设施建设

（一）港口

港口是综合交通运输的枢纽，也是国际物流系统的重要节点，承担着船舶进出与停泊、货物装卸、旅客换乘、航运技术服务、人员生活补给等重要功能。改革开放以来，我国经济整体呈现持续快速增长态势、对外贸易蓬勃发展、中外交流合作逐步加深，为港口的发展注入强大动力，同时港口的发展也为我国经济社会的良性运转提供了强有力支持。

1．港口建设和生产

经过 40 年跨越式的发展，我国建设并初步形成了环渤海、长江三角洲、东南沿海、珠江三角洲和西南沿海这五个集中的港口群。它们从北到南，分布在我国 1.8 万公里的海岸线上，宛若一条蜿蜒的链条，一侧是具有强大发展活力和潜能的世界第二大经济体——中国，另外一侧则联通着全世界。截至 2016 年，我国拥有沿海港口生产性码头泊位 5887 个，较 1978 年的 311 个增长了 18 倍。港口大型化程度不断加深，深水泊位更是从零起步，截至 2016 年底，我国拥有万吨级以上泊位 1894 个，用于停靠大型干散货船、油船和集装箱船的十万吨级以上泊位数量上升至 350 个。这从根本上扭转了改革开放初期生产力不足的问题，创造了世界港口建造史的奇迹。

从改革开放初期的迅猛发展，到近年来的供给侧结构性改革、产业转型升级，港口建设逐步推进，港口生产力也稳步提升。改革开放 40 年以来，港口货物吞吐量由最初的 2 亿吨增长到 2016 年底的 84.55 亿吨，增长了 41 倍。其中，外贸货物吞吐量达 38.51 亿吨，增长 64 倍；集装箱吞吐量由 5 万标准箱，增长到 1.96 亿标准箱。自 2003 年起，我国港口货物吞吐量稳居世界第一。我国港口在大型化和智能化的发展上处于全球领先地位。截至 2016 年底，我国吞吐量超亿吨的港口数量多达 34 个，其中，上海港、深圳港、宁波舟山港、香港港、广州港、青岛港、天津港占据世界海运集装箱吞吐量前十位之中的七席，上海港以 3713 万标准箱的吞吐量连续 7 年位居榜首。

（1）专业化水平

进入 21 世纪以来，为了适应信息化发展和重化工业进程的加快，我国港口专业化、大型化、深水化程度不断加深，在发展通件杂货、散货码头的基础上，依托以煤炭、矿石、油品、集装箱、粮食等货种为重点构建的海运客货运输系统，大力发展专业化码头。如表 5-1 所示，我国港口不断增加专业化泊位，为不同类型泊位量身定做的基础设施已经达世界领先水平，细化分工，在应对不同货种时使用的装卸技术已位居世界前列，有效提升了服务效率。

表 5-1　我国港口泊位统计

年份	沿海生产性泊位数（个）	万吨级以上泊位数（个）	集装箱泊位数（个）	煤炭泊位数（个）	原油泊位数（个）	成品油泊位（个）	散装粮食泊位（个）
2000	3700	651	80	82	37	42	24
2005	4298	847	175	119	55	97	31
2006	4511	978	224	139	57	104	32
2007	4701	1078	253	151	63	110	31
2008	5119	1157	251	162	59	114	23

续表

年份	沿海生产性泊位数（个）	万吨级以上泊位数（个）	集装箱泊位数（个）	煤炭泊位（个）	原油泊位（个）	成品油泊位（个）	散装粮食泊位（个）
2009	5320	1261	280	168	66	108	24
2010	5453	1343	298	173	69	109	27
2011	5532	1422	302	178	68	111	33
2012	5623	1517	309	189	68	114	34
2013	5675	1607	321	106	68	124	36
2014	5834	1704	322	219	72	130	36
2015	5899	1807	325	238	73	133	38
2016	5887	1894	329	246	74	132	39

资料来源：历年交通统计公报。

① 集装箱码头

集装箱作为 20 世纪最伟大的发明之一，将一个重达几十吨的货物容器进行尺寸的标准化，从而把全世界的物流系统进行统一，进而把全球范围内的船舶、港口、航线、公路、桥梁、隧道整合进一个相配套的物流系统中。在国际集装箱运输中，海运发挥了巨大的作用，不仅把我国交通运输体系同世界联通起来，同时也在我国产品和世界交换的过程中发挥了重要的作用。

40 年前，我国集装箱运输刚刚起步，集装箱装卸作业效率也普遍偏低，在世界港口集装箱吞吐量前 100 位的名单中没有出现中国港口的名字。随着改革开放的逐步推进，我国确立社会主义市场经济体制，发展外向型经济，积极参与全球化合作竞争，国际贸易飞速发展，推动了我国集装箱码头的建设，港口国际集装箱吞吐量进一步快速增长。

1978 年我国开辟了第一条国际集装箱班轮航线，从此开启了集装箱码头建设的篇章。1980 年，我国第一个集装箱码头在天津港建设完成，后又建成中转站。经过 40 年的发展，我国已建成布局合理、层次分明、设施齐全、现代化程度较高的港口集装箱专业化码头体系。全国有数千个大小港口开展集装箱运输，形成了以上海为中心的华东和长江三角洲集装箱港口群，以深圳为龙头的华南和珠江三角洲集装箱港口群，以天津、大连、青岛为代表的环渤海集装箱港口群。2016年，我国港口拥有集装箱专业化泊位329个，其中，上海、宁波舟山、深圳、厦门、天津、大连、青岛、广州、连云港等港口建设了一大批设备先进、作业效率高、吞吐能力大的集装箱专用码头。我国集装箱码头专业化、大型化、深水化程度正得到不断提高。

大型化、专业化港口的建设进一步促进港口国际集装箱吞吐量的提升，1991年以来，我国港口集装箱吞吐量增长率超过30%，是同期全球港口集装箱吞吐量年均增幅的近5倍。从2003年起，我国港口集装箱吞吐量一直为世界各国之首。2016年港口集装箱吞吐量达到1.96亿标准箱，其中上海港以3713万标准箱的集装箱吞吐量连续7年位居世界第一。深圳港、宁波舟山港、香港港、广州港、青岛港、天津港也跻身世界海运集装箱吞吐量前十行列，主要集装箱港口基础设施、技术水平、服务效率已达世界前列。

② 专业化煤炭码头

20世纪80年代以后，随着工业化进程的加快，能源需求持续上涨，能源的储备也关系国家安全和民生稳定。煤炭是生产和生活中主要消耗的能源之一，我国煤炭产量丰富位居世界第三，但其分布十分不均，因此为了解决煤炭运输的制约，我国实施煤炭运输大通道建设计划，规模建设煤炭专业化码头泊位。

截至2016年底，共建成煤炭专业化码头泊位246个，并以秦皇岛港、天津港、黄骅港、唐山港为重点，在环渤海地区建成世界上吞吐量最大、煤炭专业化程度最高的煤炭输出港群。其中秦皇岛港，连接大秦重载铁路，在港区内建设堆场并建立了一系列高度自动化的干散货运输系统，有效转运内陆地区开采的煤炭，为"北煤南运"政策的实施提供了有力保障。其煤炭输出量从2003年起超过亿吨，占全国沿海港口总体输出量的70%以上，已成为世界上最大的煤炭装船港。同时为了提高运输能力和运输效率，日照港建成了两个国内吃水最深、装载能力最大的15万吨级煤炭专用泊位。为了建设煤炭出海新通道，黄骅港已经将17个煤炭装船泊位投入生产，四期工程总计煤炭运输能力 1.83 亿吨 / 年。专业化煤炭码头的建设，使我国港口煤炭吞吐能力迅速提升，截至 2016 年，沿海港口完成煤炭及其制品吞吐量已达 21.51 亿吨。

③ 专业化油品码头

我国石油资源十分稀缺，石油储量仅占世界总量的 2.3%，但石油消费量位列世界第二。因此，需要大量进口原油和成品油来缓解能源稀缺的问题。2016 年我国进口原油超过 3.8 亿吨，进口成品油 2784 万吨，原油进口依赖度已接近 70% 且呈现逐年上升趋势。我国已成为世界石油资源主要进口国之一，这些进口的油品资源的 90% 以上通过海运的方式进入国内。因此，改革开放以来，我国加快油品专业化码头的建设。2016 年 3 月，亚洲最大、中国首个 45 万吨级接卸泊位在宁波舟山港大榭港区正式竣工验收，同时位于舟山市册子岛的另一个 45 万吨级接卸泊位正在积极建设。除此之外，惠州港、大连港、天津港、泉州港、湛江港等港口也已建成 30 万吨级原油接卸泊位。截至 2016 年底我国拥有万吨级以上专业化原油泊位 74 个，专业化成品油（含液化气）泊位 132 个，规模以上港口油品吞吐量达到 9.30 亿吨。我国港口油品专业化港口规模和接卸能力大幅度提高，专业化码头技术水平与专业化程度已达到国际先进水平，有效缓解了原油进口需求与接卸能力不足的矛盾，提升了区域能源安全保障能力。

④ 专业化矿石码头

进入 21 世纪后，我国钢产量增长迅猛，已成为世界最大的钢铁生产国和消费国。截至 2016 年，我国矿石进口量突破十亿吨，占世界铁矿石海运贸易总量的一半以上，约占我国外贸进口货物重量的 1/3，铁矿石已成为我国外贸进口第一大品类。

我国已建成大连、营口、唐山、天津、烟台、青岛等主要矿石接卸中转港，海南八所港铁矿石发运装船港，已有接纳 30 万吨、25 万吨、15 万吨等不同级别的船舶的靠泊码头。近年来，大型矿石码头建设和结构调整加快。京唐港区已建成两个 20 万吨级矿石码头，码头通过能力为 3500 万吨 / 年；福州港罗源湾港区建成 30 万吨级卸船通用泊位，新增铁矿石接卸能力为 1500 万吨 / 年。截至 2016 年底，我国港口专业化矿石泊位已达 83 个，港口布局及码头机构均有明显改善，码头大型化、专业化水平进一步提高。沿海港口专业化矿石泊位接卸能力突破 19 亿吨 / 年。津冀地区沿海港口铁矿石运输量由严重不足转变为总体适应，为沿海铁矿石接卸能力紧张局面的基本缓解奠定基础，并将促进区域港口铁矿石运输市场重新洗牌。

（2）综合化

我国的港口无论是从数量上还是从吞吐量上均位列世界前茅，随着近年来大规模的基础设施建设，港口专业化、深水化程度不断加强，已基本消除港口吞吐能力瓶颈，无疑我国已成为港口大国。与此同时，互联网、人工智能等新技术的发展，给世界物流行业带来巨变，同时也使港口开始转型。我国抓住机遇，谋求综合发展，以优势港口为依托，将港口的生产方式从以运输、装卸和仓储为主的单一形式向上下游产业延伸，逐步发展航运金融、保险、载运工具经营与管理等高端航运服务，并与贸易、金融互动发展，把发达的航运市场、丰沛的物流、众多的航线航班融于一体，建立综合航运中心。

①上海国际航运中心建设

上海是我国经济最活跃和发达的地区之一，其处于我国长江三角洲城市群的核心，且位于我国长江经济带和东部沿海经济带的交会地，对内可以连接长江沿线区域，其腹地内经济发达、人口众多；对外可以通达世界，是我国联系世界上其他各国港口的最佳门户。作为我国最早规划建设的国际性航运中心，上海国际航运中心目前已经成为全球重要航运企业在我国的汇集之地。

1996 年 1 月，建设上海航运中心作为战略目标被首次提出。2001 年，这一战略目标被明确写入我国"十五"规划纲要中。2009 年 4 月，国务院正式发布了《关于推进上海加快发展现代服务业和先进制造业建设国际金融中心和国际航运中心的意见》（国发〔2009〕19 号）。该意见明确了上海航运中心的龙头地位，同时指出上海航运中心是基于长江三角洲打造的国际综合航运枢纽，航运中心的建设与上海市、江苏省、浙江省的发展息息相关，两省一市共同建设，共享成果。

为了保障服务上海国际航运中心的发展，我国开展了基础设施的改进和建设工程，解决上海港天然水深不足、大型船舶通行和停靠问题。2016 年底，长江口深水航道工程全部三期工程已经竣工。上海港洋山深水港区也在加紧建设，四期工程已于 2017 年 12 月 10 日正式开港，投入使用。与此同时，上海港同步建设和完善航运配套服务市场。上海航运交易所于 1996 年 11 月 8 日成立，开发了中国出口集装箱运价指数、中国沿海散货运价指数等，诸多信息发布受到国内外航运及贸易界的广泛关注。交易所在航运市场中发挥了规范行为、沟通信息、调节价格等不可替代的作用。

经过多年的建设和发展，上海港在港口设施、吞吐量、造船和港机制造等方面的"硬实力"均居世界前列，已初步显现国际航运中心的特征。在未来一段时期内，上海国际航运中心将继续加强航运金融、保险、法律、信息、教育等方面的"软实力"建设，进一步扩展国际航运中心的服务能力。

②大连东北亚国际航运中心建设

大连具有优越的地理位置，地处我国辽东半岛南端，背靠广阔的东北平原和内蒙古高原，腹地内资源丰富；对外面向渤海湾和胶东半岛，并且与日本、韩国隔海相望，是东北亚区域对外联系世界各地的最佳通道。大连港的自然条件十分优越，港区水面宽阔，水深较深，万吨货轮可在内畅通无阻，是天然的不冻港，加之地区汇集的航空与陆路交通资源，使大连在东北亚地区经济中发挥了枢纽作用。

2003 年 10 月，中共中央、国务院发布了《关于实施东北地区等老工业基地振兴战略的若干意见》，提出要把大连建设成东北亚重要的航运中心。国家发展和改革委员会于 2007 年 8 月批复了辽宁省制订的《大连东北亚国际航运中心发展规划》。截至 2016 年，大连港总共拥有生产性泊位 196 个，其中万吨级以上达 78 个，港口通过能力达 2.4 亿吨，集装箱通过能力接近 800 万标准箱。初步搭建起以"一岛三湾"（大孤山半岛、大窑湾、大连湾、鲇鱼湾）港区为核心、以老港区和长兴岛公共港区为两翼、以庄河等地方港口为补充的港口发展格局。大连港适应国际航运中心发展要求，基本形成了布局合理、层次分明的现代化、专业化港口集群，打造了基础的港口保障体系。与此同时，大连港积极利用保税港区特殊的政策和功能，打造国际航运中心的核心功能区。预计到 2020 年，基本建成核心功能突出、产业基础雄厚、服务体系完备、比较优势明显的东北亚重要航运中心。

③ 天津北方国际航运中心建设

天津正在建设的北方国际航运中心位于天津市滨海新区。2006 年 5 月《国务院关于推进天津滨海新区开发开放有关问题的意见》提出将天津滨海新区努力建设成为中国北方对外开放的门户和北方国际航运中心。

2011 年 5 月，国务院批准了《天津北方国际航运中心核心功能区建设方案》。《方案》提出依托现有天津东疆保税港区税收和贸易的优势，用 5 年到 10 年的时间，把天津港建设成国际航运融资中心、国际物流中心和北方国际航运中心。

近年来，天津港为北方国际航运中心的建设提供了强有力的基础设施支持。截至 2016 年底，天津港已建设超过 20 米水深的主航道，可使 30 万吨级的原油船和集装箱船顺利进出港区。天津港的货物总体吞吐量突破 5 亿吨，其中集装箱吞吐量突破 1300 万标准箱，成为我国北方第一个 5 亿吨港口，并且先后建设了一批集装箱、煤炭、原油、滚装等专用泊位，着力打造集装箱分拨中心和散货物流中心，为建设辐射华北、东北、西北的北方国际航运中心打下良好基础。

2. 港口经济

我国改革开放 40 年以来，港口的发展态势从相互竞争逐渐转为协同合作，各港口之间的资源整合趋势明显，区域内港口集团以资产为纽带进行横向组合，港口与腹地的资源进行纵向组合，"以合为主"的新形势推动着我国港口又一轮的变革。

港口从自身独立发展逐渐转变到港城深度融合的阶段。[①] 港口经济由运输业向临港工业、临港工业集群和航运服务产业集群发展，港口经济与城市经济互动发展。随着重化工业加快东移，临港工业集群向重化加工制造和高端制造转型，并大力发展生产性服务业，并向资源合理配置方向发展。部分港口，如上海港、天津港等，将港口经济和城市经济深度融合，向临港工业集群和航运服务产业集群转型，成为区域经济、金融、贸易中心。多数港口以临港工业集群产业为支柱、以航运服务产业为辅助发展港口经济，港口经济的发展以直接产业为主导，以临港工业集聚为主要特征。

与此同时，港口实施更加开放的政策。我国港口发展对外开放趋势在逐步扩大，先后实施了区港联动，设立了保税物流园区和保税港区、自贸区等具有税收贸易政策优势的开放区域。港口作为发展外向型经济所需配置的重要战略资源，其自身拥有通道优势和口岸优势，依托港口布局出口加工业，使其发挥自身能动作用，让这些地区成为我国经济最具活力的区域。

1984 年起，我国扩大开放范围，由 4 个经济特区扩大到 14 个沿海港口城市，随着沿海城市进一步实行对外开放，对港口的发展提出了更新更高的要求，也为港口发展提供了更广阔的空间。

进入 21 世纪，在经济的日益发展中，港口对资源配置和产业结构调整产生了巨大的影响。截至 2016 年底，我国对外开放一类口岸已超过 200 个，设立了上海洋山、天津东疆、大连大窑湾、海南洋浦、宁波梅山、广西钦州、厦门海沧等 31 个保税港区。

港口在区域内整合了资源和资本，形成集聚效应，带动周围地区的发展，依此建立起的物流园区、高新技术产业区、保税区、自贸区等成为带动区域发展的新的经济增长点。同时，港口拓展自身功能，提升服务能力，逐渐向综合化发展。由传统的客货运输和中转，逐步向物流、工业和商贸旅游领域拓展。在传统的装卸、转运业务基础上，大力拓展包装、加工、仓储、配送、

---

① 李超、高利平：《"十二五"时期我国内河港口发展前景及投资机会分析》，《港口装卸》2011 年第 3 期。

提供金融法律服务等高附加值综合物流。为了适应新趋势，为我国物流和国际贸易行业的发展提供新机遇，以港口为依托，加紧建设自由贸易区。2013年9月，经国务院正式批复，我国首个自贸区——中国（上海）自由贸易试验区投入建设。2015年4月，国务院批复成立广东、天津、福建自由贸易试验区。2016年8月，进一步扩大自由贸易试点区域，成立了辽宁、河南、湖北、浙江、重庆、四川、陕西7个自由贸易试验区。进一步深化改革，扩大开放，逐步布局形成了"1+3+7"自贸区格局。

3. 港口科技进步

船舶大型化、港口吞吐量的持续增长、现代物流的蓬勃发展对港口作业效率和管理水平提出了更高的要求。目前我国港口通过开发和引进先进技术和设备，形成了建设大型化、专业化港口的成套技术，在港口的规划选址、地基处理、码头布置、防波堤结构设计等方面均取得了一系列重大突破，为我国港口发展注入动力。

洋山深水港是我国港口建设科技进步的重要例证。如图5-3所示，坐落于浙江省嵊泗崎岖列岛上的洋山港，是我国首个建设在微小岛上的港口，是对我国设立上海自贸区的支撑，也是落实"海洋强国"战略的重要依仗。洋山深水港工程自2002年6月起分三期施工，工程总投资超过700亿元，其中

图 5-3　洋山港无人码头

资料来源：视觉中国。

2/3 为填海工程。洋山港工程建成后将拥有 30 个深水泊位，集装箱年吞吐能力将达到 1500 万标准箱，上海港的吞吐能力可增加为现在的两倍。

洋山深水港的建设，满足了大宗货物运输和运输船舶大型化的要求，使港口建设从近岸走上了向外海深水、开敞无掩护发展的新阶段。[①] 洋山深水港区工程开创了我国建港史上高流速、高含沙量海域，离大陆 30 公里的外海孤岛建设大型集装箱港区的先例。工程建设成功破解了多项难题，如依托外海岛礁地形的港口选址以及大顺岸的平面布置，在三类海区使用 GPS 定位系统、ADCP 测流、多波束测深声呐系统和多普勒测流验潮技术，开发具有自主知识产权的多因素耦合的海洋动力模型试验体系，多手段综合研究泥沙问题，采用斜顶桩板桩墙承台结构、大直径砂桩地基加固、深水倒滤层、深海造堤、深水航道等技术，外海深水开敞水域港口工程设计、科研、施工、勘察等，形成了外海深水开敞水域孤岛建设大型港口工程勘察、设计、施工成套技术，全面提升了我国筑港技术水平。

2014 年 12 月 23 日，全球最大的自动化集装箱码头——洋山深水港区四期工程正式开工建设。在这个自动化码头上，通过自主研发的智能化操作系统，桥吊、轨道、转运车均可实现无人操作，实现智能装卸。远程操控的双小车岸桥可以实现集装箱的装卸工作；码头上无人驾驶的自动导引车（AGV），无须人力操控，借助地下磁钉自动行走，往来穿梭完成集装箱的运输；在堆场上，远程控制的轨道吊把集装箱有序地堆垛。这样的全自动化操作可以减少七成以上的人力成本，使整个码头的利用效率提升 30%，预计每日吞吐量为 4.5 万个标准箱，达到全年全天化无休运行，并且改观传统的高污染场所，达到完全不排放任何污染物的目标。

（二）航线

改革开放以来，随着经济全球化的不断深化，经济合作已进入一个加速

---

① 洋山同盛港口建设有限公司:《洋山港深水建港技术》,《中国水运》2007 年第 9 期。

发展的新时期，我国与其他国家和地区的经贸往来日渐频繁，与日本、美国、欧盟、东盟、韩国、澳大利亚、加拿大等国家和地区均有大规模的贸易往来。我国通过海运实现跨国经贸合作，不仅促进了我国经济的发展，也为世界经济格局带来改变。

1. 主要航线

我国地处东亚地区，背靠广阔的亚欧大陆，东临太平洋，主要海上运输需要经过太平洋与其他地区连接。1978 年，我国海运开辟的国际航线数量有限，仅能承运 70% 的货运量，国际集装箱班轮更是基本处于空白状态。经过 40 年的发展，我国开辟的远洋航线、近洋航线多达上千条，国际航线遍布全球 12 个航区各个重要港口，不仅可以满足我国石油、铁矿石、煤炭等大宗外贸进出口货物的运输需要，而且能吸引国际海运市场的货源经我国港口中转。

跨越洲际的远洋航线，为我国与美洲、欧洲、大洋洲等各地的交流打开了通道。在美洲，美国和加拿大作为世界上经济体量排名前十的大国，它们是我国重要的贸易合作伙伴。我国东部各港口与加拿大的温哥华、蒙特利尔、多伦多，美国的西雅图、旧金山、洛杉矶、纽约、波士顿、费城、休斯敦等诸多港口开通多条航线，为我国纺织品、家具等轻工业制品以及机电产品、钢铁制品的出口搭建了畅通的贸易运输线。随着新兴经济体的逐渐崛起，我国与南美洲的各国贸易往来日渐频繁，搭载家电、服装、纺织品、乳胶、轮胎等橡胶制品的船只从我国北方各港口出发，经由琉球庵美大岛、夏威夷群岛南部穿过赤道，经过南太平洋，到达坐落于南美洲的秘鲁、智利等国的卡亚俄、阿里卡、安托法加斯塔等港口。与此同时，搭载铁矿石、大豆等大宗货物的船只，也沿此航线到达我国。

欧洲作为资源、技术、人口集聚的地区，我国自古有与其通航进行贸易往来的传统。改革开放以来，随着贸易量的急剧增加，我国加大与欧洲各国港口之间的航线建设和通航。到达欧洲各国的航线途经红海、地中海、北非等区域，到黎巴嫩的贝鲁特、的黎波里，埃及的塞得港、亚历山大，以色列的阿什杜德，意大利的热那亚，英国的伦敦、利物浦，法国的马赛、勒弗尔，荷兰的鹿特丹，德国的汉堡、不来梅，西班牙的巴塞罗那，瑞典的斯德哥尔摩、哥德堡，挪威的奥斯陆，丹麦的哥本哈根，芬兰的赫尔辛基等诸多沿海港口。这条贸易大通道，不仅搭建了中国与欧洲各国的交流桥梁，也打通了亚太湾与欧洲之间运输捷径。

随着经济的腾飞，我国对矿石、石油等工业生产所需的基础原材料需求持续增长。由于中国从澳大利亚进口铁矿石的数量不断增多，大量的运载船只从墨尔本、悉尼、布里斯班、奥克兰、惠灵顿等地出发，经由托雷斯海峡，进入阿拉弗拉海、班达海、苏拉威西海，最后到达南海区域，停靠在我国南部港口。由此带来了我国与澳大利亚、新西兰等原材料产地之间的贸易量的激增，中澳之间的集装箱运载船舶往来频繁，使我国贸易格局发生变化，也提升了澳新线在我国远洋航线中的地位。

我国加快远洋航线布局的同时，在近洋地区也开辟了多条港口直达航线。由于我国与东亚和中亚诸国之间货物运输频繁，单次运输品类单一且运量相对较小，因此近洋地区开拓的航线多为港口直达航线，货物运输更加具有灵活性和专业化。我国东部沿海各港口已开通到达位于日本本岛的大阪、名古屋、横滨，九州岛的门司和韩国釜山、仁川等港口的航线。与新加坡加大贸易往来，利用其作为国际中转港的优势，为东南亚各国转运货物。同时与中东地区开通多条航线，可到达位于孟加拉湾的科伦坡、仰光、吉大港、加尔各答，位于印度尼西亚的雅加达、三宝垄，位于波斯湾的卡拉奇、阿巴斯、巴士拉、达曼、科威特港等诸多港口，为我国机电产品、纺织品、家电产品、医疗器械等商品的出口打开了通道，同时也为石油等战备资源的输入提供了保障。

2. 国际合作

国际航线的开通，不仅联通了不同地区间的市场，也搭建起了我国与世界各国经贸往来的桥梁。我国改革开放 40 年以来，主动顺应区域间的经济合作大潮，积极推进区域交通合作，并在亚洲地区交流合作中扮演着重要角色。

交通部参与的区域交通合作有上海合作组织、中国－东盟交通合作、中日韩海上运输与物流部长会议机制、东北亚港湾局长会议等多边和区域合作组织框架下有关航运和港口方面的合作活动。

中国－东盟（10+1）交通部长会议机制日益完善，签订了《中国－东盟交通合作谅解备忘录》和《大湄公河次区域便利货物及人员跨境运输协定》，为中国与东盟各国建立长期稳定的合作关系提供了保障。上海合作组织交通部长会议机制也日趋完善，截至 2017 年，已召开了 15 次会议，会议中明确了各国在现阶段区域经济合作中要完成的主要任务、发展的优先领域和长期的战略目标。同时，东北亚港湾局长会议及东北亚港口论坛、中日韩海上运输与物流部长会议机制等，都有力地推动了区域交通合作的发展。

2013 年 10 月，基于中国与东盟建立战略伙伴关系十周年的契机，习近平总书记提出"21 世纪海上丝绸之路"的倡议。[①] 基于此倡议，通过海运联通世界，进一步深化我国与东盟各国的合作，同时以点带线，以线带面，增进同沿边国家和地区的交往，串起联通东盟、南亚、西亚、北非、欧洲等各大经济板块的市场链，发展面向南海、太平洋和印度洋的合作经济带，实现亚欧非经济贸易一体化的长期发展目标。

"21 世纪海上丝绸之路"规划的主要通行航线为：由泉州、福州、广州、海口等港口出发，经由太平洋到河内、吉隆坡、雅加达等东南亚主要国家的港口，穿越马六甲海峡进入印度洋途经加尔各答、科伦坡，停靠非洲主要港口内罗毕，之后穿越苏伊士运河，进入地中海，最终到达雅典和威尼斯。此条航线联通亚非欧三个大陆，为我国对外交流和经贸往来打开新格局。

此外，我国还与主要航线上联通的各个港口建立友好的国际合作，友好港的数量不断增加。自 1979 年 9 月我国上海港与美国西雅图港结为第一对友好港以来，我国与外国港口建立友好港关系的范围不断扩大和发展。截至 2017 年，已有上海、天津、广州、大连、青岛、连云港、秦皇岛、烟台、厦

---

① 新华网，http://www.xinhuanet.com/world/2015-07/11/c_128009555.htm。

门等十多个港口先后与亚洲、欧洲、北美洲和大洋洲的日本、韩国、越南、俄罗斯、意大利、法国、德国、荷兰、瑞典、美国、加拿大、澳大利亚等 10 多个国家的 70 多个港口缔结了友好港关系。通过友好港的建立，我国与其他国家在人员培训、技术交流、港口经营、设备引进、信息咨询等多方面进行了内容广泛、形式多样的交流与合作，促进了海运事业的发展。

三 移动载运工具建设

船舶作为海运的载运工具，在运输过程中起着重要的作用。经过 40 年的发展，我国船队结构发生了巨大变化，运输类船舶种类齐全，技术先进，船龄明显降低，大型集装箱、散货船、油船成为主力船型，冷藏船、液化气船、滚装船等专用船舶成为船队的重要组成部分。截至 2016 年，我国船队共拥有远洋运输船舶 2409 艘，净载重量为 6522.76 万吨，集装箱箱位为 119.42 万标准箱；沿海运输船舶为 10513 艘，净载重量为 6739.15 万吨，集装箱箱位为 41.91 万标准箱。

（一）船舶建造

改革开放 40 年以来，随着我国海运业的发展，船舶的需求量不断增加。根据我国《交通运输行业发展统计公报》得出的数据，截至 2016 年，我国造船接单量位于世界第一，我国用于沿海运输和远洋运输的船舶保有量增加至 12922 艘，较 1978 年增长了 4.5 倍，船舶载重总和达 10320 万总吨，是 1978 年船舶载重总和的 40 倍。虽然适逢后经济危机全球航运造船市场低迷，我国船舶建造的技术标准仍不断提升，超大型散货船、超大型集装箱船等一大批高新技术、高附加值的新船订单数量不断增加。

1. 干散货船

干散货船，用以承载煤炭、矿砂、谷物、化肥、水泥、钢铁等无包装的大宗货物，按其载运的货物不同，可分为矿砂船、运煤船、散粮船、散装水泥船、运木船等。这类船舶大都设计为单甲板，舱内设有隔板，用以防止货物在风浪中发生错位。干散货作为最大的货类，其运输约占全球海运总量的44%，因此干散货船的建造对海运市场的发展十分重要。截至2016年，我国已拥有干散货船超过1800艘。

由于我国的重工业化进程加深，对铁矿石的需求不断增加，世界范围内铁矿石运送量增加，成为世界运送量最多的单一货类。为了减少运送成本，干散货船不断向大型化发展，原有15万吨级好望角型船已不能满足现有需要。为了让巴西的优质铁矿石进入我国的运输成本降低，中国自主研发超过20万吨的超级砂矿船（VLOC）。

我国最大的民营造船企业熔盛重工按照淡水河谷的贸易方式和巴西码头的要求量身打造了世界最大的38万吨级超大型货船。2011年11月这批订单中的首艘船已顺利交付给船东。该艘船定名为"VALE CHINA"，如图5-4

图 5-4 干散货船 "VALE CHINA"

所示，其总长 360 米，船宽 65 米，型深 30.4 米。[①] 该船主机，是熔盛重工自主建造的发动机，也是中国国内迄今为止自主生产的首台瓦锡兰最大功率的低速柴油机。该艘船的建立不仅使熔盛重工向世界一流造船企业迈进，也对中国造船业的发展具有非凡意义。

2. 液体散货船

液体散货船是可用于运输石油、水、植物油、酒、氨水以及其他化学液体和液化气体等散装液态货物的货船。按照其运送货种的不同可划分为原油船、成品油船、液化石油气船、液化天然气船等。该类船舶运送的货物均有易燃、易爆、泄漏后对环境污染大等特性，甚至具有很强的毒性。因此，此类船型主要针对运输的安全性进行不同的结构设计。

2014 年 11 月，我国拥有自主知识产权并自主建造的载重量达到 32 万吨的"凯桂"号超大型原油油轮在广州建成，如图 5-5 所示。"凯桂"号长 333 米，宽 60 米，甲板可供直升机升降。该船吃水深度可达 20.5 米，货舱深 27 米，容积不少于 36 万立方米，可以把 150 列 40 节的火车装入其中，续航能

图 5-5 我国自主研发的液体散货船"凯桂"号

---

① 人民网，http://politics.people.com.cn/GB/1026/16396947.html。

力约为 2.2 万海里。"凯桂"号自动化程度很高，主机全凭电脑操控，可以实现无人驾驶，只需要 27 个船员就能使全船顺利航行。"凯桂"号的交付，打破了日本、韩国在建造超大型油轮（VLCC）上的垄断地位，标志着我国造船工业迈入一个新阶段。

3. 集装箱船

集装箱的出现改变了散货运输的历史，运输装备的标准化加速了全球物流体系发展，加快了货物周转速度，降低了交易成本。自 20 世纪 70 年代以来世界范围内集装箱运输呈现指数级上涨，改革开放以来，正是得益于集装箱的运输，我国制造的各类商品运往全世界。在集装箱运输过程中，集装箱船的设计和建造尤为重要。截至 2016 年，我国船舶共拥有集装箱箱位 161.33 万标准箱，集装箱吞吐量达到 1.96 亿吨。随着运输量的增加，集装箱船越来越向大型化发展，我国造船企业为了适应市场需求，不断做出技术创新，谋求发展。

作为我国最大航运企业的中远集团，为了加快船舶建造业务的发展，与日本川崎重工合资设立造船企业——南通中远川崎。该企业自创立以来便致力于集装箱船的建设。2001 年 9 月，由南通中远川崎建造的我国首艘 5000 箱以上的集装箱船"中远安特卫普"号正式下水交付。该船长 280 米，宽 39.8 米，型深 23.6 米，总载重达 68950 吨，最多可装载 5446 只标准集装箱，续航能力为 2.2 万海里，机舱内可实现 24 小时无人值守，达到当时世界上的先进水平。2008 年 4 月，我国第一艘万箱集装箱船"中远大洋洲"号也由南通中远川崎正式建造完成并进行交接。全船总长 348.5 米，型宽 45.6 米，型深 27.2 米，满载吃水 14.5 米，总吨位达 11.58 万吨。该船在建造过程中根据美国 ABS 船级社的技术规程，把疲劳寿命延长到 30 年，并且在性能、安全、环保节能等方面均达到了世界先进水平。

2015 年，世界第七代集装箱船"郑和"号正式服役。该船是由中国船舶工业集团公司第 708 所设计，由上海江南长兴重工有限责任公司建造完成的，是我国自主建造的最大载箱量集装箱船，如图 5-6 所示。船长 399.9 米，船

图 5-6　我国自主研发的集装箱船"郑和"号

型宽 54 米，船型深 30.2 米，装载量达 18000 标准箱，入级法国船级社。该船的建成显示了我国连续建造交付超大型集装箱船的能力，标志着我国开发、设计、建造超大型集装箱船已经进入世界第一方阵。

4. LNG船

随着经济的发展、技术的进步，人们越来越重视工业发展给环境带来的污染问题，因此以液化天然气（Liquefied Natural Gas）为代表的清洁、高效能源越来越受到青睐，天然气在我国的能源供应中比例增大。我国液化天然气资源有限，产量远远小于需求，因此需要大量的进口来满足国内需求。液化天然气是在常压下经冷却而成的液体状态的天然气，虽然可以达到同量天然气体积的 1/625，节约储存和运输空间，但是给其运输过程中带来巨大的安全隐患。

LNG 船作为零下 163 摄氏度低温下运输液化气的工具，是一种新兴的专用船舶种类，主要运输高技术、高难度、高附加值的"三高"产品，被称为"海上超级冷冻车"。我国拥有的沪东中华船厂、江南造船有限责任公司是世界上为数不多能自主建造 LNG 船的企业。2016 年，在沪东中华船厂，我国自主设计建造的国内最大 LNG 运输船——"泛亚"号顺利出坞。[1]"泛亚"号

---

[1] 时光志、盛苏建：《中小型 LNG 运输船设计关键技术研究》，《中国科学技术协会学会学术部会议论文集》，2011。

船型长 290 米、型宽 46.95 米、型深 26.25 米，设计吨位为 8.25 万吨，总舱容约为 17.4 万立方米，装载的 LNG 汽化后容量将达 1.07 亿立方米。按照每户居民每月用气量 15 立方米的标准，每船可供北京市 60 万户居民使用 1 年。[①] 船舱采用 6.055 万个半米厚的隔热箱作为内层，每个隔热箱都是用进口的高档木材加工而成的。配备薄膜型货物围护系统，围护结构内胆全部由特殊的不膨胀、耐低温的材料殷瓦钢组成，殷瓦钢厚度仅为 0.7 毫米，全部采用焊接技术拼接，焊缝长度达 140 公里，且单舱单层氢气检测泄漏点少于 10 个。并且，该船首次将双燃料电力推进技术（DFDE）与再液化装置整合应用在大型 LNG 船舶上。"泛亚"号投产后，主要用于中国等亚太国家往返澳大利亚的运输，预计每年为国内带来的清洁能源可达 150 万吨。2015 年，由上海船舶研究院设计研发的全球最大的 C 型 LNG 运输船——"海洋石油 301"号已经在北部湾海域完成气体试航后顺利交付，并于 2015 年 10 月 12 日完成首个国际航次 LNG 货物运输。

目前，我国已建成远洋大型、中小型、燃料港作拖轮等各类 LNG 运输级动力船舶 11 艘，在建 4 艘。未来，通过这些 LNG 船舶，"清洁、绿色、低碳"的天然气清洁资源将抵达千家万户。

经过改革开放 40 年的发展，中国造船业所向披靡，造船企业的接单量总和超过韩国，成为世界第一船舶制造大国。在造船数量持续增长的同时，也要注重产业结构的调整。受国际金融危机的深层次影响，国际航运市场持续低迷，我国造船业高技术含量、高附加值船舶制造能力相对较低与产能过剩矛盾加剧，新增造船订单严重不足，新船成交价格不断走低，行业内已出现多家大型民营造船企业倒闭的情况，我国船舶工业发展面临前所未有的严峻挑战。

针对此现状，为保持产业持续健康发展，国务院印发了《船舶工业加快结构调整促进转型升级实施方案（2013—2015 年）》。[②] 该方案规定，各级政府要

---

① 李源：《大型 LNG 运输船发展近况》，《船舶与配套》2012 年第 7 期。
② 国务院：《船舶工业加快结构调整促进转型升级实施方案（2013—2015 年）》，国发〔2013〕29 号。

严把市场准入关口，严格控制新增造船、修船、海洋工程装备基础设施（船台、船坞、舾装码头），坚决遏制盲目投资加剧产能过剩矛盾。通过优化产业组织结构，推进企业兼并重组，集中资源、突出主业，淘汰一批落后产能，整合一批大型造船、修船及海洋工程装备基础设施资源，发展具有国际竞争力的船舶企业集团。同时，开拓高技术船舶市场，大力发展大型液化天然气船，提高专业化设计制造能力和配套水平。加快淘汰更新老旧远洋、沿海运输船舶，发展满足国际新规范的节能安全环保船舶，提高我国在航运业中的竞争力。

造船业的发展要立足当前，着眼长远，以加快转变船舶工业发展方式为主线，以提高发展质量和效益为中心，适应国际船舶技术和产品发展新趋势。实施创新驱动，推动技术和产品结构升级，着力推进兼并重组和转型转产，优化产业组织结构和产能结构，积极应对国际船舶市场变化，着力加强企业管理和行业服务，稳定和巩固国际市场，提高产业国际竞争力，为我国从"造船大国"向"造船强国"的转变奠定坚实基础。

（二）船舶租赁市场

改革开放以来，随着贸易量的不断增加，船舶的建造不断向大型化发展，以降低单位成本，形成规模经济。但企业购买一艘船所需花费的资金少则几千万元人民币，多则上亿元。对一艘船舶大量的资本的投入占据了企业很大的生产成本，限制了企业在其他方面如综合运营方面的资金投入量，长此以往不仅限制企业的发展，也阻碍行业的进步。与此同时，中国造船业的不断发展和壮大为船舶租赁市场提供了充足的租赁资产。受到此类现象的影响，我国船舶的租赁市场，尤其是融资租赁市场蓬勃发展。

我国融资租赁的概念从 20 世纪 80 年代开始引入国内，2008 年金融危机之后，受益于银行的资本借入，我国的船舶融资租赁市场快速发展。[1] 截至 2016 年末，全国共开设了 60 家金融租赁公司，有 23 家开展了船舶租赁业务，

---

① 崔国梁:《我国船舶融资租赁现状与研究》,《铁路采购与物流》2013 年第 3 期。

金融租赁行业船队规模达到 989 艘，船舶租赁资产余额 1139 亿元，且 68% 为直租业务，同比增长 58%。

我国融资租赁业起步较晚，市场渗透率较低。但随着融资租赁理论与实践方面的发展，我国融资租赁业逐渐走上规范发展的道路，随着《合同法》《物权法》等法规的颁布，融资租赁行业的法律环境得到明显改善。2009 年，国内唯一从事船舶产业的基金——船舶产业投资基金获批组建。2016 年底，中国民生信托有限公司设立了船舶基金，用于干散货船的投资。首批 9 艘超大型干散货船租赁业务已相继完成，第二批 12 艘船舶租赁业务陆续展开。

虽然我国的金融体系和法律体系有待进一步的建设完善，但融资租赁业务的展开无疑会有效缓解国内航运及造船企业过剩的生产能力，有效满足国内船东对特定的专业化船舶的需求，为我国海运市场的发展带来曙光。

四　制度及管理机构变迁

改革开放的 40 年，是砥砺前行的 40 年，也是创新发展的 40 年。我国政府一直致力于不断完善市场机制，建立健全法律体系，有效推进对内改革和对外开放。

（一）对内改革卓有成效

中华人民共和国成立后，我国交通运输行业得到大力发展，但由于管理体制不健全，水路交通缺乏活力和效率，日益增长的进出口货物量和较低的水运生产能力不匹配，成为发展的"瓶颈"。因此水路交通加快了对内改革的进程。

1. 港口管理体制改革

1984 年至 1989 年，交通部直属的 14 个沿海港口全部下放到所在城市，实行交通部和所在地政府"双重领导，地方为主"的管理体制，加强港口所在地城市政府对港口工作的领导，扩大了港口经营自主权，增强了港口自我发展能力。在当地政府的职能部门中单独设立港口行政管理机构，负责辖区内港口规划和岸线管理，港埠企业、货主码头的归口管理，港口和陆域环境保护管理等。将港务局改组为港埠企业，成为自主经营、自负盈亏的经济实体，依法从事装卸、仓储等经营活动及港口的归口改造、维护。2001 年 11 月，继续深化政企分离，国务院办公厅下发《关于深化中央直属和双重领导港口管理体制改革意见的通知》[①]，决定将由中央管理的秦皇岛港以及由中央与地方政府双重领导的港口，全部下放地方管理。港口下放后，港口企业去除原有行政管理的职能，建立现代企业制度，自主经营、自负盈亏，进一步深化企业改革。

2. 港口的计划、财务体制改革

港口的计划管理由中央计划管理改为地方管理，财务管理由"以港养港、以收抵支"改为"收支两条线"，取消港口企业定额上缴、以收抵支的办法，同时，按规定征缴港口企业所得税。港口下放后，除交由国家开发投资公司管理的资产外，港口的资产无偿划转地方管理，在保证中央必要的港口建设费支出的前提下，提高各港口建设费的留成比例，同时，地方人民政府应多方筹措港口建设资金，制定有利于港口发展的政策，为港口发展创造良好条件。

3. 企业经营机制改革

改革开放以来，交通部打破单一所有制限制，调动社会各方面的积极性，开始允许机关、企事业单位和个体户的运输工具参加经营性运输。以市场为导向，解决企业组织结构分散，专业化、社会化水平较低的问题，以上海港机厂、上海海运局、上海长江轮船公司、广州海运局、海南海盛船务实业有限公司为代表的企业首批作为股份试点单位进行改革，转换企业经营机制，建立现代企业制度，推行资产经营责任制。之后各个船厂和船务公司分别进行股份制改革，部分企业在我国上市。

4. 组建上海航运交易所

1996 年 11 月，交通部与上海市政府共同组建的上海航运交易所，有效起到了规范市场交易行为、调节价格、沟通信息的作用。上海航运交易所的主

---

① 《关于深化中央直属和双重领导港口管理体制改革意见的通知》，国办发〔2001〕91 号。

要工作是政策研究、信息发布、运价报备、运价协调、集中报关服务等，为包括船公司、货主、代理方等在内的整个航运市场提供服务。建立上海航运交易所，对于深化海运市场改革具有重要意义。

（二）对外开放广泛合作

在实行对内改革的同时，我国引入外资，完善相关的法规和规章，依法清理行政审批项目，简化市场准入手续，加强国际海运市场监管。同时，积极开展区域交通合作，广泛参与相关国际组织活动，努力拓展水路交通对外交流。

1. 全面兑现入世承诺

取消了外国船公司在我国设立常驻代表机构的审批，国际海运市场进一步开放。[①]允许外商在我国设立外资股比最高为 49% 的合资船公司，从事挂靠我国港口的国际运输。允许外商设立控股的合资企业，从事海运货物装卸、国际集装箱场站业务。允许外商设立独资企业，从事仓储业务。允许外商设立外资股比最高为 49% 的合资企业，从事国际船舶代理业务。在港口服务方面，基于合理和无歧视原则，经营人为国际海运经营者提供服务，鼓励外国资本参与我国港口业的投资、建设和经营。

2. 积极开展区域交通国际合作

2002 年 11 月，中国与东南亚联盟签署《中国－东盟全面经济合作框架协议》后，正式建立了东盟－中国（10+1）交通部长会议机制，共同签署了《中国－东盟交通运输合作谅解备忘录》、《中国－东盟海运协定》和《中国－东盟交通合作战略规划》，建立了"中国－东盟海事定期磋商"机制和"中国－东盟港口发展与合作论坛"机制等。大湄公河次区域交通合作、上海合作组织交通部长会议、中日韩海上运输及物流部长会议、东北亚港湾局长会议和东北亚港口论坛、亚太地区海事机构首脑论坛等区域交通国际合作和交流活动取得显著进展。

---

① 《水路建设 60 年：中国因素成世界海运需求主导力量》，http://www.szedi.com.cn/InfoDetail.aspx?inforId=75655。

3. 努力提高我国在相关国际组织中的影响力

通过积极参与相关国际组织活动，加强国际和地区间交流与合作，在双边、多边国际事务中发挥积极作用。我国自 1989 年在国际海事组织（IMO）第 16 届大会上当选为 A 类理事国后，在 IMO 的地位不断巩固，至 2017 年，我国已连续 20 届当选 A 类理事国。我国在国际港口协会中的影响不断扩大，2005 年 5 月，我国首次主办的第 24 届世界港口大会在上海举行。我国在亚太经合组织中发挥着越来越重要的作用。

4. 认真承担国际责任和义务[1]

我国是《1990 年国际油污防备、反应和合作公约》的缔约国之一，交通部积极加强以"应急预案的颁布实施、组织管理机构的建立、溢油监控监测体系的建立、应急队伍和力量的建设、培训和演练工作的开展"为主要内容的船舶溢油应急反应体系建设，以确保随时有效应对船舶溢油污染。为积极履行《1974 年国际海上人命安全公约》以及《国际船舶和港口设施保安国际规则》的要求，交通部颁布了《港口设施保安规则》和《船舶保安规则》，为防止港口和船舶遭受恐怖主义袭击，切实实施了保安履约工作。

（三）法治建设趋于完备

改革开放 40 年以来，为了建立行业标准，完善行业运行体系，践行建立社会主义市场经济法律体系的原则，我国加大水路交通法治建设，从国家和行业层面出台一系列重要法规，为海运的发展提供重要的法律保障。

20 世纪 80 年代，我国陆续发布了《海上交通安全法》、《船舶装载危险货物监督管理规则》、《关于中外合资建设港口码头优惠待遇的暂行规定》、《港口建设费征收办法》、《水路货物运输合同实施细则》和《水路运输管理条例》等法律法规和配套管理规章，面对逐步开放的水路运输市场，基本搭起水路交通法规体系框架。政府交通部门对水路交通行业的行政管理逐步得到加强。

---

[1]《交通部：我国海上船舶溢油应急反应工作综述》，2007 年 6 月。

1992 年 11 月 7 日，全国人大常委会审议通过《中华人民共和国海商法》，自 1993 年 7 月 1 日起施行。《海商法》是调整海上运输法律关系的基本法律，成为指导我国水路交通法治建设的基本准则，为我国水路交通法规体系的构建奠定了重要基础。

2003 年 6 月 28 日，《中华人民共和国港口法》①颁布，自 2004 年 1 月 1 日起施行。《港口法》总结了中华人民共和国成立后我国港口管理、改革开放的实践和经验，借鉴吸收了国际上港口管理和立法的有益做法，在港口规划、建设、维护、经营和管理等方面，确立了一系列重要法律制度。《港口法》的出台，标志着我国港口事业真正步入了法治的轨道，与已经施行的《海商法》《海上交通安全法》，共同构成了我国水路交通法规体系最基本的法律基础。至此，我国初步建成以《海商法》、《港口法》和《海上交通安全法》为基础的水路交通法规体系。

此外，一系列规范运输管理、港口建设、水路运输服务的法律规章先后出台。我国先后印发《水运工程施工监理招标投标管理办法》《港口安全评价管理办法》《港口工程竣工验收办法》等管理规定以及一系列技术规范和行业标准，严格基本建设程序，规范招标投标行为，加强了工程质量管理，促进了海运建设市场健康发展。

同时颁布实施了《港口建设管理规定》、《港口经营管理规定》、《国内船舶运输经营资质管理规定》、《国际船舶保安规则》、《中华人民共和国国际海运条例》和《外商投资国际海运业管理规定》等行政法规和部门规章，参照和借鉴了国际航运惯例以及其他国家的航运立法实践，使我国国际海运管理走向规范化、法治化。这些法规和规章的颁布实施适应了我国加入世界贸易组织后国际航运市场的发展需要，初步构成了我国海运交通法规体系，为建立和完善统一开放、竞争有序的航运市场提供了有力的法治保障，进一步促进了我国海运业改革和开放。

---

① 《中华人民共和国港口法》，http://www.gov.cn/test/2005-06/28/content_10583.htm。

第六章　中国内河水运

一　内河水运基础设施

> 汉之广矣，不可泳思。江之永矣，不可方思。
>
> ——《诗经·国风·周南·汉广》

（一）基础设施介绍

我国内河航运历史悠久，《诗经》中有多处关于河流交通的记载。《汉广》中记载一位年轻的樵夫爱慕在汉水中游泳的姑娘，却因河流太宽而无法追求的悲伤爱情故事。其中，"汉之广矣"和"江之永矣"说的都是汉江太长太宽了，游不过去，小舟也无法到达。这就说明，在遥远的周朝时期，水运在民间已经出现。水运的基础设施，如航道和港口等，也已经出现。

1. 航道

船舶及排筏可以通达的水面范围都是通航水域，通航水域、助航设施和水域条件组成了航道。简单来说，航道就是可以供船舶安全通过的水路。

广义上必须把航道理解为水道或河道整体，它可以不包括堤防和整个河漫滩，但不能不包括常遇洪水位线以下的基本河槽或者是中高潮位以下的沿海水域。

航道从狭义上理解等同于"航槽"。因为航道应当有尺度标准和设标界限，航道位置可以随河床演变或水位变动而随时移动，航道尺度也会随水位变化和施工情况适当调整。除了运河、通航渠道和某些水网地区的航道以外，航道宽度总是小于河槽的宽度。在天然河流、湖泊、水库内，航道的设定范围总是只占水面宽度的一部分而不是全部。用航标标示出的可供船舶航行利用的这一部分水域，受到客观自然条件的制约。在自然条件下，不同水位期能供船舶安全通航的那一部分水域，既有尺度要求，也有水流速度的要求。在某些特定的航段内，还受到过河建筑物如桥梁、过江管道、缆线的限制。因此，狭义的航道是一个在三维空间尺度上既有要求又有限制的通道。

2. 航道的历史

中国是世界上较早利用水运的国家之一。相传在大禹时已"导四渎而为贡道"，开始利用天然河流作为航道。隋炀帝时期大幅扩修的京杭大运河将国内五大水系连接起来，贯穿南北，实现了内河运输的一次大突破。截至2016年，我国内河水运约有13万公里的通航里程，涵盖了长江航道、珠江航道、淮河航道、黑龙江航道和松辽航道等。其中长江水系与淮河水系之间以京杭运河相沟通，从而构成了三个相对独立的内河航道系统。多年来，我国以长江、珠江、京杭运河等高等级航道为重点，进行了大规模的航道整治与建设，使全国1000吨级以上航道里程超过了8000公里,300吨级以上航道里程达2.3万公里，带动了船舶、港口等相关要素的发展。随着运输事业的发展，水运要求各个水系的航道相互沟通，连接成网，如美国已形成以密西西比河为主干的航道网，西欧已形成以莱茵河为主干的航道网，苏联欧洲部分已形成以伏尔加河为主干的航道网。航道网的建设大大促进了当地运输和生产的发展。

3. 港口的历史

港口是内河与陆地相接的场所，供船舶停靠、人员上下和货物装卸。最原始的港口是天然港口，有天然掩护的海湾、水湾、河口等场所供船舶停泊。随着商业和航运业的发展，天然港口已不能满足经济发展的需要，需根据船舶吨位和运输能力进行扩建，以更好地满足运输船只的停靠和运行。19 世纪初出现了以蒸汽机为动力的船舶，于是船舶的吨位、尺度和吃水日益增大，为建造人工深水港池和进港航道，需要采用挖泥机具，从而出现了现代港口工程。陆上交通尤其是铁路运输将大量货物运抵和运离港口，大大促进了港口建设的发展。

中国港口历史悠久，春秋战国时代《诗经》《楚辞》中均有泛舟、竹排往来的记载，这里涉及的多是天然港口。因为居民交通出行需要而在良好的内河沿岸水流缓慢处建立渡口。此后，中国各朝代广泛开辟了规模较大的港口，如汉代建立了广州港，既加强了同国外的贸易往来，也加强了中国东西南北的水运沟通交流。

（二）航道等级的发展历程

1. 整顿秩序，步入正轨（1978~1991年）

航道建设主要依据航道尺度作为标准，包括航道深度、宽度、弯曲半径、断面系数以及水上净空和船闸尺度等。它应满足船舶航行安全方便和建设、运行经济的要求。航道尺度与船舶大小、水域的条件和货运量大小相关。船舶越大、运量越大则需要更大的航道尺度。一般应根据国家制定的通航标准选取航道尺度，以便使各地区各水系航道畅通和实现直达运输。为了协调船舶、航道、船闸和跨河建筑物的主要尺度，实现内河通航的标准化，促进航道网建设，各国都制定了相应的标准。在 20 世纪 50~60 年代，苏联使用 7 个等级内河航道，欧洲则将内河航道分成 6 个等级。美国对密西西比河和五大湖水系等也规定了相应的水深和船闸等标准。综合来看，航道水深和标准驳船吨位是内河航道分级的两种主要标准，我国采用驳船吨位方式划分内河航道等级。《全国天然、渠化河流及人工运河通航试行标准》于 1963 年发布后，根据驳船吨位 50~3000 吨划分出 6 个标准，分别列出了不同水域情况下的航道所需条件，以及船闸尺度和跨河建筑物的通航净空，并列出了各级航道通航水位的保证率标准。自 1981 年开始中国对原标准进行了修订。这一标准一直延续到 1991 年 7 月底有效。

2. 确立标准，维护开发（1991~2004年）

1991 年 8 月 1 日《内河通航标准 GBJ139—90》施行，以驳船吨位差异为主建立了七级航道标准。此标准延续到 2004 年 4 月底有效。在维护开发这一阶段里，政府各相关部门极其重视航道维护和开发工作，大幅度提高航道运输量和运输效率。如京杭大运河徐扬段，通过良好的维护和开发，航道通航能力不断提高，货物运输量、船舶通过量、船舶吨位等呈现快速增长的趋势。[①] 长江从 1989 年起，就对航道进行了高等级建设。新的整治和疏浚工艺开始应用，多利用自然特性进行施工，注重环保，浅滩淤积河段治理初见成效。治理结束后，不仅提高了通航能力，而且实现了年运货量从亿吨级向 10 亿吨级跨越。

除了按照新的标准进行疏理整治，航道管理部门也需要经常测量航道，及时清理航道中的障碍物，保障航道的通畅。特别是按照新的标准，不同等级航道对通航水流的流量、流速、水深等一系列条件有详细的限制，而航道在通行一段时间后，会存在淤泥、废弃物堵塞航道的情况。因此，航道管理部门需要定期检查、清理航道，对航道辅助设施进行管理和妥善保养。以西江航道（见图 6-1）为例，西江是珠江的干流，也是我国为数不多的常年航

图 6-1 壮阔的西江航道

资料来源：《南方日报》。

---

① 董宇：《航道通过能力及服务水平研究》，硕士学位论文，河海大学，2006。

道之一。1999 年，西江航道完成了标准化航道建设工作，通航能力从 300 吨年货运量向 1000 吨以上迈进。

开拓航道和改善航道航行条件是经常性的活动，以保障航道通行安全。在河流上兴建航道工程时，应统筹兼顾航运与防洪、灌溉、水力发电等方面的利益，进行综合治理与开发，以谋求国民经济的最大效益。在选定航道工程措施时，应根据河流的自然特点进行技术经济比较后确定。

3. 完善标准，快速发展（2004~2013年）

《内河通航标准 GB50139—2004》于 2004 年 5 月 1 日开始施行，从船舶设计载重、水深、单线/直线段双线底宽、弯曲半径四个方面进行了详细的说明。除第一级外，其他六个级别还进一步规定了限制性航道（见表 6-1）。限制性航道，是指因水面狭窄、航道断面系数小而对船舶航行有明显限制作用的航道，包括运河、通航渠道、狭窄的设闸航道、水网地区航道，以及具有前述特征的滩险航道。1990 年标准的航道等级是按驳船吨级划分的，由于近年来货船发展迅速，部分航道主力船由驳船变成货船，所以 2004 年标准同时按通航内河驳船和货船的载重吨级划分航道等级。

表 6-1 我国 7 级内河航道划分一览

航道等级	船舶设计载重（吨）	水深（米）	单线/直线段双线底宽（米）	弯曲半径（米）
一级航道	3000	3.5~4.0	70~125	670~1200
二级航道	2000	2.6~3.0	40~100	550~810
二级航道（限制性航道）		4	60	540
三级航道	1000	2.0~2.4	30~55	480~720
三级航道（限制性航道）		3.2	45	480
四级航道	500	1.6~1.9	30~45	330~500
四级航道（限制性航道）		2.5	40	320
五级航道	300	1.3~1.6	22~35	270~280
五级航道（限制性航道）		2.5	35	250

续表

航道等级	船舶设计载重（吨）	水深（米）	单线／直线段双线底宽（米）	弯曲半径（米）
六级航道	100	1.0~1.2	15	180
六级航道（限制性航道）		2.0	20	110
七级航道	50	0.7~0.9	12	130
七级航道（限制性航道）		1.5	16	100

资料来源:《内河通航标准 GB50139—2004》。

这一分类方法比 1990 年标准更加全面,推动了航道进入快速发展期。内河航运的货运量和客运量在这期间都有了较快的发展。

4. 修正标准,引领转型(2014年至今)

《内河通航标准 GB50139－2014》从 2014 年 1 月 1 日起正式实施,这一标准是航道发展新形势下的体现,也是水运行业转型的反映。水运业向数字化和智能化转变,提高航运服务水平,减少中转,降低成本。航道发展转向智能化、自动化,航道水深、水位、流态、气象(含雾情)等基础服务信息的及时性与可靠性不断提升。[1]

我国可以常年航行的长江航道在 2015 年初步完成了数字化,针对"深下游、畅中游、延上游、连支流"进行扩能建设、开展远程航标遥测遥控、推广电子海图应用,使航道水情测控、船舶定位监控和航标运行信息数据库管理在部分航段得以实现。2016 年起,航道工程技术将会融入新能源、新材料、人工智能技术,可实现无人勘探及航道信息自动获取,同时安全环保将是未来技术开发主要方向。智能化的结果是货运量将保持稳定,货运结构将发生变化;船舶向大型化、节能化、自动化、智能化发展。

---

[1] 刘清、曾旭虹:《国内外内河航道发展阶段对比分析》,《水运工程》2014 年第 1 期。

（三）港口的层次化发展

1. 疏理港口，恢复社会生产建设

1978 年改革开放后，国内港口发展迎来新一波热潮。港口更是在"六五"期间被列为国民经济重点发展对象，"七五"时期依然重点发展港口，也大力开展港口建设。到 1990 年《内河通航标准 GBJ139—90》施行前，内河和沿海水运业港口实现了大规模的发展，港口泊位新增超过 200 个，新增吞吐能力超过 2 亿吨。

这些港口的快速发展，助力国内运输业实现了较大发展。从实际效果来看，相比其他运输行业，水运运输业在航道通行条件满足情况下，只需要恢复港口运输功能，即可快速满足运输需求。"六五"和"七五"期间，政府大力发展内河航运事业，推进水运业的发展，就是为了加快经济发展，提升运输业服务能力，促进经济复苏和发展。从实际情况来看，1978 年政府制定"改革开放"政策后，大力推进社会运输体系的构建，重点支持港口建设和水运发展，实现了恢复生产的目的。

2. 注重标准，完善主枢纽港口布局

党的十三大上，交通运输业发展总方针强调发展综合运输体系。交通部开始着手研究制订水运、公路建设的战略性规划，并提出主枢纽加支持设施的规划设想，成为 90 年代以后我国交通发展的基本指导思想。[1]90 年代初，为深化"三主一支持"的长远规划设想，经过专家论证后，交通部于 1993 年底完成全国港口主枢纽布局规划的编制工作并上报国务院。规划确定了我国港口中层次最高、辐射面最广的 20 个沿海主枢纽港、23 个内河主枢纽港的布局方案。与此同时，交通部下大力气抓了区域性港口总体布局规划工作，规划主要分布在东南沿海的港口；按系统化发展的思想开展重要货类的合理运输系统论证工作。短短 10 年间，

---

[1] 史国光、李善友：《建国以来我国港口规划的回顾与总结》，《中国港口》2009 年第 10 期。

河北、山东、浙江、福建等大部分沿海省份相继编制完成省级港口总体布局规划。

从 90 年代起，内河港口和水运业迎来了标准化大发展。国内外众多企业参与到港口建设中，一大批符合国际化标准的码头应运而生。以长江北岸的南通港为例，在 1990 年以前只有万吨级码头 4 个，经过 90 年代的发展，万吨级码头总数量已经翻了两番。[①] 同一时期，中国内河码头需要新建和改造多个码头，通过引入国内外资金，严格地建成了一大批符合标准的港口和码头基础设施。

3. 快速发展，实现港口和区域经济一体化

21 世纪，经济全球化席卷而来，产业结构升级迫在眉睫，在国际国内贸易进一步扩大的新形势下，我国港口发展面临重大机遇与挑战。为了更好地满足经济全球化的工作需要，交通部进一步突出港口建设的重要性。2006~2007 年，国务院批复了一些港口规划和布局的文件，为全国港口大发展奠定了坚实的基础。其中，内河水运建设由长江干线、西江航运干线、京杭大运河、长三角、珠三角高等级航道网和 18 条主要干支流航道构成"两横一纵两网十八线"约 1.9 万公里的国家级航道体系和合理的港口分布。

2004 年以来，交通部先后组织编制并公布了多个内河港口布局规划文件，区域港口发展的思路得到更充分的体现。自"十五"开始，为适应我国经济结构调整及国家实施西部大开发、振兴东北等老工业基地重大区域发展战略等，各地投入大量的人力、物力，加快进行新港区的选址论证、规划及开发建设工作。为配合交通部做好港口规划，福建、浙江等省组织力量开始编制重要港区的控制性详细规划，将细节落到实处。"十五"以来，我国港口规划工作进一步向深度与广度发展。实现港口与区域经济一体化，需要从港口科学规划开始，进而带动区域经济发展。

---

① 张安福：《中国港口建设的多元化趋势》，《中国港口》1994 年第 3 期。

4. 引领转型，实现水运业科学发展

《内河通航标准 GB50139—2014》正式生效后，水运业面临更大的挑战。内河港口吞吐能力过剩问题越来越严重。以长江沿岸港口为例，2014年武汉港实际货物吞吐量不到吞吐能力的 60%，2014 年重庆港更是有超过 70% 的货物吞吐能力处于闲置状态，整个港口行业建设超前、能力过剩问题普遍存在，同时还有经营效益差、效率低和费用高、服务差等问题存在。[①] 港口发展转型已经迫在眉睫，转型主要体现在两个方面。一是港口企业要认清内河航运新常态。内河运输是内陆综合运输体系中的一种运输方式，在中长距离、大件的货物运输中具有一定的比较优势。中转环节多是内河运输的主要劣势之一，港口是综合运输体系换装的枢纽，港口中转的效率和费用直接制约内河运输优势的发挥，同时也影响整个综合运输体系的有效运行。港口发展的目标就是提高换装质量和效率，降低换装成本。从西欧内河航运发展的经验来看，大型物流集团以资产为纽带，实现对内河运输、港口装卸及内陆配送仓储的统筹经营管理是行业发展趋势，也有助于提升物流的运行效率和质量。二是坚持市场导向原则，避免炒作概念。港口的建设和经营都应该坚持市场导向。如果有足够的市场需求，必然会有很多运输企业有意投资港口，而不应在需求不明朗的情况下，以命令的方式让国有企业被动承担建设任务。在港口经营上，要避免以海关监管区等特许经营权维护个别港区或个别企业的垄断经营。即便是因为规划需要集中设置的，建议同一港区引进多家经营主体。与此同时，避免因为"港口城市""港口园区"等概念炒作而超前建设，并造成港口企业超出自身发展能力建设。通过更多地关注港口企业在综合运输体系中的发展趋势和路径，提高效率和效益，更好地融入物流网络，实现港口企业转型。

---

① 于敏、牛文彬：《新常态下内河港口发展的新思路》，《中国港口》2015 年第 4 期。

二 内河水运转载工具

（一）运载工具介绍

先秦时代的诗歌《诗·卫风·竹竿》，提到了"桧楫松舟"，意思是桧木做的船桨、松木做的小舟。这表明，中华民族在很久之前就已经使用载运工具，用不同的木材制作了水上交通工具。《诗经》中也有竹排、船之类的载运工具记载，智慧的华夏先民因地制宜制作了材料不同的载运工具，使得内河水上运输工具更加多样。

根据中华人民共和国的相关法律，各类排水的或非排水的船艇和移动式平台都属于船舶。船舶种类很多，有大有小，其作为水上运载工具的属性是相同的，但不同类别和大小的船舶其功能相异。具有能让营运船舶和大中型排筏通达条件的水域是有真正意义的通航水域，当然，这类水域同样可供小艇和小排筏通行。

中国的造船技术历史悠久，在很长一段时间内保持世界领先。古代中国是造船和航海领域的先驱。春秋战国时期就有了造船工场，能够制造战船；汉代已能制造带舵的楼船；唐、宋时期，河船和海船都有突出的发展，发明了水密隔壁；明朝的郑和七次下西洋乘坐的宝船，在尺度、性能和远航范围方面，都居世界领先地位。近代比较著名的有江南制造总局等官办船厂，建造了"保民""建威""平海"等军舰和"江新""江华"等长江客货船。中华人民共和国成立后，船舶工业有了很大发展，50年代建成一批沿海客货船、货船和油船。60年代以后，中国的造船能力提高得很快，陆续建成多型海洋运输船舶、长江运输船舶、海洋石油开发船舶、海洋调查船舶和军用舰艇、海监船，大型海洋船舶的吨位已达30万以上载重吨。目前，中国能生产绝大部分种类船舶，并在世界造船行业稳居前列。

（二）船舶的变化

1. 船舶运输水平较低

1978 年改革开放后到 1990 年，中国内河水运船舶恢复生产并实现初步发展。在这一过程中，内河运输以木船、挂浆机船和水泥船为主，吨位也都比较小。这一阶段的船舶样式各异，技术也比较老旧，以恢复生产生活为主要特征。大多是老旧改良船舶，客船座位在几百人级别，货运量在数十吨级别，整体客货运水平较低。以重庆市为例，改革开放初期，全市内河航道通航里程为 444 公里，其中能通机动船的只有 177 公里。水运总体水平较低，重庆港年货物吞吐量仅为 369.8 万吨。改革开放初期，甘肃省内河通航里程较短，木船和皮筏是主要内河船舶运输工具。1978 年，云南省仍只有省内通航的短途水运，直到 1983 年开通水富港到上海通道才有了长途出省通道，这期间的船队也使用相对老旧的船只，货运吨数较低。

2. 船舶老旧情况逐步减少

从 1990 年起，各地方政府加快引进新的船型到内河运输中，同时对技术落后、船龄较长的老旧船只进行更新换代。以往行驶在内河中常见的铁皮船、水泥船等逐渐被主流航道淘汰，并出现新的技术更先进、载重量更大、载客量更多的船舶。在这一过程中，全国各地航道都实现了老旧船舶的更新换代。

截至 2003 年，全国拥有各类内河机动船舶 15.4 万艘，驳船 4.0 万艘，轮驳船总计 19.4 万艘，载客量为 86.29 万客位，集装箱箱位为 2.79 万标准箱，净载重量为 3034.78 万吨，其中货船平均吨位为 179 吨。在机动船舶中，货船艘数占 84.6%，共 13.03 万艘、2056.1 万载重吨；客船艘数占 11.42%，74.1 万客位，其余为客货船和拖船，所占比例不到 5%。从地区分布来看，全国有 8 个省的内河运力突破 100 万载重吨，排在前三位的依次为江苏 846.9 万吨、安徽 729.3 万吨、浙江 254.9 万吨。这三个省的内河船舶运力占全国总数的 60%。从平均船龄结构来看，长江水系为 14 年，珠江水系为 10.6 年，黑龙江水系为 20 年，京杭运河为 10 年。全国内河船舶总体平均船龄为 11.5 年。20 世纪末以来，内河船舶平均船龄结构不断优化。各条干线的船舶情况见表 6-2。

表 6-2　各主要内河航道情况（2003 年）

	长江干线	京杭运河	珠江干线	黑龙江水系
船舶数量（万艘）	6.8	11.4	1.66	0.142
总运力（万总吨）	1633	1462	405.04	43.736
平均船龄（年）	14	10	10.6	20
机动船舶数量（万艘）	4.6	9.42	1.64	0.12
机动船舶运力（万总吨）	1075	1242.7	400.16	36.96
驳船数量（万艘）	2.2	1.98	0.02	0.022
驳船运力（万总吨）	558	219.3	4.88	3.776
现阶段主力船型	以干散货船为主，约70%	拖拽船、顶推、自航船并举	船型杂乱，低阻力船体线型	甲板式顶推分节驳
未来发展方向	多用途货船、集装箱、特种货物运输船	大型化、系列化分节驳顶推船	大型集装箱运输货船	江海两用杂货船

资料来源：《全国内河船型标准化发展纲要》，2006 年发布。

3. 船型标准化与经济协调发展

内河船型标准化，是航运业发展到一定程度后必须改革的一项重要内容。推动船型标准化，有利于降低营运成本和管理成本，带动内河船舶技术进步，更有利于提高基础设施运行效率。2003 年，交通部以京杭运河船舶标准化为契机，展开了全水系的船型标准化工作，并发布了相关文件，规定 2004 年 1 月 1 日以后建造的船舶必须按照标准化船型图纸建设制造，通过验收后方可进入示范航道运营。京杭运河船型标准化示范工程是第一次有组织的船型标准化工作，收效显著。这次船型标准化工作为以后在全国范围内推广标准化奠定了坚实的基础。交通部在总结经验的基础上，组织编写并发布给全国各相关单位的《全国内河船型标准化发展纲要》

于 2006 年 2 月正式生效。至此，全国范围内的船型标准化工作正式拉开帷幕。

以川江及三峡库区水域为例，截至 2009 年 6 月，根据船检部门和企业提供的不完全数据，船东根据标准船型图纸设计或主尺度系列设计和建造的船舶共 1320 艘。其中集装箱船 97 艘、滚装船 44 艘、干散货船 604 艘、化学品船 45 艘、油船 62 艘、客渡船 433 艘、驳船 35 艘。重庆市严格执行交通部规定，积极推广船舶标准化，从船舶数量上来看有 35% 的标准化船舶，从运力上来看有 45% 的标准化船舶，客渡船标准化率达到了 80%。[①] 珠江水系更是大力推广船型标准化工作，当地航道主管部门和交通部联合行动，攻克了制定 100 标准箱和 200 标准箱集装箱的船型技术难关，发布了相关标准，积极开展标准化认定工作。

内河标准船型的标准化意义重大，一方面可以提高既有航道基础设施的利用率，另一方面可以提升安全性、节能性、经济性、环保性及技术先进性。据统计，通过推进船型标准化，京杭运河苏北船闸通过量增加 25% 以上，船闸货物通过量提高 40% 以上；2009 年三峡船闸通过的货物总量为 7426 万吨，较 2003 年通过的货物总量 1800 万吨增加了 313%，2003 年至 2009 年年平均增加 26.6%。

以内河船舶标准化为基础，专业化船舶相继出现在内河航道中，比如商品汽车运输船、矿砂船、集装箱船、特种用途船舶等。这些船舶的标准化，带动了沿线经济的发展，促进了水运业的蓬勃发展。如长江水系中，遍布载重汽车滚装船、数千吨的化学品船和 400 标准箱的集装箱船等。这些船舶的投入运营，不仅给企业带来了强大的竞争力和良好的收益，也给沿线地区经济发展增添了动力。

在内河船型标准化的基础上，内河运输方式也向多样化发展。除了单船运输和船队运输模式，近年来，江海直达运输方式也逐渐发展，因为去掉了

---

① 王前进：《内河船舶发展的现状及前景分析》，《世界海运》2010 年第 10 期。

中间环节，节省了时间和中间损耗，船东和货主利用这一方式的收益都较高，因而受到广泛的欢迎。各主要水系航道的江海直达船舶都有较大程度的发展，如长江矿石运输船型直达江海的有 3000 吨到 1 万吨不等，珠江、黑龙江则超过万吨级，大量江海直达船型的推广扩大了内河运输行业的营运范围。为了更好地集中运输货物，提高运输效率，避免货物过于分散带来的港口设施利用率不足，一顶一船组运输方式在内河水运中开始流行起来，有效地提高了水运业的经济效益。

4. 引领行业发展

在经过多年的粗放发展之后，水运业遇到了发展瓶颈：一是外部环境的变化，货运量增速减缓；二是货运门槛降低，各种吨位运输船技术水平参差不齐。2015 年 1 月 5 日，交通部在总结国内外发展形势和符合行业发展的客观基础上，提出《关于加快现代航运服务业发展的意见》，主要内容是促进航运业升级转型、提高服务意识、实现航运金融创新等。交通部希望淘汰落后产能，实现内河运输业向大型化、专业化方向发展，提高内河航运的整体服务水平。以长江为例，上游地区已经实现 8000 吨级的船舶航行，中下游航道万吨级船舶畅行无阻。船舶大型化和专业化带来的好处有很多，有效降低了单位能耗。在当前船舶水运业不景气的情况下，运输能力超出了运输量，降低能耗可以提高企业竞争力。

在升级转型过程中，各省市都积极发挥互联网的作用。以浙江省为例，2015 年底，全省内河航道里程达到 9769 公里，高等级航道达到 1451 公里，长三角高等级航道网规划航道达标率为 56%。在基础设施建设不断强化的基础上，浙江省进入了水运业发展"黄金期"，内河水运业发展迅猛。内河水运网的建设，让智慧港航最大化发挥出积极效能。依托"互联网+"的便利，浙江省初步建成了以办公自动化、监管立体化、服务网络化、指挥协同化为特征的智慧型港航，助力浙江水运驶向发展快车道。未来，浙江省还将打造浙江港航网、浙江港航 GIS 公共图、浙江港航综合管理和服务平台、浙江港航数据交换和服务云中心、浙江港航信息化建设运维和网络安全标准体系"五个一工程"，着力推进智慧港航云网合一架构，基本建成以电子报告、电子巡航、电子执法为依托的港航管理新机制。耗时 4 年、最多可容纳 10~12 艘 500~1000 吨级船舶同时过闸的富春江船闸于 2016 年底正式开始试运行。该船闸启用后，企业原料弃路走水，仅煤炭一项，一年就可节省运输成本 1000 万元。如果全部改用水运，全年能节约 5000 万元左右，水运的低成本效应不言而喻。依托内河水运网，浙江省积极迎合运输业个性化、多样化、定制化等新需求特点，积极推出游艇、客船等运输服务；深化水运旅游线路的开发与运营，增添旅游设施，补充旅游配套设施，使水运与旅游协调发展；大力拓展传统运输服务业范围，带动航运金融保险航运咨询信息、航运运价指数开发等同步发展。因此，水运既是一个旧行业，也是一个新行业。深入开发旧行业，不断创新，实现新行业再一次腾飞。

（三）造船技术标准的发展

中华人民共和国成立后，百废待兴，内河运输业急需标准化。在借鉴苏联船舶技术标准的基础上，政务院在 1962 年颁布了《长江钢船建造规范》[以下简称《长规》(62)]，这一规定是后来一系列标准改革的基础。改革开放后，我国造船技术标准主要经历了四个发展阶段：由长江发展到长江水系、由长江水系过渡到全国内河、初步形成内河标准技术、完善内河造船技术标准体系。根据我国水运业和国家经济发展的需要，内河造船技术标准也不断进行更新，以保障技术适当领先和总体可行，对不同时期船舶的安全运营发挥了积极作用。《长规》(62) 的颁布不仅有对国外经验的借鉴，更是在国内船舶实际测试的基础上制定的，突出了我国航道水系的实际需求，是在"苏联技术"的基础上打造的符合中国需要的造船技术标准，总体来说要强于长江水系的需求，保障了国内水运业的安全，是不同造船技术标准的起步阶段。

1. 从长江走向长江水系

改革开放后，为了尽快恢复生产，相关部门对《长规》(62) 进行了

小知识：长江干线的双尾客船

就内河运输船舶技术而言，80 年代长江干线新设计的双尾客船，总推进效率可比常规船型提高 15%~25%，具有明显的节能效果。干线分节驳顶推船队在推船上采用了固定导管＋襟翼舵＋倒车舵技术，改善了船队操作性，成功地采用大径深比技术增加了推力。

双尾客船是长江船舶设计院研发的一款产品，问世以来，迅速在长江和内河运输中广泛使用，甚至在沿海运输中也可以很好地应用。从 820 客位沪渝客船 1984 年 8 月试航到 1990 年底约 6 年时间，仅长江设计院设计的内河船舶，采用双尾型已达 30 多个，建造完工投入运营的已有 40 多艘。[①] 820 客位双尾船 "汉江 57 号" 首艘船舶投入运营，标志着长江干线的双尾客船迎来第三次更新换代。[②] 双尾型客船普及如此迅速，主要是具有优秀的船舶性能，特别是快速性。双尾型客船的快速性，必然带来显著的节能效果，进而给船东带来良好的经济效益。在改革开放的前十几年里，老旧船型换代，提高效率是首要任务，只有这样才能最大程度上发展经济。

修改完善。随着长江水系的深度开发，长江支流的水文情况和长江干线也有些差异，而水运业在长江水系的发展需要更贴切的规范性文件。因此，在《长规》（62）的基础上，国家有关部门根据实际情况进行修改完善推出了符合长江水系的造船规范《长江水系钢船建造规范》[以下简称《长规》（78）]，增加了包括消防、救生、航行设备等相应的法定要求。《长

[①]　龙范宜：《双尾节能船型技术》，《交通科技》1994 年第 Z1 期。
[②]　黄春茂、严爵华、龙范宜：《820 客位沪渝双尾客轮设计》，《中国造船》1987 年第 4 期。

规》（78）是根据长江水域水文气象的实际情况，将长江水系分为 A、B、C 三级航区（包括急流航段），并结合生产实践经验、实船试验、计算分析，分别对船型、布置、货载分布、装卸程序、航行状态及水域安全救助环境的安全技术条件（包括船机电及法定要求）进行了相应的研究编制而成。从长江走向长江水系，不仅是我国水运业造船技术标准化的一个重要进步，更体现了水运业的快速发展。随着长江与长江水系的变化，造船技术随之进行了相应的改变，符合造船技术的客观需要，也更好地阐释了长江水系船舶的发展方向，为内河船舶的航行安全打下了良好的技术基础。

2. 覆盖全国水系的技术标准

长江船舶设计院研发的江申系列双尾客船不断改良，形成多种型号被国内各水系引入使用，形成了全国化的客船制造技术标准。江申系列客船也从长江航道向珠江航道、黑龙江航道等推广，形成了江申 107、江申 115 等一系列改进型号。表 6-3 是江申 107 和江申 115 的技术参数对比。

在技术标准推广过程中，长江航道局和长江水系发挥了重要作用。《内河钢船建造规范》（1991）的推出是由长江水系规范过渡到全国性内河船舶规范的标志。该《规范》以"《长规》（78）"（含三次修改通报）为基础，根据船型种类、船舶用途及其相应的技术要求分别做出相应规定。编制中既考虑了海、河水域水文气象及环境条件的差别，亦考虑了海船规范、河船规范的协调统一；注重突出内河船舶的特点，初步考虑了不同水域航行船舶的特点及船型大小的区别；引入当时的新船型、新技术、新设备研究成果。在内河船舶建造标准的基础上，还相继制定了内河船舶稳性、消防、救生、防污染、航行通导设备的相关技术要求，完善了内河船舶技术标准。自 20 世纪 90 年代以来，为适应我国船检与国际接轨的需求，吸取国际先进经验，内河船舶的质量控制纳入了"入级"的理念，编制了相关的建造规范，补充了入级检验与入级符号授予等相关内容。

表6-3　双尾客船江申107型和江申115型船舶的参数

船型	江申107型	江申115型
总长（米）	81.8	90.3
总宽（米）	13.3	17.2
型宽（米）	13.3	14.2
型深（米）	3.8	4.0
吃水（米）	2.75	2.75
排水量（吨）	1555	1926
主机功率（千瓦）	1442	1442
试航速度（公里／小时）	26	27.8
载客量		
二等（人）	4	8
三等（人）	416	156
四等（人）	806	822
五等（人）	0	632
总客额（人）	1226	1618

3. 初步形成内河技术标准

1996年至今，在初步建立技术标准体系的基础上，为适应内河航运发展，不断补充和完善对不同船型的技术要求，并注重吸取国际先进经验，形成了具有我国内河航运特色的内河船舶技术标准体系。2002年颁布了《钢质内河船舶入级与建造规范》，并在2009年修改后颁布了《钢质内河船舶建造规范》，仅仅过了三年，又发布了2012年修改通报。《内河船舶法定检验技术规则》（1999/2004）及相关修改通报、内河化学品船、高速船、液化气体船等规范，结合内河航运发展需求，补充了滚装船、江海通航船、油货两用船、双体船、集装箱船、单舱长大开口船、自卸沙船等多种新船型的技术要求，纳入了100多项科研成果，初步形成了内河船舶安全技术标准体系。

4. 完善内河船舶技术标准

随着技术和社会需求的不断变化，造船技术也需要相应有所变化。2016

年 7 月 1 日最新一版的船舶建造规范生效，也就是《钢质内河船舶建造规范》（2016 版），此次重点补充了以下几个方面内容。船体上，新增舷伸甲板结构、油船结构、独立液货舱支座及支撑结构、开槽式工程船结构、起重设备支撑结构等直接计算和液货船结构温度场及热应力分析；轮机方面，新增锅炉安装的相关要求，并修改了机器处所的通风要求；电气方面，针对磷酸铁锂电池船进行了相应的技术标准规范，增加了集合站、救生设备存放等要求，特别对紧急情况下电源情况进行了详细规定；在控制、监测、报警和安全系统方面，对船用计算机的要求进行了完善，并进一步明确相关送审图纸和实验要求。除此之外，还对货物冷藏装置、材料与焊接等做出了具体的规定。

在新时期，LNG 动力船越来越多，内河运输环保需求不断增加。国内在

小知识：ATB运输方式

ATB（Articulated Tug Barge）中文全称是关节式推驳组合体，即由一艘推船与一艘驳船组成的船组进行运输，在国外已有 30 多年的发展史，在美国、日本、欧洲运用较多，技术逐步发展至成熟，是一种较先进的运输方式。ATB 运输最大的特点是运输效率高、安全性好和经济性高。近年来我国在 ATB 运输方式技术上取得了长足发展，在船舶一体化、性能和结构方面均获得了突破性进展，多家企业已经投入使用 ATB 集装箱运输团队，如国裕公司 44000 吨级 ATB 矿石运输船队。2004 年以来，在川江和三峡库区航道出现了"母子船"形式和"接力运输"形式，即大型船舶和小型船舶协作，通过小船多次补充货源，实现大船满载运输，提高运输效率。

船舶技术标准上，不断与时俱进，引领行业发展的需求。面对普遍存在的技术落后、燃油污染等问题，LNG 船舶无疑具有良好的应用前景。

三　内河水运政策演变

（一）管理机构的沿革

1. 港口管理体制改革

港口管理体制沿革可以分成 3 个阶段：公有公营阶段、双重领导阶段和地方管理阶段。[①] 公有公营是改革开放后延续之前的政策，一直执行到 1984 年。在这一阶段，全国 38 个主要港口均由交通部统一管理，其中长江 25 个港与中国长江轮船总公司为港航一体化的部属企业。从 1984 年起，中央将港口管理权有步骤地下放，改为"交通部与地方政府双重领导，以地方管理为主"的港口管理体制，长江港航局由港航一体变成港航分离。到 1988 年除秦皇岛由交通部直管外，其他港口基本覆盖交通部和地方政府共同管理的模式。1995 年，深圳市港航局进入市政府序列，地方政府直接管辖港口的新体制出现。至此，这一阶段的港口管理体制改革共出现了交通部直管港口、交通部与地方共管港口、地方政府直管港口三种并行的管理体制。从 2001 年起，因为双重管理带来的一系列弊端已经不符合市场经济的发展要求，由此开启了第二次港口体制改革。以深圳市为代表，丰富交通模式，港务管理局和深圳市运输局合并，新组建深圳市交通局，建立两块牌子一个班子的管理体制。此后其他地方政府也陆陆续续进行了地方港务局和交通局的整合，基本形成现在的管理体制。

2. 水路运输管理体制变革

水运业在十四大期间和 2002 年出现过两次较大幅度的改革。此后，在 2014 年，水运业进一步放宽外商投资限制，并详细规定了水路运输各方的权

---

① 丁淑富：《我国内河港航管理资源配置研究》，硕士学位论文，上海海事大学，2005。

利和义务。因此，改革开放后内河水运管理机构变化大体上可以分成四个阶段，分别是过渡期、改革期、发展期和调整期。过渡期主要是实现生产活动的恢复，实行改革开放政策，经济体制由计划经济逐步向商品经济过渡。改革期则重视对经济和政治的改革，国家大规模投资水运基础设施建设，也得到了较好的回报。发展期是水运业与其他运输业齐头并进，快速发展，但已经出现运输能力超出运输量的现象。调整期是水运业调整运输能力过剩情况，整合兼并水运能力，实现产业转型升级。

过渡期是 1978~1992 年，主要体现是商品经济发展与旧的管理体制并存。1951 年 8 月，根据全国第二次航务会议决定，交通部水运管理体制实行专业分工，海运和河运分离。交通部正式设立了海运、河运、航道工程三个管理总局。这种体制是时代的产物，是当时客观的需要，它使分散落后的水上运输逐步向正规的科学管理体制过渡，顺利完成了当时国家运输计划的需要。但这种体制集中过多，统得过死，一定程度上妨碍了生产力的进一步提升，这种管理体制一直延续到 80 年代末。这一阶段是一个过渡期，思想上希望从计划经济向商品经济过渡，但体制上仍然延续既有管理制度。根据航运市场供求关系制订运力额度计划，根据航运经营人资质、管理制度、人员条件、船舶技术状况等技术标准进行准入管理。

改革期是 1992~2004 年，政府进一步下放权力，放宽经营。十四大以来，我国水路运输管理体制进行了一系列重大改革。采取了港航分管、企业下放、以运为主、多种经营、多元化发展的管理新方法，对运输企业实行租赁制、承包制和股份制改革等，初步建立内河水运业的社会主义市场经济体制，实现市场机制配置运输资源，用市场化价格取代政府定价，获得了良好的效果。但是，国内水路运输管理中仍然存在管理职责交叉，责任不明晰，管理过程重前期审批、轻后期管理监督等问题。2002 年交通部下发了《关于调整国内水路运输管理职责改革管理方式的通知》（交水发〔2002〕166 号），重新明确管理职责分工，分清部、部派出机构与地方交通主管部门的管理职责。在初步建立的社会主义市场经济体制基础上，政府进一步深化改革，完善内河水运市场化运作机制。该《通知》进一步明确了责任权限，生产安全、通航水域开放等问题，由政府相关部门负责；具体的运输事宜则交由航管局进行管理，地方政府和交通部相关部门不得进行干涉。除了对技术标准和准入条件进行规范外，还减少不必要的行政审批，让市场机制发挥作用，实现内河运输业的市场化运作。

发展期是 2004~2014 年，这段时期进一步完善组织机构，内河港航管理分为中央、省（含自治区、直辖市）、地、县四级管理，国务院交通主管部门交通部主管全国的内河航运事业。中央以交通部为代表制定航运规范、法律政策等，并就长江、珠江等主要水系设置派出机构，对管辖范围内跨省内河运输进行协调。省自治区、直辖市交通主管部门负责管理地方的中小型港口，地县级则设置统一的管理机构负责本地区的水上安全监督和船舶检验业务。2014 年 1 月 3 日，为了进一步对水运参与各方的权利和义务进行明确，交通部又颁布《国内水路运输管理规定》。

小知识：“一城一港”政策

2001 年，国家启动新一轮港口管理体制改革，地方各级政府认真贯彻国务院关于港口体制改革的有关精神，积极开展区域港口规划。各级政府按照规划编制分工和管理程序，抓紧编制和修改各项规划。宁波舟山港、苏州港、烟台港等一批整合后的港口按照“一城一港”的原则及时修订了港口总体规划；部分已经制订规划的地区，根据“九五”以来经济形势变化、运输结构调整及港口自身发展的要求开始重新修订规划，如深圳港、天津港、青岛港等。[①]

[①] 史国光、李善友：《建国以来我国港口规划的回顾与总结》，《中国港口》2009 年第 10 期。

调整期是 2014 年至今。2014 年以后，国家水运管理机构延续这一管理体制，并在 2015 年和 2016 年两次对《国内水路运输管理规定》进行了修改，主要体现就是放宽投资审查，实行"外商投资负面清单制度"，进一步通过备案制取代审核制减少行政手续。

（二）水运发展政策变化

1. 水运业的标准制定政策

水运业的政策随着时代的发展，也有相应的变化，从航道通行标准、港口建设管理标准、船舶设计制造标准来看，水运业的发展受到多方面因素影响。总的来看，水运业的标准制定，与国民经济发展的实际需要和水运业发展的国内外大趋势是相统一的。不断完善水运业的标准，有利于水运业的科学发展和引领水运业的转型升级。水运业的相关标准制定变迁如表 6-4 所示。

表 6-4 航道、港口与船舶建设标准

时期	航道建设	港口管理	船舶制造
过渡期	延续 1963 年颁发的《全国天然、渠化河流及人工运河通航试行标准》	《关于统一航务港务管理的指示》（1950）	《长江水系钢船建造规范》（1978）
改革期	《内河通航标准 GBJ 139—90》	地方性管理办法，如《上海市内河港口管理办法》（1991）	《内河钢船建造规范》（1991）
发展期	《内河通航标准 GB 50139—2004》、《关于加快长江等内河水运发展的意见》（2011）	2002 年交通部下发了《关于调整国内水路运输管理职责改革管理方式的通知》（交水发〔2002〕166 号），2004 年实施《中华人民共和国港口法》	《全国内河船型标准化发展纲要》（2006）、《钢质内河船舶入级与建造规范》（2002）、《钢质内河船舶建造规范》（2009）
调整期	《内河通航标准 GB 50139—2014》	2016 年交通部等下发《"十三五"港口集疏运系统建设方案》	《钢质内河船舶入级与建造规范》（2016）

2. 水运政策变迁梳理

水运发展政策随着时代变迁，也出现了相应的变化，与管理机构变化相对应，大体上也可以分为过渡期、改革期、发展期和调整期四个阶段。

在过渡期，为与经济、社会形势相适应，中央与地方政府有关部门在促进内河航运发展的政策和体制方面做了一些探索，实行了"有水大家行船"的政策，积极发展内河运输业，降低进入门槛，引入民间资本参与内河运输业，较快地实现了内河运输业的恢复和发展。在这期间，内河运输业快速发展，解决了民间运输难和国有运输能力不足的双重难题。为进一步加强对长江、珠江、黑龙江等主要水系的宏观管理，交通部先后在各水系设立了内河航运管理机构，定期编制规划报告，有效保障了对内河航运业的宏观把控和管理。

在改革期，政府有关部门逐步建立市场运行机制。从 1992 年开始中国向社会主义市场经济体系迈进，而港口体制也经历了一次改革历程。20 世纪 80 年代中期，港口管理体制实行过渡性改革，改革的主要目的是调动地方政府和企业发展和建设港口的积极性，解决我国港口能力严重不足的问题。在"简政放权、放宽搞活"的指导思想下，扩大地方政府管理权，将部分人财物管理权下放给地方人民政府，对原中央直属管理港口，仅保留秦皇岛作为中央直接管理，"中央为主、地方为辅"的改革模式得到有效推广和应用；2001 年和 2002 年中央和交通部从国家大局出发进一步改革港口管理体制，把管理权下放到地方，尤其是 2004 年 1 月《中华人民共和国港口法》的实施，为深化港口体制改革提供了法律保障。

在发展期，则大力发展内河水运，促进区域经济发展。我国是河流大国，众多的河流湖泽为内河航运的发展奠定了良好的基础，在综合运输框架中，内河航运占有重要地位。截至 2003 年底，全国内河货物运输量为 8.15 亿吨，货物周转量为 1708.8 亿吨公里，分别占全社会水路货运量、货物周转量的 51.6% 和 6.0%；内河通航里程为 12.4 万公里，内河水运主通道达标率已由 1990 年的 26.8% 增至近 50%，全国四级以上航道里程超过 1.4 万公里；全国内河运输船舶达 19.4 万艘、3035 万载重吨，内河货运船舶平均吨位从 1990 年的 50 吨提高到 2003 年的 179 吨；在内河港口近 3 万个泊位中万吨级泊位占到了 0.5%，内河港口完成的货物吞吐量为 12.3 亿吨。内河航运在我国国民经济、对外贸易发展等方面做出了贡献。长江贯通东西、连接南北，具有得天独厚的区位优势，其出海口贴近国际主要环球航线，是世界上集"黄金水道"和"黄金海岸"于一身的为数不多的双优区位之一。珠江干线更是贯通西南和珠三角地区的优质水运航线。由松花江、嫩江、黑龙江等中国和中国边界河道、湖泊共同组成的黑龙江水系，在东北地区运输中发挥重要作用。京杭运河是"南粮北运"、"北煤南运"和贯通山东、江苏、浙江、上海经济发达省区市的交通动脉。这三横一纵的内河航运主通道，在加强地区间物资、经济、技术、信息交流，促进流域社会经济协调发展，满足工农业生产和对外贸易运输需求，缩小地区差距，提高沿江地区在全国中的地位和作用，促进产业结构优化和升级，提高区域经济在国内、国际市场上的竞争力方面具有不可替代的作用。

在调整期，内河航运运输能力过剩已经是不争的事实。受国内外经济增长放缓、运力严重过剩、企业运营成本增加等因素影响，当前航运市场供求严重失衡、持续低迷，稳定生产、转型升级是当前的重中之重。2013 年 12 月 23 日《交通运输部办公厅关于促进航运业转型升级健康发展的若干意见》中提出五大方面具体意见，集中在船型更新换代、政策促进行业转型、加强市场监管、减轻企业负担、提高服务水平上。无论如何，企业在运输中，必须认清事实，积极开展转型升级工作，通过淘汰老旧船只提高运输效率，实行集约化经营，提高行业竞争力。

四　内河水运市场份额

（一）水运市场地位

经过 40 年的发展，中国内河水运市场地位不断趋于稳定，内河运输成为国家运输体系中的重要一环。2016 年末全国内河航道通航里程为 12.71 万公里，比上年增加 0.01 万公里。等级航道为 6.64 万公里，占总里程的 52.3%，比上年提高 0.1 个百分点。其中三级及以上航道为 1.21 万公里，占总里程的 9.5%，比上年提高 0.4 个百分点。各等级内河航道通航里程分别为：一级航道 1342 公里，二级航道 3681 公里，三级航道 7054 公里，四级航道 10862 公里，五级航道 7485 公里，六级航道 18150 公里，七级航道 17835 公里。等外航道 6.07 万公里。各水系内河航道通航里程分别为：长江水系 64883 公里，珠江水系 16450 公里，黄河水系 3533 公里，黑龙江水系 8211 公里，京杭运河 1438 公里，闽江水系 1973 公里，淮河水系 17507 公里。

《2016 年交通运输行业发展统计公报》中数据表明，2016 年全社会完成营业性客运量 190.02 亿人次，比上年下降 2.2%，旅客周转量 31239.87 亿人公里，比上年增长 3.9%，货运量 431.34 亿吨，比上年增长 5.2%，货物周转量 182432.29 亿吨公里，比上年增长 5.0%。

具体到水运方面，2016 年全年完成客运量 2.72 亿人次，比上年增长 0.6%，旅客周转量 72.33 亿人公里，比上年减少 1.0%。完成货运量 63.82 亿吨，比上年增长 4.0%，货物周转量 97338.80 亿吨公里，比上年增长 6.1%。其中，内河运输完成货运量 35.72 亿吨、货物周转量 14091.68 亿吨公里；沿海运输完成货运量 20.13 亿吨、货物周转量 25172.51 亿吨公里；远洋运输完成货运量 7.98 亿吨、货物周转量 58074.62 亿吨公里。全国港口完成旅客吞吐量 1.85 亿人次，比上年下降 0.3%。其中，沿海港口完成 0.82 亿人次，比上年增长 0.5%；内河港口完成 1.03 亿人次，比上年减少 0.9%。全国港口完成货物吞吐量 132.01 亿吨，比上年增长 3.5%。其中，沿海港口完成 84.55 亿吨，比上年增长 3.8%；内河港口完成 47.46 亿吨，比上年增长 3.1%。

（二）水运企业发展

水运行业的快速发展，也带动了一批水运企业规模化发展。民生轮船有限公司（以下简称民生公司）就是一家典型的伴随改革开放一路风雨同舟、历经各个发展阶段、逐步强大的水运企业。这家创办于 1925 年、重建于 1984 年的老品牌，在改革开放 40 年的时间里，在长江航道中打造出完善的现代物流体系，创出了著名内河运输品牌。

1984 年 2 月民生公司重建时，因为缺乏资金而租船，因为缺乏货源（计划经济时代货物纳入计划分配）而向重庆煤炭公司申请，于当年 3 月 31 日运送第一批货物——1400 吨煤炭。此后，银行帮助贷款，国家调拨钢材造船，国有航运公司给民生公司调配船员。从无到有，民生公司终于有了自己的船队。1984 年 10 月 1 日，在中华人民共和国成立 35 周年的时候，民生轮船公司正式成立，交通部、四川省、重庆市领导都参与了开业盛典。当天，民生公司自有船队满载钢材在重庆开启首航。

从长江既有航道开始，民生公司不断拓展自己的业务，不满足于只从事长江干线运输业务，积极开发长江支线，1993 年 10 月 15 日率先开发出重庆到上海的集装箱班轮航线，极大地促进了西部地区的对外开放。从 1992 年初的每月 2 班到 2007 年的每周 12 班，民生公司极大地促进了重庆外贸企业的发展，重庆港的集装箱吞吐量也从 1993 年的不足 100 标准箱增长到 2007 年的 35 万多标准箱。

以水运为基础，民生公司还开发了水陆联运，打造现代物流体系。1993 年 2 月民生国际集装箱运输有限公司正式挂牌成立，主营公路运输。从 1999 年 9 月起，民生公司给长安集团提供商品汽车物流服务。2003 年，主营现代物流业务的民生物流有限公司成立。到 2007 年，民生公司形成以重庆、武汉、南京、上海、岳阳为中转基地的、辐射全国的商品汽车水路运输网络，年运输量约为 20 万辆，占长江中上游商品汽车运输量的 75% 以上。

民生公司重视研发，带动了长江船队的发展壮大和转型升级。从 2000 年起，民生公司就自主启动船舶运力结构调整，淘汰拖轮驳船等技术落后、运输能力小的船只，自行研发制造了大型化、专业化、系列化和标准化的新船舶。1999 年为了支持重庆发展汽车工业，民生公司率先设计制造出了汽车滚装船，不仅满足了长江航道商品汽车滚装船运输需求，而且填补了我国内河商品汽车滚装船的空白。民生公司设计的 330 位长江商品汽车滚装船，更是被国家《钢质内河船舶建造规范》所借鉴，获得了内河水运业的好评。此外，《内河船舶法定检验技术规则》还引用了 144 标准长江集装箱船的建造规范，这也是民生公司率先研发建造起来的新型运输船舶。民生集团的研发，推动了长江船队的更新换代，促进了长江中上游航运的新发展。

经过三十多年的发展，民生公司获得了极大的成就。一方面，民生公司拥有优质的服务，提升了品牌价值。民生集团成为长江最大的商品汽车滚装船队，集团自建各类船舶 80 余艘，具备 2 万辆的商品汽车月运输能力，集装箱运力全国排名第七。另一方面，民生公司勇于创新，带动了西部地区行业和经济发展。从 1993 年开辟重庆至上海的集装箱班轮航线开始，西部地区的对外开放历史就进入了新的一页。进一步地，民生公司开辟了江海联运、水陆联运，有力促进了西部地区与国内外贸易。1986 年 12 月，为了运输重庆钢铁公司急需的技术改造设备，民生公司采用江海联运模式仅用 19 天就把货物从日本运到重庆，不仅开创了中国航运史的纪录，还被重庆市列为 1986 年经济工作十件大事之一而被记入史册。1999 年起，为了支持重庆市发展汽车工业，民生公司率先开辟长江航线商品汽车滚装运输和公路商品车运输相结合的水路联运模式，逐步将运输网络覆盖全国。目前，民生公司的江海联运和水陆联运、集装箱运输占据重庆口岸的 40%，商品汽车运输量占据 70%。民生公司的发展就是一部描述改革开放以来内河水运业发展的活历史，民生集团的成果不仅是企业的成功，而且是内河水运业市场化改革的成功，是改革开放 40 年的丰功伟绩。

五　结语

改革开放 40 年来，我国内河水运行业发生了翻天覆地的变化。水运是天然的绿色交通方式，因地制宜修建港口等基础设施，即可充分利用大自然的助力，完成运输活动，特别是对于铁路、公路等交通基础设施缺乏的地区，水运的作用更是不可替代。从改革开放之初的天然水道、小港口、载重低的船舶，到现在形成连贯的全国性水运网、大型综合港口林立、样式繁多的高载重专业船舶，中国内河水运业的发展史既是改革开放 40 年来国家发展的缩影，也是水运人不断拼搏、争创佳绩的表现。新世纪、新征程，改革开放 40 年的成就既是对过去的肯定，更是对未来的鞭策。中国水运人将一如既往地开拓新的版图，实现中国水运业的长足发展。

第七章　中国管道运输

一　管道运输40年发展概况

（一）管道运输基本概念介绍

管道运输（Pipeline Transport）是一种以管道作为运输载体的长距离输送液体或气体物资的运输方式，它可以专门向市场提供输送石油、煤和化学产品的服务，是统一运输网中干线运输的重要组成要素。

管道运输是目前新兴的、经济的运输方式，并且和航空、铁路、公路、水运并列为五大运输业。管道运输不仅运输量大、连续、快速、经济、安全、可靠、平稳，而且具有投资少、占地面积小、费用低，并可实现自动化控制的优势。管道除了可以广泛用于石油、天然气等较长距离运输以外，还可以运送煤炭、矿石、建材、化学品和粮食等等。管道运输可以省去水运或陆运的中间运输环节，缩短运输周期，节约运输费用，提高运输效率。目前管道运输的发展趋势是管道的口径不断增大，运输能力大幅度提高；管道的运距不断增大；运输物资由石油、天然气、化工产品等流体逐渐增加到煤炭、矿石等非流体。[1]

---

[1]　赵慧玲、徐向辉：《智能管道发展总体思路探讨》，《中兴通讯技术》2012 年第 1 期。

凡是在化学上具有稳定状态的东西都可以通过管道来运送。因此，废水、泥浆，甚至啤酒都可以用管道来运输，如图7-1所示。此外，管道的安全问题对于运送石油与天然气非常重要——有关公司一定会定期检查其管道，并用管道检测仪（Pipeline Inspection Gauge）做清洁工作。

图7-1 石油管道运输实景

（二）管道运输40年发展成就

在中国，虽然管道运输业的起步较晚，是1949年后才兴起的一种运输业，但是管道运输在促进现代经济发展和社会不断进步方面起着不可磨灭的作用。纵观中国管道运输业的建设发展历程，到2017年已有半个多世纪的发展历史了，纵观管道运输最近40年的发展史，我们不难发现：中国管道运输业经历了从无到有、从有到优的历史性转变，我国管道运输业拥有惊人的发展速度。我们通过一些客观的数据，从管道运输货运量、货物周转量、线路总长度三个维度，以及各自的增长率的变化来一起见证管道运输1978~2015年的发展变化情况的奇迹，具体数据如表7-1所示。

表 7-1　1978~2015 年管道运输变化发展情况统计

年份	货运量（万吨）	增长率（%）	货物周转量（亿吨公里）	增长率（%）	线路总长度（万公里）	增长率（%）
1978	10347	—	430	—	0.83	—
1980	10525	1.72	491	14.19	0.87	4.82
1985	13650	29.69	603	22.81	1.17	34.48
1990	15750	15.38	627	3.98	1.59	35.90
1991	15578	−1.09	621	−0.96	1.62	1.89
1992	14783	−5.10	617	−0.64	1.59	−1.85
1993	14845	0.42	608	−1.46	1.64	3.14
1994	15092	1.66	612	0.66	1.68	2.44
1995	15274	1.21	590	−3.59	1.72	2.38
1996	15992	4.70	585	−0.85	1.93	12.21
1997	16002	0.06	579	−1.03	2.04	5.70
1998	17419	8.86	606	4.66	2.31	13.24
1999	20232	16.15	628	3.63	2.49	7.79
2000	18700	−7.57	636	1.27	2.47	−0.80
2001	19439	3.95	653	2.67	2.76	11.74
2002	20133	3.57	683	4.59	2.98	7.97
2003	21998	9.26	739	8.20	3.26	9.40
2004	24734	12.44	815	10.28	3.82	17.18
2005	31037	25.48	1088	33.50	4.4	15.18
2006	33436	7.73	1551	42.56	4.81	9.32
2007	40552	21.28	1866	20.31	5.45	13.31
2008	43906	8.27	1944	4.18	5.83	6.97
2009	44598	1.58	2022	4.01	6.91	18.52
2010	49972	12.05	2197	8.65	7.85	13.60
2011	57073	14.21	2885	31.32	8.33	6.11
2012	62274	9.11	3211	11.30	9.16	9.96
2013	65209	4.71	3496	8.88	9.85	7.53
2014	73752	13.10	4328	23.80	10.57	7.31
2015	75870	2.87	4665	7.79	10.87	2.84

资料来源：中华人民共和国国家统计局编《中国统计年鉴》，http://www.stats.gov.cn/tjsj/ndsj/。

从图 7-2 中，可以看出：管道运输的货运量是逐年稳步上升的，货运量从 1978 年的 10347 万吨，增长到 2015 年的 75870 万吨，增长量达 65523 万吨，增长了 6 倍之多。货运量的变化情况是：货运量从 1978 年的 10347 万吨增长到 1985 年的 13650 万吨，又从 1985 年的 13650 万吨增长到 1990 年的 15750 万吨，再从 1990 年的 15750 万吨到 2000 年的 18700 万吨。可以看出，在这 20 多年中，管道运输业是稳步发展的，但是发展速度相对较慢。货运量从 2000 年的 18700 万吨，增长到 2010 年的 49972 万吨，再从 2010 年的 49972 万吨增长到 2015 年的 75870 万吨。这 15 年，是管道的快速发展时期，发展速度相当之快，增长了 3 倍之多。

图 7-2 1978~2015 年管道运输货运量及其增长率

资料来源：中华人民共和国国家统计局编《中国统计年鉴》，http://www.stats.gov.cn/tjsj/ndsj/。

关于管道运输货物周转量，可以看到：货物周转量从 1978 年的 430 亿吨公里增长到 2005 年的 1088 亿吨公里，在这近 30 年中，增长相对平稳，增长速度相对较慢，增长了近 2 倍。而货物周转量在 2005 年发生了较大的变化，货物周转量从 2005 年的 1088 亿吨公里增长到 2015 年的 4665 亿吨公里。在这 10 年间，管道运输货物周转量的增长速度较快，增长了 3.3 倍（见图 7-3）。1978~2015 年，尤其是 1978~1985 年和 2003~2007 年增长速度尤为快。

关于管道运输线路总长度，在图 7-4 中可以看到，管道运输线路总长

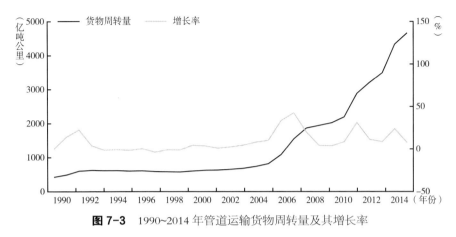

图 7-3　1990~2014 年管道运输货物周转量及其增长率

资料来源：中华人民共和国国家统计局编《中国统计年鉴》，http://www.stats.gov.cn/tjsj/ndsj/。

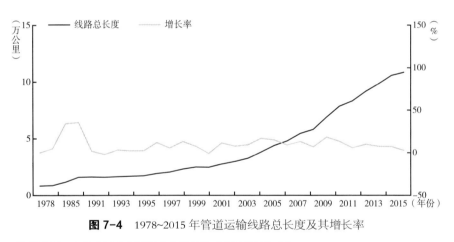

图 7-4　1978~2015 年管道运输线路总长度及其增长率

资料来源：中华人民共和国国家统计局编《中国统计年鉴》，http://www.stats.gov.cn/tjsj/ndsj/。

度从 1978 年的 0.83 万公里增加到 2015 年的 10.87 万公里，管道运输线路总长度逐年上升，在这近 40 年中增长了 12 倍左右。其中，1978~1985 年和 2003~2009 年增长速度较快。

最后，我们可以看出无论是从管道运输货运量、货物周转量还是线路总长度来说，管道运输业都有着飞速的发展，其在运输货物中发挥着举足轻重的作用。管道运输的修建里程将会越来越长，货运量以及货物周转量将会不断地扩大，承担的运输量将越来越大，其对国民经济所做出的贡献也会越来越大。管道运输其自身的运输量大、运输经济、环保以及运输方式安全等优势使其占据着独特的市场地位，其在未来也会有良好的发展前景！

二 原油管道40年

（一）世界原油管道发展概况

现代管道运输始于19世纪中叶，1865年在美国宾夕法尼亚州建成了世界上第一条原油输送管道。但是，它的进一步发展是在20世纪初叶。伴随着第二次世界大战后石油工业的迅速发展，管道的建设进入了一个新的阶段，各产油国逐渐开始兴建大量石油和油气管道。

1. 美国原油管网概况

美国拥有十分庞大的原油管道输送网络，目前的原油干线管道里程约为8.85×10^4公里，其原油管道管网逐步实现了自产原油、进口原油向炼油中心输送的功能。[1] 美国的原油管道主要是将得克萨斯州、俄克拉荷马州以及路易斯安那州等地生产的原油运送到墨西哥湾、库欣和中西部市场，并将加拿大原油通过跨国管道运送至美国落基山和中西部地区。[2]

美国的原油生产和消费均位于全球之首，且大概一半的石油消费依赖于进口。美国自己的石油产地主要集中于墨西哥湾和阿拉斯加地区，目前建设原油管道成为其主要任务。美国的原油管道建设规划将以提高现有管网输送能力为主要目标。为适应更多的加拿大原油进口，近期规划的原油管道主要有Mainline管道美国段、Keystone XL Pipeline管道南段工程、Seaway管道反输改造及扩建项目、墨西哥湾海岸项目等。[3]

美国国内原油管道分为州内管道与州际管道，州内管道由各州管理委员

---

[1] 姚瑶：《美国原油市场格局的新变化》，《期货日报》2014年第9期。
[2] 霍丽君：《美国有望成为重要原油出口国》，《中国石油报》2017年第6期。
[3] 肖楠：《美国原油走向世界有"三宝"》，《中国能源报》2016年第3期。

会管理；州际管道则由联邦能源管理委员会进行经济监管，以及由运输部管道安全办公室进行安全监管。如果管道运营公司认为存在市场需求，则可提出管道建设申请，能源管理委员会从管输费、环境等方面做出审查，以便规定管输费的上限，但是，实际管输费可根据具体情况由管道公司进行调控。

2. 加拿大原油管网概况

加拿大已形成贯通东、西，成熟完善的原油管道管网系统，总长约为 2.36×10^4 公里。原油管道主要起自不列颠哥伦比亚省和艾伯塔省，向西延伸至加拿大和美国西海岸，或从阿尔伯塔和萨斯喀彻温省向东行进向加拿大东部市场供应，或向南运送至美国，往美国出口原油。

加拿大大部分原油由管道进行运输，约 2/3 的原油通过管道出口至美国。密集的原油管道管网把落基山东麓的产油区与消费区连接起来，并和美国的原油管道管网相连接。北美省际原油输送管道是北美十分重要的原油管道，其北起加拿大的埃德蒙顿，南至美国的布法罗，一直贯穿了加拿大和美国，全长约为 2856 公里。

Enbridge 公司 Lakehead 干线管道系统连接加拿大西部主要产油区和美国五大湖地区炼油厂，长度为 3057 公里，输油能力为 6622×10^4 吨／年，可实现重质原油、中质原油、轻质原油和天然气凝液共 46 个品种的顺序输送，是世界上唯一一条输送多品种原油管道的通路。[1] 为加快油砂开发以及开发市场渠道，加拿大政府拟增加向加拿大东部地区、美国中西部、墨西哥湾地区和亚洲地区的原油供给，这必将带来原油管道建设的新局面。加拿大绝大多数大型原油管道建设与运行由加拿大国家能源局（NEB）负责审批及监管。加拿大国家能源局对原油管道建设、运输价格制定与修订、运营服务等全过程进行监管。

3. 俄罗斯原油管网概况

俄罗斯原油管道在世界油气管道管网中占有举足轻重的地位，俄罗斯把"能源外交"视为国际关系中的重要外交手段。目前，俄罗斯原油管道里程

---

① 李少林、张涛：《美国原油出口现状及分析》，《国际石油经济》2014 年第 8 期。

超过 5×10^4 公里，形成了横贯俄罗斯大陆的原油输送管网，形成了连接俄罗斯产油区与本国炼油厂及出口市场的原油管道系统，除满足本国管输需求外，还向欧洲和亚太地区出口，依托管道实现原油市场多元化。

俄罗斯原油管网系统是在苏联原油管网系统基础上建立的。苏联境内的第一条原油管道是 1886 年由沙俄在巴库附近建的，长度仅为 12 公里。从 20 世纪 60 年代起，随着原油产量的迅速增长，苏联加强了原油输送管道的建设，以每年 6000~7000 公里的速度递增，到 20 世纪 80 年代，苏联原油输送管网基本建成。[①]

2007 年初，由于俄方受到白俄罗斯天然气和原油出口限制，俄罗斯通过白俄罗斯输往欧盟国家的原油供应一度中断，为了摆脱油气管道过境他国带来的过境费用以及受制于他国，俄罗斯建设了波罗的海原油管道系统，管道绕开白俄罗斯出口至欧盟国家。

俄罗斯在 2010 年建成了东西伯利亚—太平洋原油管道，向中国供应原油。目前，俄罗斯原油输送管网总长超过 5×10^4 公里，不仅输送俄罗斯原油，还输送来自阿塞拜疆、哈萨克斯坦和土库曼斯坦的原油。

根据俄罗斯石油运输公司 2020 年前发展战略规划，俄罗斯石油公司计划大力发展干线原油输送管网系统，需新建约 2000 公里的管线。俄罗斯石油运输公司近期在建的原油输送管道有扎波利亚里耶—普尔佩—萨莫特罗尔管道、库尤姆巴—泰舍特管道和里海财团管道扩建项目等。

作为原油的主要运输工具，俄罗斯干线原油管道属于国有资产，受政府的管辖和控制。政府委托管道运输公司实施对干线管道的日常管理和运营，并建立了两种基本制度，即管道使用权分配制度和运输价格决定制度，以实现管道利用的最优化和原油出口利益的最大化。

随着国际原油贸易的不断增长，全球原油管道管网呈现强大的发展态势，特别是北美、俄罗斯等国家和地区的原油管道在设计、建设、管理、监管等方面已相对成熟，为我国的原油管道管网发展提供了较好的借鉴。

---

① 戚爱华、曹斌、徐舜华等：《俄罗斯原油生产和出口现状及未来趋势》，《国际石油经济》2015 年第 2 期。

（二）中国原油管道40年

　　中国，早在公元前3世纪就开创了利用竹子连接成管道来输送卤水的运输方式，可谓世界管道运输的开端。在1958年冬修建了中国第一条现代化输油干线管道：从新疆克拉玛依至乌苏、独山子的原油管道，全长147公里。20世纪60年代以来，伴随着大油田的相继开发，在东北、华北、华东地区先后修建了20多条输油管道，总长度达5998公里，其中原油管道长度为5438公里，成品油管道为560公里。主要线路有大庆—铁岭—大连港、大庆—铁岭—秦皇岛—北京、任丘—北京、任丘—沧州—临邑、濮阳—临邑、东营—青岛市黄岛、东营—临邑—齐河—仪征等，基本上使东北、华北、华东地区形成了原油管道网。除此之外，广东茂名—湛江、新疆克拉玛依—乌鲁木齐等地也有输油管道。[①] 伴随着塔里木、吐哈、准噶尔、柴达木、鄂尔多斯和四川盆地油气田开发速度的加快和国外油气进口量的增长，我国油气管道建设已经进入了快速发展期，1995~2008年全国油气管道总里程年均增加4000余公里，管道油气货运量年均增加2300多万吨。尤其是最近几年，随着西气东输、陕京线、西气东输二线等天然气主干管道及多条联络管道的建设，以及西部原油（成品油）管道、甬沪宁原油管道、珠江三角洲成品油管道工程的投产，我国油气管网覆盖面得到了快速扩大。中国石化加工原油近半实现管道运输，并实现了北起河北曹妃甸，南至浙江册子岛、大榭岛全长3000公里的中国石化东部原油管网全网联通。[②]

　　截至2016年，我国已成为仅次于美国的世界第二炼油大国，在2015年，我国原油加工量已达到4.5亿吨，并在现有基础上形成了20个千万吨级的炼油基地。石油下游产品乙烯的产量已由1978年的38万吨猛增到2016年的1025.6万吨，增长26倍；2016年形成的合成树脂、合成纤维、合成橡胶，产

---

① 薛飘、胡智锋：《中国石化原油管道运营发展战略探讨》，《国际石油经济》2002年第11期。
② 余洋：《2007年中国油气管道发展综述》，《国际石油经济》2008年第3期。

量分别已经达到 3129.6 万吨、238.3 万吨和 2241.3 万吨，分别比 1978 年增长 45.1 倍、22.2 倍和 153.3 倍，已跻身于石化产品生产大国行列。

我国现在已经基本形成了东北、华北、中原、华东和西北地区四通八达、输配有序的区域性原油管网，随着管道里程的增加，管道运输在我国综合运输体系中正发挥着越来越大的作用。目前，陆上原油运输已基本实现管道化。

在 2016 年，政府规划建设了西三线天然气管道，在未来的几年里，中国油气管道运输业将得到更大发展，区域性管网将进一步完善，对环境保护和提高人民生活质量将产生更加积极的影响和作用。未来 10 年是中国管道工业的黄金期，这得益于中国经济的持续快速发展和能源结构的改变。建设中的中俄输气管线、内蒙古苏格里气田开发后将兴建的苏格里气田外输管线、土库曼斯坦和西西伯利亚至中国的输气管线等，不仅为中国，也为世界管道业提供了良好的发展机遇。

1. 东北原油管网

东北原油管网又称"八三"管道，修建于 20 世纪 70 年代初，至今已有 40 余年的历史了，其主要线路有林源—铁岭线、林源—铁岭复线、铁岭—大连线和铁岭—秦皇岛线等原油管道，管径大约 720 毫米，其给锦州石化、大连石化、锦西石化、辽阳石化、抚顺石化等各大炼油厂提供大庆油田原油和吉林油田原油。但是，现在的东北原油管网已进入衰退阶段，不仅配套设施的自动化水平相对较低，而且管道本身腐蚀较为严重，每年都需投入大量的资金进行维护。

2. 西部原油管道

西部原油管道包括鄯善—兰州干线管道和乌鲁木齐—鄯善支干线管道，其中干线管道起自新疆维吾尔自治区的鄯善，止于甘肃省的兰州市，线路长度为 1562 公里，设计输量为 2000×10^4 吨 / 年，其中鄯善—新堡段管径采用 813 毫米，新堡—兰州段转变管径为 711 毫米，设计压力为 8.0 兆帕。乌鲁木齐—鄯善支干线起自乌石化王家沟油库，止于新疆维吾尔自治区鄯善，线路长度为 296 公里，设计输量为 1000×10^4 吨 / 年，管径为 610 毫米，设计压力为 8.0 兆帕。[①] 乌鲁木齐—鄯善支干线管道和鄯善—兰州干线管道是西油东输的主要通道，将进口的哈萨克斯坦原油、塔里木原油、新疆油田原油运送至兰州地区，并转运至西南地区，这对我国实现能源供应多元化，保障能源供应安全，促进新疆、甘肃两省份和西南地区优势产业的发展，带动中西部地区经济又好又快发展具有十分重要的意义。目前，西部原油管道正处于低运输量状态，但随着进口哈萨克斯坦原油的增加和四川炼油厂的建设投产，运输量也会随之提高。

三　成品油管道40年

（一）世界成品油管道发展概况

世界成品油管道主要分布在北美洲、欧洲和南美洲，这些地区占全世界成品油管道总长度的 80%。其中，北美洲约为 150000 公里，占世界总长度的 50%，管径为 168~1016 毫米；中南美洲约为 29000 公里，占世界总长度的 10%，管径为 102~508 毫米；欧洲合计约为 60000 公里，占世界总长度的 20%，管径为 102~813 毫米；亚洲约为 44000 公里，占世界总长度的 13.3%，管径为 152~1067 毫米，其中中国为 14000 公里，占世界总长度的 4.5%；大洋洲约为 6000 公里，占世界总长度的 1.9%，管径为 102~355 毫米；非洲合计约为 15000 公里，占世界总长度的 4.8%，管径为 51~762 毫米。

20 世纪 60 年代开始，输油管道的发展趋于采用大管径、长距离，并逐渐建成成品油输送的管网系统。同时，开始了用管道输送煤浆的尝试。全球的管道运输承担着较大比例的能源物资运输，包括原油、成品油、天然气、油田伴生气、煤浆等。其完成的运量常常大大超出人们的想象（如在美国接近于汽车运输的运量）。

---

① 陈金国：《中国首条跨国原油管道正式投入商业运营》，《中国石油报》2006 年第 1 期。

迄今为止，全世界油气管道干线长度已超过 2×10^6 公里，其中输油干线约占 30%。

世界成品油管道的发展历程大致可分为以下三个阶段。[①]

（1）汽油管道时代（1920~1940 年）

体现这一时期的汽油管道为菲利普石油公司修建的长 1046 公里的汽油管道。

（2）成熟发展期（1940~1960 年）

1945~1959 年平均每年新建管道 2300 公里。

（3）成品油管道向大型化发展（1960~1980 年）

这个时期的特点是长距离、大口径、多分支的成品油输送管网，输送介质达 100 多种，满足不同用户需求。

（4）管道技术飞速发展期（1980 年至今）

国际管道输送技术正在朝着长运距、大口径、高压力方向发展，技术得到了进一步的提升，高压输送要求使用强度更高、韧性更好的管线钢，高钢级减少钢材消耗，降低材料费用，提高了使用的效率。

（二）中国成品油管道40年

我国成品油管道建设起步较晚，从 1973 年开始对成品油管道进行工业性试验，1976 年建成了我国第一条小口径的格尔木—拉萨长输成品油管道。此后十余年，则基本上处于停滞状态。从 20 世纪 90 年代初开始，我国成品油管道建设有了较大突破。据不完全统计，截至 2016 年，全国已建和在建的主要成品油管道约为 1.4×10^4 公里，其中，中国石油约为 6658 公里，主要包括西部成品油管道、兰—成—渝成品油管道、兰—郑—长成品油管道等；中国石化约为 6014 公里，主要包括西南成品油管道、珠三角成品油管道、鲁皖成品油管道等；中国海洋石油约为 207 公里，主要包括立沙成品油管道、黄骅

---

① 余洋：《2007 年中国油气管道发展综述》，《国际石油经济》2008 年第 3 期。

港—中捷石化成品油管道等；部队为 1080 公里，即格—拉成品油管道；延长
集团为 201 公里。[①]

我国最长的成品油管道，也就是中部成品油运输大动脉——中石油兰
州—郑州—长沙成品油管道全线贯通。中国石化加工原油近半实现了管道运
输，并实现了北起河北曹妃甸，南至浙江册子岛、大榭岛全长 3000 公里的中
国石化东部原油管网全网联通。中国海油陆上成品油管道建设也取得突破性
的进展，惠州—东尧成品油管道正式打通。陕西延长石油集团建成投产了延
炼—西安成品油管道。2009 年底，西气东输二线西段建成投运，并与中国—
中亚输气管线成功对接。

1. 洛—郑—驻成品油管道

洛—郑—驻成品油管道起自洛阳石化总厂，途经洛阳、郑州、许昌、漯
河、驻马店等 15 个市、区、县，管道全长 425 公里，设计输油量为 3.9×10^6
吨／年，由中国石化投资建设，并于 2007 年 9 月 2 日顺利投产。

该管道是河南省内建成的第一条成品油长输管道，它的建成结束了河南
省没有长距离成品油管道的历史，对缓解洛阳石化产品的铁路运输压力具有
重要的战略意义。

2. 兰—成—渝成品油管道

兰—成—渝成品油管道起始于兰州市北滩油库首站，途经甘肃省、陕西
省、四川省和重庆市，终止于重庆市伏牛溪油库附近的重庆末站，辖区内共
计 40 个市、区、县。管道干线全长 1252 公里，其中兰州至江油段长 721 公
里、管径为 508 毫米；江油至成都段长 161 公里、管径为 457 毫米；成都至
重庆段长 370 公里、管径为 323.9 毫米。管道全线设计压力等级为 10 兆帕，
局部最高压力为 14.7 兆帕，设计输油能力为 5.0×10^6 吨／年，于 1998 年 12
月 9 日正式开工建设，到 2002 年 6 月 30 日全线施工完毕，并开始运行调试，
2002 年 9 月 29 日首次投油试运行，并于 2002 年 10 月 18 日全线投运一次成功，

① 于达、谢萍、黄忠胜等：《对我国成品油管道建设的几点思考》，《油气储运》2014 年第
1 期。

2003 年 1 月正式交付运营。

该管道的建设解决了多年来四川和重庆等西南地区成品油运入困难、供应稳定性差的问题，成为西北剩余成品油输往西南市场的运输通道，确保了西北炼油加工生产系统长期稳定运行，并使西北的石油资源和加工能力得到了合理利用。

3. 兰—郑—长成品油管道

兰—郑—长成品油管道起点为甘肃省兰州市，终点为湖南省长沙市，途经甘肃、陕西、河南、湖北和湖南五省。兰—郑—长成品油管道工程由 1 条干线、2 条输入支线和 13 条分输支线组成，管道干线全长 2097.9 公里，支线全长 972 公里，设计压力为 8.0~13 兆帕，设计输量为 1.5×10^7 吨 / 年。管道采用管径 660 毫米、610 毫米和 508 毫米 3 种型号，其中兰州至咸阳段管径为 610 毫米、咸阳至郑州段管径为 660 毫米、郑州至武汉段管径为 610 毫米、武汉至长沙段管径为 508 毫米。

兰—郑—长成品油管道的建设有利于缓解兰州成品油的外运压力，降低运输成本，加快形成北油南调、西油东送的成品油运销网络，可实现资源与市场的对接，促进东西部地区的协调和可持续发展。

在我国成品油管道的未来发展中，成品油干线管道将逐步实现网络化，管道将成为成品油的主要运输方式。根据最新成品油管道的规划，贯穿东北、华北、中南地区的跨区域成品油干线管道很快将与已经建成的西北、中南地区干线管网实现会合，形成覆盖中国广大内陆主要经济地区的成品油干线管道网络，使成品油管道运输所占比例大大提高。

在我国成品油管道的未来发展中，将与炼油厂同步建设配套的成品油外输管道，提高下游市场覆盖率。随着我国最新规划的广西石化、昆明炼油、四川石化、台州炼油、威海炼油、广东石化、九江石化、长岭石化等炼油厂的建成投产，炼油厂外输成品油管道也会作为配套工程随之建成，覆盖周边下游市场，形成成品油管道新的更多的发展网络体系。

四　天然气管道40年

（一）世界天然气管道发展概况

目前，国际天然气贸易中仍然以管道输气为主。20 世纪 60 年代以来，世界天然气管道飞速发展，70~80 年代是全球输气管道发展的高峰期，世界上几条著名的大型输气管道大部分是这一时期建成的，如横贯地中海的阿—意输气管道、美国与加拿大一起修建的阿拉斯加公路输气系统、苏联乌连戈伊—中央输气系统等。20 世纪 80 年代以后，世界天然气管道建设进入相对平稳期，新建管道主要有加拿大—美国 Alliance 管道、南美玻利维亚—巴西管道。目前，世界上的长距离输气管道已达到 150×10^4 公里。现有输气管道主要分布在北美、独联体和欧洲地区，其中美国约为 49×10^4 公里，独联体约为 23×10^4 公里，分别位于世界前两位。[①]

天然气管道的发展历程大致可以分为以下五个阶段。[②]

（1）第一阶段——初创期（1850~1945 年）

该阶段管径一般小于 600 毫米，天然气干线管道总长度达到 13×10^4 公里，其中美国占总长度的 95%。

（2）第二阶段——快速发展期（1946~1970 年）

这个阶段的运距和管径逐渐加长加大，管径长度达到 1000 毫米，天然气干线管道长约 52.56×10^4 公里，其中美国占世界总长度的 77%。

（3）第三阶段——飞速发展期（1971~1985 年）

该阶段长输管道建设技术取得飞速发展，新建管道具有长运距、口径大、输送压力高等特点；管径达 1422 毫米、管线长 83.06×10^4 公里、输送压力为 7.5 兆帕；典型管道工程是乌连戈—托尔若克—乌日哥罗德输气管线。

[①] 宋玉春：《世界石油天然气管道建设再掀高潮》，《中国石油和化工》2005 年第 8 期。

[②] 吴绩新：《里海石油、天然气与中国能源安全》，博士学位论文，华东师范大学，2008。

（4）第四阶段——平稳期（1986~2000 年）

该阶段管道系统采用了新工艺、新技术、新材料；管径长度不大于 1400 毫米、管道总长 107.41×10^4 公里，设计压力最高达 12 兆帕。

（5）第五阶段——加速消费期（2001 年至今）

大量的煤炭燃烧是我国严重空气污染的重要原因。过去几年煤炭在我国一次能源消费中的比例正在不断降低，天然气的占比不断提高；2015 年我国天然气消费量达 1948 亿立方米，2016 年消费量达 2103 亿立方米，仍有很大提升空间。

随着我国经济的快速发展，对能源的需求量越来越大，煤炭和石油的大量燃烧已经导致了雾霾等严重的环境问题，人民的生活健康受到影响和威胁。经过了 30 多年的快速发展，如今中国已是全球 GDP 体量大国。在这个阶段，多数人不必再担心牛奶面包的着落，但明天的空气中有多少雾霾成为人们的烦恼。2017 年 6 月 2 日，北京市环保局发布的《2016 年北京市环境状况公报》称，2016 年北京市空气质量不达标天数为 168 天，占全年天数的 46%，其中重污染 39 天，占全年天数的 11%。煤炭的大量燃烧是雾霾在我国北方城市频繁出现的元凶，积极推广天然气、核能、可再生能源等，逐步改变当前的能源消费结构，是解决当前环境顽疾的必行之路。

（二）我国天然气管道40年

20 世纪 60 年代以来，我国成功建设了第一条输气管道巴渝线，通过 50 余年的不断努力，我国天然气管道行业有了飞速发展。至 2016 年底，我国天然气主干管道总里程大约为 5.5 万公里，逐步形成了以西气东输一线、西气东输二线、川气东送、陕京一线、陕京二线、陕京三线等天然气管道为主干线，以兰银线、淮武线、冀宁线为联络线的国家主干管网，同时川渝、华北、长江三角洲等地区已经逐渐形成比较完善的区域管网，"西气东输、海气登陆、就近供应"的供气格局初步形成。我国天然气管道建设技术和管理水平也有了飞速发展。[①]

相比于输油管道建设的快速发展，我国输气管道建设发展更为迅速。2004 年建成投产的西气东输管线，以总长 3856 公里超长距离、大口径、高压力、大输量成为我国第一条非常成功的天然气管线。2008 年 2 月正式开工建设、2009 年底西段投运、2011 年全线建成并且投运的西气东输二线工程，在与中亚天然气管道成功实现对接后，干线和支线总长度超过 1 万公里，把来自土库曼斯坦的天然气输送到我国中西部地区、长三角和珠三角地区等用气市场，是我国又一条能源大动脉，并是迄今为止世界上距离最长、等级最高的天然气输送管道。此外，近 10 多年间先后建成的轮库线（轮台—库尔勒）、鄯乌线（鄯善—乌鲁木齐）、靖西线（靖边—西安）、陕京线（陕北—北京）、涩宁兰线（青海涩北—西宁—兰州）、忠武线（重庆忠县—武汉）、兰银线（兰州—银川）、涩格复线（涩北—格尔木）等长输管道，已在川渝、华北及长三角地区形成了比较完善的区域性天然气管网，并在中南地区、珠三角地区基本形成了区域性输气管网主体框架。

我国天然气管道建设在过去的 10 年里取得了飞快的发展，而且未来 10 年仍将有突飞猛进的变化。2016 年我国天然气消费量已经达到 1475 亿立方米，预计 2020 年国内天然气需求量将达到 3000 亿立方米，需配套建设大量主干线、支干线以及支线天然气管道。[②]

随着中哈原油管道和中亚天然气管道的建成投产，我国实现了管道进口油气零的突破。"十二五"期间还建成了中俄、中缅等战略油气管道。我国西北、东北和西南三大陆上进口通道基本形成，与海上运输通道一起，构筑成我国油气进口的"四大通道"，形成我国油气进口的多元化格局。

根据中国石油天然气管道局的部署，除在建的中亚、西二线等重点工程以外，还陆续开工建设了陕京三线、秦皇岛—沈阳、山东天然气管网、惠宁

---

① 李伟、张园园:《中国天然气管道行业改革动向及发展趋势》,《国际石油经济》2015 年第 9 期。

② 鄢银婵:《未来 12 年我国天然气管道将逾 30 万公里》,《中国改革报》2010 年第 1 期。

复线等油气管道，启动国家二期储备库和商业储备库建设。可以预见的是在未来几年中，中国油气管道运输业将得到更大的发展，区域性管网将进一步完善，对环境保护和提高人民生活质量将产生更加积极的影响。

1. 陕京二线输气管道工程

（1）生态保护措施

陕京二线输气管道工程合理选线：①尽可能避开自然保护区、风景名胜区、水源保护区以及人口密集区等环境敏感地带；②线路应尽量绕开城市规划区域、多年生态经济作物区；③管道尽量减少与河流、沟渠交叉，合理选择大型河流跨越位置；④山区丘陵区选择较宽阔、纵坡较小的河谷、沟谷地段通行；⑤避开大面积的林区，尽量减少对森林植被的损坏。合理设计丘陵和山区段弃渣的渣场。主要是依据沿线地形，沿管道的施工带范围设置渣场。在丘陵和山区段不另设渣场，减少占地以减少对植被的破坏。

（2）施工期生态减缓措施

陕京二线输气管道工程经过的沙漠区段，采取边施工、边治理恢复生态的方式。可以采取设置人工沙障、工程措施固沙等；也可以采取棋盘式沙障、黏土沙障等，采取在施工带两侧至少100~150米的区域内固沙的方式；尽量规避在多风季节（3~8月）施工，减少风蚀作用；限制施工人员、车辆移动和露营地区以减少受影响区域。

陕京二线输气管道工程的黄土沟壑区段，注意施工时要尽量避开雨季，利用弃土修建堤坝和水保设施，并利用植被加固堤坝；在水土流失较为严重地段修建排水通道；在顺冲沟坡脚敷设时，要开挖管沟后先设挡墙以便支护坡体稳定，再放管回填；施工结束后恢复地貌，同时坡地上应设置水平沟植树等，要严格按照水土保持方案的要求和设计施工。

陕京二线输气管道工程天然林区林木稠密地段，尽量注意采用弹性敷设避绕，并控制施工带宽度（丘陵区 ≤ 18 米，山区 ≤ 15 米）；注意林区防火；规范施工人员的行为，禁止砍伐、破坏施工区以外的作物和植被；施工结束后，应进行生态重建，及时收集、处理施工场地及周边因施工而产生的垃圾与各种废弃物。工程所涉及的基本农田永久占地和临时占地都应逐级报批有关土地管理部门。

要注意保护区、实验区，施工要办理有关手续，并加强管理和合理设计施工方式，主动接受地方环保部门的监管。主要减缓手段如下。①向保护区管理部门进行询问，遵守保护区内施工管理规定以及行为准则。②划定并最大限度减小施工带宽，尽量做到减少影响范围。施工机械、车辆及人员走固定线路，不要随意开辟道路。③禁止猎取和诱捕野生动物。褐马鸡生活很有规律，5~6 月为孵化期，在孵化期内施工应减少放炮施工，防止惊扰褐马鸡孵卵。④按照有关管理规划和保护区管理规定，应该监督和监测保护区内实施恢复工程。

生态补偿措施：管道沿线要进行植被和生物多样性补偿，采用工程措施和生物措施，以防止水土流失。

工程治理措施：黄土地区恢复地貌和稳固新建黄土坡体，采取优先选择压柳条坝护坡的方案。

（3）运行阶段的事故防范措施

天然气管道在运行时，会存在一定的风险因素。所以，此时一定要注意：①严格控制天然气的品质，定期清理管道，排除管内的积水和污染物；②每三年进行管道壁厚的测量，对严重管壁减薄的管段，及时更换维修，避免爆管事故发生；③每半年检查一次管道安全保护系统（如截断阀、安全阀、放空系统等），使管道在超压时能够得到有效处理；④在铁路、公路、河流穿越点要设立显著标志；⑤对事故易发路段，要加大巡线频率，提升巡线的有效性，发现对管道安全有影响的行为，要及时制止、采取相应措施并向上级报告。

陕京二线输气管道工程是管道运输中非常经典的一个案例，其在建设管道过程中充分考虑到了生态保护问题，努力做到与自然和谐相处，并且运用了很多先进的技术手段，充分考虑到了当地的自然地理环境，也运用了一些生态补偿方案。在建设管道中，设计人员考虑得非常周全，对于事故的防范也做了必要的准备，是管道运输的一个典范！

2. 天然气分布式能源案例

天然气不仅环保而且高效，是未来战胜煤炭发电的重要能源之一，但天然气发电成本大概是煤炭的 2~3 倍，如何平衡天然气的应用成本是目前面临的重大考验。十大分布式天然气应用案例中所提到的"冷、热、电三联供"系统在一定程度上可以有效解决天然气发电成本高的问题。[1]

目前，分布式天然气已经广泛应用于医院、酒店、机场、学校还有各类工业园区，分布式天然气已经慢慢地走进了我们的日常生活之中，为我们日常的生活提供了极大的便利。那么，让我们一起走进成功运用分布式天然气能源的一些经典案例。

（1）最时尚——北京 APEC 场馆日出东方凯宾斯基酒店

凯宾斯基酒店是欧洲最古老的奢华酒店集团，而这所位于 APEC 场馆的日出东方店是该集团在中国区最大的一家酒店。北京日出东方凯宾斯基酒店主体建筑占地面积为 47678 平方米，建筑高 79 米，大楼共有 21 层，共拥有 306 间客房。因为特别的形体设计，建筑的最上面部分可以反射出天空的色彩，中部能够映射出燕山山脉，建筑体底部则可以折射湖水。整个玻璃外墙使用了 10000 多块玻璃，总面积达 18075 平方米。

谈起奢华，必然与巨大的能源消耗脱离不了关系。令人吃惊的是，规模如此庞大的酒店的电力大部分是来源于绿色环保的水力发电，照明系统也多是由 LED 节能灯组成。此外，日出东方凯宾斯基酒店是中国首家应用冷、热、电三联供系统的豪华酒店。

酒店地处京郊，温度常年通常比市区低 4~5℃，冷、热、电三联供系统以清洁能源天然气为主要燃料，不仅可以满足建筑用电需求，系统发电后排出的余热还可以通过回收余热利用设备向用户供热、供冷，使得燃气的热能能够被充分合理利用，综合用能效率大幅度提高，可达 90% 以上。三联供系统替代电空调制冷而节省大量电力，能够缓解夏季用电高峰时期的电网压力，

---

① 《你一定不知道的全球十大天然气分布式能源之"最"》，北极星电力网，2015 年 6 月 8 日，http://m.bjx.com.cn/mnews/20150608/627873.shtml。

也可以为酒店节省大量不必要的开支。凯宾斯基酒店应用分布式天然气创造出最时尚的酒店，成为酒店中的典范。

（2）最环保——中石油科技创新基地大数据能源中心

现在人们越来越关注互联网和信息科技公司能源消耗问题，原因主要是能源消耗在数据中心的运营成本中占相当大的比重，甚至超过50%。除此之外，数据中心面对的另外一个主要挑战是，需要全天候不停息地运行。另外，确保电源稳定性供应也是一大挑战。

所以，在这两个方面大家都很努力去想办法解决。例如，苹果公司在美国北卡罗来纳州建立了一个世界上最大规模的太阳能电池板基地，就是为了给当地的数据中心提供用电。而中国在这方面非常努力的典型就是中石油科技创新基地大数据能源中心，它是中国第一个利用分布式能源作为主电源的数据中心。

中国石油科技创新基地IDC（互联网数据中心）能源中心项目坐落于北京市昌平区，是全国第一个采用冷、热、电三联供系统功能的数据中心，总装机容量达16.5兆瓦。

冷、热、电三联供系统在解决成本和能源供应稳定性上主要有三大优势：一是能源循环使用提高效率，降低成本；二是自发自用，提升能源可靠性；三是节能减排，降低数据中心的PUE（评价数据中心能源效率的指标）。具体来说，冷、热、电三联供为中石油数据中心提供了全部电力需求，系统将发电过程中产生的余热进行回收传导至制冷设备，再为数据中心提供冷源。

（3）最有趣——上海迪士尼乐园

在2016年，充满奇幻童话梦想的上海迪士尼乐园正式开园，占地面积约为400万平方米，每天客流量达数万人次。这座让无数人充满期待的乐园是目前全球建造成本最高的主题乐园之一，但与此同时也是全球6家乐园中首个采用分布式能源技术的环保乐园，可以很好地达到节约能源的目的。

确实，对于需要满足人群吃喝玩乐、需要供应巨大能源的乐园来说，必须要建成一个高效化的能源系统——在与乐园仅一条马路之隔的地方建立了一座小能源站，这里拥有所有园区能源供应的秘密。

游乐园设施种类繁多而且复杂，使用分布式天然气怎样一起解决来自各个方面的能源需求，据《第一财经日报》报道，迪士尼在能源站铺设了蒸汽、冷气、热水和电力4个不同的管道，将发电站的一部分废热制造成蒸汽，再用在一些需要压缩空气的电动游戏中；另一部分余热则用来把水进行加热，然后输送到厨房、酒店；而室内需要的冷气，通过采用溴离子技术的中央空调对余热进行化学反应，再进行制冷。

这听起来好似简单，但是在此之前，蒸汽、冷气、热水、电力这四种能源产品需要分别建立不同的能源供给站。而分布式能源技术可以通过燃烧天然气，将产生的高热量能源转化为电能，中端能源可以转化为冷气和热水，其余的则转换成压缩空气，通过不同管道，就近提供给各类不同需求的用户，如图7-5所示。

图7-5 分布式天然气能源供给站

2011年起，中国就开始鼓励分布式能源的发展，并允许将这种方式产生的多余电力卖给国家电网。上海迪士尼乐园也在自己的能源站之外连上了上海市的公用电网。除了作为后备电源，多余电力可以以政策规定的价格进行销售。

（4）最先进——上海浦东国际机场

人流涌动的机场也是三联供系统的安身之处。上海浦东机场在1999年成功修建了一套燃气轮机冷、热、电联供系统，可以帮助能源供给，进而达到节能效果。

根据浦东机场2010年的数据统计，该系统年发电量约为1750万千瓦时，年产蒸汽量大约为4.38万吨。以此为计算，系统所发电量约占浦东机场年度总用电量的5.1%，所产蒸汽量大约占机场年度总用量的31.5%。与此同时，该系统所产生的蒸汽，夏季可供一台装机容量为1500冷吨的蒸汽溴化锂制冷机组制冷，浦东机场制冷总装机容量为43400冷吨。按此计算，系统还能够满足机场约3.5%的制冷需求。

根据《中国能源报》报道，该系统原设计为独立运行，所发电量可以满足机场能源中心自行使用。但由于非高峰时期，能源中心无法全部消耗自发电量，所以在投运之初的3年内使用量较少。为此，2002年该系统实施并网改造，随后于2003年又实施了天然气系统增压改造。此后，系统的运行小时数有所提高；但由于当时上海仍主要使用东海天然气，气量略显不足，气压难以长时间稳定在系统运行所需的压力之上，所以运行状态并不稳定。到2008年以后，西气东输工程竣工，上海使用西气之后，整个系统逐步进入正常运行的状态，图7-6展示了机场使用天然气后的外景。

图 7-6 浦东机场外景

2002 年以前，浦东机场整个系统所发电力仅供浦东机场内部电网使用，不对外供电。2002 年，经浦东机场与上海市东电力公司协商，系统所发电量并入浦东机场的一段母线，供该段母线所有用户使用。可以看出，通过使用分布式天然气不仅满足了机场的能源需求，而且多余的能源也可以造福周围的用户。

五 结语

（一）管道运输现存的问题

1. 天然气工业发展目前缺乏战略研究，没有建立起合理且系统的运价体系

我国已具备建立自成体系的可持续发展天然气市场的能源基础，天然气在一次性能源消费结构中，目前只占 2.7%，市场前景广阔，需求潜力还很大。可是，天然气工程又是一个系统工程，建设大型的天然气管网必须同时要考虑资源、气田开发和下游用户，要实现上中下游诸多环节的协调发展，必须要解决天然气能源结构、消费结构，天然气工业布局和输送方案，国内外资源的合理比例，市场价格体系以及法规等问题。同时，应从全球战略的角度看待我国天然气工业的发展，引进外国气源，保证我国经济发展能源需求。我国尚未形成一套实际反映天然气管输的运价体系，国内现行管道运价已与目前的宏观环境不相适应，具体表现在：老线价格还长期偏低，价格不能完全反映成本，成本耗费得不到合理弥补；政府计划定价难以灵活反映市场供需关系的变化；运价无法反映管输的多样性；用户价格结构不合理；国家的统一定价在各地方不能很好落实执行。

2. 成品油管道的发展严重滞后于油品运输需要

我国目前大批量成品油运输仍以铁路运输为主，管道运输仅占全部运量的 2%~3%。目前中国各炼油厂所生产的成品油成本远高于发达国家同类产品

的成本，这除了与炼油厂自身规模、工艺技术水平、管理水平有关之外，还与运输方式落后有重要关系。各炼油厂生产的成品油大部分靠铁路运输，不仅运价高，而且轻质馏分的挥发影响了成品油品质。中国加入 WTO 后逐渐开放了国内成品油的贸易和分销业务，国外大石油公司正加快进入我国油品市场，在成品油市场上竞争极为激烈。为了更好地增强市场竞争力，应尽快转变成品油运输方式的落后局面。

国外成品油管道，往往在大口径、大流量、多批次方面同时发展，并广泛应用管道优化运行软件系统。国内成品油管道在规模数量和输送油品品质上与国际差距都较大。

3. 高粘易凝原油管道输送理论不成熟、能源消耗高

我国是一个盛产高含蜡高粘易凝原油的大国，产量稳居世界第五位。同时，还有相当规模的重质稠油资源，粘稠油年产量已经超过 1×10^4 吨。关于含蜡高粘易凝原油管道输送的一些理论问题至今还不成熟，研究成果的应用方面仅局限在管线的工艺改造上，设计和运行中的大部分问题仍需要靠工作经验来解决，低温和常温输送问题目前仍处于实验研究阶段，高能耗仍未从根本上得到改善。

我国东部主力油田现已过开采高峰期，产量逐年递减，导致管输量逐年下降。为保证管道在较低运输量下输送的安全性，需要增加加热站数量，由此改善管输量不断下降、管输能耗不断增加的局面。西部和海域地区原油产量稳步上升，所产原油多为高粘易凝原油和重质稠油，渤海已探明 9×10^8 吨、塔里木探明 5×10^8 吨稠油整装油田，而且将继续加强重质稠油的勘探开发。粘稠原油的低能耗管道输送已是目前的一个重大议题，而我国输送工艺如果没有全新的重大突破的话，管输能耗将会继续不断升高。

4. 管道安全保障未形成系统有效的控制能力

油气长输管道拥有管径大、运距长、压力高和运量大的特点，上接油气田，下连城市与工矿企业，一旦系统发生事故，不但会给管道系统本身造成严重后果，而且会给社会和环境带来严重后果。

目前，我国长输管线尚未建立地理信息系统，SCADA 系统的泄漏监测功能尚待开发；对管线沿线地质灾害的实时监控、天然气微泄漏监控、管道裂纹缺陷检测技术还是空白；不具有海底管道监测、维护与修复能力；管线抗震设防方面还没有可对穿越活动断层埋地管线进行数值模拟、求出精确变形分析的软件，管线穿越大位移活动断层，尚没有具体的构造措施；管线的完整性评价与管理技术方面，国内成果还缺乏完整的体系结构以及深入系统的研究基础；适用标准和条件不统一，还没有形成一套能与国际先进标准相接轨的完整体系；对影响管道储运系统安全的主要因素理论研究、实验研究不成系统，缺乏持久性连续性的研究，还难以做到通过现代方法对管道的安全进行有效控制和预防。

5. 计量仪器仪表精度低

我国除气质分析及标准孔板流量计已形成标准以外，其余流量计的制造、方法标准，以及计量系统尚没有形成行业或国家标准。天然气大多数计量站的实际误差为 2%~3%，与国外大型计量站的准确度相比还存在大概 2 倍的误差。天然气现场流量计的实流校准和经济合理地控制现场流量测量的误差范围等还是亟待解决的问题。[①]

6. 天然气储存基础设施和能力落后

虽然，我国目前拥有天然气干线管道 21299 公里，但确保管道平稳运行、事故发生时的应急供气的能力还很弱，天然气储存基础设施和能力相对落后。目前，投入运行的储气库主要有大港油田利用枯竭凝析油藏建造的陕京管道配套的储气库，以及西气东输管道在江苏金坛利用采空的岩穴建设的地下储气库。我国在设计、建设和管理大型地下储气库方面还缺乏经验，缺少系统的研究。应追踪国外大型地下储气库新技术，结合国内储气库的库址布局地质条件和未来发展，进行系统理论研究和工程探索，保证天然气管网用气的安全。

---

① 戚爱华：《综合运输体系中管道运输的发展状况》，《综合运输》2010 年第 6 期。

7. 海底管道设计、施工、检修技术有待发展

我国目前只具备百米内水深、常规环境下的海底管线设计能力，管线施工只有两条铺管船，铺设水深百米之内。东海平湖输油管道断裂，国内用一年多时间才完成修复。深海恶劣海况与复杂海底地貌及地质条件下的管道设计与建设施工技术，深海海底管道的检测、维护、抢修技术，都需要通过适当引进关键技术与装备，国内配套开发，逐步实现国产化，满足海上油气田开发需要。

8. 输送煤浆管道有待发展

煤炭是我国一次能源主体，煤炭产量居世界第一位，据预测，2020年中国煤炭需求量将达到 20.5×10^8~29×10^8 吨。长期以来我国能源基地煤炭外运主要由铁路承担，2002年，铁路运送的煤炭达8.19亿吨，占全国煤炭总运量的75%。未来煤炭产量的快速增加将给铁路运输带来越来越大的压力，铁路煤炭运输压力在未来相当长的时间内不易缓解。

火力发电厂是我国煤炭的最大用户，今后其发电用煤量及其在煤炭消费中的比重都将持续增长和提高。我国能源基地动力煤除供坑口电厂外，主要供应京津唐、山东、华东、华南及中南各大火电基地。根据发电用煤的煤源煤流，适时发展煤浆管道，分流铁路的煤炭运输，减轻铁路运输的过大负担，是一条可以考虑的途径。

长距离高浓度煤浆输送管道国外已有成功的应用实例，管道运输的优越性已得到证实。"六五"期间国家科委曾将输煤管道列为国家重点科技攻关项目，建有先进的管道输煤试验中心，进行了系统试验，提出了煤浆管道工程设计所需的煤样物化特性、煤浆粒度级配、流变特性、淤积流速、摩擦损失、安全运行等数据。制造部门对制浆、泵送设备也进行了研制攻关，为主要设备立足国内做了准备。可以说，现在我国已具备发展高浓度煤浆管道的基本条件。

（二）我国发展管道运输的建议

1. 管道网络化程度较低，建议加快建设管道运输网络体系

我国主要原油管道分布在东部、西北和长庆油田周边地区，三个区域独

立运行，相互之间没有连接。由于我国天然气管道联络线较少，联通程度不够，可用于灵活调剂的剩余能力仅为 30 亿~120 亿立方米 / 年。天然气、成品油支线网络建设不能满足市场需求。大运量液态和气态货物的最佳运输方式是管道运输，与铁路和公路运输相比，具有显著的技术经济优势，同时在节约土地资源、减少环境污染和节约能源方面均有很大的贡献。面对未来管道运输需求快速增长的趋势，国家应从政策与审批等方面出台有利于管道建设的政策和法规，加快推进管道运输网络化体系建设。

2. 政府监管体制和法规体系不健全，建议建立管道运输法规体系

油气管道运输天然具有垄断的特点，所以，政府的监管必不可少。目前，我国对油气管道运输的监管体制及其法律法规建设相对比较滞后，与发达国家管道发展相比，在管道运营、市场准入、安全、环保及管道运输费用和服务等方面没有建立健全完善的监管制度。建议加快建立管道运输法规体系，如油气管道法等。

3. 建议统筹全国管道网络建设规划

管道运输，作为我国综合运输体系五种运输方式中的一种，长期以来并未受到应有的重视。面对未来管道运输需求快速增长的态势，管道网络建设规划应列入国家相关部门的议事日程，成为落实《综合交通网中长期发展规划》和指导未来管道建设的政策依据，促进综合运输体系不断完善。

（三）管道运输未来发展展望

1. 原油管道

原油管道总的发展方向是：以国内国外两种石油资源为基础，以炼化企业的布局及加工量为导向，进一步改造和完善现有的系统，适时新建部分原油管道；充分利用现有管道的运输能力和设施，进行必要调整改造，使其向网络化方向发展，以便多种资源可以通过管网系统连为一体，做到互相补充、灵活调度。

2. 成品油管道

发展成品油管道是今后输油管道的重点建设项目，成品油管道发展总的

趋势是：结合原油资源情况、炼油企业生产情况，铁路、公路、水路运输方式之间的经济性，根据市场需求和产运销一体化的原则，贯通炼油厂、商业油库、转运站，形成一条网络。从宏观趋势来看，在未来的几十年里，高速发展的成品油管道建设是由沿海、沿江各炼油厂向内地延伸，并逐步替代火车运输成品油。

3. 天然气管道

天然气管道总的发展方向是：利用国内国外两种资源，建设跨区域天然气管道网络系统，到 2020 年新建项目包括进口周边国家天然气资源的跨国管道、陆上管道、海底管道在内的天然气管道 2.5×10^4 公里，完善各输气管线之间联络线建设和天然气输配系统，在京津冀鲁晋、中南、长江三角洲、东北地区建设区域性地下储气库组。

随着我国经济的飞速发展，我国对能源的需求量也在不断扩大。在各种能源中，石油和天然气的需求缺口在不断变大。由于我国的石油和天然气产地和消费地的分离，我国对于油气的运输有严重的依赖。

总之，对于油气的运输，管道与其他的运输方式相比有运输量大、连续、迅速、经济、投资少、占地少、费用低，并可实现自动控制等优点，因此管道运输就成为油气的最优之选。除此之外，正是因为管道运输的上述优点，国外的煤炭等固体能源也着手管道化运输。管道作为油气运输的最佳方式，到 2016 年为止，美国的管道运输在油气运输中占到了 96% 以上。管道运输量占货运总量的 20%，而在我国这个比例仅为 1.8%，美国目前仍然在普及油气的管道运输。我国原油的 89%、成品油的 13% 使用管道运输，可以看出，管道运输利用率明显偏低。而我国传统意义上的油气运输主要方式也还是依赖铁路和公路，现在看来，使用铁路和公路运输油气无论是从运输成本上还是从安全性上考虑都不是最优之选。

我国石油供给主要来源于中东和非洲大陆，而马六甲海峡是我国石油海上运输的必经之路，大约 80% 的石油运输经过此处。但是马六甲海峡又是一个不安全的地方，海盗活动猖獗，石油运输风险极大，而美国又希望进一步控制马六甲海峡。我们试想如果美国一旦控制了马六甲海峡，就等于掐住了我们的脖子，这样我们的命运就掌握在别人的手里，处处受制于人。因此，我们不能过于依赖马六甲海峡和局势动荡的中东，我们要靠石油运输多元化来降低运输风险。

众所周知，依照概率，一条石油运输线发生风险的概率是1/2。如果有两条运输线，那么风险就迅速降低为1/4。如果我们能建成如下的能源线路，那么我国的石油供给风险就能降为1/32。在北方，建成俄罗斯至中国的运输管道，将俄方丰富的能源运往中国；在西部，建成中亚至中国的运输管道。俄罗斯和中亚各国都拥有大量的石油和天然气资源，特别是里海地区是继中东之后的第二大石油储藏地，而且这些国家都与我国陆路相接，这两条线路建成后，将使我国供油线路更加安全可靠，为我国提供两个相对稳定的陆路能源供应选择。在西南，建成缅甸至昆明的运输管道，将来自中东和非洲的石油一部分从缅甸运往昆明，另一部分经由马六甲海峡运往华南和华东地区。这样，非洲和中东的石油进入我国西南内陆省区市可缩短运距3000~5000公里，运输费用和时间也能大大节省。最为关键的是这样可降低对马六甲海峡的依赖，可打破霸权主义的海上封锁，保证国家的战略安全。这样布局，不仅能够大大缓解我国能源供给紧张的局面，也可大大降低我国运输石油的风险，同时节约运输成本。

随着我国对能源需求的不断增加，我国的管道运输建设符合国家的战略利益，具有广阔的发展前景。虽然管道运输在我国起步较晚，但管道运输由于其环保、无污染、占地面积相对较小等优势，非常符合十九大提出的绿色、协调、可持续的理念，应该鼓励其大力发展。因此，政府应加大投资力度，进行可行性研究，大力发展我国的管道运输事业，以此来满足国民经济持续健康发展的需要。

第八章　中国高速铁路

一　漫漫长路——由观望到现实

> 铁路的作用，并不是把运动、运输或道路引入人类社会，而是加速并扩大人们过去的功能，创造新型的城市、新型的工作和新型的闲暇。铁路无论是在热带还是在北方寒冷的环境中运转，都发生了这样的变化。
>
> ——马歇尔·麦克卢汉

（一）历史的见证者们

什么是高速铁路？国际铁路联盟（UIC）规定，列车开行时速在250公里以上的新建铁路线，以及经改造后时速达到200公里的既有铁路线路，可视为高速铁路。中国国家铁路局则定义为列车开行时速在250公里以上的新建铁路线，以及初期运营速度不小于每小时200公里的铁路客运专线。可见，较高的运行速度是高速铁路有别于普通铁路最显著、最基本的特征。

1964年10月1日，在东京奥运会开幕前夕，连接东京和大阪的东海道新干线建成运营，列车平均运行时速210公里，是世界上第一条投入运营的商业性高速铁路。自此，一度被人们认为是"夕阳产业"的铁路重新焕发了

图 8-1 邓小平乘坐新干线

注：当被问到乘坐新干线的想法时，邓小平同志表示，"就感觉到快，有催人跑的意思，我们现在正合适坐这样的车"。

生机，并显示出强大生命力，这被称为"铁路发展的第二个时代"。

1978 年 10 月 22 日，中共中央副主席、国务院副总理邓小平一行抵达日本东京，应日本政府邀请，将对日本进行为期 8 天的访问。10 月 26 日，邓小平乘坐新干线列车"光"号前往京都（见图 8-1）。随着小平同志乘坐新干线的画面在中国的电视节目里播出，新干线开始为中国人所熟知。

1983 年 9 月，法国巴黎至里昂的高速铁路 TGV 东南线全线建成通车，列车最高运行时速达 270 公里。1994 年，欧洲之星高速列车穿越英吉利海底隧道，把伦敦、巴黎和布鲁塞尔三个首都城市连接起来。那时，中国列车最高时速只有 80 公里，一般时速还停留在 60 公里的水平上。

当高速铁路推动铁路在工业发达国家走向复兴之际，关于高速铁路的构想也在中国浮出水面。1990 年，当时的铁道部提交了《京沪高速铁路线路方案构想报告》，这是正式提出建设高速铁路的文件。20 世纪 90 年代以来，中国开展了一系列有关高速铁路的科学研究以及技术攻关，包括高速铁路勘察设计、土木建筑、机车车辆、运营管理、通信信号等。经国务院批准，1991 年广深准高速铁路立项，同年 12 月改造工程开始动工。

1994 年，国务院批准展开京沪高速铁路线路预可行性研究。12 月，经改造后的广深铁路开行中国首列准高速旅客列车，成为中国第一条旅客列车时速达 160 公里的铁路。1997 年 4 月 1 日，中国第一次铁路大提速，提升干线列车，最高运行时速达到 140 公里和 160 公里，这次铁路运输的大变革开启

中国磁悬浮列车的发展

1998 年，中科院何祚庥、徐冠华和严陆光三位院士提出京沪高铁应该建设时速 500 公里的磁悬浮线路。以沈志云为代表的轮轨派则认为磁悬浮造价过高、技术不成熟。尽管最后京沪高铁采用轮轨，但磁悬浮技术仍然得到了广泛应用。

2002 年 12 月 31 日，上海磁悬浮列车开通。该线西起地铁二号线龙阳路站，东至浦东机场航站楼，全长约 30 公里。2008 年后，中国的中低速磁悬浮研发与推广得到快速发展。

中国长沙磁浮快线设计时速为 100 公里，2016 年 5 月 6 日正式通车试运营，截至 2016 年 11 月已累计开行 17592 列次，总运营里程为 340956 公里，日均运营里程为 1615.9 公里，累计运送客流达 142.6 万人次，日均客流达 7312 人次。

了中国铁路大发展的新时代。1998 年，中国完成铁路第二次大提速，广深快速列车最高时速达 160 公里，非提速区段快速列车最高时速达 120 公里，提升了普通铁路的水平。2000 年 10 月 21 日零时第三次大面积提速，提速线接近一万公里，平均时速为 60.3 公里。列车七个等级调整为三个，扩大了中高级普铁的范围。2001 年 10 月 21 日零时，中国铁路迎来第四次大面积提速，提速线增加 3000 公里。

2003 年 10 月 12 日，秦沈客运专线的开通标志着我国正式开始了高速铁路客运运营，秦沈客专是中国自主研发设计、施工建设的目标运行速度 200 公里 / 小时、基础设施预留 250 公里 / 小时的满足高速列车条件的首条铁路客运专线，从此我国进入高速铁路时代。秦沈铁路客运专线建成的同时，京沪高铁线路勘察也取得突破性进展。

铁路规划方面，在 2004 年 1 月，国务院批准通过了《中长期铁路网规划》，这是中国首个通过的铁路行业规划，构建了 2004~2020 年铁路建设规划的蓝图，促使青藏铁路提前一年建成通车，也使大秦铁路突破世界重载运量极限，进一步推动京津城际铁路开通运营，开辟中国高速铁路的新纪元。这份纲领性文件指导了 2004 年 4 月 18 日我国铁路第五次大面积提速，提速线规模达到 3500 公里，增开 19 对最高时速 160 公里的直达特快列车，几大干线的部分地段线路基础达到时速 200 公里的要求即升级为中级快速铁路，货车系统也进行了一系列改革。同时，高速铁路的建设也全面展开。

2005 年 6 月 23 日，武汉至广州高速铁路开工兴建，全长 1069 公里，设计时速为 350 公里。

2005 年 7 月 4 日，北京至天津城际铁路投入建设，全长 120 公里，设计时速为 350 公里。

2005 年 9 月 25 日，郑州至西安高速铁路开工建设，全长 505 公里，设计时速为 350 公里。

2007 年，中国铁路营业里程达到 7.8 万公里，完成旅客发送量 13.6 亿人次，完成货物发送量 31.2 亿吨，完成总换算周转量 31010 亿吨公里。取得巨大成就的中国铁路仍然未能满足经济社会快速发展的需要。经济社会的转型，带来劳动力由经济欠发达地区向经济发达地区的大规模流动，春节回家团聚的文化传统促使这些人口集中在春节前后展开迁移。在几十亿人次的人口流动中，交通运输，尤其是铁路运输，也承受着巨大的压力。

2007 年 4 月 18 日，全国铁路实施第六次大提速和新的列车运行图，复杂繁忙干线提速区段的动车组达到时速 200~250 公里、5 分钟的追踪间隔，普通客车达到时速 160 公里、6 分钟的追踪间隔，货物列车达到 5000 吨等级、7 分钟间隔。

2008 年春运，中国铁路客运量达到破纪录的 1.96 亿人次。然而，就在

2008 年春节临近之际，南方突如其来的冰雪巨灾阻挡了许多人返乡的脚步。铁路运输再一次被推至风口浪尖。破解困局的唯一办法就是加快推进中国铁路现代化，推进铁路技术装备现代化，其中便包括发展高速铁路。2008 年 8 月，就在北京奥运会开幕前夕，京津城际铁路开通运营，中国实现了高速铁路的零突破。随后，武广、郑西、沪宁、沪杭、京沪等高铁相继建成运营，中国步入高铁时代。

中国高铁从无到有，从追赶到超越，再到完全自主创新，从东部走向西部，从"四纵四横"到"八纵八横"，从国内走向海外，中国高铁的大发展开启了人类交通史的新纪元。截至 2015 年末，全国高速铁路里程达 1.9 万公里，占世界高铁总里程的 60% 以上，居世界第一，铁路快速客运网基本覆盖我国 50 万以上人口城市。截至 2016 年末，全国高速铁路里程达到 2.2 万公里，沪昆高铁、云桂高铁、渝万高铁投入运营，中西部铁路营业里程扩充至 9.5 万公里，占比达到 76.6%。从冷温带到热带，从零下 40 摄氏度到 40 摄氏度，从沿海到内陆，从高纬度严寒地区到海拔 3000 米以上的高原地区，一系列的高速铁路出现在中国广袤的版图上。

（二）中国发展高速铁路的背景

与发达国家相比，中国高速铁路的规划和建设虽然起步较晚，但是发展非常迅速。同时，中国品牌的高速列车 CRH 出现，形成一批快速客运通道，快速铁路进一步大发展。开通运行了"和谐号"动车组，2008 年 2 月 26 日原铁道部和科技部计划共同研发运营时速 380 公里的高速列车。2008 年 8 月 1 日，京津城际高速铁路通车运行，这是中国首条具有完全自主知识产权，且达到世界一流水平的高速铁路。我国高速铁路经过近二十年的筹备和近十年的建设与运营，已经拥有全世界最大规模的高速铁路网，其投资规模与发展速度举世瞩目。

在现实中，高速铁路不仅满足了人们对于出行速度的需求，而且在宏观上也起到了分担客运需求、保证经济平稳发展、促进区域交流等作用。

1. 中国建设高速铁路满足了客运需求

长期以来，中国铁路发展滞后，运输能力不能满足国民经济发展要求，特别是在客运高峰期的春运、暑运、"十一"等特殊时期，客运能力极度紧张。在京沪、京广、京哈、陇海以及沪昆等客货运输最繁忙、客货运输潜力较大的交通走廊内进行高速铁路建设、实现客货分线运输具有较强的现实意义，能够有效地联通全国重要经济区或中心城市。中国正处在可持续发展的关键阶段，科学技术不断创新，人民消费水平不断提高，对出行质量提出更高要求，亟须发展建设新式客运交通以便延伸客运空间满足客运潜在需求、提高客运服务质量，实现客货运输能力的显著增加。中国国土辽阔，人口基数大，有足够的客运需求能够为高速铁路建设的发展提供足够的空间，因此高速铁路建设迎来较快的发展。

2. 高速铁路是经济稳步发展的需要

2009年后，中国高速铁路迎来快速扩大发展的阶段，部分原因是2008年美国次贷危机引发的全球金融危机发生后，党中央及国务院审时度势，做出了扩大内需、调整经济发展结构的战略决策。当时高速铁路建设等铁路基础设施建设对扩大内需具有关键作用。

近年来，中国经济发展进入新常态，面临经济转型升级，结构不断优化，中国的工业化、城市化、地区和城乡协调发展进程加快。对高铁站点所在城市而言，高铁起到提升城市能级与重塑城市经济增长极的作用。自高铁站点建设至高铁线路投入运营，整个过程伴随着地区资源要素、人流、物流、信息流、商业流的流通与交互作用，由此节约成本费用并促进经济效益增加，高速铁路站点与周边城市群形成高铁经济圈。高速铁路作为交通方式引入区域经济中，其本质是可达性的上升、旅行时间的节约产生的时间价值。[1] 运输时间下降带来的成本节约将加速区域各要素资源流动，释放客运货运能力，提升运输效率，使城市群之间经济联系更加紧密，推动产业集聚与产业转

---

[1] Cao J. et al., "Accessibility Impacts of China's High-Speed Rail Network," *Journal of Transport Geography*, 2013, 28, pp. 12-21.

移。①② 例如"高铁游"的兴起，促进旅游资源在高铁网络上的共享，带来经济效益。③④ 从经济发展的角度考察，高铁不仅作为一项投资直接带动了区域经济增长，而且通过实现区域之间的互联互通间接促进了区域经济的发展。

3. 高速铁路是国家政策的辅助工具

中国高铁在西部大开发、"一带一路"、城市化等政策中扮演了重要角色。中国东西部经济发展不平衡、交通不够顺畅是制约西部地区经济发展的主要短板之一，区位之间交通发展滞后，使中西部地区的广大市场更加封闭，我国开通了几条连接东部和中西部地区的高铁线，高铁对于优化我国东中西部经济发展空间格局、促进区域经济协调发展的作用巨大。高铁的开通，增进了各地交流，使相对封闭的市场融合在一起，有效地发挥市场机制，进一步优化中西部地区产业结构，加速缩小与东部地区的差距。在"一带一路"倡议中，其中一项重要的内容就是抓住交通基础设施的关键通道和重点工程，优先打通缺失路段、畅通瓶颈路段，配套完善道路安全防护设施和交通管理设施设备，提升道路通达水平。加快交通运输通道的建设和完善，尤其是改善具有区域聚集、扩散和溢出效应的铁路运输通道，也就成了当前"一带一路"沿线国家的广泛共识。具有明显物流成本优势的现代化交通运输工具——高铁成为打通"一带一路"互联互通的重要选择。通过推行高铁"走出去"战略打开国际市场带动国内相关产业升级和区域格局优化，战略意义重大。⑤⑥ 在城市化方面，尽管高铁站区开发、高铁新城建设暴露了一些问题，

① 林晓言、石中和、罗燊等：《高速铁路对城市人才吸引力的影响分析》，《北京交通大学学报》（社会科学版）2015 年第 3 期。
② 胡煜、李红昌：《交通枢纽等级的测度及其空间溢出效应——基于中国城市面板数据的空间计量分析》，《中国工业经济》2015 年第 5 期。
③ 汪德根：《旅游地国内客源市场空间结构的高铁效应》，《地理科学》2013 年第 7 期。
④ 蒋海兵、刘建国、蒋金亮：《高速铁路影响下的全国旅游景点可达性研究》，《旅游学刊》2014 年第 7 期。
⑤ 郑凯锋、邵海涛、郝佳佳：《中国高铁走出去的积极意义和应对措施——"中国高铁走出去战略高峰论坛"嘉宾发言综述》，《西南交通大学学报》2014 年第 1 期。
⑥ 张晓通、陈佳怡：《中国高铁"走出去"：成绩、问题与对策》，《国际经济合作》2014 年第 11 期。

但依然作为城市发展的新增长点受到推崇。

4. 中国高速铁路是地区交流的需求

高速铁路是交通方式的进步，改变了现有的社会知识文化格局，提升了社会知识文化的发展程度，增进了社会知识文化传播的深度和广度。交通本身是社会的一部分，是社会知识文化的体现。交通品级不同，社会知识文化的发展程度也不同；交通的类型不同，社会知识文化传播的深度和广度也不相同。高铁将人们的接触和联系变得更加快捷和频繁，[1][2] 人们对社会知识文化有了更多的认识和理解，促使人的思想、观念、技术发生根本性的改变。这种不同知识文化之间的学习与交流，往往导致了社会知识文化内部结构的改变，更有助于大众素质的普遍提高，并进一步反作用于社会，有利于新知识新文化的再造和精神文化差距的缩小。

5. 中国高速铁路带来了交通网络的变化

综上所述，高铁作为交通基础设施，加快了人与物的位移，影响了劳动力、资本、信息、技术等要素的流动时间与频次，引起地区之间可达性以及时间、空间距离等区位条件的变化，并间接影响个体消费者、生产者的区位选择偏好，进而带来整个地区人口、就业、产业发展、土地利用、城镇体系、文化发展等区域要素和空间结构的改变，最终影响整个交通网络的时空布局。

二 大国技术——高速铁路的创新历程

> 高速铁路是铁路现代化和陆路交通现代化的重要标志，你建成高速铁路，也就体现了一个国家的实力，包括他的科技实力。
>
> ——中国工程院院士、中国高速铁路总工程师 何华武

---

[1] 王雨飞、倪鹏飞:《高速铁路影响下的经济增长溢出与区域空间优化》,《中国工业经济》2016 年第 2 期。

[2] 张克中、陶东杰:《交通基础设施的经济分布效应——来自高铁开通的证据》,《经济学动态》2016 年第 6 期。

　　高速铁路复杂的技术系统和高昂的建设成本，是对一个国家的科技实力和经济实力的严峻考验。国内的技术公司已同国际上知名的德国西门子（Siemens）、法国阿尔斯通（Alstom）、日本川崎重工（Kawasaki Heavy Industries）和加拿大庞巴迪（Bombardier）等集团建立合作伙伴关系。

　　在我国高速铁路建设运行初创阶段，我国的高速铁路建设对于国计民生的重要意义是在世界范围内证明了我国能自主研发及建设高速铁路的技术管理能力，并通过高速铁路建设的技术研发带动相关产学研系统化发展，通过技术研发带动国内技术创新发展。[①] 外企市场份额从 70% 下降到仅有15%~20%。针对我国的地质及气候条件，攻克了沉降变形控制难题，掌握复杂地质条件下地基路基技术，常用跨度简支箱梁的制造、运输、架设成套技术，复杂桥梁建设技术。我国铁路科研人员系统掌握时速 250 公里的CTCS-2 级列车运行控制技术，具有世界一流水平的 CTCS-3 级列车运行控制系统。

　　2004 年，我国引进时速 200 公里的高速列车技术，并在此基础上设计制造了"中华之星"高速列车，而其以每小时 250 公里的试验速度迈出了中国高速铁路建设的重要一步。尽管在试运营中出现了一些问题最终没有投入使用，但对我国的高速铁路建设具有重要意义。2006 年 7 月 31 日，首列国产时速 200 公里的动车组成功下线，并开始批量生产。

　　　　动车组就是含有若干动力车辆的一组车辆。与传统机车牵引方式不同，动车组把动力装置分散安装在车厢上，然后再把几节带有牵引动力的车厢和几节不带动力的车厢编成一组。在不同类型的轨道上，动车组具有不同的速度级别。它既用于城市轻轨和城际快线，也是高速铁路的主力车型。中国的快速铁路和高速铁路全部采用动车组。这是时速达到和超过 200 公里的轨道移动运载设备。

———————————

　　① 王顺洪：《中国高速铁路发展及其经济影响分析》，《西南交通大学学报》（社会科学版）2010 年第 5 期。

在国内相关的技术攻坚较为成熟后，我国的高速铁路建设迎来了快速发展的阶段。2008 年 6 月 24 日，国产"和谐号"动车组在京津城际铁路运行试验中创造出 394.3 公里的新时速。2008 年 8 月我国第一条具有自主知识产权的京津城际高速铁路正式运营，时速达 350 公里，标志着我国已完全掌握运行时速在 300 公里以上的高速铁路核心技术。2010 年，时速 380 公里的CRH380A 下线，标志着中国在高铁技术领域足以能够领跑世界。2009 年 12 月 26 日，京广高铁武广段开通运行，这是世界上建成里程最长、工程类型最复杂的高速铁路，其运行时速达到 350 公里。2010 年 2 月 6 日，世界上第一条修建在湿陷性黄土地区的高速铁路——郑西高铁开通运营，连接了中国中部和西部。2011 年 6 月 30 日，北京至上海的京沪高速铁路全线通车。京沪高铁全长 1318 公里，相继跨越了海河、黄河、淮河和长江四大水系。京沪高铁建立起了中国高铁技术体系，形成了设计、制造、施工、验收、运营等一整套标准，其成果推广运用于石武、沪昆、合福、宁杭等高铁建设，成为中国高速铁路技术创新的样板工程。2012 年 12 月 1 日，世界上首条地处高寒地区的哈大高铁线路通车运营，冬季时速达 200 公里，连接我国东北三省主要城市。

在技术方面经过十多年坚持不懈的努力，我国铁路通过技术创新，在高速铁路的工务工程、高速列车、通信信号、牵引供电、运营管理、安全监控、系统集成等技术领域，取得了一系列重大成果，形成了具有中国特色的高铁技术体系，总体技术水平进入世界先进行列。中国的高铁汇聚了各大科研院所、知名学府的精英，形成了最具活力的科研团队；高速列车大系统耦合动力学等基础理论的建立和科学验证，为高速铁路的科学发展奠定了坚实的理论基础；2015 年 10 月 22 日，中国中车与上海先进半导体制造有限公司成功研制出 6500 伏机车用绝缘栅双极型晶体管（IGBT），实现"高铁之心"国产化。[1]

目前中国的高铁已经拥有了技术成熟、产品多元化、质量稳定、运营里

[1] 刘锟：《做"高铁之心"》，环球网财经频道，2015 年 12 月 7 日，http://finance.huanqiu.com/roll/2015-12/8115458.html。

中国高速铁路的世界之最

世界上运营列车运行试验速度最高的高速铁路：北京至上海的京沪高速铁路。2011 年 6 月 30 日投入运营，全长 1318 公里，曾经创造了时速 486.1 公里的纪录。京沪高铁也是当时一次性建成里程最长的高速铁路。

世界上第一条高寒季节性冻土的高速铁路：哈尔滨至大连的哈大高速铁路。2012 年 12 月 1 日投入运营，全长 921 公里。

迄今全球运营里程最长的高速铁路：北京至广州的京广高速铁路。2012 年 12 月 26 日投入运营，全长 2298 公里。

目前世界上一次性建成里程最长的高速铁路：兰州至乌鲁木齐的兰新高速铁路。2014 年 12 月 26 日投入运营，全长 1776 公里。

全球第一条环岛高铁：海南环岛高速铁路。2015 年 12 月 30 日投入运营，全长 653 公里。

程长等综合优势，能够提供从技术标准、勘察设计、工程施工、通信信号系统、装备制造，到物资供应、运营管理和维护、人才培训的一体化服务。在技术上，针对复杂地质与气候难题，我国高铁自主设计耐高温、高湿动车组，高寒动车组，防风沙动车组，具备了在不同地质条件、不同气候环境下建设和运营高铁的成熟经验。我国高铁融合了世界先进技术，并通过技术再创新，打造出拥有自主知识产权的高端产品。此外，中国在基础建设、工程管理、建设速度等方面也有着较强的优势。中国高铁通过创新施工组织动态管理模式提高施工效率，确保合理工期和工程质量。伴随中国高铁迅速发展，我国高铁品牌在世界范围内的影响力越来越广泛，相关的技术设备的影响力也越

中国高铁"复兴号"

"复兴号"中国标准动车组的亮点是它的互联互通性能。互联互通，就是要把两个不同生产厂家，按不同技术规范和图纸生产的动车组，进行重联运行，并且能够进行完全一致的控制操作，如能够控制同时开关门、控制空调等等。此外，中国标准动车组还统一了零部件标准，使零部件可以互换，能够节省大量的费用。能够支撑中国轨道交通装备向高端化、智能化、多元化方向发展的核心推动力，是中国近年来掌握了最前沿、最核心的技术——绝缘栅双极型晶体管（IGBT）。

相对于过去的动车，"复兴号"有如下先进之处：①安全保障技术更先进，"复兴号"中国标准动车组设有智能化感知系统，并建有强大的安全监测系统；②乘坐体验更良好，不但能充电而且有WiFi；③感知系统更智能化，出现异常自动限速或停车；④车体设计更加先进，"复兴号"的车体低阻力流线型、平顺化设计，不仅能耗大大降低，而且车内噪声明显下降。

来越大，高铁技术的发展进步不仅促进经济社会的大发展，而且在维护国家安全方面提供重要支持。

三 厚积薄发——中国高速铁路的建设

2008年10月31日，经国家批准，《中长期铁路网规划（2008年调整）》正式颁布实施。新规划进一步扩大路网规模，完善布局结构，提高运输质量，提出快速扩充运输能力、迅速提高装备水平的要求。根据我国综合交通体系建设的需要，"四纵四横"成为我国高速铁路发展的重点，逐步构建快速客运网的主要骨架，形成快速、便捷、大能力的铁路客运通道，逐步实现客货分线运输。[①] 我国高速铁路的建设不单单改善了交通能力，更与经济社会的发展密切相关。如今，"高铁新城"拔地而起，高铁"走出去"使高铁成为中国名片，[②]"高铁经济"已成为国家推动产业转型升级与新型城镇化进程的有力支撑和引领。[③]

（一）高铁带领下的中国速度

继"十二五"规划提出建成"四纵四横"客运专线后，2016 年 6 月 29 日国务院常务会议原则上通过了《中长期铁路网规划》，中国将打造以沿海、京沪等"八纵"通道和陆桥、沿江等"八横"通道为主干，以城际铁路为补充的高速铁路网。7 月 22 日，国家发改委官网发布《发挥高铁经济的支撑引领作用》一文，通过高速铁路建设，进一步改善交通运输条件，推动区域国土开发向纵深拓展；同时通过加强区际、城际高铁通道建设，连接全国主要经济中心，吸引沿线客货流、资金流、信息流集聚，形成带状地域经济通道，培育国土开发新轴线。

2008~2015 年高铁营业里程及占比、客运量及占比如图 8-2、图 8-3 所示。

高速铁路的首要作用就是缩短了时空距离，使人们异地工作、异地消费、异地置业等成为可能。此外，高铁还拉近了地区之间、城市之间和城乡之间的距离，给人们的日常文化、观念、习俗等方面带来变化，也同样提高了人们的生活质量。除东、中部高铁外，兰新等西部地区高铁的陆续建成通车，不仅使当地内部交流更加频繁，而且推动了东西部地区的进一步沟通，对于

---

① 张璐晶：《高铁成长记》，《中国经济周刊》2011 年第 Z1 期。
② 《把高铁打造成真正的"中国名片"》，求是经济频道，2015 年 2 月 3 日，http://www.qstheory.cn/economy/2015-02/03/c_1114238782.htm。
③ 《发挥高铁经济的支撑引领作用》，新华网，2016 年 7 月 26 日，http://news.xinhuanet.com/politics/2016-07/26/c_129179187.htm。

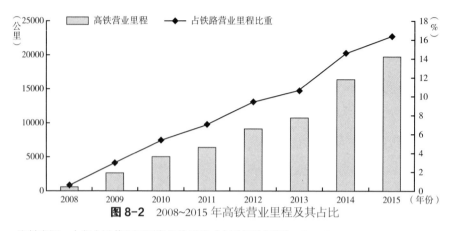

图 8-2 2008~2015 年高铁营业里程及其占比

资料来源：中华人民共和国国家统计局编《中国统计年鉴》，http://www.stats.gov.cn/tjsj/ndsj/。

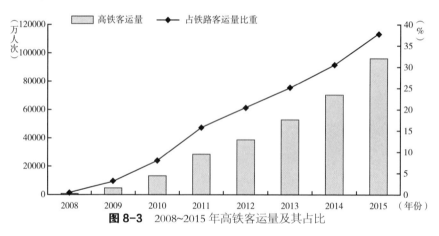

图 8-3 2008~2015 年高铁客运量及其占比

资料来源：中华人民共和国国家统计局编《中国统计年鉴》，http://www.stats.gov.cn/tjsj/ndsj/。

各地区发挥比较优势、促进区域经济协调发展、提高当地群众生活水平都具有重要意义。西部高铁也是我国"一带一路"倡议的重要组成部分，是我国实施西部大开发战略和全面建成小康社会的基本保障。

高铁的开通影响了旅客出行的方式，调整了运输结构，其对汽车业和航空业冲击最为明显。目前随着汽车数量的不断增加，交通拥堵、空气污染等问题也越来越突出。而高铁的发展，极大地缩小了城市、城镇、乡村之间的距离，促使更多的人放弃飞机而改坐高铁。然而，2011 年 7 月 23 日，甬温线永嘉站至温州南站间，由北京南至福州的 D301 次列车与杭州至福州南的 D3115 次列车发生追尾事故。"7·23"事件给发展中的中国高铁蒙上了一层阴影，人们也对高铁产生了质疑，批评之声不绝于耳。为此，我国政府对高铁的发展做出一系列调整和安排：开展高铁安全检查，并适当降低我国高速铁路运行速度，临时暂停审批新的高铁项目，对已经批准但尚未开工的铁路建设项目重新进行安全评估。不过，随着人们对高铁了解的不断深入，对高铁的态度逐渐由观望变为欢迎，再加上高铁具有速度快、舒适度高等特点，越来越多的人在出行中首选高铁。如今，高铁发送旅客数量不断攀升，甚至像普速列车那样一票难求。

> 在商业速度方面，高速铁路的高速度、高密度、大载客量，这些指标体现了高速铁路的水平，我们旅客列车的平均速度是最高的。
>
> ——中国工程院院士、中国高速铁路总工程师 何华武

由高铁开通前后的旅行时间变化来看，北京—天津火车行程由原来的 1.5~2 个小时缩短至 30 分钟，武汉—广州由原来的 11 个小时缩短至 3 个小时，石家庄—太原、郑州—西安分别由原来的 6 个多小时缩短至 2 个小时以内，福州—厦门由原来的 11 个小时缩短至 90 分钟，上海—南京最快 73 分钟即可到达，上海—杭州最快 45 分钟即可到达。合肥市距上海市 457 公里，距杭州市 405 公里，距南京市 156 公里，乘坐普通列车单程分别需要 6~10 个小时，5~7 个小时，3~4 个小时。由于缺乏大运量、高速度、高效率的铁路运输纽带，一方面合肥自身发展相对落后、人口流出大于流入，另一方面合肥周边大城市超负荷承载。合宁、合武高速铁路开通后，合肥到南京的运行时间缩短为 1 个小时，到上海仅需 3 个小时，与沪宁杭等长三角主要城市间形成了"1~3 小时交通圈"。

我国高铁城市形成了五大高铁经济区[①]，即高速铁路引导下以北京、上

---

① 于涛、陈昭、朱鹏宇：《高铁驱动中国城市郊区化的特征与机制研究——以京沪高铁为例》，《地理科学》2012 年第 9 期。

海、广州、武汉、重庆为核心的经济圈。北京高铁经济区内，京津冀和济南都市圈联合形成以北京为中心的"华北城市集聚区"，哈大线则集中了蒙东、哈大长、长吉图的几个城市形成以沈阳为中心的"东北城市集聚区"，具有明显的线性特征。合肥—武汉的高铁穿越大别山（黄冈市麻城）延伸至宜昌，影响区内集中了中原城市群诸多城市。例如，郑州—武汉沿线的京广铁路城市集聚区原为南北向，具有线状集聚特征，高铁开通后，则形成了组团式的、以武汉为中心的"长江中游城市集聚区"。依托发达的综合交通网络，上海和广州高铁经济区成为城市集聚程度最高的两大都市连绵区。其中，海西经济区通达广州的时间由5~6个小时压缩至2~3个小时，而南北钦防通达广州的时间由3~5个小时压缩至2~3个小时，"泛珠三角城市群"廊道效应凸显。①

（二）东中部高铁经济进一步发展

1. 武九高铁融入高铁网

2017年9月21日，武汉—九江高铁开通。南昌首次开行经武九高铁运行直通兰州的高铁动车，铁路最快运行时间从原来的22.5个小时压缩至10个小时，缩短一半以上，还实现了与宝鸡、天水等城市的高铁直达。厦门首次开行经武九高铁去往郑州方向的高铁动车，最快铁路运行时间由近22个小时压缩至11个小时以内。通过武九高铁，南昌开行去往成都方向动车1列，福州开行去往西安、成都、重庆方向动车3列，厦门开行去往重庆方向动车2列，进一步便利沿线群众出行，为促进区域经济社会发展和民生改善提供运输服务保障。

此外，随着武九高铁的开通，日趋"公交化"运行的动车，将进一步深化赣鄂省际城市合作交流，尤其是对于老区加快脱贫致富，实现与发达地区经济、社会、生活上的"互通有无"有着重要作用。九江计划投资超100亿

---

① 陆军、宋吉涛、梁宇生等：《基于二维时空地图的中国高铁经济区格局模拟》，《地理学报》2013年第2期。

元，打造城市综合体，建设总占地面积28平方公里的高铁新区。瑞昌市剪纸、竹编等国家级非物质文化遗产，也将加快"走出去"的步伐，成为文化交流的亮丽"名片"。

武九高铁上往来驰骋的高铁动车，串起滕王阁、庐山、西塞山、黄鹤楼等沿线优质旅游资源，使"小景点"汇集成"大景区"。南昌、九江、黄石、武汉等城市旅游景点，成为江西和湖北两省共享的"后花园"，促进"周边游""一日游""乡村游"等旅游经济发展，进一步拓展旅游市场的空间格局。

2. 沿江高铁带动长江经济带构建

上海至成都沿江高铁已经正式提上日程。加快长江经济带建设的一大方向是快速的交通通道。其中，沿江高铁将是一大重点。沪蓉沿江高速铁路，又名"沪汉蓉高速铁路""沿江高铁"，成都—重庆—武汉—合肥—南京—上海沿江高铁通道是国家《中长期铁路网规划》"八纵八横"高速铁路主通道之一。

目前横贯东西的铁路大动脉——沪汉蓉铁路，主要由成渝客专、渝利铁路、宜万铁路、汉宜铁路、合武铁路、合宁铁路、沪宁高铁组成。由于各段地形因素，修建标准不统一，一列火车从上海到成都无法保持高速行驶，全程需要16个小时。按照规划，新的沿江高铁起于上海，经南京、合肥、武汉、重庆等城市，终点在成都，串联起长江沿线的22个城市，全程采用时速350公里的标准修建，在中段与郑万铁路相连。若按时速350公里的标准修建，从上海到成都，跑完全程的时间有望缩短到9个小时左右，武汉到成都也将从现在的9个小时缩短到6个小时以内。

长江中上游产业布局和调整吸引了珠三角、长三角大量企业转移落地，比如装备制造、电子信息、高新技术等发展良好。对区域经济发展来说，沿江高铁串联起东中西三大板块以及长三角、长江中游和成渝三大城市群之间的互动，促进各种生产要素在长江经济带范围内的梯度合理分配和布局。

（三）西部地区高铁网络逐渐成形

1. 兰州高铁的枢纽性质体现

宝兰（宝鸡至兰州）高铁于 2017 年 7 月 9 日开通运营，将兰州与华东地区紧密相连。宝鸡至兰州高速铁路，是国家《中长期铁路网规划》中"四纵四横"高速铁路网中徐兰高铁的重要组成部分。宝兰高铁建成后，徐兰高铁全线贯通，连接已开通的兰新高铁，打通中国高铁横贯东西的"最后一公里"，西北地区高铁全面纳入全国高铁网。

兰渝（兰州至重庆）铁路于 2017 年 9 月 29 日全线建成通车，成为西北、西南地区之间最便捷的快速铁路通道。同时，兰渝铁路还是"渝新欧"国际铁路、中新互联互通南向通道的重要组成部分，发挥"一带一路"建设重要的枢纽作用。中兰（中卫至兰州）高铁已于 2017 年 6 月 19 日开工建设，预计 2022 年建成通车。

2. 广西高铁经济圈效益凸显

南宁铁路局已开通运营南广铁路和柳南、南昆客专等 7 条高铁，与既有焦柳、湘桂等 7 条普铁形成互补联动，基本形成了北通、南达、东进、西联的现代化路网格局。目前，南宁铁路局动车组列车通达广西区内 12 个地级市、全国 15 个省会城市，特别是广西主要城市间和往广州、贵阳方向，基本实现了动车公交化。

广西铁路还新建了南宁东、梧州南、钦州东等 28 个高铁车站，并建成投产南宁、桂林两个动车所，列车运行时速最快达到 250 公里。自此，广西形成了以南宁为中心的"12310"高铁经济圈[①]，壮乡人民终于甩掉"路网末梢"的帽子。

广东、广西、贵州三省份共同印发实施的《贵广高铁经济带发展规

---

① "12310"指到 2015 年先建成以南宁为中心的"123"快速铁路网，即 1 个小时通达南宁周边城市，2 个小时通达广西境内其他设区市，3 个小时通达周边省会城市。到 2020 年再达到 10 个小时左右通达国内主要中心城市的目标，最终形成以南宁为中心的"12310"高铁经济圈。

划（2016—2025 年）》中提到，至 2020 年，基本形成贵广高铁经济带综合交通网络；到 2025 年，以贵广高铁和珠江—西江黄金水道为引领的综合交通运输体系日益完善，构建形成泛珠三角区域范围内重要的产业经济带等；到 2030 年，贵广高铁经济带成为东西部合作发展的重要经济增长极。

3. 云南高铁开通满100天

2017 年 4 月 6 日，沪昆高铁贵昆段、云桂高铁百昆段开通满 100 天。[①]100 天来，云南高铁发送旅客突破 300 万人次，日均开行动车 56 对，发送旅客 3 万人次，最高日发送旅客达 5.8 万人次，两条高铁极大地压缩了时空距离、扩大了区域交往、带动了地区发展。

2016 年 7 月 5 日，沪昆高铁云南段正式启动联调联试。2016 年 12 月 28 日，这条连接上海与昆明的高速铁路全线贯通，全长 2236 公里。目前，昆明南站每天开行动车 56 对，周末 58 对，覆盖了北京、上海、杭州、深圳、郑州、长沙、贵阳、南京、济南、南昌、武汉、厦门、广州、桂林、北海 15 个跨省城市，旅客还可在上述城市快速换乘高铁通达全国各地。与此同时，昆明至曲靖、富源、石林、弥勒、普者黑、广南、富宁等州市县，以及昆明至贵阳、长沙、南宁、广州等地还实现了动车的公交化开行，极大地方便了沿线群众出行往来。

4. 对企业的吸引力加强

随着交通条件的日益改善，西部地区对国内外企业的吸引力正在迅速增强。2017 年初，成都、西安和重庆成为中国第三批挂牌的自贸区，这使得这些地区在中国向西开放中的地位更为突出。高铁网络的逐步成型有望为西部地区之间以合作促开放的新发展方式提供助力，并对接中亚和欧洲。

2017 年 9 月 18 日，广西恭城瑶族自治县高铁经济产业园基础设施建设项目开工，项目总投资 7.11 亿元，是经济产业园的配套工程。该县高铁经济产业园位于平安乡辖区内的高铁站附近，距离县城 5 公里，计划用地 2500

---

① 张伟明：《云南高铁开通百天　发送旅客突破 300 万人次》，中国新闻网，2017 年 4 月 7 日。

亩。园区建设是该县"多彩瑶乡·文化特色小镇"建设的内容之一，也是该县借助高铁路网，落实"大旅游、大养生、大文化、大流通"工作思路，实施"文化旅游突破战略"的主战场。园区内规划实施瑶家大院互联网影视基地、健康文化村、瑶族文化村、民族高中、瑶汉养寿城等多个项目，着力打造恭城未来经济增长的新引擎。此前，计划投资15亿元的瑶家大院互联网影视基地项目已成功签约。

（四）服务进一步创新

1. 高速铁路设置越来越人性化

随着近10年来最大范围的列车运行图调整，从增开列车、运力调整、高铁"公交化"、开行夜间高铁，再到高铁选座系统及"复兴号"的WiFi，无不显示了高铁逐渐人性化，更大程度地满足了人们的出行需求。

夜行高铁是铁路部门以旅客所需为服务导向的一个缩影，更是服务延伸的一个方式。2015年1月1日起至3月15日止，铁路部门在北京至广州、深圳间，上海至广州、深圳间增开8对高铁动卧夕发朝至列车，填补了以往夜间无高铁的空白时段。大规模夜间高铁的增开是高铁史上的一次大进步。首先，人们完全可以利用夜晚时间在车上睡觉休息，既可以在车上保证一定的睡眠，又不必把白天的时间浪费在路途中；其次，夜间高铁的增开也可以分散客流量，并满足特定人群亟须出行的需要。常态化的运行夜间高铁首先要符合客运市场的基础需求，其次则是把握住开行与到站车次的部署安排，最终使得旅客在夜晚同样能无差别地享受到高铁服务的便捷和温情。应当说，铁路部门始终着力于乘客的出行品质，用温情的客运服务让夜行之路更加"璀璨"，兑现了"三个出行"的服务承诺。①

2. 铁路无轨站的设置

兴建高铁无轨站是高铁服务创新的又一举措。通过开行"班次公交

---

① 刘兴韬：《增开夜间高铁体现铁路服务人性化升级》，中华铁道网，2016年5月27日，http://www.chnrailway.com/html/20160527/1376270.shtml。

化""运输直达化""时刻精准化"的专线大巴与就近高铁火车站无缝相连，从而将客流引入这些旅游资源丰富的县市。

哈尔滨铁路局率先在齐齐哈尔地区设立"铁路无轨站"，使旅客可在没有铁路经过的市、县，享受购票、取票、候车、物流等服务，实现铁路公路零距离换乘。"铁路无轨站"的设置极大地方便了偏远地区群众的出行体验。自铁路诞生起，与公路不同的"有轨"独立运行模式，造成了其和公路运输两相竞争的局面，而"公铁联运"这一项目的正式建设成功，很好地解决了这一难题。将铁路和公路进行运输上的并轨，切实将"无轨"和"有轨"相结合，更好地提升运输效率，把边区居民圈入一个区域中，创造了大规模劳动力输出和农副产品运输的良好条件。

3. "双十一"货运

2017 年 11 月 11 日至 20 日，铁路部门继续推出"双十一"电商黄金周运输服务，在"当日达""次晨达""次日达"等铁路快捷运输服务的基础上，铁路部门在京沪高铁"复兴号"列车上推出高铁"极速达"快运新产品，实现 10 个小时货物送达客户，这将是国内最快的快运产品之一。这也标志着铁路企业在运输服务组织方式上由"站到站"运输向全程物流服务转变，由运输生产型向市场经营型进一步转变。

11 月 11 日，高铁列车 G510 次运载快递包裹从武汉火车站经过 5 个多小时抵达北京西站，客户当天即可收到"双十一"网购商品。从武汉始发的动车组列车，6 个小时内基本覆盖长三角、珠三角、京津冀等地。此次重点推出北京、上海、广州、深圳、天津、西安、贵阳、重庆、哈尔滨、沈阳的当日达、次日达产品，并办理全国主要城市的经济快递产品。同日，D2706 次动车组列车清晨从乌鲁木齐站驶往兰州西站，这是新疆铁路部门联合物流企业首次开办跨省高铁快运业务。铁路部门"双十一"推出的物流产品不仅加快了电商货物送达速度，还降低了社会物流总成本，受到市场广泛欢迎。

四 经世济民——高速铁路对经济社会发展的影响

近年来，高铁开行数量不断增加，很多存在发展瓶颈的城市再次活跃起来，高铁沿线催生了一个个不同层次、大大小小的跨区域"城市圈"和"经济圈"。高铁不仅让百姓出行更便利、更舒适，还在时空上拉近了沿线城市距离，推动沿线城市发展和功能升级，有助于加快城镇化进程，促进区域社会经济全面发展。高速铁路为沿线城市间要素资源流动提供纽带，提升了站点城市可达性，促进集聚机制形成。高铁将加强沿线城市和地区间的经济联系。高铁的发展使中国城市之间产生"同城效应"，间接影响城市布局的规划。高铁沿线将形成走廊产业经济带，这更有助于扩大区域间的分工。高铁发展使中国经济版图加速融合，珠三角北移，京津冀扩容，长三角膨胀，三大经济圈将进入服务经济时代。此外，高铁的发展将

西成高铁将助推西部奏响均衡发展新"乐章"，
串起沿线散落"明珠"让更多普通人共享机遇

宝兰铁路的开通带火了西安、兰州、敦煌、西宁、乌鲁木齐等为目的地的"西北游""丝路游"，接踵而至的人流同时也为西部欠发达地区带来新的信息、观念和投资机会。甘肃省公布的 2017 年上半年经济数据显示，该省第三产业增速达到 7.5%，特别是旅游业实现了高速增长。上半年甘肃省共接待国内外游客 1.07 亿人次，实现旅游综合收入 675.6 亿元，分别较上年同期增长 22.8% 和 26.6%。

《陕西日报》2017 年 11 月 17 日

促进城市之间的经济优势互补，有利于加快区域内技术、物资、人力等资源的流动速度，带动沿线城市、乡镇之间的联系和经济的发展，扩大城市规模。

（一）影响沿线旅游业及相关产业

高速铁路使旅行时间缩短，交通便利程度提高，游客来去都比较容易，以前周末二日游的范围可以由目前一日游的范围代替，促进日常的休闲活动互动，原来的活动范围扩大，周末的时候甚至下班后都可以进行区域内的休闲活动。高速铁路从更广阔的地区带来客源，促进了旅游目的地客流的增加。高速铁路节约了旅行时间，延长了游客的停留时间，丰富了游客的出行计划。这就使得很多原来是旅游过境地角色的城市转变成旅游目的地。

高速铁路的建成使得游客的心理距离变短，以前传统的周末二日游的区

西安至成都高铁进入开通倒计时将形成"3小时经济圈"

西成高铁作为国家中长期铁路网规划中"八纵八横"高铁网京昆通道的重要组成部分，与大西高铁共同形成华北至西南地区的新通道，连接华北、西北、西南地区，贯通京津冀、太原、关中平原、成渝、滇中等城市群，是连接西北、西南地区的重要纽带。

西成高铁开通运营后，西安至成都将形成"3小时经济圈"。同时，西成高铁穿越西北、西南经济长廊，使关中经济圈与成渝经济圈携手相牵，陕川两省将形成一日经济生活圈，对于促进"关天"和"成渝"两大经济区交流合作、完善区域高速铁路网建设具有重要意义。

中国新闻网，2017 年 11 月 13 日

域被一日游取代，周末二日游的范围扩大。高速铁路大大提升了列车运行速度，这样原本需要花费两天游玩的景点目前可以做到早出晚归，甚至原本需要在长假的时候才能游玩的景点目前可以在2~3天完成。这既丰富了周末的生活，又能够从旅游中获得乐趣。周末游逐渐成为人们主要的选择方式。随着高速铁路运行速度不断提升，很多地区的可达性得到提高。

高速铁路使得自助游加速发展，很多旅游者不愿跟团一起出游，而是倾向于选择散客游和自助游。高速铁路大大缩短了游客花费在交通上的时间，高速铁路的发车间隔很小，缩短了乘客在路上的时间。

（二）高铁经济受到资本青睐

企业投资决策大多是基于企业的成本与利润制定的，而企业投资回报率是资本区际流动的主要影响因素，高速铁路提升了区域的可达性，也提升了企业寻求生产要素的便捷性和可能性，也使城市间的交流合作更加频繁，降低了交易成本，影响了资本要素的实际收益率，进而吸引投资。高铁有效地整合了运力资源，既有铁路运力得以释放，缓解了长期以来运能与运量的紧张矛盾，更加快了人流、物流、资金流、信息流等生产要素的快速流通。因此，高铁沿线城市重新受到国内外投资商的青睐，他们考察项目、投资办厂，一些"资源枯竭型"城市的开发价值也得以被再次评估，重新焕发发展活力。

武广高铁于2009年末开通后，长沙成为长株潭"1小时经济圈"的中心城市。当时长沙市政府试图打造工程机械、汽车产业、食品工业、材料工业四个千亿产业集群，而湖南省为此推行了涉及税收、工商、财政、人力等多个部门的34条优惠新政。浙西门户城市建德，正紧紧抓住五年内杭黄、金建、衢建三条高铁穿市而过的机遇，加快推进区域协调发展。2017年5月，建德挂牌成立高铁新区，规划了高铁新区四大产业片区，重点发展旅游康养、会议会展、科技创新、创意农业等产业，并已招引了一批超5亿元的重大项目，如江苏诺泰生物、国际香料香精、东方雨虹等。目前，建德已与北控集团基本达成产城合作开发意向，并将率先开展"高铁客厅"、高铁场站景观大道等基础设施建设。杭黄高铁预计于 2018 年 8 月开通，杭黄高铁场站、新安江综保工程、浙西心脏中心等近 50 亿元的重大投资项目将陆续建成。建德与北京北控置业集团有限公司签订战略合作协议，整体开发高铁新区，打造可持续发展的现代化产业新城。上海虹桥高铁站自建成以来便吸引了大量企业进驻，见图 8-4。

图 8-4 进驻上海虹桥高铁站的企业

资料来源：笔者自摄。

（三）助力于调整经济结构

高铁对中国工业化和城镇化的发展起到了非常重要的促进作用，高铁给沿线城市带来的高速交通优势，使城市资源重新得到评估、定位和布局，实现周边城市在高铁圈中心城市的辐射带动下同步发展，促使高铁沿线中心城市与卫星城镇选择重新"布局"——以高铁中心城市辐射和带动周边城市同步发展。高铁使武汉成为中国"4 小时经济圈"的中心城市。为此，武汉调整产业结构，重新规划城市轨道交通、现代服务业、制造业和纺织业等产业发展新布局，实现高铁时代新发展。

　　高速铁路增强了城市对优势产业的吸引力，使优势产业首先向生产条件较好的中心城市集聚，促进中心城市产业升级与布局调整，对知识要求较高的产业继续留在中心城市，而劳动密集型和土地使用较多的产业则不断向劳动力成本较低、土地成本较低廉的周边城市转移，推动区域内产业和人口的重新布局。京沪高铁沿线则出现了以南部新城（南京）、锡东新城、沪宁新城（无锡）为代表的高铁商务区，以商务办公、科研创新、总部经济、金融服务等功能为主。[1]京沪高铁在山东德州设站，由此吸引着周边城镇纳入德州高铁经济圈的发展中，使城市规模布局快速扩张。毗邻德州的陵县抓住这一有利时机，主动将其纳入德州城市规模扩张布局中来，以高铁交通优势来提升陵县与德州"同城经济"的区位价值，与德州市同谋划、同发展，以特色"都市现代农业"带动全县经济社会技术提升。郑西高铁开通后，荥阳与郑州高新技术开发区为邻，郑西高铁从河南荥阳穿城而过到郑州，使荥阳与郑州距离近得"触手可及"。荥阳市抓住高铁带来的城市发展新机遇，更加积极、主动地接受郑州辐射带动作用，融入郑州城市布局中去。

　　高速铁路站点与周边城市群形成高铁经济圈。高速铁路作为交通方式引入区域经济中，其本质是可达性的上升、旅行时间的节约产生的时间价值。运输时间下降带来的成本节约将加速区域各要素资源流动，释放客运货运能力，提升物流效率，使城市群之间经济联系更加紧密，推动产业集聚与产业转移。例如"高铁游"的兴起，促进旅游资源在高铁网络上的共享，带来经济效益。

（四）促进沿线区域发展

　　我国大力发展高速铁路，为区域经济的发展带来了重要契机，区域经济的发展也随着高速铁路的投入运营取得了明显的进展。高速铁路对区域经济发展的影响也成为学界十分关注的一个课题。2008 年后，我国高铁逐步进入

---

[1]　朱秋诗、王兴平：《高铁"流空间"效应下的社会空间重组初探——以沪宁高速走廊为例》，《2014 年中国城市规划学会会议论文集》，2014。

鲁南高铁带动沂蒙老区经济发展

全长 494 公里，总投资 750 亿元，设计时速 350 公里的鲁南高铁进入快速建设期，预计在 2019 年底建成通车。届时，临沂和日照将迈入高铁时代。沂蒙老区没有高铁，经济发展相对滞后。作为国民经济大动脉、国家重要基础设施和大众化交通工具，铁路在促进老区经济协调发展中发挥着重要作用。尤其是在经济发展新常态下，铁路建设发展的作用更加凸显。打赢脱贫攻坚战，补齐全面建成小康社会的"短板"，需要推进革命老区铁路建设，提高贫困地区的自我发展能力。鲁南高铁建成后，必将带动鲁南地区经济发展。

《人民日报》2017 年 2 月 8 日

大发展时期，为沿线大部分地区的经济发展起到了助推作用，一些地区凭借高铁实现了跨越式发展。[1]

高速铁路站点建设带来集聚效应，促进城市郊区化，形成高铁新城。我国城市的郊区化进程往往是通过政府干预采取建设"新城"的方式，而高速铁路的建设与运营使城市通勤范围、影响腹地、资源可达性放大，驱动城市发展与空间格局改变。以高铁站点为中心的高铁新城应运而生，一方面满足了我国快速城市化对于城市空间扩张的需求，另一方面也成为城市最大化利用高铁资源促进地方经济发展的必然选择。以京沪高铁为例，沿线站点基本位于距城市中心较远的郊区，同时，表现为大城市的近郊区化与中小城市的远郊区化，促进城市空间结构由"单中心"向"多中心"演进。

---

[1] 林晓言：《高速铁路与经济社会发展新格局》，社会科学文献出版社，2015。

对高铁站点所在城市而言，高铁起到提升城市能级与重塑城市经济增长极的作用。自高铁站点建设至高铁线路投入运营，整个过程伴随着地区资源要素、人流、物流、信息流、商业流的流通与交互作用，由此节约成本并促进经济效益增加，将在高铁站点形成经济集聚与人口增长，实现对中心城市功能的疏解与城市郊区化进程。

五 兼济天下——高速铁路"走出去"

中国铁路拥有适应不同环境条件的成套工程技术和完善的技术标准体系，具有从规划咨询、投资融资、设计施工、装备制造、运营维护到教育培训等全产业链集成优势，为推进铁路"走出去"奠定了良好基础。

——中国工程院院士 孙永福

我国高铁已形成了完整配套的系统集成能力，完成了世界最高水准的高铁技术体系，整体的技术水平达到了一个新的高度，打造了独一无二的中国高铁品牌，且不断地开展国际高速铁路建设工程项目。

（一）性价比高、技术有保证

中国正式开始发展高铁是在 2004 年，国家领导人多次在出访时推销中国高铁，国务院总理李克强在铁路总公司考察时曾说在推销高铁时心中有很强底气。但"底气"从何而来？

国家发改委综合运输研究所研究员罗仁坚解释道：中国的高铁线路长、高铁网巨大，而其他国家多短路铁路，我国高铁经验丰富，运营安全可靠，技术有保障；我国性价比高，比日本等其他有高铁技术的国家产品便宜，且中国铁路速度多样，能满足不同国家需求。要知道中国的桥梁隧道建设技术水平在世界范围内领先，速度快、价格低，高级领导人的认可更能提高高铁发展的信心。中国铁路尤其是高铁的输出，意味着产业链条的输出，有效带动产业链发展，如中国工程、设备制造、机车车辆、零配件等各种产业，一定程度上促进技术、产品和劳务输出。

为加强与世界各国合作和发展，推出中国高铁"走出去"战略，能与国家战略和经济发展相适应，是新时代的声音，是国人的骄傲，展现中国高铁已有实力、能力参与国际上竞争。通过高铁发挥优势，强化国际交流合作，为我国高铁技术装备、工程建设及运营管理"走出去"搭建平台，给中国外交添加更多活力，将其技术优势转变为营造大国形象、增加经济效益、提高外交实力的实际行动。

（二）"走出去"的步伐逐步加快

高铁越来越成为中国走向全球、友谊四海的纽带。自 2013 年以来，中国高层领导人多次在国际经贸交流中，主动推介我国高铁技术，特别是提出"丝绸之路经济带"及"21 世纪海上丝绸之路"倡议，将中国高铁作为强化国际经贸战略大合作的中坚力量。如国务院总理李克强的"中国高铁推销员"称号正是来源于出访英国、罗马尼亚、泰国、埃塞俄比亚等国家时多次提到高铁项目。就当前形势而言，我国高铁"走出去"步伐显现逐步加快态势。

相关信息表明，2013 年 10 月中泰签署了"大米换高铁"的合作协议。同年 11 月，与罗马尼亚达成高铁项目合作，并将参与匈牙利和塞尔维亚两国首都间高铁项目。2014 年 6 月 24 日，中国南车和欧洲国家马其顿达成出售 6 列高速列车组协议，中国首次出口欧洲高速列车。同年 7 月 25 日中国在海外参加建设的第一条高铁从土耳其首都安卡拉至土耳其最大城市伊斯坦布尔高铁二期工程完成并通车。当前我国列车制造及民用工程企业正在南美、沙特阿拉伯及俄罗斯等国家和地区修建、参与修建或考虑竞标高铁项目。

中国高铁能快速发展，是因为铁路装备工业通过长期自主研发积累了较高技术能力，所以在对引进技术进行相应消化、吸收和再创新同时凭借已经掌握的核心技术开展新一轮自主研发。多年来，中国高铁在关键技术系统和生产管理体系上都实现质的飞跃。如在CRH380上积累的技术能力，使得中国高铁技术在时速200~250公里的动车组方面大范围实现"去日本化"和"去阿尔斯通化"，甚至"去西门子化"。此外由于中国复杂的地理环境积累的规模性数据和经验，中国高铁科研体系拥有世界最先进产品设计开发能力、生产管理体系、实验室及被国外同行羡慕的最宝贵的大量动态数据库。随着在世界范围内中国高铁技术被不断验证及肯定，中国高铁"走出去"步伐逐步加快。

（三）中国高铁海内外布局

中国高铁规划拉近了北京与其他省会城市的距离，除乌鲁木齐和拉萨外，均于8小时以内到达。其中渤海湾大通道值得注意，此线路从东北至海南三亚，全程5700公里，贯穿11个省区市，将有效解决我国沿海地区能源输送问题，同时也能起到保卫中国干线的作用。

国外高铁战略方面通往欧洲及东南亚的三条高铁备受关注。一条是计划途经老挝、泰国、马来西亚到新加坡的铁路。一条是北起新疆的阿拉山口，途经哈萨克斯坦、俄罗斯、白俄罗斯到波兰的铁路。最后一条是途经吉尔吉斯斯坦、土库曼斯坦、伊朗、土耳其至德国的铁路，该线路目的是快速运油。中国高铁正在计划走进非洲。2014年5月，李克强总理出访非洲时就表示，将在非洲成立高速铁路研发中心。我国另外一条规划中的高铁是北起东北途经白令海峡的海峡隧道、阿拉斯加、新加坡最终达到美国全线里程达8000公里的铁路。

中国高铁"走出去"，不单纯是中国高端产品、先进技术、优质服务的输出，更是中国在现阶段，以及长远未来发展的国家战略，具有重要的战略意义。中国的经济发展需要持续的动力，国内存在着产能过剩的问题，中国高铁"走出去"正是通过对高铁建设的投资，拉动了钢铁、水泥等传统低附加值产品的有效需求和输出，摆脱了传统低附加值产品出口困境和国内供需不平衡的产能压力。此外，中国高铁输出涉及诸多领域，如交通设施、油气管道、通信设施、贸易信贷等，对于调整国家产业结构，促进多领域建设发挥着重要作用。同时，通过提升中国高铁产品档次及出口规模，打造中国高铁品牌，有利于提升中国在制造业领域的出口竞争力，并以高铁为引领，带动我国经济快速健康发展。同时高速铁路"走出去"也展现了我国的以高铁为契机，延续陆上丝绸之路、助推新型大国关系的重新确立、实现经济战略突围的重要举措。

（四）深化高铁"走出去"战略

随着世界政治多元化、经济全球化，作为世界范围内为数不多的几个高速铁路较发达的国家，我国只有深化高铁"走出去"战略才能和新时代的经济发展结构和方式相协调。当前我国的经济发展处于严峻的战略选择时期，一方面面临 2020 年全面建成小康社会的压力，另一方面又面临着矛盾加剧、环境资源匮乏、国际形势严峻和"中等国家收入陷阱"等众多复杂难题。因此我们必须加快经济发展方式的转变，并渗透到社会经济发展的方方面面，实现科学发展、全面发展、协调发展和可持续发展，在发展中促转变，在转变中谋发展。

在世界范围内，高速列车的商业运营速度随着高铁技术的发展不断提高。高铁能有效节省旅行时间、改善旅行条件、改善生态环境，因而受到越来越多的国家欢迎。在当前的背景下，我国的高铁受到世界的广泛关注，具备较高的自主知识产权，且和众多产业息息相关，具有较强的中国特色。中国高铁"走出去"不仅能全面促进货物、技术和服务输出，促进众多相关产业如机械、冶金、电力、电子、建筑、信息等快速发展，而且世界范围内较高的高铁技术规格和标准能有效带动我国高铁技术升级和技术含量的提高，进而促进品牌质量的提高。面对机遇我国应强化高铁"走出去"战略，树立高速铁路的民族品牌意识。

六　披荆斩棘——高速铁路未来发展建议

1. 继续完善西部高铁网络建设

2017 年，西成高铁建成通车、京沈高铁全面铺轨，我国"四纵四横"高铁网已基本成型。目前，高速铁路与其他铁路共同构成的快速客运网已超过 4 万公里，基本覆盖中国省会及 50 万以上人口城市。众多新线开通运营后，高铁成网效应愈加凸显，铁路运输能力进一步提高，为增进区域间要素流动、降低运输成本、拓宽最优市场半径、改变产业区位条件奠定了坚实的基础。

便捷高铁网的形成及"一带一路"建设，给西部地区带来前所未有的发展机遇。以西安为中心的"米"字形高铁网将西部和中东部紧密黏合在一起，西安至银川高铁正在建设中，西安至湖北十堰的高速铁路也在建设中。宝兰高铁将兰州与西安之间的交通时间从 6 个小时缩短至 3 个小时，同时与已建成通车的西安至宝鸡高铁、兰新（兰州—新疆乌鲁木齐）高铁相接，形成了一条从西安至乌鲁木齐全长 2300 多公里的"高铁丝路"，中国向西开放的道路对接联通将更为顺畅。高速铁路逐渐成为西部基础设施建设的主角，持续延伸的高速铁路不断填补着西部铁路网的空白。在我国"一带一路"倡议深入推进的背景下，西部建设逐渐成为当前我国发展投资重点，加快西部铁路建设对发展地方经济来说有着十分重要的意义。

2. 引进社会资本，深化高铁投融资体制改革

长期以来，高铁融资渠道单一，且建设成本较高，严重影响了行业的发展。我国铁路建设资金通常来源于铁路建设基金、国家开发银行贷款、商业银行贷款、铁路企业债券、地方政府投入和铁路系统自筹资金等政府投资，很少使用来源于资本市场或非政府的投资，因此未来高铁建设资金的发展重点是提高社会资本参与力。

2013 年 7 月 24 日，李克强总理在主持召开国务院常务会议时提出要进

一步推动铁路投融资体制改革必须遵循统筹规划、多元投资、市场运作、政策配套的原则。一是要在以中央财政资金为主体的基础上，多方式、多渠道筹集建设资金，加大社会资本参与并成立铁路发展基金，加强铁路债券发行品种和方式的创新。二是要向地方和社会资本开放城际铁路、市域（郊）铁路、资源开发性铁路等的所有权和经营权。三是要加强盘活铁路用地资源，做好综合开发利用，以开发收益促进铁路发展。

3. 降低成本，优化高速铁路产业结构，注重效益

在高铁经济中，让人担忧的一面是铁路的债务问题。高铁企业自身财务表现差异也是由来已久，世界高铁实现财务自平衡者为数寥寥，财务赢利更是罕见。在我国既有年均发送旅客规模约1亿人次、日均开行动车组132.5对、运营3年就实现财务赢利的京沪高铁，也有年均发送旅客规模约455万人次、日均开行动车组24.5对、运营亏损严重的兰新高铁。从新古典经济学视角来看，高速铁路的自然垄断性不仅决定了其是一项单向度的国家工程，而且是经济社会发展和国家建设的庞大工程。在这一工程中，全社会各种资源都或多或少地参与其中，并发挥自身作用。正是看到这种情况，国内有经济学者发出"需要警惕大规模高铁建设带来的严重产能过剩"的疾呼。①

未来，我国应降低高速铁路建设运营成本，优化高速铁路产业结构，注重效益。在降低高速铁路建设运营成本方面，首先应通过技术进步提高高铁建设效率，降低建设过程中的风险；其次应做好高铁运营成本的核算工作，采用现代化的经营管理模式，依据客运市场的行情和客流的动态变化，在保证高铁效益的前提下同时提高高铁的使用效率。在优化产业结构方面，铁路部门要根据高速铁路所在区域的经济发展水平制定相应的高铁发展进程，在经济发达的地区要着重提高高铁的速度和运营能力，在经济发展缓慢的地区逐步推进高铁的建设，从而带动高铁沿线的经济发展。

无论是高速铁路的修建还是站区的开发都需要大量资金，消耗巨大的成

---

① 赵坚：《中国铁路改革重组与高铁问题研究》，中国经济出版社，2016。

本。我国铁路为保持自身的一定公益性，在票价上不可能做大幅调整，这就在一定程度上限制了铁路企业的资金来源。尽管我国对铁路企业已经实行了改革，在融资方面大力促进对民间资本的引进，但收效甚微。融资难、缺少必要的资金使征地补偿、基础设施配套等方面都受到影响。只有个体与政府之间建立良好的共赢合作关系，在这基础之上才能真正实现融资创新，此外，通过地方政府颁发相关的政策予以支持，通过实际的公共投入，建设高质量、高水平的公共设施，有效改善落后的基础设施，完善公共环境，从而能够产生投资吸引力，并引入优秀的人才资源，通过市场力量有深度、有广度地介入。未来研究应更加注重如何完善公私合作伙伴关系（PPP）。

4. 慎重考虑高铁"新城"建设

高铁新城应吸引能够形成关联的产业进驻，并与旧城产业形成关联。未来应重点完善高铁站的商贸功能，提升高铁的消费拉动作用。在城市发展中，高铁枢纽的开发主要通过引进新兴产业，如金融商务中心、商业街、大型超市、连锁店、会展中心、行政中心、大学城等服务产业。当前我国的产业结构调整主要体现为服务业比重不断上升，新产业空间中产业的信息化和经济的服务化共同促进着产业的升级。对于一些规划较为密集的城市来说，由于中心地区本身人员活动就较为集中，新建火车站会更进一步增加客流，同时密集人流车流，恶化站点周边的交通环境。如果扩大站点开发区面积，又会造成可达性的下降，增加"高铁站区—办公地"的点对点模式的时间成本。此外，高铁接近城市中心面临的问题还包括城市用地的规划、拆迁问题，并会对城市产生割裂。

我国高铁站区设置在远离城市中心的位置，也包含了铁路站点和铁路线的客观要求。现实的客观要求和主观期望决定了高铁站区需要设置在远离城市中心区的地方，必须完善站点周边的交通基础设施，通过降低时间成本来缩小距离带来的影响。而交通基础设施的完善需要大量的资金与时间，通常在高铁站建成后，周边依然没有快速便捷的公共交通来连接高铁站与城区。对于站区的企业来说，与城市中其他企业沟通交流的时间成本提高了，对周边地区的影响程度也随之下降。

由此可知，在新城开发与旧城改造上应当秉承基础交通设施同步建设规划，尤其是大容量公共交通，其在土地综合利用开发与城市功能的引导上发挥着相当重要的作用，通过基础交通设施的完善能够实现交通快进快出，无缝对接；规划城市交通环线和城区井字形快速路，将老城、新城一起纳入城市快速交通网络，实现车流顺畅，减少拥堵；研究高铁站区、高铁新城与老城区之间的交通快捷换乘规划，通过综合性地规划公交车、出租车、轻轨或地铁、社会车辆等，建设满足多样化交通方式需求的道路交通，达到公众"零换乘"出行的目标；围绕高铁站建立综合性的交通枢纽，合理布局铁路客运、公路客运、城乡客运、航空候机等出行设施，实现城区、高铁新城与周边市县、乡镇的快速通达。

七　结语

中国高铁是中国多年来经济发展、技术进步、装备升级、工程建设人才成长多方面因素积累的结果。

——国务院总理　李克强

自高铁技术诞生以来，它就赋予了铁路这种"夕阳产业"对国家或社会进行重构的力量，尤其是对于人口分布不均、区域发展极不平衡的中国来说更是如此。中国高速铁路建设和运营取得了举世瞩目的伟大成就，积累了极为丰富的宝贵经验。从更为广泛的视角来看，高速铁路的发展不仅是一个区域经济现象，其对城乡结构的变迁、城市化的进程、区域社会进步、能源节约和生态环境保护的影响也意义深远。基于此，高速铁路的发展就被赋予了更为丰富的科学发展内涵。国家发改委、交通部、国家铁路局、中国铁路总公司印发的《铁路"十三五"发展规划》中提出，到 2020 年全国铁路营业里程达到 15 万公里，其中高速铁路为 3 万公里，复线率和电气化率分别达到 60% 和 70% 左右。中国高铁将继续加快人们前进的脚步，改变中国发展的格局。

第九章　中国地铁

　　时代的进步、城镇的扩大、堵塞的交通，面对人口、土地、交通、环境等压力，以机动车为中心的交通运输体系已无法满足城市发展的需求。此时此刻，地铁因快速、准时、大运量等优势逐渐成为人们日常出行的首选，在公共交通系统中占据着举足轻重的位置。

　　地铁隶属于城市轨道交通（Metro），中国台湾称之为"捷运"（Rapid Transit），香港称之为"大运量通勤铁路"（Mass Transit Railway）。大部分的地铁线路都修建于地下隧道内部，少部分线路考虑到实际的修筑环境以及建造和运营成本，会因为地形和建筑物等原因从地下转到地上，即地铁是一种以地下运行为主的城市轨道交通。因此，地铁是路权专有的、无平交的公共交通运输方式，这是将地铁和轻轨交通系统区分开来的根本性标志之一。并不是在地下隧道内行走的轨道交通运输方式都可被称为地铁，如一部分高速铁路线和普通铁路线，它们属于国家级铁路系统。

一　地铁发展概况

　　随着人民生活水平的提高，城市机动车数量剧增，面对有限的交通道路供给，交通供需的不匹配成为影响人民生活品质的关键因素之一。地铁的独特之处体现在安全准时、运量大、速度快、低碳环保等方面，为缓解现有交通系统的压力，地铁成为政府部门不得不考虑的公共交通运输方式。在国务院 2013 年印发的《关于加强城市基础设施建设的意见》中明确指出："鼓励有条件的城市按照'量力而行、有序发展'的原则，推进地铁、轻轨等城市轨道交通系统建设，发挥地铁等作为公共交通的骨干作用，带动城市公共交通和相关产业的发展。"

我国城市轨道交通（地铁）通车里程在过去数十年间快速增长，年均复合增速达到 25%。出于应对国际危机和发展新型化城镇等目的，国家发改委自 2008 年起，放松了批复修建城市轨道交通项目的标准，地铁等城市轨道交通项目建设速度加快，全国地铁运营里程显著增加。据统计，我国地铁自 1965 年首次开工建设，截至 2017 年 1 月，已有 31 个城市开通地铁，总里程达 4237.55 公里，如表 9-1 所示。31 座城市分别是北京、香港、天津、上海、台北、广州、长春、大连、武汉、深圳、高雄、南京、沈阳、成都、佛山、重庆、西安、苏州、昆明、杭州、哈尔滨、郑州、长沙、宁波、无锡、青岛、南昌、福州、东莞、南宁、合肥。其中，上海地铁通车总里程为 617 公里，运营线路长度不仅是中国之最，也是世界之最。

世界最长的地铁

上海地铁不仅是中国运营里程最长的地铁，也是世界运营里程最长的地铁。截至 2016 年 12 月，上海市开通运营的地铁线共有 14 条（1~13 号线、16 号线），全网运营线路总长 617 公里，车站 366 座（不含上海磁浮示范运营线，3/4 号线共线段 9 个车站的运营路程不重复计算，多线换乘站的车站数分别计数），并有 5 条线路延伸规划、4 条线路新建计划。

表 9-1　2017 年 1 月中国城市轨道交通（地铁）通车里程排行榜

排名	城市	通车里程（公里）	开通线路（条）	首条线路开通时间
1	上海	617.00	14	1995 年 4 月 10 日
2	北京	574.00	19	1969 年 1 月 15 日
3	广州	316.50	10	1997 年 6 月 28 日
4	深圳	286.20	8	2004 年 12 月 28 日
5	南京	258.90	7	2005 年 4 月 10 日
6	香港	230.80	9	1979 年 10 月 1 日
7	重庆	212.00	5	2004 年 11 月 6 日
8	武汉	181.00	5	2004 年 7 月 28 日
9	天津	168.00	5	1984 年 12 月 28 日
10	大连	145.00	5	2002 年 10 月 1 日
11	苏州	121.00	4	2012 年 4 月 28 日
12	台北	115.00	9	1996 年 3 月 28 日
13	成都	108.00	4	2010 年 9 月 27 日
14	郑州	95.00	3	2013 年 12 月 28 日
15	西安	91.00	3	2011 年 9 月 16 日
16	杭州	82.00	3	2012 年 11 月 24 日
17	昆明	78.00	4	2012 年 6 月 28 日
18	宁波	75.00	2	2014 年 5 月 30 日
19	长沙	69.00	3	2014 年 5 月 1 日
20	无锡	56.00	2	2014 年 7 月 1 日
21	沈阳	55.00	2	2010 年 9 月 27 日
22	长春	48.00	2	2002 年 10 月 30 日
23	高雄	43.00	1	2008 年 3 月 9 日
24	东莞	37.75	1	2016 年 5 月 27 日
25	南宁	32.10	1	2016 年 6 月 28 日
26	南昌	28.70	1	2015 年 12 月 26 日
27	福州	24.90	1	2016 年 5 月 18 日
28	青岛	24.80	1	2015 年 9 月 1 日
29	合肥	24.60	1	2016 年 12 月 26 日
30	佛山	21.50	1	2010 年 11 月 3 日
31	哈尔滨	17.80	1	2013 年 9 月 1 日
总计	—	4237.55	137	—

资料来源：中商产业研究院。

从客流量方面来看，我国城市轨道交通从 2008 年到 2016 年急速发展，增长了近 4 倍。国家统计局统计数据显示，2008 年和 2016 年我国城市轨道交通年客运量分别为 33.73 亿人次和 161.51 亿人次，截至 2016 年，日均客流量已达 4424 万人次，见图 9-1。从具体城市来看，北京是客流量最大的城市，2016 年为 36.6 亿人次，平均日客流量超过 1000 万人次。继北京之后，上海稳居第二位，2016 年全网客流量达 33.97 亿人次。据相关媒体报道，截至 2017 年 3 月，上海地铁曾 3 次刷新日客流量纪录，日峰值达到 1179.2 万人次，相当于一个特大城市的人口数。广州客流量处在第三位，2016 年的客运总量达 25.7 亿人次，日均客运量达 702 万人次，占全市公共交通出行总量的 44%，较上一年增加 2%。

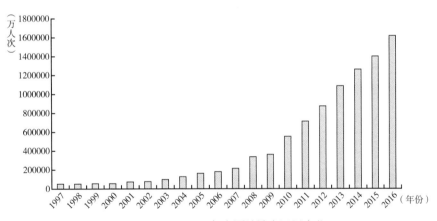

图 9-1 1997~2016 年全国地铁客运量变化

从在建城轨线路长度来看，截至 2017 年 6 月底，全国 53 个在建城轨城市共有 5770 公里在建线路，规划到 2020 年，中国轨道交通运营里程达到 7700 公里。鉴于城轨项目高投资、低回报等特点，我国城轨资源一般分布在一线、二线城市。但伴随着经济快速发展，许多城市的现有交通条件已不能满足市民出行需要，经济发展与有限的交通资源的矛盾逐步升级。在处理交通和经济的矛盾问题时，普遍认为交通应适度超前发展。近年来，城轨建设进度加快，截至 2016 年底，有 58 个城市获批建设城轨项目，其中有 14 个（约

1/4）为 2016 年获得批复，且 14 个新获批城市中 70% 的城市为四线及以下城市。2017 年上半年，又有包头、洛阳、弥勒、文山、阜康、安阳 6 个城市获得城轨交通建设资格。

得益于改革开放红利，城市快速发展，但灯火辉煌的背后，充满着各种尖锐的矛盾，日益追求的高生活品质和捉襟见肘的交通资源之间的矛盾便是其中之一。这些压力迫使人们不得不去思考应该如何集约且合理地利用资源，如何追求经济、社会、生态综合效益的最大化，以此来推动城市的可持续发展。

二　中国地铁发展的曲折历程

（一）中国第一条地铁的前世今生

1950 年 6 月，中国被迫卷入朝鲜战争，这对刚刚成立半年的中华人民共

世界上挖得最深的地铁

世界上挖得最深的地铁是朝鲜平壤地铁，它仿照莫斯科地铁建得很深，且深度超过莫斯科，号称世界上最深的地铁系统，最深处达地下 200 米，平均埋深达 100 米，从地面乘电动扶梯到站台需 3 分钟。这一切都是出于战备防空的考虑。平壤地铁，始建于 1968 年。金日成充分调动了社会主义阵营的力量，首先由苏联人帮忙做整体的设计规划，再由中国人负责具体的施工图，并无偿援助全部结构工程、车辆、控制系统和机电设备，最后由朝鲜人自己完成内部装修。朝鲜平壤地铁一期工程于 1973 年通车，1987 年全面完工。在朝鲜看来，富丽堂皇的平壤地铁是值得向各国游客炫耀和宣扬的建设成就之一。

和国来说，无异于雪上加霜；祸不单行，美国第七舰队驶入台湾海峡，剑拔
弩张。新生的红色政权周边，弥漫着浓浓的火药味，此时的中国如襁褓中的
婴儿。如此严峻的国际形势，使战备成为中国城市建设的首要因素。启发
于当时的"老大哥"苏联，地铁建设映入中央高层的眼帘。1941年纳粹德
国入侵苏联首都莫斯科，兵临城下，建成六年之久的莫斯科地铁对苏军的
反败为胜起了不可磨灭的作用。莫斯科地铁变成了临时的地下防空站，为
莫斯科市民提供了很好的庇护场所，无论有无警报，他们每晚都在那里过
夜。最为危机之时，苏联总参谋部和最高指挥部也纷纷迁入地铁站。苏联
人将地铁的备战功能发挥到了极致，"二战"中的地铁很好地发挥了作用，
如图9-2所示。

图 9-2　辉煌的莫斯科地铁

1. 战备为主　兼顾交通

1953年，在一份北京市规划报告中，地铁作为改善民生的交通工具和国
防设施被提出应该尽早筹划建设。[①] 单纯从当时的国内经济状况和交通状况来
看，修建地铁并不是一个明智的决策。1953年中国GDP为824.0亿元，人均
GDP仅有53美元，此时此举可谓举全国之力；北京市的机动车也可谓屈指可

---

　① 高俊良：《中国第一条地铁建设始末》，《百年潮》2008年第6期。

数，仅有 5000 多辆。周总理曾一语道破玄机："北京修建地铁，完全是为了备战。如果为了交通，只要买 200 辆公共汽车，就能解决。"

但此时，我国极度缺乏基建方面的人才，1954 年，北京市委向中央提出聘请苏联专家协助的建议。在中央的帮助之下，两年后，莫斯科地铁设计院总工程师巴雷什尼科夫和其他四位参加过 1931 年莫斯科地铁修建的五人组苏联专家来到中国，帮助我们拟定了北京地铁建设方案。苏联专家不但送来了我们急需的技术资料，而且为我国地铁技术人员做了许多技术讲座，帮助我们培养人才。为培养一批我们自己的技术人才，1953 年到 1960 年，我们还派遣了几千位中国留学生去苏联学习从规划设计到工程施工等各个方面的技术。

2. 血统地铁开工

1960 年，苏联向中方提交了一份召回全部在华苏联专家的照会。[①] 而这一时期，我国恰好正处于三年困难时期，此举无疑为雪上加霜。但出于合同的考虑，几千名援华苏联专家，直到 1963 年才全部离开中国。不过，我国技术人员已经明显感到，苏联已经开始实行技术封锁，我们难以触及地铁修建的核心技术。

庆幸的是，从一开始我们就在培养自己的技术人才，在中苏关系恶化初露端倪之时，我们就开始了自主设计地铁的准备。大批归国留学生带着从外界学到的先进技术知识和管理技能，充实到各个领域。所以当苏联专家全部撤走之后，地铁设计工作并没有因此停滞，自主培养的技术人员和归国留学生保证了所有工作有条不紊地进行着。那时，无论是苏联还是西方都断言，中国人不可能在没有外国帮助的情况下自主修建地铁。但后来，中国人用行动进行了有力的回击。

1965 年 7 月 1 日上午 9 时，北京地铁一期工程在京西玉泉路西侧的两棵大白果树下举行开工典礼。毛主席亲自批示"精心设计，精心施工"[②]，如图 9-3 所示。市长彭真主持，党和国家领导人朱德、邓小平、罗瑞卿等

[①] 林楠：《毛泽东第一个建议修建北京地铁》，《党史博采》（纪实版）2013 年第 11 期。
[②] 郑延慧：《人生始于立志时》，四川少年儿童出版社，2005。

出席了开工典礼。地铁建设领导小组组长杨勇讲话，并提出了三条始终
贯穿于地铁一期工程的原则："地上服从地下，交通服从战备，时间服从
质量。"①

百业齐兴，万民合力。已耄耋之年的朱德元帅拿起扎着红绸的铁锹，亲
自为北京地铁一期工程破土。因为属于战备工程，出于保密等方面的考虑，
开工典礼当天并没有锣鼓喧天的热闹场面，只邀请了新华社、人民日报社等
少数几个新闻单位参加，并明确批示，不对开工典礼的信息进行登报。图
9-4 为受邀参加典礼的中央新闻纪录电影制片厂拍摄下的珍贵镜头。

图9-3　毛主席对修建地铁的批示　　　　**图9-4**　北京地铁一期工程破土

3. 十年通车之路

作为中华人民共和国国庆 20 周年献礼，1969 年 10 月 1 日，北京诞生了
第一条地铁②，地铁一期工程建成通车，全长 23.6 公里。因备战而修建的北京
地铁一期工程在建成之后的十多年时间里，一直不对外开放，处于试运营状
态。据预计，若是在战时，北京地铁每日可运载 5 个陆军整师兵力。

虽然我们自主修建了地铁，但是另一个铁铮铮的事实也摆在我们面前，

---

① 钟鸿英：《北京地铁一期防水工程回顾》，《中国建筑防水》2014 年第 21 期。
② 周榕芳：《共和国的旋律》，江西教育出版社，1999。

我们没有丝毫的运营管理经验。周总理在 1969 年至 1973 年，曾先后六次对地铁安全问题做出批示：要重点关注漏电、火灾、上下车等安全问题，在这些安全问题得到解决之前，不向民众开放运营。[①]1971 年至 1975 年，北京地铁因执行政治任务，先后 3 次全线停运，累计达 398 天。历经十年的技术攻关之后，相关人员已经将地铁的各种安全问题逐步攻克。1981 年经过专家鉴定，地铁安全问题已经基本解决，地铁一期工程正式投入运营。从 1953 年第一次正式提出修建地铁的想法至 1981 年正式投入运营，过了近 30 年。

没有锣鼓喧天的开工典礼，也没有彩旗飘扬的通车仪式，有的只是不分昼夜地艰苦施工及刻苦攻坚……中国首条地铁，就在低调中开工、建设、运营。

（二）造价贵、融资难，地铁建设两度停整

定位为"战备为主，兼顾交通"的北京地铁，开中国地铁之先河，继此之后，天津地铁 1 号线成为我国建成的第二条地铁线，它始建于 1970 年 6 月，1984 年 12 月 28 日通车运营。进入 21 世纪以来，我国城市规模以倍数的速度发展，以交通拥堵为首的城市病问题严重影响着人民的生活水平和生活质量。由于地铁能给城市带来很多良好效应，可满足城市可持续发展和交通健康发展的需要，全国许多大中城市都积极规划建设地铁项目。恐于全国范围内出现"一哄而上"的地铁建设场面，国务院曾两次叫停地铁立项进行"停整"。

1995 年，国务院发布第 60 号文《暂停审批快速轨道交通项目的通知》，宣布"不再批准地铁项目立项"。此举的原因之一是，之前存在大量项目因资金链断掉而中途停工，如早在 1991 年立项的青岛地铁因资金短缺半途而废，1993 年便获得国务院批准的沈阳地铁则连开工修建都没有……地铁立项审批过于草率导致地方城市不结合实力盲目跟风，这是这些问题出现的上游原因，并直接导致地铁的"第一次停整"。

第二次大规模的地铁"停整"运动发生在 2002 年，2002 年 10 月中旬，

---

① 谭烈飞：《色调·高度：解读北京》，北京出版社，2006。

国务院冻结了全国各大城市的地铁立项项目。杭州、沈阳和上海皆遭当头棒喝，重庆、青岛、西安和成都等城市的地铁建设热情也严重受挫。

综合各方面分析，地铁建设这一香饽饽，两度被叫"停整"的原因主要有三个：首先，地铁建设需要大量投资，在投融资机制不完善的前提下，若是各地政府忽视自身情况盲目跟风建设，其后果不堪设想；其次，并没有成熟的地铁建设立项标准，现有标准是否正确是一个值得商榷的问题；最后，地铁作为公益性基础设施，其营利模式为世界难题，地铁一开，需要跟进大量运营维护费用，这会加重当地政府的财政压力。据了解，较早建设的上海地铁一号线，每公里投资 8 亿元人民币，把它冠名为"天价工程"一点都不过分。

虽然各地城轨建设的热情异常高涨，但中国城市轨道交通发展机制并不健全，立项标准、投融资机制和营利模式都不成熟，中国轨道交通正处在而且在一段时期之内仍将处在初级发展阶段。伴随着我国城市化建设步伐的加快，城市圈的范围逐渐扩大，完善交通系统越来越有必要性，特别是完善轨道交通建设。为发展城轨交通，同时缓解财务困境，政府大力号召外资和民营资本投资于基建项目，发展 PPP 项目。就轨道交通建设领域来看，外资的参与方式主要是提供设备和技术，而社会资本则因投资额过大、技术要求过高等问题难以介入。随着投融资机制的完善，社会资本大幅进入城市轨道交通建设领域必将是大势所趋。

（三）扩内需保增长再度迎来建设热潮

经过两次"停整"之后，2008 年伊始，地铁建设热潮席卷全国各大城市。主要原因有三个：第一，受国际金融危机的影响，中国经济政策迅速调整，财政政策更为积极，重点转为"扩内需保增长"；第二，投融资机制越来越完善，且货币政策较为宽松，在银根宽松的环境下，融资难度得以降低；第三，交通基础设施建设等市政民生工程成为政府的工作重心。

经济学家认为，大力发展城市轨道交通等基础设施，在短期内能够拉动固定资产投资，降低国际金融危机对我国实体经济的影响。从长期来看，地铁也是缓解城市交通拥堵和环境污染等问题的最有效手段之一。在交通与经济的发展关系中，交通被认为应该适度超前发展，并进一步拉动经济增长。金融危机的爆发又使"扩内需保增长"成为政府工作重心，地铁建设显得宜早不宜迟，似乎是刻不容缓。政府出台政策并加大基础设施建设力度之后，各地方政府云集响应，纷纷出台政策规划，拟趁着热潮筹建轨道交通。

前住房和城乡建设部政策研究中心副主任秦虹表示：修建地铁越早，所花的成本越小，建设越晚，拆迁成本越高，地铁建设应充分考虑未来的拆迁成本。她以北京为例："以前建设一公里地铁只要花 1 亿元，而现在要将近 8 亿。"①

由于上述原因，审批呈现"加速度"，许多城市抓住了这个历史机遇，轨道交通急速延伸，全国各地涌起建设浪潮。

在"扩内需保增长"的大背景之下，沉寂了长达 7 年之久的城市轨道交通建设开始爆发式增长。2009 年 8 月 20 日，在住房和城乡建设部的一场内部会议上，城市建设司司长陆克华透露：目前国务院已经批复了 22 个城市的地铁建设规划，总投资 8820.03 亿元。这 22 个城市分布于 4 个直辖市及黑龙江、辽宁、浙江、江苏、福建、山东、江西、河南、湖南、四川、陕西、云南、广东 13 个省份，分别为北京、天津、上海、广州、深圳、南京、杭州、哈尔滨、沈阳、成都、武汉、西安、重庆、宁波、无锡、长沙、郑州、福州、昆明、大连、南昌、青岛。

当今世界，拥有百万以上人口的大都市大多会修建地铁改善城市交通环境，我国的特殊国情更要求我们大力发展地铁，缓解交通拥堵，防止交通成为阻碍经济发展的因素。据统计，截至 2017 年 6 月，中国大陆（内地）已有 29 个城市建成并运营地铁，按照通车时间顺序分别为北京、天津、上海、广州、武汉、深圳、南京、成都、沈阳、佛山、重庆、西安、苏州、昆明、杭

---

① 郭泽阔等：《我国城市轨道交通车辆现状与展望》，《城市车辆》2009 年第 6 期。

州、哈尔滨、郑州、长沙、宁波、无锡、大连、青岛、南昌、福州、东莞、南宁、合肥、石家庄、长春。中国港澳台有 4 个城市拥有地铁，分别为香港、台北、高雄、桃园。据国家统计局数据，2007~2016 年城市地铁运营线路网长度平均每年开工建设 400 公里，如图 9-5 所示。

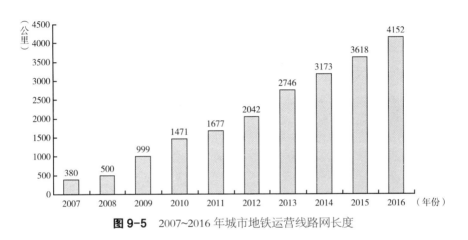

图 9-5 2007~2016 年城市地铁运营线路网长度

（四）包头地铁叫停，建设延、缓信号初现

1. 包头地铁叫停

2016 年 9 月 1 日，国家发改委下发的《关于印发包头市城市轨道交通第一期建设规划（2016—2022 年）的通知》显示，包头成为第 43 个获批建设轨道交通的城市。包头城轨建设项目有六条规划线路，总长度达 182.5 公里，投融资模式采用时下最为流行的 PPP 模式，近期建设项目总投资为 305.52 亿元。其中，资本金占 40%，计 122.21 亿元，由包头市财政资金筹措，其他资金通过国内银行贷款等融资方式解决。

但是，一年后，包头地铁被中央叫停的消息登陆各大媒体头条，此时距离包头地铁动工仅三个月。

2017 年 8 月 7 日，内蒙古自治区成立 70 周年。中央代表团莅临参加庆典，并转达中央意见：停止目前的地铁建设工程，将节省的资金用于其他民生工程。地铁的建设和运营风险极大，相对遥远的运营风险暂且不谈，包头地铁建设期的短期资金风险已经不容忽视。地铁建设所需的资金与包头市财政收入严重脱节，需要上级政府的转移支付才能补足差额。据估计，包头地铁建设资金需要305亿元，而2016年包头市全年的一般公共预算收入为271.2亿元，其中交通运输支出为13.2亿元。包头市地铁的建设资金占财政收入的比重远远超出标准要求。

劲爆消息接踵而至，武汉市发改委关于重大项目的动态信息显示，其于2017年初上报的轨道交通项目尚未被国家发改委受理。中央要求国家发改委重新评估全国所有的轨道交通建设情况，在评估基础上对其形成分类管理意见，待国家对意见批准之后再开始项目审批，国家发改委对城轨项目审批态度更为谨慎。

之后，包头地铁项目停工引发了全国性的轨道交通项目停工热潮，新项目审批更为慎重，成功获批的项目也有很大可能遭到延缓甚至被叫停。

包头地铁叫停，被视为第三次"停整"的信号，是城轨快速发展进程中所必需的纠偏，是中央为地方基建冒进热打的一剂预防针。

2. 原因分析

2008年以后，为了拉动经济增长，国家发改委明显降低了项目审批标准。按照要求，只有城区人口在300万人以上的城市才有资格修建地铁，但没有达到审批标准的包头却被批准。地铁等基建项目在贯穿南北、解决城市交通压力的同时，能够推动地方经济的发展，很多地方政府也因此而热衷于基建项目，国家发改委放松审批标准与当时特殊时期是相对应的，因此基建热也是合时宜的、可理解的。

近几年是PPP模式的发展高潮时期，很多地方政府打着PPP口号，进行"名股实债"，加大了地方债务风险。以包头地铁为例，305亿元的项目，资本金仅占40%，资产负债率高达60%，杠杆极高，具有很大的金融风险。项目投资与财政收入的低匹配导致中央不得不叫停这一股"基建热"，为的就是降低财务杠杆，降低金融风险。包头地铁叫停给以PPP为名义的项目提了一个醒，以后发展应该立足于实际，在充分考虑经营风险和财务风险的基础上科学规划。

中央的下一步要求是防风险，振兴实体经济，包头地铁的上马与新一轮的调控背景不吻合。中央此举，被叫停的不仅仅是一个项目，其本质是叫停依靠基建大规模举债的发展思路。发展应该具有可持续性，而不是透支未来。

三 城市地铁专题

（一）青岛地铁坎坷22年成就畅通梦想

青岛市位于山东半岛东南部，黄海之滨，胶州湾之畔，是山东省副省级城市。1891年，青岛建置之始，这个小小的渔村率先吸引了德国人的目光，此后又遭到日本、美国的侵占，青岛也从此成为中国近代史的见证。青岛是全国首批沿海开放城市、国家级历史文化名城、全国文明城市、国家卫生城市，拥有一个国家级新区（青岛西海岸新区）。2010年第六次全国人口普查数据显示，青岛市常住人口为871.51万人，2015年已突破900万人。

青岛市是山东省第一个修建地铁的城市。地铁3号线是青岛市首条地铁线路，于2009年6月开工建设试验段，2010年6月进入全线施工阶段，线路全长24.8公里，跨越市南区、市北区、四方区、李沧区四个行政区，设车站22座，其中换乘站6座，总投资130亿元，线路起自市南区青岛火车站，沿线主要经过青岛站、市南沿海一线、湛山、市政府、浮山所、错埠岭、李村商圈等区域，止于李沧区青岛北站。2015年，地铁3号线北段（青岛北站—青岛站）已空载试运行。3号线平均站间距为1.159公里，最大站间距在长沙路站至地铁大厦站，为1559米；最小站间距在延安三路站至五四广场站，为763米。线路最小曲线半径为350米，共有6处；线路正线最大纵坡为29‰，位于湛山站至五四广场站区间。

据中国城市竞争力研究会"2016年中国358城市竞争力排行榜"，青岛市城市综合竞争力排名第14位，成长竞争力排名第7位，位列中国最具特色旅游城市、中国最安全城市第3位。然而，就是这样的青岛却历经了22年的坎坷，才拥有第一条地铁。青岛地铁的坎坷之路长达 22 年，22 年间历经报批、立项、建设、搁浅、再报批、立项、批复、开建手续。青岛地铁建设之路之所以漫长，与国内地铁建设大趋势分不开，它见证了中国地铁的曲折历程，是研究中国地铁发展史的很好案例。

1987 年青岛市开始筹建地铁工程。

1991 年国家计委对青岛地铁一期工程批准立项，即老"三线一环"规划的一号线，当时规划是起于火车站，止于胜利桥。

1993 年 9 月《青岛地铁一期工程可行性研究报告》通过国家级评审。

1994 年正式组建青岛市地下铁道公司。

1994 年 12 月，一期工程试验段项目和青岛火车站地铁站点开工建设。

1995 年，国家发布了 60 号文件，要求设备国产化，对各地规划进行了压缩，青岛地铁项目被搁浅。

1998 年国家计委更名为国家发展计划委员会。

2000 年，1994 年开工的青岛地铁一号线工程试验段竣工验收。

2003 年，原国务院体改办和国家经贸委部分职能并入国家发展计划委员会，同时改组为国家发展和改革委员会（国家发改委）。随着计划经济体制向社会主义市场经济体制的转变，至此，青岛地铁建设审批从头来过。

2007 年，当年青岛地铁的配套工程青岛火车站拆除。同年，青岛市委托国家级咨询机构编制完成《青岛市轨道交通建设问题研究》。

2008 年 2 月，青岛轨道交通建设规划编制、报批工作正式启动。

2008 年 9 月 25 日《青岛市城市快速轨道交通建设规划》及相关附件正式完成并上报国家发改委，之后经过不断的补充完善、技术论证、审核、评审等相关程序，于当年 12 月通过了国家发改委组织的专家评审。

2009 年 4 月通过国家住建部组织的专家评审。

2009 年 6 月 26 日，青岛地铁一期工程（M3 线）试验段开工。

2009 年 7 月 13 日，青岛市轨道交通建设规划顺利通过国家发改委、住建部审查，呈报国务院审批。

2009 年 8 月 13 日，《青岛市城市快速轨道交通建设规划（2009—2016 年）》顺利获得国家批复。

2009 年 11 月，青岛地铁一期工程 3 号线举行奠基仪式。

2012 年 11 月 2 日，青岛地铁集团有限公司成立。

2015 年 12 月 16 日上午 11 时，青岛地铁 3 号线北段正式开通试运营。

2016 年 11 月 24 日，青岛地铁 3 号线部分车站云购票机上线试运行。

2016 年 12 月 18 日上午 11 时，青岛地铁 3 号线正式全线运营，行车间隔为工作日高峰 6 分 55 秒，工作日平峰及周末 7 分 55 秒。

2017 年 8 月 21 日，青岛地铁 2 号线东段开始空载试运行。

（二）北京地铁阔步60年乐享生活品质

1. 北京城市轨道交通系统简介

北京城市轨道交通主要由北京市地铁运营有限公司（简称"北京地铁"）、北京京港地铁有限公司（简称"京港地铁"）和北京京城地铁有限公司投资、建设并运营。北京地铁公司是大型国有独资企业，截至 2017 年，所辖运营线路共计 15 条（其中包括 1 号线、2 号线、5 号线、6 号线、7 号线、8 号线、9 号线、10 号线、13 号线、15 号线、八通线、昌平线、亦庄线、房山线、机场线），运营总里程为 460 公里，运营车站为 273 座。京港地铁公司成立于 2006 年 1 月 16 日，是国内城市轨道交通领域首个引入外资的合作经营企业。目前，负责运营北京地铁 4 号线、大兴线、14 号线及 16 号线。京港地铁以 PPP 模式参与投资、建设并运营北京地铁 4 号线、14 号线、16 号线，特许经营期均为 30 年。北京京城地铁有限公司于 2016 年 2 月 15 日在北京市工商行政管理局（登记业务及档案查询在所在地工商分局办理）登记成立，现主要运营机场线。北京地铁目前一共开通运营线路 19 条，通车里程超过 600 公里，

图 9-6 北京地铁标志

北京地铁标识（logo）从内向外由"B、D、G"三个字母组成，如图 9-6 所示。"B"是北京（Bei Jing）"北"字的汉语拼音字首，"D"是地铁（Di Tie）"地"字的汉语拼音字首，"G"是公司（Gong Si）"公"字的汉语拼音字首，也是轨道交通（Gui Dao Jiao Tong）"轨"字的汉语拼音字首，有轨道交通的含义。"B、D、G"为"北京地铁公司"的缩写，此标识也是北京地铁行业的向导标识。

运营车站 300 余座，形成了一张相互交织、四通八达的轨道线网。

2016 年北京地铁公司所辖 15 条运营线共运送乘客 30.25 亿人次，同比增长 6.81%，日均达 826.4 万人次，全年客运量最高日 10 月 21 日，运送乘客 1052.36 万人次；开行列车 2398138 列，同比增长 3.17%，日均开行 6552 列；走行公里 454839087 车公里，同比增长 4.66%。另据统计，2017 年元旦三天假期，北京地铁所辖 15 条运营线路运营平稳，客流有序可控，共运送乘客 1715.4 万人次，日均 571.8 万人次，共开行列车 16566 列，运行图兑现率 100%，共加开临客 9 列。

根据《北京市"十三五"轨道交通建设计划》，北京交通具体发展目标和指标如下。构建一刻钟生活圈：1 公里半径范围主要采用步行，3 公里半径范围主要采用自行车，5 公里半径范围主要采用公共交通。构建一小时城市交通圈：15 公里半径范围主要采用地铁 + 公交，30 公里半径范围主要采用地铁，50 公里半径范围主要采用市郊铁路 + 小汽车。构建一小时京津冀区域交通圈：100 公里半径范围主要采用市郊 + 城际铁路，300 公里半径范围主要采用城

际 + 干线铁路。

到"十三五"末，北京市轨道交通将形成"三环四横八纵十二放射"轨道交通网，开通运营 26 条（段）线路，加上有轨电车，总里程将提高到 900 公里以上，实现区区通轨道，中心城区轨道交通 750 米站点覆盖率达到 90%。

2. 北京地铁发展史

追溯世界各国地铁的起源和历史，它在军事避险等方面都发挥了出色的作用。中华人民共和国成立之后，国际形势不容乐观，无论是从短期的国防备战角度，还是长期的城市公共交通发展需要来看，地铁建设都显得很有必要。在 1953 年的北京市总体规划方案中，修建地铁的战略构想首次被提出，一经提出该方案便得到了中共中央的同意。"备战为主，营运为辅"成为此时的地铁建设理念，这一段故事也成为中国地铁发展史上最重要的一段。

1953 年，北京市委《关于改建与扩建北京市规划草案》中提到"必须尽早筹划地下铁道的建设"，这是第一次以官方文件的形式表态。在经过长达 12 年的规划论证之后，1965 年 7 月 1 日，北京地铁一期工程破土动工；又经过了 4 年的日夜奋战，1969 年 10 月 1 日，我国第一条地铁成功建成通车；从最开始的 1 条地铁线扩展到 4 条地铁线，经过了漫长的 38 年；而从 4 条地铁线到今日的 19 条地铁线，只花了短暂的 10 年。图 9-6 为 1995~2017 年北京

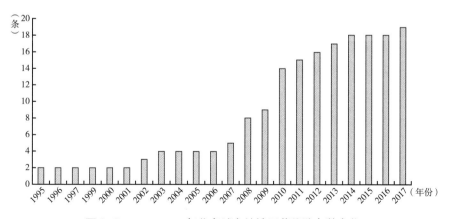

图 9-6　1995~2017 年北京城市地铁运营线路条数变化

地铁运营线路条数变化。从中可以看出，2007 年之后平均每年铺设两条地铁线，甚至三条。

六十余年来，北京地铁犹如一位探险家，经过毫无经验的探索和漫长的积累之后，终于开始厚积薄发，排雷之后，步伐终于开始由小心翼翼转为大步迈进。

（1）锐意进取　上下求索

在这小心翼翼的探索阶段，北京地铁经过十多年时间的努力，终将地铁1 号线（含复八线）和 2 号线各段陆陆续续串联起来。鉴于经验的匮乏和实际建设难度，单是复兴门到四惠东的复八线，就花了长达 12 年的建设时间。

1969 年 10 月 1 日，北京地铁一期工程建成通车，线路全长 22.879 公里。1971 年 1 月 15 日，一期工程线路开始试运营，实行凭证售票制，只有凭借单位介绍信的乘客方可买票，单程票价为 1 角。同年 3 月，北京地铁二期工程开工建设，从建国门至东直门、西直门最后到达复兴门，全长 16.1 公里，设10 座车站和一座车辆段。同年 8 月 15 日，北京地铁一期工程运营线路由北京站延长到玉泉路站，共 13 座车站，全长 15.6 公里。同年 11 月 7 日，地铁一期工程试运营线路由北京站延伸至古城路站，共 16 座车站，全长 21 公里。

1972 年，北京地铁由原来的内部售票制度改为外部售票，市民均可免证购票，单程票价保持不变。1978 年，北京市开始发行汽车、地下铁道联合月票，票价 10 元。

1987 年，北京环线地铁开始闭环运行，一期、二期联合月票于次年推出，票价 10 元，单一票价 3 角。1991 年，北京地铁票价调增为 5 角，地铁与公汽联合月票调增为 18 元。1996 年，北京地铁票价调增为 2 元，月票从 18 元调至 40 元，同年还发售了防伪地铁月票。

2001 年 7 月 13 日，一个令人狂欢的日子，北京市成功申请第 29 届夏季奥林匹克运动会主办权。此时，北京地铁之路逐步开始。

（2）不温不火　点滴积累

截至 2002 年底，北京市仅有 1 号地铁线和 2 号地铁线通车运营，总长度为 54 公里，发展缓慢。随后的五年时间里，北京地铁运营线路长度也没有大幅增长，至 2007 年底仅有 142 公里。

2002~2007 年五年时间当中，北京地铁新增三条线路，其中 2003 年开通两条。2003 年 1 月 28 日，北京市地铁 13 号线通车运营，这也是北京市第一条地面线。同年 12 月 27 日，八通线试运营，单程票价为 2 元，与 1 号、2 号线换乘票价需 4 元。同年底，北京地铁第一套自动售检票 AFC 系统在 13 号线开通使用。

2005 年，地铁 1 号线和 2 号线无障碍设施改造工程全面完工。

2006 年全市置换 IC 卡地铁月票，发售普通 IC 卡，停止使用纸质地铁月票。2007 年取消了公交地铁联合月票，只保留地铁专用月票卡。

2007 年，北京市第五条地铁线 5 号线开通试运营，它不但是北京市第一条贯穿南北的线路，而且是一条示范工程线路，在北京市乃至全国都具有重要意义。5 号线的开通运营为 2008 年北京奥运会做出了不可磨灭的贡献，也使党和国家领导人对轨道交通的认识提升至新高度。为缓解城市交通拥堵和环境污染等问题，北京市政府对地铁运营公司进行补贴，以更好地吸引市民乘坐地铁出行。2007 年 10 月 7 日起，北京地铁实行一票制，并且票价降为 2 元，成为全国地铁票价最低的城市。同年 11 月 1 日，北京地铁月票正式退出历史舞台。

虽说 2000~2007 年，新开通地铁线路数量并不多，但是 5 号线及之后开通运营的 10 号线、奥运支线、机场线和 4 号线，都是从 2000 年前后就步入规划。据了解，这几条线路的规划，也是申奥的一部分，奥运会给北京大规模建设轨道交通提供了契机。

（3）厚积薄发 大步流星

美国城市史学家桑姆·沃纳说："19 世纪中期之前的世界城市都是步行者的城市。"经过 150 多年的发展，伦敦地铁已建成里程超 400 公里，告别了步行者时代；而北京仅用了 1/3 的时间，便实现了运营里程和客流总量双超越，如今的中国享有最多的地铁世界之最称号，运营里程最长、发展速度最快、运营时间最长、客流量最多、峰值时刻最忙，1995~2016 年北京地铁运营线路网长度变化如图 9-7 所示。

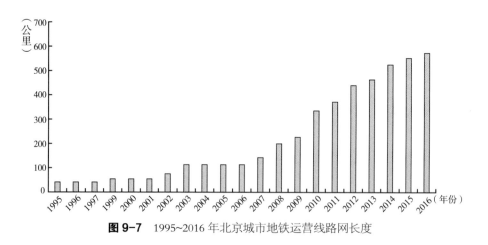

图 9-7 1995~2016 年北京城市地铁运营线路网长度

为了迎接北京奥运会并响应绿色环保的口号，在开幕前夕，北京地铁全面停止纸质车票的使用，交通卡取而代之。除机场线单独定价 25 元之外，全网使用 2 元单一票价，并配用自动售检票 AFC 系统。2008 年 8 月 8 日，北京奥运会开幕。也就是此时，北京地铁创造了投入运营以来不间断运营时间最长的纪录，连续运营时间长达 45 个小时。

纪录刷新之后，又迎来一件令全国瞩目的制度创新事件。2009 年 9 月 28 日，北京地铁 4 号线建成通车，成为继 5 号线之后的第二条贯穿南北的大通道。这条带有浓烈港味的地铁线，由北京京港地铁有限公司和北京市政府联合投资建成，这是北京市第一条引进社会资本建设的地铁，成为中国轨道交通领域第一个以 PPP 模式进行融资的案例。京港地铁公司以 3/10 的出资比例，获得三十年的特许经营权。

2012 年 11 月 6 日，北京市政府和北京京港地铁有限公司开始了第二次大的合作：在京港洽谈会上双方草签了《14 号线特许协议》，港方将投资 150 亿元的建设资金，14 号线成为目前国内引入社会资本最大的单一项目。

厚积薄发之后，北京市地铁开始了大步流星之路。经过多年的积累，北

网络效应

"网络效应"又被称为"网络外部性";以色列经济学家奥兹·夏伊(Oz Shy)在《网络产业经济学》(*The Economics of Network Industries*)中首次提出网络效应的定义:"当一种产品对用户的价值随着采用相同的产品或可兼容产品的用户增加而增大时,就出现了网络外部性。"

京市拥有了丰富的投融资经验、建设经验和经营管理经验,全市地铁网络开始被编制得密密麻麻,迅速覆盖各个区县。

2010年,房山线、大兴线、亦庄线、昌平线、15号线一期首开段建成通车。

2011年12月31日,8号线二期北段、9号线南段(丰台东大街站于次年10月12日开通)、15号线一期东段和房山线未开通的大葆台至郭公庄段开通试运营,除了15号线以外的三条线路,都是为了缓解北京交通拥堵而提前开通的。

2012年12月30日,6号线一期、8号线二期南段北土城至鼓楼大街段、9号线北段和10号线二期开通试运营,同时结束了房山线和9号线脱网的尴尬局面。从2007年到2012年,北京市地铁运营线路长度增长了2倍多,由142公里增加至442公里。北京地铁的网络效应愈发明显,逐渐成为城市公共交通的骨干。

2013年底,9号线军博站开通与1号线换乘,8号线南段新线与6号线实现换乘,北段与昌平线实现换乘。线与线之间的连接更为紧密,无论是运营线路长度还是管理服务水平,都有了质的飞跃。之前的"一横一圈"局面,早已脱胎换骨。

2014年12月28日,6号线二期(草房站至潞城站、通运门站、北运河东站暂缓开通)、7号线(双井站、垡头站暂缓开通)、14号线东段(金台路站至善各庄站、朝阳公园站、高家园站暂缓开通）、15 号线一期三段（清华东路西口站至望京西站、大屯路东站于 2015 年 12 月 26 日开通）开通试运营。

2015 年 12 月 26 日，北京地铁 14 号线中段和昌平线二期等两条轨道新线投入试运营。

2016 年 12 月 31 日，16 号线北段（农大南路站暂缓开通）开通试运营。同日，14 号线东段的朝阳公园站和 15 号线的望京东站同步开通。

截至 2017 年 1 月，北京市共有 19 条地铁线，覆盖北京市 11 个市辖区，运营总里程达 574 公里，车站总数为 345 座（换乘车站重复计算）。图 9-8 为 2018 年地铁规划线路。

图 9-8 2018 年地铁规划线路

资料来源：首都之窗运行管理中心：《北京地铁规划》，http://zhengwu.beijing.gov.cn/zwzt/bjdtgh/。

1969 年诞生的第一条地铁线，如今已经驶过近 "50 岁光阴"。截至 2016 年，北京地铁日均客流达 824.7 万人次。从战备需求到市民出行需求，从单条地铁线到今日的 19 条线网络，从遥不可及到便民利民，北京地铁的发展史，见证了北京市的发展，见证了人民生活质量的飞跃。

四　轨道交通建设PPP模式演进

地铁在贯通南北、解决城市交通拥堵问题的同时，能推动所在地的经济发展，小到购物中心、广告业、制造业、建筑业、房地产业等的发展，大到引起城市格局的变化，其投资潜力不容小觑，它所带来的经济效益和社会效益也是其他城市基建项目不可替代的。但建设期需要高昂的建设资本，建设周期长、技术复杂，运营期运营资本大、赢利能力差甚至为负数，因此其建设和运营成为世界难题。目前中国地铁仅有北京地铁四号线、北京地铁机场线、上海地铁一号线、香港地铁等个别线段赢利，世界范围内赢利的地铁也是屈指可数，所以地铁一般只能由政府用财政去投资建设和维护运营，属于典型的高亏损、高补贴的公益性行业。我国地铁建设曲折历程背后的重要原因是投融资机制不成熟，这也是工程项目立项后还被叫停的根本原因。为使地铁发挥更大的公益性价值，总结地铁建设的投融资模式及营利模式对亟待发展地铁的各大城市来说都有非常重要的参考意义。在政府财政收入不能提供全部建设资金的情况下，与社会资本合作是一种不错的选择。

（一）地铁建设条件

21 世纪初，城轨交通在我国发展迅速，部分城市建成城轨项目后，交通拥堵、空气污染、噪音污染等城市病问题得以有效改善，并有效地带动了当地的经济发展，有良好的经济效益和社会效益。但与此同时，一些地方城市不考虑自身情况盲目追求建设城轨交通，出现了一股跟风热。虽然城轨交通项目的社会效益好，但是其经济效益极差，不但需要大量的建设投资，而且需要高昂的运行费用。盲目跟风的后果是一些建设中项目因为资金不足而中途停工，地方政府债务负担过重。为了加强建设管理，合理控制发展速度，保证可持续发展，规范地铁建设审批标准，国务院办公厅于2003年就有关问题下发《国务院办公厅关于加强城市快速轨道交通建设管理的通知》。

现阶段，有关城市若想申报地铁项目，需达到以下基本条件：

> 地方财政一般预算收入在100亿元以上；
> 国内生产总值达到1000亿元以上；
> 城区人口在300万人以上；
> 规划线路的客流规模达到单向高峰小时3万人以上。

申报建设轻轨的条件比申报地铁条件稍低，大约为地铁建设条件的60%，其基本条件为：

> 地方财政一般预算收入在60亿元以上；
> 国内生产总值达到600亿元以上；
> 城区人口在150万人以上；
> 规划线路客流规模达到单向高峰小时1万人以上。

（二）轨道交通PPP模式发展

轨道交通是城市公共交通服务的一种，按照发改基础〔2015〕49号文，政府应在《城市轨道交通线网规划》的基础上制订《城市轨道交通建设规划》，然后对规划中的项目进行可行性分析，论证其在经济、社会和环境等方面的可行性，最后提出综合意见。

为保证其经济可行性，包括地铁在内的很多政府基建项目都采取PPP模式。众所周知，地铁属于公益性项目，采用 PPP 模式就意味着引入社会资本，意味着其需要具有一定的营利性。因此采用 PPP 模式的轨道交通项目面临的第一个问题就是项目属性问题，是经营性项目还是营利性项目，具体来说是属于经营性项目、准经营性项目还是非经营性项目。

轨道交通 PPP 模式有两代。第一代轨道交通 PPP 模式将轨道交通项目分为两部分：A 部分为建设期项目投资，B 部分为轨道交通运营系统的投资，如车辆系统和通信设备。很明显，两部分的投资开发策略完全不同，B 部分有运营收入作为保障比较容易融资，是一种与特许经营权绑定的融资方式。北京地铁 4 号线是典型的第一代轨道交通 PPP 模式。政府承担了 70% 的洞体等土建工程的投资，其余 30% 由投资人承担，投资人依靠运营收入和政府的运营补贴回收投资，因此北京地铁 4 号线是一个准经营性项目。

把第一代轨道交通 PPP 模式进一步细分，可以演化为第二代轨道交通 PPP 模式，一个项目由原来的两部分增加为四部分。其中 A 部分细分为两部分，A1 部分指洞体等轨道交通基础设施的建设，A2 部分指土地综合开发，是普通土地一级开发的进化，可以进行产权转让。B 部分也进一步细分为两部分，B1 部分指轨道交通本身的特许经营权，B2 部分指投资人可获得的特许经营收入来源以外的项目，这些项目在未来可以获得持续稳定的正现金流，如地铁周围的房地产开发项目。第二代轨道交通 PPP 模式是在北京地铁 4 号线模式和香港地铁模式的基础上发展而来的，既继承了传统的特许经营做法，又融入可获得大量正外部收益的项目。从第二代轨道交通 PPP 模式来看，4 号线投资人仅承担了 B1 部分，其余三个部分由北京市政府承担，4 号线作为较早建立的项目，可借鉴经验不多，与现在复杂的轨道交通项目相比相对简单。

将第二代轨道交通 PPP 模式分为四部分之后，投资人可以以更加专业、更加有效的方式承担自己所负责的部分。如 A1 部分的投资人专注于洞体投资建设，A2 部分可以交给专业的土地综合开发公司，B1 部分则由具有先进的地铁运营和管理经验的运营商承担，B2 部分由具有专业商业地产或文化地产的房地产开发商负责。

第二代轨道交通 PPP 模式的四部分以及各部分的比例可以灵活组合，以结合地方政府的财力适用于不同的项目。因为 A1 和 A2 部分的关联比较密切，一般将其打包组合成一个项目，从发改基础〔2015〕49 号文中也可以看出，其比较支持轨道交通基础设施建设和土地综合开发的组合。国办发〔2014〕37 号文件也规定，当没有确定新建铁路项目的投资主体时，可以将土地综合开发权和新建铁路项目同时招标，中标者同时获得以上两项权利。

对于 B 部分，可以看出：B2 存在的根本原因是轨道交通运营收入不足以弥补投资者的投资，它的存在是为了解决未来的补贴现金流不足问题。B2 部分的来源一般有两个：一是政府补贴，二是商业物业的出租收益。在政府补贴不能覆盖全部补贴现金流时，理想的情况是找到不同的主体联合参与 B1 和B2 两部分，实现专业分工。

PPP 模式受欢迎的原因之一是，B 部分的投资可以由非政府补贴弥补，因为如果作为政府负债，就会因为政府资产负债率等条件约束使得项目难以成立。

五　案例

北京地铁14号线项目政府与社会资本分工的探索

北京地铁 14 号线（简称"14 号线"）采用 PPP 模式，共融入社会资本150 亿元，在成功缓解建设资金压力的同时，又引入具有专业管理经验的北京京港地铁有限责任公司（简称"京港地铁公司"）。按照北京市政府和京港地铁公司的协议，京港地铁公司参与 14 号线的投资和建设，并通过特许经营权获得 30 年的运营资格。14 号线是继北京地铁 4 号线之后的又一个成功采用PPP 模式的项目，也被认为是我国轨道交通建设不断探索投融资改革、实现政企合作的具有承上启下作用的典范。

14 号线作为后事之师，在成功借鉴 4 号线和香港地铁等丰富经验的同时，充分考虑 PPP 模式自身特点以及项目本身的要求，在政企分工、项目风险分担机制等方面做出了不少创新，为以后的地铁建设提供了丰富的经验。

（一）引入社会资本150亿元　缓解30%的投资压力

14 号线是北京市轨道交通网中的一条"反 L"形线路，连接北京西南和东北，途经几个重要的交通枢纽和大型商务区，全长 47.3 公里，共设 37 座车站。项目自 2010 年初开工建设，西段从张郭庄站至西局站，已于 2013 年 5 月 5 日正式开通运营；而东段于 2014 年 12 月 28 日开通；中段于 2015 年底建成开通。

据预算，北京地铁 14 号线需要 500 亿元的投资，为缓解北京市政府面临的资金压力，决定采用 PPP 模式，引入 30% 的社会资本，由北京市基础设施投资有限公司（简称"京投公司"）负责引资。该 PPP 项目于 2012 年 3 月启动，历经了 8 月的论证、编制方案等工作之后，京港地铁公司最终中标，并于 2012 年 11 月签订特许经营协议，确定了应尽的权利和义务。京港地铁公司参与项目的投资和建设，同时获得 30 年的特许经营权。

（二）权力下放　分工明确

北京地铁 14 号线在充分考虑项目特点的基础上，采用第一代轨道交通 PPP 模式，将工程分为 A、B 两个部分，分别由北京市政府和京港地铁公司负责。并结合政府和投资方的专业能力，从价值最大化角度，通过工程划分和接口协调机制，明确了社会和投资者各自的责任与义务。

双方各负责 A、B 其中一部分，A 部分包括洞体和车站等基础工程，由北京市政府负责；B 部分包括车辆设备、通信设备等交通运输系统工程，由京港地铁公司负责。根据协议约定，政府负责基建项目的固定资产，建成之后以租赁方式为京港地铁公司提供服务，固定资产的管理维护由京港地铁公司负责；考虑到北京市地铁客运票价现状，为保障京港地铁公司的利益，减少经营期的负担，年基本租金设为每年 1 万元（会计做账，具有象征之意）。而京港地铁公司除了在建设期负责 B 部分的基建任务之外，还需在特许经营期承担整线的运营和维护工作，待特许经营期结束之后，京港地铁公司需要将该线按照合同约定的标准无偿提交给政府；特许经营方在特许经营期内可以通过客运主营业务收入、授权范围内的非客运其他业务收入和政府补贴营业外收入等方式回收投资并获得利润回报。

与北京地铁 4 号线的 PPP 模式相比，14 号线中的轨道交通等与运营相关的工程交由特许经营方负责，权力下放步数扩大。

（三）政企合作 风险共担

从理论上讲，项目生命周期的各个风险因素关乎项目的成败，能否准确识别并采取相应的合理办法规避风险，降低发生的可能性和可能带来的危害决定着项目能否顺利进行。在众多 PPP 项目中，社会投资者处于相对弱势地位，理应通过协议等方式保障投资者利益。地铁建设作为公共服务项目，具有投资高昂、运营周期长、不确定性强、公共服务使命重大等特点，在保证现行票价政策不变的前提下，京港地铁公司的主营业务收入和其他业务收入综合难以覆盖全部建设投资和运营维护成本，因此需要政府在收入较低时通过补贴的方式补足亏损。对客流波动风险、票制票价变化风险、通货膨胀风险等常规和非常规风险进行深入研究，并通过处理机制设置处理办法充分保障社会投资方的利益，调动社会资本参与的积极性。

1. "多退少补"的投资控制机制

鉴于在 2012 年 7 月招商时，北京地铁 14 号线已经处在建设期，很大一部分工程设施的招标工作已经完成，为保证立项的引资规模顺利进行，基于投资责任划分，设立了"多退少补"的投资控制机制，即明确 150 亿元的民间招资目标，工程竣工以后，以不超过该批准为原则，政企两投资方就 A、B

两部分工程实体以购买的方式补足目标与审计结果的差额。

而之前的北京地铁4号线采用"B部分的节约或者超额均由投资方承担"，相比于4号线，此举降低了投资者的风险，可以提高投资者的信心，引导社会投资者进行标准投资，并保证工程质量。此外，当工程优化投资时，投资节约额会在投资各方以出资比例为标准分享，可以很好地调动双方合作积极性，有利于双方的沟通配合。

2. 公平承担客流预测风险

客运收入为京港地铁公司的主营业务收入，而客流量是客运收入至关重要的敏感因素，客流预测又会受到诸多因素的影响，无论是政府还是企业都拥有客流预测风险。在政府补贴力度不变时，当客流预测比实际低时，企业方将有低赢利甚至亏损的风险；当客流预测比实际高时，就意味着政府进行了不必要的转移支付，政府利益受损。为了降低客流预测的风险，14号线PPP项目采取很多行之有效的办法。

首先，由专业的第三方机构进行客流量预测。为保证其不偏不祖，这个专业技术机构由政府和企业共同指派委托，以最大限度地达成客流预测共识。

其次，采用最小最大法预测客流量，双方承担风险。当实际客流量低于预测客流量的下限时，负的客流风险溢价由政府承担，以保证特许经营方可以获得最低收益，降低社会资本所承担的风险；如果实际客流量超过预测客流量的上限，双方对超额部分的客票收入进行分成，防止出现政府过度补贴的现象，保证政府利益不受损。同时该机制也鼓励获得分成收入的特许经营方提供更好的服务水平，实现公益性项目应有的价值。

最后，双方还设置了以3年为周期的客流检验机制。如果任意一个检验周期内的实际年平均客流量低于平均预测客流量的下限，则政府承担相应的客流风险；若是长期处于很低的水平，则可以终止该协议。

可以看出，这些客流预测机制不但充分保障了双方的利益，而且可以让投资者无后顾之忧，更有信心和动力。客流预测风险因此降到了极低的水平，在可以较好地预测未来客流量的前提下，特许经营方获得稳定收入的利益受到保障，为项目的可持续发展创造了必要条件。

3. 识别票价变动风险　为项目顺利实施保驾护航

自 2007 年以来，北京市地铁实行 2 元 / 人次的单一票价政策，随着北京市轨道交通网的完善，从可持续发展理论来看，这一票价政策必将在未来发生变化。北京市地铁 14 号线在项目招商期间就充分考虑到这一未来调整政策，因此设置了多项应对票价变动风险的方案，并在特许经营协议中明确规定，保障政府和企业双方利益皆不受损。

如预期一致，这些应对票价变动风险的处理方案很快得以实施。2014 年 11 月，相关部门发布《北京市发展和改革委员会、北京市交通委员会、北京市财政局关于调整本市公共交通价格的通知》，自 2014 年 12 月 28 日起，北京市公共电汽车和轨道交通价格由原来的单一票价政策调整为计程票制，全网平均人次票价适度提高。协议中的应对票价变动风险的处理方案，成功地应对了此次北京市地铁票价调整，保障了双方的利益。

4. 动态处理通货膨胀等非系统风险

在 14 号线 PPP 项目中，政府会对预期收入（按照可以满足 PPP 项目经济可行性的预期票价计算的收入）和实际收入（按照实际票价计算的收入）的差额进行弥补。特许经营协议以竞争性谈判得到的初始票价为起始点，在 30 年的特许经营期内，根据劳动力成本、通货膨胀等诸多非系统因素的实际变化情况，以事先达成共识的调价公式为基础定期对初始票价进行动态调整，此举可以降低双方面对未来不确定性遭受的风险。

采用 PPP 模式建设轨道交通的案例，在我国内地、我国香港地区以及世界诸多国家都可以查询，虽然很多项目的成效尚需时间检验，但是也有颇多成功案例。至少这可以证明，采用 PPP 模式建设地铁等需要大规模投资的基建项目是可行的。

科普知识

世界上第一座修建地铁的城市是英国伦敦，1863 年 1 月 10 日建成第一条地铁线并通车。目前，地铁是伦敦市城市综合交通运输方式之中使用最为普遍的交通方式，大约 80% 的职工通过地铁上下班。另外，伦敦市还有一条全部实现电气化和自动化的邮政专用地铁，全长 10.5 公里，得益于此，大大加快了信件和邮包的运送速度。

中国是地铁发展速度最快的国家。2008 年是中国地铁发展的分水岭，处在低调发展阶段的中国地铁从此之后便开始了爆发式增长，令世界其他国家都难以望其项背。1990 年中国仅有三座城市拥有地铁，经过 27 年的发展之后，截至 2017 年中国拥有地铁的城市增长为 31 座。

世界上最高的"高山地铁"位于瑞士阿尔卑斯山，这是一条缆索地铁，仅需两分钟的时间即可将 200 名左右的游客送至 3500 米的观光胜地。

香港地铁被认为是世界上最为赢利的地铁，其采用的"地铁+物业"模式成为世界地铁的楷模。香港地铁经营者在建设地铁之前，充分评估其地面土地商业开发价值，并与当地政府签订协议，在建设地铁的同时获得商业开发的权利，以获得最大化的经济效益。

中国是世界上拥有地铁最多的国家。截至 2017 年 1 月，中国已有 31 个城市开通地铁，总里程 4238.09 公里。31 个城市分别是北京、香港、天津、上海、台北、广州、长春、大连、武汉、深圳、高雄、南京、沈阳、成都、佛山、重庆、西安、苏州、昆明、杭州、哈尔滨、郑州、长沙、宁波、无锡、青岛、南昌、福州、东莞、南宁、合肥。其中，上海地铁以 617 公里位居国内地铁通车里程榜首位。

莫斯科地铁是世界上最繁忙的地铁之一，它承担了全市公共交通客运总量的 45%，采用高新技术后的莫斯科地铁，平均间隔时间最短为 80 秒。除此之外，莫斯科地铁还被公认为是全世界最漂亮的地铁，每个地铁站都由国内的建筑设计师设计，雕梁绣柱无处不见，一派富丽堂皇，享有"地下的艺术殿堂"美誉。

新加坡地铁长期以来是安全地铁的代表。乘客可触之处，没有丝毫木质、天然纤维等易燃材料，车站内配有现代化的灭火救灾系统。为了保证乘客上下列车的安全，较早时期，车站便设置了透明安全幕门，仅在车门全部关闭之后，列车才会启动。

美国旧金山地铁堪称跑得最快的地铁，最高时速可达 128 公里。1989 年 10 月 17 日，美国旧金山海湾地区发生里氏 7.1 级大地震，地震导致海湾大桥桥板断裂，桥上交通瞬间瘫痪。可赞的是，地铁仍然可以畅通无阻，隧道内的两列对开列车没有受到丝毫影响。

六 结语

21 世纪将是地铁行业蓬勃发展的世纪。既不占用宝贵的城市土地，又为乘客提供了一个可以躲避嘈杂环境的庇护场所。乘坐过地铁的人，普遍感慨：与摩天大楼相比，地铁所带来的准时、便捷、环保、安全等体验使我感觉更加像一个现代人。

"锐意进取，上下求索"：感恩地铁老前辈们的奉献，敬佩他们的无畏之志；

　　"不温不火，点滴积累"：我们已经积累了丰富的投融资、建设和营运管理经验；

　　"厚积薄发，大步流星"：地铁的阔步建设之路，刚刚开始。

未来，城市将因"您"而立体可感。

第十章　中国物流

一　中国物流40年发展概况

我国的物流活动源远流长，从横跨东西的物流通道"丝绸之路"，到融通南北的物流基础工程"京杭大运河"，中国古代的物流活动始终闪烁着智慧的光芒，对古代经济的发展影响深远。尽管中国早期的物流实践成绩显著，但是现代物流的概念是从国外引入的。

20世纪初，物流业在美国悄然兴起，成为物流发展史上的新起点。20世纪70年代，两次石油危机相继爆发所引起的通货膨胀，给企业经营带来了许多难题，为了寻找新的利润增长点，政府和企业开始将目光投向物流系统。此时的物流业虽然在国外已经发展得比较充分，但在当时还没有引起国内相关部门和学者的重视，导致对该领域的研究并不多。1978年，出于对我国生产资料流通体制进行改革的需要，在当时的国家物资总局带领下，财政部、国家计委、部分省份的物资工作负责人和一些高校教授等一行十七人飞往日本考察物流管理模式和体制。随后，1979年中国正式引进物流这一概念。[①]1981年，得益于王之泰教授撰写的《物流浅谈》一文，文

---

① 中国物流与采购联合会：《中国物流年鉴（2002）》，中国物资出版社，2002。

中首次较为系统地论述了物流的概念、物流管理、物流的结构等，使物流被广大学者理解和重视，自此之后，物流这一新鲜词语开始频繁地出现在我国的各种论著及出版物中。20 世纪 90 年代初，邓小平同志的南方讲话和十四大召开成为我国进入市场经济体制构建阶段的里程碑。经济体制的转变极大地活跃了市场并激发了产业发展动力，国家为了加强对流通的管理，于 1993 年组建了国内贸易部，将原本独立管控的生产资料与生活资料流通问题进行合并管理①，并根据我国经济体制转变的目标原则，进一步深化了对流通领域的改革力度，使我国的流通体制既能与国际现代化物流接轨，又能与中国特色社会主义相融合。然而经济体制转型的过程中不可避免地引起了生产热潮的大规模爆发，生产规模骤增难以被有限的市场所容纳，由此导致生产与消费结构失衡，商品的库存压力达到峰值，我国物流发展落后不能与市场规模相匹配的矛盾日益凸显，加快发展我国物流业的需求迫在眉睫。

步入 21 世纪以来我国经济水平得到大幅度提升，尤其是在加入 WTO 之后，我国的对外贸易往来越发频繁，所吸引的外商在华投资逐年递增，世界加工工厂已经成为新时代中国的标签。面对崭新的局面，物流业在经济发展中所承担的职能也不同以往，新形势下物流业被赋予了更多的责任和使命。为了更好地应对形势变化，国家和地方政府纷纷出台保障物流业有序发展的政策文件来培育现代物流的幼苗，我国物流业便开始在这样的氛围中，在政府推动和市场拉动的双重动力下步入稳健发展时期。入世后的这一阶段对我国物流发展意义重大，它所带来的全新物流理念刷新了当时国内对物流产业的认知，同时也激发了人们对物流行业更多的需求和期待，原本默默无闻的物流产业一时成为各方宠儿。不但各级政府和企业深刻地认识到了物流的重要作用，物流也成为投资领域的一方热土，无论是在产业规划还是在物流基础设施建设等方面都深受关注。

---

① 《内外贸统一管理推动社会大流通》，http://app.zgswcn.com/print.php?contentid=51233。

2012 年十八大以来，在党中央提出的"创新、协调、绿色、开放、共享"五大发展理念的引导下，物流业掀开了发展的新篇章。这个时期的中国物流业有了全新的增长动力。物流，这个普通百姓以前并不熟悉的词语，现在已经成为人们生活中不可或缺的一部分。尽管我国物流业自引入至今已经实现诸多跨越性进展，但与国际上物流业较发达的国家相比，我国物流业在寿命周期中还是处于成长阶段（见图 10-1）。

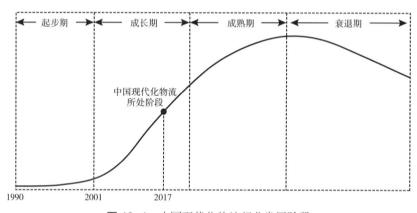

图 10-1 中国现代化物流行业发展阶段

资料来源：《2017 年中国物流科技行业研究报告》，http://www.askci.com/news/chanye/20171205/115956113367.shtml。

40 年改革之路，我国已经成长为世界第二大经济体和第一大进出口贸易国，取得的种种发展成就令世界惊叹。对现代物流的认识由个别概念深入发展到系统理论，从一开始依赖国外物流发展模式到逐渐总结出符合自身发展的模式，物流成为一个被普通群众熟知的概念和产业。回首 40 年，我国的物流业走过了从学习模仿中起步、在深入探索中曲折前行的发展道路，逐渐成为我国经济领域中不可或缺的重要服务产业，在其自身不断发展壮大的同时，也为我国经济发展与社会进步做出了巨大贡献，成为我国改革开放的重要成就之一。

二 物流市场发展状况

（一）物流产业规模

社会物流总额是指第一次进入国内需求领域，从供应地向接受地实体流动的物品的价值总额。这一概念既反映了物流产业对于我国经济增长的贡献水平，又体现了其他产业发展对物流业的依赖程度。1991 年我国社会物流总额仅有 3.0 万亿元，经过短短 20 年的发展，2010 年首次突破 100 万亿元，至 2015 年末，全国社会物流总额再次翻番达到 219.2 万亿元，年均复合增长 19.6%（见图 10-2）。

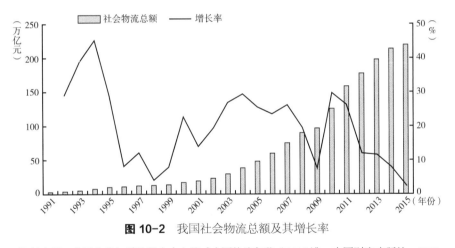

图 10-2 我国社会物流总额及其增长率

资料来源：中国物流与采购联合会主编《中国物流年鉴（2017）》，中国财富出版社，2017。

物流产业增加值指物流产业在一定时期内通过物流活动为社会提供的最终成果的货币表现，等于物流产业的总产值扣除中间投入后的余额，是反映物流业发展的核心指标，同时也反映了物流产业对国内生产总值的贡献。我国物流业增加值也随着物流业的发展趋势而持续增长。2000 年达到 6887 亿元，相比于 1991 年的 1851 亿元增长 2.7 倍，年均复合增长率 15.7%，2014 年物流业增加值达到 3.55 万亿元，相比于 2000 年，年均复合增长率为 12.4%（见图 10-3）。

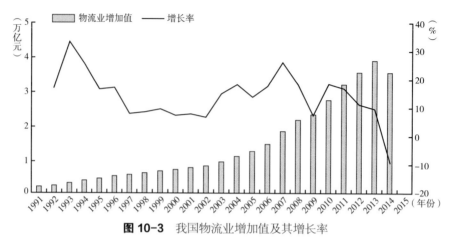

图 10-3 我国物流业增加值及其增长率

资料来源：中国物流与采购联合会主编《中国物流年鉴（2017）》，中国财富出版社，2017。

20 世纪 90 年代，我国在物流业的固定资产投资呈现高速增长态势，尤其是在 20 世纪 90 年代前期，投资额年增速高达 40%~80%。这种超高增长率出现的部分原因是改革开放初期在该领域投资严重不足。2000 年，全国物流业固定资产投资总额达到 3554.8 亿元，是 1991 年的近 10 倍。2001 年之后国内迈向工业化和城镇化的步伐明显加快，各行各业对加速资源流动的需求带动了物流市场的扩张，在国内经济形势一片大好的宏观环境下，投资领域开始把目光转向这个新兴的朝阳产业，物流业投资额开始进入常态化增长。2004 年、2006 年与 2009 年物流投资额的年均复合增长率均突破 30%。2006 年全国物流业固定资产投资额首次突破 1 万亿元，而 2010 年，投资额已达到 3.07 万亿元，比 2006 年增加了 2 倍。2015 年物流业固定资产投资额达到了 4.9 万亿元（见图 10-4）。

从物流业的各构成部分来看，对于物流业的固定资产投资大部分流向了交通运输业，其所占比重最高时于 2002 年达到 91.2%，此后便开始逐渐回落，2011 年占比为 68.1%。仓储业和邮政业所占比重一直较低，1991 年占比为 3.8%，到 2006 年之前所占比重一直在 5% 以内波动，2007 年之后开始持续上涨，2011 年达到了 9.3%。贸易业的固定资产投资所占比重从 1991 年

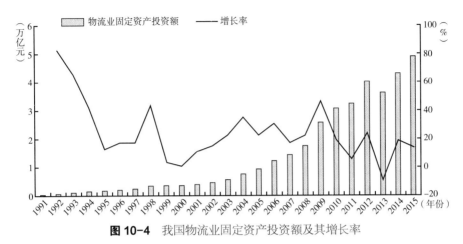

图 10-4 我国物流业固定资产投资额及其增长率

资料来源：中国物流与采购联合会主编《中国物流年鉴（2017）》，中国财富出版社，2017。

开始先降后升，2002 年达到最低的 5.1%，此后便逐步提升，2011 年达到了 22.7%。

（二）物流需求结构

社会物流总额的持续增长离不开各行各业与日俱增的物流需求。我们一般采用单位 GDP 的物流需求系数这一指标来测算国民经济发展对物流业的需求程度，它是指每单位 GDP 产出所需要的物流总额。1991 年我国单位 GDP 的物流需求系数为 1.39，而 2015 年便达到了 3.5，其间虽有所波动，但总体呈上升趋势，这一指标以定量的方式表明我国经济社会的发展对物流行业的依靠程度大大增加，也反映出现代物流业对我国工业化与城镇化进程的推动作用（见图 10-5）。

在经济体制转变之前，我国企业大多附属于行政机构而非独立存在，在当时特殊的经济环境下，企业的赢利和生存大都能得到保障，承担的竞争压力微乎其微，当时的企业并不会在意物流对于企业利润的影响。随着改革的逐步开展，企业也开始脱离行政机构而独立运行。一时之间，企业如同失去了保护伞，要独自面对市场生存压力，独立经营并自负盈亏。为

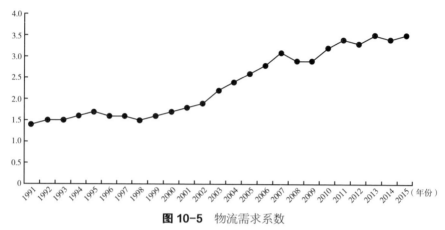

图 10-5 物流需求系数

资料来源：中国物流与采购联合会主编《中国物流年鉴（2017）》，中国财富出版社，2017。

了不在竞争激烈的市场中淘汰出局，企业通过缩减成本和提高产出效率来提升赢利能力之后，又将目光转向流通领域。此时企业开始意识到物流是企业的"第三利润增长点"，大规模的物流需求由此产生。在国有物流企业不断提升物流营运水平的同时，私人物流企业也开始出现发展的苗头，物流业不再受区域限制或作为企业的一个运营部门而存在，开始向社会化和专业化发展。然而此时的物流运作模式和物流企业还不属于现代化物流的范畴。20 世纪 90 年代之后，受国际贸易范围扩张的影响，国内生产资料的成本不断增加，企业肩上的成本担子越来越重，于是企业纷纷决定开源节流，在努力建立企业核心竞争力的同时进一步缩减运营成本，物流业务首先被考虑进来。在此之前，企业运输货物大多依靠自身的物资流通部门，维持该部门运营对每个企业来讲都是一笔不小的开支，专业化物流企业的兴起也让企业看到了物流业务外包的可能性，物流业务外包需求由此产生。

21 世纪初，我国的工业化进程迈入中期阶段，城市化的脚步也毫不懈怠。2001 年之后，在社会物流总额的各构成部分中，工业品的社会物流总额持续上涨，增长速度与以前相比也显著提升，由 2001 年的 16.37 万亿元增长至 2010 年的 113.1 万亿元，年均增长 23.96%。其余构成部分的社会物流总额

尽管整体维持增长态势，但与工业品的增速比较而言仍相去甚远。工业化和
城镇化过程中，各行各业的不平衡发展使其对物流的需求程度不同，进而导
致在物流需求上出现结构性差异（见图10-6）。从2001年到2010年，工业
品比重由84.18%增长至90.18%，农产品比重由5.29%降至1.80%，农产品、
进口货物、再生能源的占比都有不同幅度的下滑。

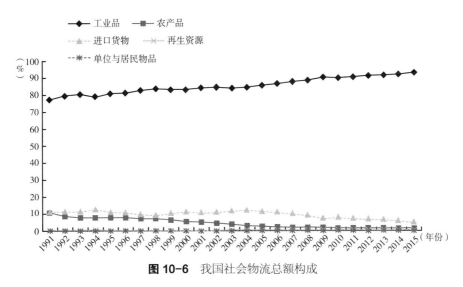

图 10-6　我国社会物流总额构成

资料来源：中国物流与采购联合会主编《中国物流年鉴（2017）》，中国财富出版社，2017。

　　"十二五"以来，随着国家优化产业结构战略的实施，传统产业转型
步伐加快，电子商务等新兴产业开始大放异彩，在此背景下物流需求结构
进一步优化，主要表现在如下方面。首先，由于部分工业产品的产能限制
（如钢铁、煤炭等商品），工业物流需求降低，2015年我国工业品的社会物
流总额虽然同比增长达到6.1%，但与之前相比增速明显降低。与此同时新
兴产业的物流需求增速加快，2015年我国高新技术产业物流需求同比增长
10.2%，比工业物流需求高出4.1个百分点，占比为11.8%。其次，我国通
过扩大内需以及增加消费来刺激经济增长的效果十分显著，受此影响，与
人们生活密切相关的消费类物流需求不断增加，2015年单位与居民物品的

物流总额同比增长高达 35.5%。最后，国际物流需求相对疲软。2015 年我国进口物流总额同比增长仅有 0.2%，若进口物流总额按现价计算，同比回落高达 13.2%。

（三）物流产业链

传统物流是指商品在流动过程中的各环节分别由不同的部门或企业负责，如甲部门进行产品运输后由乙公司进行装卸过程，再交由丙公司进行仓储。传统物流的主要特征如下。首先，传统物流的服务功能比较单一，仅仅提供点到点之间简单的位移服务，根据不同客户要求，通过汽车等交通载体将货物从一个仓库运至目的地。[①] 其次，传统物流在管理上更侧重单个环节的管理。由于传统物流在思想和运营模式上的约束，物流运行的各环节大多独立运行而非一体化运作。又因为承担传统物流各环节营运流程的企业并不存在利益冲突，对于物流全过程而言，难以形成标准化的管理与服务体系。最后，传统物流在信息化建设方面十分薄弱，对其进行管理的任务大多由人工完成，这样一来，多环节共同运作时就容易在很大程度上受人工因素的影响。

从引进物流概念至 21 世纪初，我国物流产业主要属于传统物流。传统物流成本过高、竞争能力不足以及信息化程度过低等弊端在改革开放过程中逐渐暴露出来，在我国的物流市场全面对外开放之后，传统物流俨然跟不上国际的发展形势。从 2001 年开始，现代物流正式在国内崭露头角。比较有代表性的标志就是物流工作的开展纷纷被各地方政府提上日程，我国第一份指导物流发展的文件《关于加快我国现代物流发展的若干意见》由国家经贸委等六个部委联合发出。

什么是现代物流？现代物流就是对传统物流的拓展和整合，它是将物流运行各环节综合为一体化，对物流全过程进行掌控的集成式管理。现代物流的主要目标是在减少物流成本的同时为客户提供更优质的服务。与传统物流

---

① 《传统物流与现代物流的区别》，https://club.1688.com/article/45750557.htm。

相对应，现代物流主要有如下表现。首先，现代物流拥有一系列现代化的硬件配置和信息化的软件配置，能够针对顾客要求进行定制式服务。物流公司的业务范围向两端扩张，提供的服务除了运输之外，还拓展了与之相配套的增值性服务（包装、仓储等）。其次，现代物流能够将各方资源进行有效整合，充分协调好物流各环节的运行和交替。它改变了传统物流中分散管理的营运模式，转而通过整体计划来应对内容各异的环节，这是全过程的管理和掌控，在结果导向的前提下力求全过程的费用最小化和效益最大化，进而实现物流公司与客户双赢的结果。最后，在互联网技术被物流业广泛使用之后，网络系统便成为连接物流各项业务的桥梁，通过网络一方面可以对物流过程进行更为精准的把控，另一方面也为物流公司的管理活动提供了便利。2017年物流产业链见图 10-7。

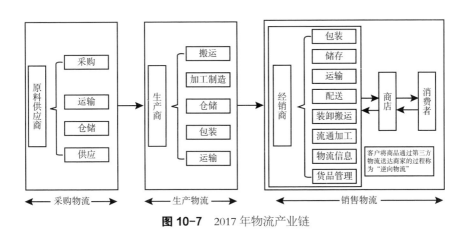

图 10-7　2017 年物流产业链

资料来源：《2017 年中国物流科技行业研究报告》，http://www.askci.com/news/chanye/20171205/115956113367.shtml。

（四）物流成本

20 世纪 90 年代，我国社会物流总费用较高且保持较快增速。1991 年，社会物流总费用为 5182 亿元，2000 年增长至 19230 亿元，年均增长 15.7%。其中，管理费用年均增长 18.5%，其增速高于运输费用的 14.9% 与保管费用的 15.7%。这一时期运输费用增速放缓主要有两方面原因：一方面，物流运输部门通过不断提高运输效率来降低运输成本；另一方面，激烈的市场竞争使一些运输企业采用不正当做法来影响市场价格。管理费用增速较高表明此时物流企业的管理效率较为低下，这是在传统物流运行模式下不可避免的。1991~2000 年，各年的社会物流总费用与 GDP 之比虽然不断降低，但都维持在 20% 以上。

进入 21 世纪以来，由于工业化与城镇化步伐加快，加之国际市场能源定价不断提升，我国社会物流总费用的增长速度再度上涨，2010 年我国社会物流总费用涨至 7.1 万亿元。2001 年至 2010 年，社会物流总费用与 GDP 的比重波动不大，一直停留在 18%~19%。2015 年我国社会物流费用达到了 10.8 万亿元，相比于 2010 年年均增长 8.8%，占 GDP 比重为 16%。我国的物流成本有两个显著特点：第一，与发达国家 8%~10% 的比重相比，我国物流成本占 GDP 的比重始终偏高，表明我国的物流产业仍待完善；第二，物流总费用中管理费用占比太大，发达国家管理费用与物流总费用的比重为 4% 左右，而我国这一比重始终在 12% 以上（见图 10-8）。

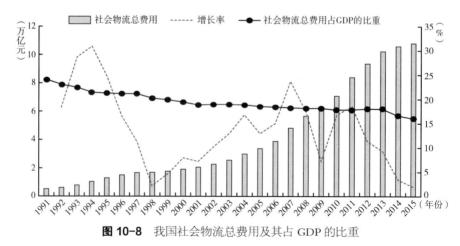

图 10-8 我国社会物流总费用及其占 GDP 的比重

资料来源：中国物流与采购联合会主编《中国物流年鉴（2017）》，中国财富出版社，2017。

物流成本过高并非单一因素造成的，而是多层面因素共同导致的，主要包含如下层面。从企业和要素层面上讲，第三方物流企业发展不足，并且彼此之间没有相互合作意识。同时，物流装备、物流技术等硬件设施和物流管理模式等相对落后，加上生产要素价格持续上涨，推动了物流成本升高。在体制与政策层面上，物流市场体制和管理体制有待完善，物流市场还未形成标准化的体系结构，同时在税收、交通等方面也存在部分政策问题，进一步加重了物流成本。在产业层面上，中国目前处于工业化中后期，产业结构不合理、产业转型升级较慢以及产业联动不足等特征明显，这种种现象的存在使得社会物流费用占 GDP 的比重较高。[①]

三 物流基础设施与技术发展

（一）综合交通运输体系

改革开放之初，由于国内交通运输的基础设施相对落后，已经远远不能满足我国经济迫切发展的需要。为了改善这种局面，政府开始增加交通运输方面的资金投入和扶持力度，多项措施齐头并进，交通运输体系也取得长足发展，交通运输限制经济发展的情况也得到初步改善。交通基础设施的改善，不仅满足了经济发展的运输需求，同时也节约了运输成本与时间，运输质量也得到了保证。我国五种基本运输方式的基础设施建设在 1992 年末都取得了阶段性进步，此时在物流运输中占主要地位的交通方式为铁路和水运，这两种运输方式货运量大、运输距离长的优势每年都为物流产业贡献了巨额货物周转量。尽管铁路运输与水运在货物周转量上相差不多，但随着水运的迅速增长，在货物周转量上的运输能力与铁路相比明显拉大；公路运输的货物周转量在 1984 年开始骤增，经过两年大跨越之后增速趋于平稳。21 世纪以前空运在物流运输中所占比例一直较低，原因在于空运成本太高，大部分商品不

---

① 陈丽华、郝兆伟：《中国物流成本为何过高？》，《中国经济报告》2013 年第 6 期。

会选择这种方式进行运输。截至 1999 年末，国内的综合交通运输体系大体上构建完成，物流产业朝着专业化和多元化迈进，以往的物流企业也随着计划经济向市场经济体制过渡的完成而越来越充满活力，同时以城市为中心的城乡一体的物资流通网络得到初步建立。

21 世纪以来我国的交通运输建设取得了跨越式的进步，多节点、全覆盖的综合交通运输网络初步形成，"五纵五横"综合运输大通道基本贯通，一大批综合客运、货运枢纽站场（物流园区）投入运营，运输装备发展不断升级，运输服务水平显著提升。[1] 拿 1999 年与 2015 年相比，2015 年全国铁路营业里程由 1999 年末的 6.74 万公里增长至 12.1 万公里，其中电气化铁路里程由 1.4 万公里增至 7.5 万公里，占总里程的 62%；全国公路通车里程达到 457.7 万公里，相比于 1999 年的 135.2 万公里增速颇高，其中高速公路里程更是由 1.16 万公里增加到 12.4 万公里，占总里程的 2.7%；内河通航里程变化相对不大，12.7 万多公里的总里程中等级内河航道占 52%，等级内河航道里程为 6.6 万公里；民用航空航线里程同样增长迅速，达到 531.7 万公里，民航机场的建设也同时跟进，现在已有 210 个；输油输气管道总长约 204 万公里；全国邮路总条数达 2.5 万条，邮路单程总长为 637.6 万公里，邮政普遍服务营业场所总数达到 5.4 万处，村邮站总数有 21 万个；快递网点建立 18.3 万处，网路总长度（单程）达 2370.5 万公里。

经过多年来的艰苦奋斗，我国在交通运输基础设施上取得了举世瞩目的成就，建成了由铁路运输、公路运输、水路运输、航空运输和管道运输五个部分组成的综合交通运输体系，为现代物流产业的发展奠定了必要的交通基础。

（二）物流装备

物流装备是指为了更好地实现物流活动目标，在物流运作的各个流程中所使用的各项设备和器具。主要包括运输装备、储存装备、装卸搬运装备、

---

[1] 中华人民共和国国务院新闻办公室：《中国交通运输发展》，《人民日报》2016 年 12 月。

包装装备、流通加工装备、集装单元化装备等。随着现代化程度的提高，越来越多的电子及自动化技术被应用到物流装备中，从而成就了多样化的物流设备，其科技含量和现代化水平也越来越高。目前我国现代物流装备的作用已经不仅仅局限于减轻人工劳动这一方面，人们对其提出了更高的要求，包括时效性、安全性和可靠性等。

1980 年以来，我国通过技术引进和与外企合作两种主要方式，不断弥补自身在物流装备制造方面的不足，大批成套的物流装备由此得以生产，我国物流装备的理论与实践方面得到很大提升。20 世纪 90 年代以后，现代物流概念的普及使人们更加看重物流装备在物流系统中所起到的重要作用，物流装备的应用范围进一步扩大。从 2002 年开始，物流装备以每年 30% 的整体增速远超同期我国 GDP 的增长速度。从 2002 年到 2013 年，中国叉车销量由 2 万台左右增长了 15 倍之多，总量达到 33 万台左右；托盘保有量由 1 亿片左右发展到将近 9 亿片；工业货架年出货量由不足 10 亿元的市场规模扩增至超过 55 亿元；自动化立体仓库保有量由数百座增长到将近 2500 座。然而此时的物流装备智能化程度并不高，主体仍是包括叉车、托盘等在内的普通装备。2013 年之后，我国物流装备的智能化进程进入高速发展期，智能穿梭车、输送分拣系统、感知与识别系统等一大批高科技设备成为物流装备市场的主力。[1]2016 年以来，物流企业对物流装备的投入再次加大，物流装备的更新越来越受到企业重视。

（1）叉车行业。虽然 2015 年国内叉车产量相对减少，但在市场调控之后叉车的增速明显提升，2016 年其产销量达到了历史最高。从中国工程机械工业协会工业车辆分会所统计的数据来看，2016 年叉车销售总量为 370067 台，同比增长 12.95%。当前国内叉车市场在波动中保持上升趋势，叉车产销总量也在不断调整中节节攀升。

（2）托盘行业。2003 年，托盘年产量为 3500 万片，到 2016 年这个数字

---

① 王继祥：《中国物流装备业发展现状与趋势》，《中国远洋航务》2013 年第 3 期。

上涨到 2.87 亿片，增长了 7.2 倍左右。托盘市场的增速在 2016 年有所减弱，不难推断低速增长和循环增长将成为未来一段时期托盘产量的发展趋势，托盘市场将迎来转型升级期。在绿色发展理念的指导下，新型托盘与环保托盘的增速最高，其中用于循环共用的高质量标准托盘增长更为显著。由于中国商贸物流标准化行动计划的推进，在此影响下，2016 年标准托盘产销量增速在各类托盘产销量中占据领先地位，以 13.5% 的增长速度远远高于托盘市场的整体增速。

（3）货架市场。在"一带一路"等重大项目的带动下，2016 年国家对基础设施领域的投资力度加大，钢材的市场价格也随之水涨船高，其价格的迅速增长也引起了货架行业的变化。在此情形下，2016 年货架市场销售额上涨明显，全年销售产值实现 100 多亿元，同比增幅高达 27%。然而货架出货量的增长率与去年相比却稍有下滑，原因在于货架市场的原材料价格上涨较多，但销售价格难以同步跟进增加，货架企业在利润方面并没有得到实质性增长，甚至部分货架企业的利润还出现下滑状况。近些年来，叉车、托盘、货架的耦合发展倾向越发凸显，货架市场出现的市场疲软和需求不振现象与叉车和托盘市场的增速下降有着莫大关系。此外，随着现代化配送中心和自动化立体库的加快推进，货架市场中与之相配套的立体库货架系统需求加大，相关企业也在此大环境中迅速发展。

（4）物流系统设备集成。2016 年国内物流系统设备仍保持较高增速，从年初开始，许多新建项目加入物流系统工程的行列中，自动化立体库市场十分活跃。在 2016 年末，3600 多座自动化立体库已在全国范围内建立起来，对该产品市场需求的增长速度达到 20%，平均每年新建立体库 550 多座。[1] 国内物流系统设备集成项目良好的发展势头，也吸引了一大批国外物流系统供应商的目光，他们在不断深化与中国合作的同时，对物流系统设备的本土化发展也起到了重要的推动作用。

---

[1]《2016 年物流装备业发展回顾与 2017 年展望》，https://baijiahao.baidu.com/s?id=1561459639775279&wfr=spider&for=pc。

（5）输送分拣设备。尽管 2016 年电子商务物流整体增速放缓，但全渠道的新零售模式发展相当迅速，在全民网购的市场环境下，快递包裹量仍然增速惊人，2016 年快递包裹量超过 313.5 亿件，同比增长了 51.7%。电子商务物流的爆炸式增长对物流输送分拣设备的工作效率提出了更高的要求，输送分拣设备在物流系统中的地位越来越重。根据相关统计数据，2016 年输送分拣设备市场增幅超过 20%，其市场规模已达到 50 多亿元。2016 年在电子商务物流发展的带动下，输送分拣技术不断更新并涌现了一批先进成果，其中，货到人拣选、交叉带分拣、货到机器人分拣、高速分拣等分拣技术发展最快。

（6）智能快件箱。过去的物流配送模式是以便利店和营业点为主的主动配送，由于其成本高、服务质量不稳定以及配送效率低等弊端，智能快件箱应运而生。作为缓解我国城市物流"最后一公里"问题的有效技术手段，智能快件箱在政府和企业的共同推动下应用范围逐步扩大。据国家邮政局统计数据，截至 2015 年 5 月，我国 50 个大城市已经安装了 3.1 万组智能快件箱，格口 118 万多个，50 个城市中通过智能快件箱投递的快件量达到了 1.13 亿件。

（三）物流园区

物流园区是区域经济和现代物流业发展到一定阶段的必然产物，既是区域经济产业集群的派生产物，也是产业集群空间集聚的一种表现。[1] 作为物流企业的载体，物流园区的产生、形成和发展有着深刻的内在规律性，是市场需求、产业关联、外部经济和比较优势等多种驱动力作用下的新兴物流业态。

随着改革开放的深入推进，区域经济被迅速激活并不断发展壮大，各类产业及其配套组织在区域内集聚之后，物流需求由此产生。随着物流服务需求的进一步增多，物流产业的存在方式也在发生变化，逐渐由配送中心过渡到物流中心，进而形成物流产业集聚的最终形式——物流园区。

物流园区开始登陆中国市场的标志性事件为 1999 年深圳平湖物流基地

---

[1]　楠方：《德国物流园区的发展历程》，《物流与供应链》2011 年第 3 期。

的提出，这是我国首次将物流园区的概念引入国内，物流园区从此在国内生根发芽。[1]1999~2001 年，物流园区首先在较发达地区发展起来。这一时期，物流园区在空间分布上主要集中于珠三角地区和长三角地区等沿海地区的主要原因在于沿海地区经济流动较快，对物流的需求量相对较多，此外，这部分地区市场化程度高，对物流园区这种新兴概念的接受与运用能力相对更强。2003 年，物流园区开始在全国范围内呈现大面积建设的场景，投资规模也达到空前的盛况，然而这种现象并非物流产业正常发展所致，更多的是部分政府和企业对自身需求认识不深刻，对物流园区的定位不准确所致。当时还存在一些不好的现象，如一味搞建设而不考虑当地的实际情况、盲目跟风等。好在政府及时发现了这些问题的存在，全国数十个省区市的政府部门开始针对这些问题来制定当地的物流发展策略，有效抑制了过度炒作物流园区概念的现象。之后，中国物流园区迎来调整期。经历过之前的过热现象，各地区对物流园区的规划建设变得十分谨慎，很多待建项目甚至在建工程都处于停滞状态，因此调整期的物流园区在数量上整体增长速度相对缓慢。

调整期过后，物流园区的建设步伐开始朝着科学规范的方向迈去。在理论层面，关于物流园区的理论研究不断深入，取得了大量的理论成果；在政府层面，规范了物流园区的总体发展目标以及阶段性任务，对物流园区的宏观调控政策初见成效。2008 年颁布的《物流园区分类与基本要求》，对物流园区的基本分类做出了明确说明，对各类型物流园区的相应要求进行统一，是规范物流园区发展方向的重要一步。2009 年国务院颁布了《物流业调整和振兴规划》（以下简称《规划》），进一步将"物流园区工程"列为九大重点工程之一，并对物流园区将来的发展走向和建设规模等做出了清晰说明，我国物流园区在之后的发展规划中都以此为基本依据。这也标志着我国物流园区的发展进入了全新的历史阶段，原本独立规划与建设的物流园区，在国家的

---

[1]　何黎明：《中国物流园区》，中国物资出版社，2009。

统一领导下逐渐朝着一体化方向发展，为物流园区的长远发展注入了新的动力。①

2015 年全国共有包括运营、在建和规划在内的各类物流园区 1210 家，与 2006 年的 207 家相比增幅高达 485%；与 2008 年的 475 家相比，增长了 155%；与 2012 年的 754 家相比，增长了 60%（见图 10-9）。

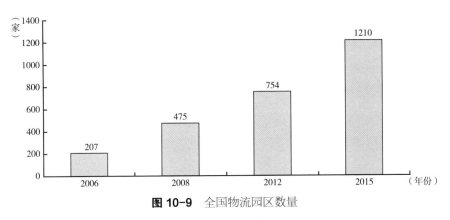

图 10-9　全国物流园区数量

资料来源：《第四次全国物流园区（基地）调查报告》，www.chinawuliu.com.cn/wlyq/201508/10/304052.shtml。

在区域分布上，北部沿海经济区物流园区达到了 216 家，与其他地区相比，该地区物流园区数量最多。其余分别是长江中游经济区 211 家、黄河中游经济区 175 家、东部沿海经济区 156 家、南部沿海经济区 135 家、西南经济区 132 家、东北经济区 111 家、西北经济区 74 家（见图 10-10）。

与此同时，包括重庆万州保税物流中心、宁波镇海保税物流中心以及陕西西咸保税物流中心等在内的多个保税物流中心，它们的验收与运行对国际物流和区域经济的发展起到了推动作用。除此之外，我国电子商务中心的建设进度也开始加速，一些地区建立了相关扶持政策与措施，尤其是对中西部和农村电子商务物流中心建设的扶持力度加大。随着电子商务在贸易全球化

① 陈丽华、刘忠轶：《中国物流园区发展机遇前瞻》，《物流技术与应用》2012 年第 10 期。

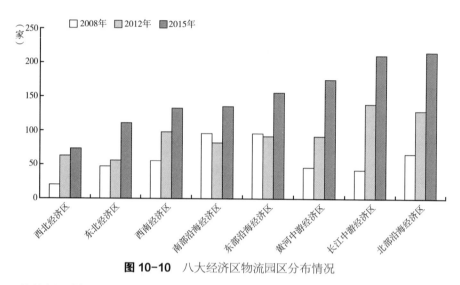

图 10-10 八大经济区物流园区分布情况

资料来源：《第四次全国物流园区（基地）调查报告》，www.chinawuliu.com.cn/wlyq/201508/10/304052.shtml。

中的广泛应用，跨境电子商务异常活跃，全国许多地区开始顺应潮流，纷纷开设跨境电子商务产业园区，一些企业开始投资建设专业的跨境电子商务保税仓库。这些行动对我国电子商务物流效率的提升都起到了至关重要的作用。

（四）物流信息技术

物流信息化即通过现代化的信息技术来提高对物流运行过程中各环节的管理与监督，以提高企业经济效益和核心竞争力的过程。[1] 现代信息技术能够对物流运行的各环节进行监控，通过将采集来的数据进行汇总分析，其结果可为领导人员进行管理决策提供重要的参考。物流信息化不仅能够降低成本，还可以提高管理效率，从而为客户提供更好的服务，这是促进现代物流业发展的重要因素。

经过近年来的发展，我国物流企业在物流信息化发展方面已经实现了巨

---

[1] 刘冰冰：《浅析我国物流信息化进程》，《对外经贸》2012 年第 9 期。

大飞跃，可用如下三个阶段来概括其发展历程。① 第一阶段，随着信息技术在全国各个领域内的广泛使用，以前长期存在的信息共享难、成本不易降低等问题得以有效解决，信息获取的便捷性使信息成为领导者进行有效管理的重要工具，物流企业开始意识到提升企业的信息收集、传输与分析能力便能提高企业效益。此时物流信息系统的工作重点主要放在信息获取与传输上面。第二阶段，企业在谋求利益最大化的过程中，更加注重压缩成本以及提升资金周转效率，对于物流的流程设计也更为遵从系统化和最优化原则，并据此提出了新的管理制度。此时的物流信息系统主要承担两种任务：第一是巩固改造后的新流程与新管理制度，确保其能够有效运行；第二是根据优化技术来进一步优化运行方案，如运输环节、配送方案的优化等。第三阶段，在上一阶段的任务有效实现之后，物流企业的供应链体系得到初步建立，管理方面也得到一定强化，此时物流信息系统的服务目的是对供应链进行深入优化，以提高整个供应链的竞争力。国内物流发展的时间相对不长，物流信息化的运用时间更短，致使国内物流企业与国外发达国家的企业相比，在信息化方面仍显得较为薄弱。值得庆幸的是越来越多的物流企业已经逐渐意识到了发展物流信息系统的重要性，并积极采取措施提升自身信息化水平。

在众多物流企业中，有两类物流企业的信息化发展速度最为突出：一类是资源整合类企业，如德邦物流，对于这类企业而言，信息化已经成为他们在市场中存活的必不可少的手段；另一类是产业物流，像服装、医药等专业化的物流领域，它们都在紧跟信息化的脚步，投入巨大的人力、物力来谋求信息化的转型升级。当下信息技术应用的身影在物流运行各环节中都能随处可见。

（1）在自动化设备中的应用。由于配送中心每天都要进行大量的货物拣选工作，要在种类繁多的货物中进行这样的操作，自动化设备技术必不可少，因此配送中心成为物流自动化设备技术的重点应用部门。② 国内部分行业（如超市、邮政）大多引进以下两种物流自动化设备。一种是拣选设备的自动化

---

① 赵皎云：《我国物流信息化发展现状与趋势》，《物流技术与应用》2013 年第 6 期。

② 郭成：《物流信息技术应用现状及趋势》，《中国储运》2007 年第 3 期。

应用。如上海市某超市的配送中心，通过自动拣选设备能够实时提供货物的类别及数量，从而大大提高拣选货物的效率。另一种是在货物拣选后的自动化分拣设备。通过在分拣机中安装识别设备，识别出货物所属类别并将其送入所属通道，减少了人工的工作量，提升了分拣效率。

（2）在控制和跟踪技术中的应用。物流控制与跟踪是指通过信息化的方法和手段，来定位物流载体以及货物流动地区，对整个过程进行监控与跟踪。物流跟踪的方法多种多样，一般而言，当前国内使用最为广泛的是全球定位系统（GPS）技术跟踪。全球定位系统重点通过对运输车辆进行追踪定位来确定货物的流通状态，从而及时控制物流活动的平稳运行。除此之外也可通过射频识别（RFID）技术进行阶段性跟踪，传统通信手段也在使用。

（3）在物流动态信息采集中的应用。面对愈演愈烈的全球商业竞争，商品的更新迭代速度越来越快，与之相配套的商品流通业务自然不能放慢脚步。这些变化的产生对物流服务的便捷性和准确性提出了更大的挑战，实时物流理念正是在这样的背景下被提出的。物流动态信息采集技术是指对动态的货物或移动载体自身携带的信息进行准确识别和快速读取，并对这些有价值的信息加以利用的技术，这些信息包括货物的名称、数量、重量，以及车辆的名称、牌号、位置等。在目前普遍使用的物流动态信息采集技术中，二维码技术使用范围最广，此外还有便携式数据终端、射频识别（RFID）、磁条（卡）、地理信息系统（GIS）等。

四 第三方物流企业的兴起

第三方物流即生产厂家将投资的重点放到自己的主要业务上，通过与专业化物流企业签订合同的方式，将伴随产生的物流业务委托出去，并利用各种技术手段保持对物流运行过程的监控，从而实现对物流全程进行管控的新型物流方式。

　　第三方物流始于改革开放初期，随着市场经济的发展，政府逐渐放宽了对于日常生产活动中生产及定价的管控。[①] 在这个过程中，生产要素的购入与产品销售的各方面权利都交由企业自行决定。商业企业出于对市场的判断，开始选择自己的物流配送手段。此时的物流活动，正在经历政策导向转往商品导向的变革。十四届三中全会召开之后，市面上的商品供应种类也逐渐丰富起来，市场状况已由"有啥买啥"的局面过渡到"缺啥买啥"，在整个商业领域逐渐复苏的过程中，部分传统的流通企业也开始考虑拓展业务和升级转型，从而使市面上出现了针对不同企业需要的物流公司。在这个时候，由于对民间资本投资环境的放宽，市场上也出现了非公有制物流企业、外资物流企业、中外合资物流企业等新兴事物，从而使现代物流企业与市场经济两方面的发展相辅相成，互相推动着彼此的进步。

　　在2005年之后，中国完全放开了对于物流行业的管控，这也吸引了国外资本的关注。一时间，外资物流企业凭借自身在本国物流行业中的先进运营经验，以及雄厚的资本实力，在中国招揽人才并取得了迅速发展。面对国外物流行业的侵入，国内物流行业面临的市场竞争环境更为激烈，兼并重组屡见不鲜，运营不好的企业只能被淘汰出局。政府为扶持我国民族物流企业，积极通过政策引导来打造有利于物流产业成长的外部环境。因此，中国第三方物流在萌芽阶段获得了充足的发育机会。在这一时期活跃在市场上的物流企业大致分为以下三类。

　　首先是外资集团下属的国际物流公司，其中的代表是丹麦有利物流公司。这些公司的一个优势是可以迅速与在中国运营的跨国公司中的那些老客户再次进行沟通合作，从而延伸服务。此外，国内物流需求高涨也为这些国际物流企业的本土化发展提供了可能，诸如联合包裹速递服务公司（UPS）等一批国际物流公司纷纷入驻中国物流市场。其次是由中国传统的交通、储运等企业通过拓展业务范围、更新营运模式而成的物流企业。其优势在于以往经

[①] 方静、陈建校：《我国第三方物流的发展历程与变革趋势》，《交通企业管理》2008年第7期。

营过程中与中国本土客户进行贸易往来时积攒的人脉资源，并借此拓宽用户范畴，从而达成建设中国本土现代物流企业的目标。最后是新兴的物流公司。其优势在于相较外资企业而言，它们更懂得中国的实际国情，了解中国人民与中国市场的真正需要；相较国内传统行业转型的物流公司，新兴物流公司有着先进的服务手段、管理模式和经营理念，从而在中国竞争激烈的物流市场环境下夺取了属于自己的一席之地。

物流领域从业企业数量的提升也推动了物流服务方式的进化。"十二五"期间，中国的物流企业凭借在技术与管理方面积累的实际运营经验，全面整合现有的物流资源，从而开辟了崭新的商业模式，如菜鸟网络打造的能够全面整合物流资源的平台模式，以及圆通速递等企业对加盟模式的优化等。

五 物流政策变化

十一届三中全会后，中国进行了伟大的改革开放，极大地推动了市场经济的发展，并在所有制结构的调整中做出了卓有成效的努力，为物资流通业务的发展提供了良好的市场氛围。1979 年 5 月，国家物资总局等部门联合发布了扩大企业自主权试点的文件。1981 年，国务院批准物资企业修改作价原则，这对于物资企业运营状况的改善以及整个物资流通产业的创新发展具有重要作用。1992 年，在邓小平同志南行，并确立了改革开放的发展总基调后，中国改革的步伐无比坚定地向前迈进，而与中国生产能力、建设能力、经济能力无法匹配的，便是物流行业相对落后的发展现状，这也引起了社会各界对于物流能力的关注。在 1992 年中国正式决定迈出市场经济的脚步后，原国内贸易部发布了《关于商品物流（配送）中心发展建设的意见》，将上海和广东这两大城市确立为试点区域，并提出试点城市的大中储运企业要以这些城市良好的经济基础为依托，进行物流的改造完善工作，建设现代化的物流中心。

1993 年，《关于建立社会主义市场经济体制若干问题的决定》的通过意味着中国经济体制改革又迈上了一个新台阶，我国市场经济建设处于一个崭新的历史方位，物流的发展状况也逐渐受到人们更多关注。在国家层面，政府出面对一些老仓库、运输公司进行整改，使其能跟上市场发展的步伐，同时鼓励社会资本组建属于自己的物流企业。1996年，原国内贸易部又发出《关于加强商业配送中心发展建设工作的通知》，同时提出了《商业储运企业进一步深化改革与发展的意见》，并草拟了《物流配送中心发展建设规划》。这些文件的发布将发展建设物流配送中心提上了日程，力图促进储运企业转型为更具有现代化特色的物流配送中心，对物流中心将来的发展路线及其步骤做了大体构思，即发展到2010年，中国将建成以大型物流中心为网络主体的全方位、完善的配送网络体制。伴随着市场化程度的加深，中国市场上竞争的氛围越来越浓厚，逐渐形成了买家市场。零售连锁型企业在综合成本方面的考量后，逐渐减少对于物流行业的涉足，并慢慢出售现有仓库，转向寻求市场中靠谱的合作商。这个过程也标志着中国现代物流产业的崛起。

2001年，国家经济贸易委员会、交通部等六个部门联合发布《关于加快我国现代物流发展的若干意见》的通知，在该意见的指导下，中国物流与采购联合会作为中国第一个跨部门、跨行业、跨地区、跨所有制的行业组织出现在世人眼前；同时为了对物流产业进行标准化运作，《物流术语》《中国物流年鉴》《中国物流发展报告》等一大批规范章程相继发布实施。各级地方政府也纷纷响应国家号召，针对本地区具体情况展开物流行业的调研，举办物流峰会、展览会等能够推动当地物流行业发展的活动。在"十一五"期间，国内大部分省份相继颁布《物流业调整和振兴规划》实施细则，建立符合地区特点的物流工作协调机制，成立了物流常设机构，并给予物流企业一定的财政福利，物流园区以及配送中心等物流节点一时间在国内遍地开花。2004年，国家发改委等九部委联合发布的《关于促进我国现代物流业发展的意见》被誉为指导当今国内物流业发展的纲领。而在后续的发展过程中，物流业作为新兴服务业被列入大力发展的名录中，并在"十一五"规划中明确提出要"大力发展现代物流业"，这也是物流产业首次进入国家级规划部署中。2009年3月，国务院颁布了关于全国物流业的专项规划——《物流业调整和振兴规划》，在该规划中，对物流行业的地位与作用进行了说明，并提出了"建立现代物流服务体系，以物流服务促进其他产业发展"的指导思想，同时也提出了十项主要任务、九项重点工程和十条政策措施。自该规划颁布后，各省份进一步加大了对物流行业的关注，物流从业人士感受到国家的利好后，也坚定了投身于物流行业的决心，从而促进了这一阶段中国物流行业的发展。

2014年6月，国务院常务会议讨论通过了《物流业发展中长期规划（2014—2020年）》，该规划将物流业明确定性为"基础性、战略性产业"。基础性表现在物流业对经济增长的巨大贡献。战略性表现在物流业对其他发展产业的引领作用，其他产业的发展离不开物流业的支撑，同时物流业的思想与技术也可以用于促进传统工农业的发展。保持物流产业的平稳运行，除了对国内经济增长意义重大外，同时也关系到我国的国际地位和竞争力。当前物流产业的发展呈现中央引导、地方补足的局面，中央通过颁布政策措施来引导物流行业的发展，各地政府在遵从中央原则的前提下，针对性地推出配套条例，大力推动交通物流融合发展以及多式联运、节能环保、物流业补短板和降本增效等。2016年对物流业影响较大的政策包括营改增试点全面扩围、无运输工具承运业务、道路通行服务开票资格获得承认。对运输车辆的治理也是物流业重要的一环，通过耗时长达一年的整顿，运输车辆的管理工作已取得了令人瞩目的效果。商贸物流标准化试点推进，标准化托盘扩大适用范围。作为物流的终端环节，物流寄递的安全方面也伴随产业升级有了更高的要求。全国现代物流工作部际联席会议积极发挥协调作用，协调各部门对物流业的政策环境进行提升，从而使各部门通力配合，进一步提升物流产业的产能。在物流业起步阶段，主要依靠政府带动其发展，而当物流业有了一定发展基础以后，其发展动力应该转向依靠市场的力量。由于物流行业所处的运营环境在中国可以被认定为完全竞争市场，因此它被认为是市场导向性产业，在中国推动物流发展的根本动力是唯一的，那就是市场的力量。

六 我国物流业发展展望

在物流需求与供给主体方面，工业品的物流需求始终占据国内物流需求的绝大部分。在我国供给侧结构性改革的大环境下，去产能、去库存工作不断深入推进，由此导致大宗商品（如钢铁、煤炭等）的物流需求增速不断减弱，进而对物流业的发展也造成了一定冲击。伴随着城镇化水平的不断提升，人们的消费欲望越来越强，消费占 GDP 的百分比更是逐年增长，网购群体和在线消费规模屡创新高，与社会消费配套产生的物流需求将继续保持较高增速发展。此外，当下汇率环境对我国出口贸易起到了一定程度的促进作用，尤其是对国内制造业的海外出口状况大有裨益，且有可能在一定程度上出现进出口物流需求的复苏。供给主体上，对套牌车、非标车辆等相关治理效果明显，公路的货运价格由"涨"声一片到渐趋理性，物流市场的标准化和规范化程度不断提高。铁路货运系统的更新为铁路货运市场注入了新的发展力量，同时对公路货运市场造成了部分影响，公路货运量向铁路货运分流的速度加快，再加上高速铁路速递广阔的发展潜力，将来可能共同导致铁路货运面临短期运力供应不足的局面。目前政府积极倡导多式联运的运输模式，物流业自身也在进行园区的功能拓展与服务更新，并通过组织联网的方式使产业集聚效应得以增强，这些举措为完善国内的物流服务体系提供了新思路。在"共享"发展理念的引导下，平台型企业也较过去迎来了更多的发展机会，从过去单打独斗的局面变为现在的产业生态共荣圈，为物流市场增添了崭新的活力。

在物流基础设施建设和资源要素方面，得益于 2008 年以来的大规模基础建设投入，当前中国的各大交通枢纽与交通方式的建设发展都稳中有升，各种运输方式间的衔接工作基本完善。我国进一步发展多式联运的各项要求已经满足，铁路与公路、海运的联合运输规模将会进一步扩大。中国目前已经是位居前列的对外投资型国家，这也为物流业进军国外提供了较好的机会。

我国物流业将继续加大海外市场的建设规模和投资力度，打造或收购包括重要港口和园区在内的重要基础设施，不断优化我国物流业的国际网络架构。伴随着京津冀交通一体化与长江经济带综合立体交通走廊建设的持续推进，不难推断，区域物流一体化在未来将大有可为。资源是影响成本的一大关键因素，当前中国的资本要素市场价格不断攀升，物流行业面临着日趋增高的成本。一方面，随着我国人口老龄化程度加深，劳动人口数量的降低使得人口红利基本消退，人工费用的上涨也给企业引进员工出了难题，企业用工荒问题愈发严重。目前物流机械化、自动化已成为行业大势，对物流从业人员的知识水平的提升也迫在眉睫。另一方面，政府对物流业用地的审批要求也在提升，增加了拿地的难度。原有物流用地随城市扩张加速缩减，存量物流用地资源紧缺。盘活存量土地资源，编织多层次节点网络，提升周转效率和集聚效应成为趋势。

在物流业发展方式转变及推动因素方面，由于传统物流市场发展速度逐步放缓，各个大小物流企业将通过并购重组等方式重新洗牌，目前位于前列的物流企业将不断增强实力，继续稳固其市场地位。加盟、平台等轻资产运营模式潜力巨大，在互联网思维影响下，将推动市场集约化发展的进程。同时，物流行业响应供给侧改革的号召，将发展的重点放到供应链方面，因此，大型企业的产业分工水平将再次获得提升。"绿水青山就是金山银山"，随着环保理念在整个社会的普及，绿色物流也将成为物流业发展的必然选择。在推动发展的因素层面，工业 4.0 的兴起与依旧蓬勃发展的第三次工业革命，对物流业所产生的影响是显而易见的。在国家提出的创新理念的引导下，"互联网+"高效物流将实现物流业与互联网的深度融合，新兴模式将在两者的碰撞中不断产生。传统的物流企业如果不能对产业技术和思维及时进行更新换代，将自身的发展与互联网的应用结合到一起，推动自身的发展与运营能力，则势必会被淘汰。随着人工智能技术的不断发展，智能硬件行业即将步入高速发展阶段，物联网、云计算、大数据、区块链技术在物流业加速普及且成效显著，智能仓库、仓储机器人、无人驾驶、无人机配送技术已经取得根本性突破。

从政策环境来看，随着《物流业发展中长期规划（2014—2020 年）》的实施进入关键阶段，各个部门所承担的任务也越来越重。随着物流标准化进程稳步推进，对物流各个方面的监管约束将进一步加强。现代物流工作部际联席会议制度所扮演的角色将更加重要，有序规范的物流政策环境正在逐步形成。2017 年中央经济工作会议把深入推进"三去一降一补"作为继续深化供给侧结构性改革的首要任务，促使企业从内部着手降低成本增加效益，而在降低成本上，除了要下大力气减税降费、降低要素成本、降低各类交易成本之外，物流成本也包括在内。由此可见，物流产业今后的工作重点仍在降低物流成本上，这也是物流企业存活于激烈的市场竞争中的必然选择。此外，要针对物流产业的体制问题和管理方式进行优化创新，业内企业也迫切要求进一步放松行业管制和政策约束，切实推动各项政策发挥它们的最大效用。

第十一章　中国旅游交通

一　旅游交通概述

（一）交通与旅游的关系

Les Lumsdon 和 Stephen J. Page 在 *Tourism and Transport: Issues and Agenda for the New Millennium* 一书中对旅游交通的概念予以讨论，认为"旅游交通"充分说明了"旅游"和"交通"的结合，但旅游与交通对彼此的重要性不同[1]，交通通达是旅游发展的前提，而交通不依靠旅游存在，交通本身也可作为旅游吸引物成为旅游的一部分。事实上，多数学者认识到交通是旅游的重要组成部分，对旅游具有重要作用。交通的便利程度影响旅游流的规模和方向，催生旅游新格局，加速实现旅游"时空压缩"效应，交通技术进步促进旅游发展。[2] 实证研究可知交通运输业相关指标如铁路建设投资额、营业公里数、运行速度对旅游总收入呈正向影响。[3] 交通运输业对旅游业的发展

---

[1] Lumsdon L., Stephen J. Page, *Tourism and Transport: Issues and Agenda for the New Millennium*（UK: Taylor &Francis, 2004）.

[2] 方磊、蔡寅春、加落木洛:《旅游与交通互助关系研究——基于面板数据的实证分析》，四川大学出版社，2015。

[3] 朱桃杏、陆军、朱正国:《基于脉冲响应函数的我国铁路交通与旅游经济增长的关系研究》，《铁道运输与经济》2015 年第 7 期。

具有显著的推动作用，在公路客运和航空客运达到一定条件下，旅游人数日趋上升，不同区域的旅客对航空客运、公路客运的依赖存在偏好差异。[①]

高速铁路近年来大规模建设运营，改变了人们的出行方式，其对旅游经济发展的作用受到重视。伴随中国进入高铁网络时代，高铁"时空压缩"效应对区域交通可达性格局产生重大影响[②]，对旅游空间行为、旅游市场需求和客源结构、旅游资源吸引力格局、与其他交通系统竞合、旅游产业结构、旅游空间格局等方面产生的影响更加凸显。

但旅游发展对交通运输业的作用往往易被忽视，仅有苏建军等人通过实证表明入境旅游能推动航空客运的增长。本章认为在旅游业迅速增长的背景下，自驾游、高铁游催生新的旅游交通方式，旅游客流量也成为交通发展的重要组成部分，交通行业应当重视满足旅游者需求，为旅游项目规划提供适宜交通通道，提升两者的耦合关系，促进交通运输业与旅游业融合发展。

（二）旅游交通的概念与分类

关于旅游交通的概念在理论方面尚未统一，Prideaux 认为应该从一个系统的角度去认识旅游交通，而不能将它看作旅游业服务的单独的个体。[③] 这个系统由方式、道路、中转地和技术构成。1993 年，杜学等人提出旅游交通的概念是一种为旅游者提供直接或间接交通运输服务所产生的社会和经济活动[④]，这一界定较为宽泛。吴刚等人指出旅游交通是指交通基础设施、设备以及运输服务的总和，其服务对象是旅游活动进行中的旅游者；它具有交叉性与共享性，交叉性是旅游与交通的融合，共享性是指带有不同目的的出行者

---

① 苏建军、孙根年、赵多平：《交通巨变对中国旅游业发展的影响及地域类型划分》，《旅游学刊》2012 年第 6 期。

② 汪德根：《高铁网络化时代旅游地理学研究新命题审视》，《地理研究》2016 年第 3 期。

③ Prideaux B.，"The Role of the Transport System in Destination Development," *Tourism Management*, 2017, 1, pp. 53–63.

④ 杜学、蒋桂良：《旅游交通教程》，旅游教育出版社，1993。

之间共享旅游交通及其他公共交通。① 卞显红等人对旅游交通的界定是支撑旅游目的地旅客流和货物流流进、流出的交通方式，路径与始终点站的运行及其之间的相互影响，包括旅游目的地内的交通服务设施的供给与旅游客源地交通连接方式的供给。② 也有学者认为存在广义和狭义的旅游交通，广义上说它是指人、物、信息、思想等在空间上的位移，目的是开展旅游活动；狭义上说是以人和物为主体的、以出发地到目的地以及目的地内部为范围的交通运输方式、交通设施、服务的总和。③

综上所述，本章认为旅游交通是旅游者利用某种手段和途径以实现空间位移的过程，核心是服务于旅游者的涵盖旅游全过程的交通线路、基础设施以及服务。同时，可将旅游交通业视为相对独立的产业，具有旅游业与交通运输业交叉融合的特征。

关于旅游交通的分类，主要有两种划分方式。其一，由旅游者从客源地至目的地的旅游交通、旅游景区交通、旅游景观交通构成。④⑤ 客源地至目的地的旅游交通，是指游客从客源地至目的地的空间位移。旅游景区交通，是指游客在目的地的不同景点内或景点间进行的空间位移，包括景区内的步行区交通、索道、各种游览车（船）、飞行器（直升机、滑翔机、热气球等等）；景区间交通是指连接不同景区的公共交通方式，也指景区间旅游专用线。旅游景观交通，是专门为旅游者观赏游玩和实现空间移动而设计的，同时也兼顾一部分公共交通，它的基本目的是吸引旅游者观赏游览，可以说其本身就是一种旅游项目，在实现旅游者空间移动的同时，也以中途停留和移步换景的方式实现了其旅游功能。同时，它也部分承担了旅游目的地当地居民的公共交通任务。

---

① 吴刚、陈兰芳、许岩石：《旅游交通发展的目标研究》，《综合运输》2003 年第 4 期。
② 卞显红、王苏洁：《交通系统在旅游目的地发展中的作用探析》，《安徽大学学报》（哲学社会科学版）2003 年第 6 期。
③ 周新年、林炎：《我国旅游交通现状与发展对策》，《综合运输》2004 年第 11 期。
④ 于行行：《旅游交通发展存在的问题及其前景分析》，《山东交通学院学报》2005 年第 3 期。
⑤ 龙琼、张蕾：《我国旅游交通发展评价及方向选择刍探》，《中国科技信息》2012 年第 23 期。

　　其二，从出行链出发，旅游交通包括城际（地区间）交通和在观光区域内的漫游活动。最为典型的跨地区旅游出行形式如图 11-1 所示。它是先从自家所在地 A 经过城际交通到达旅游目的地 B，在 B 地漫游观光以后，再经过城际交通回到 A 地。从这一过程中我们可以看出，该典型出行可以分为城际往复式（或称活塞式）交通和区域内漫游式交通两大部分。本章将采用图 11-1 的分类方式，将旅游交通分为城际活塞式交通与区域内漫游式交通，其中，城际旅游交通包含铁路、公路、水路、航空四部分。

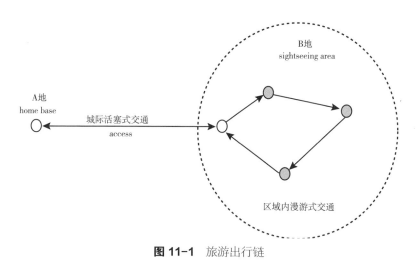

图 11-1　旅游出行链

资料来源：关宏志、任军、刘兰辉：《旅游交通规划的基础框架》，《北京规划建设》2001 年第 6 期。

二　旅游交通历史进程

（一）起步阶段运力相对滞后（20世纪70年代末~90年代初）

　　改革开放初期，我国旅游业开始起步，与西方国家先发展民族旅游业不同，我国对国内居民旅游采取"不提倡、不宣传、不反对"的态度，仅有小规模差旅与公务活动，将旅游业作为外交产业开拓境外旅游市场，如表 11-1

所示，1978 年我国入境游客为 180.92 万人次，到 1993 年已增加超过 20 倍，达到 4152.69 万人次；国际旅游外汇收入也迅速增加，由 1978 年的 26300 万美元增至 1993 年的 468300 万美元。

表 11-1 1978~1993 年旅游业发展情况

指标	1978 年	1979 年	1980 年	1981 年	1982 年	1983 年	1984 年	1985 年
入境游客（万人次）	181	420	570	777	792	948	1285	1783
国际旅游外汇收入（百万美元）	263	449	617	785	843	941	1131	1250
指标	1986 年	1987 年	1988 年	1989 年	1990 年	1991 年	1992 年	1993 年
入境游客（万人次）	2282	2690	3169	2450	2746	3335	3811	4153
国际旅游外汇收入（百万美元）	1531	1862	2247	1860	2218	2845	3947	4683

资料来源：国家统计局，http://www.stats.gov.cn/。

然而，这一时期我国旅游接待设施与交通条件十分有限，交通运输供给匮乏，难以满足境外游客的需求。我国幅员辽阔，高质量的旅游资源遍及全国，铁路、公路、航运等先进水平的交通基础设施总体数量仍相当有限，铁路只有 5.23 万公里，拥有公路的长度不及印度公路总里程，到 1992 年底只达到 105.67 万公里，其中高速公路为 78 公里，一级公路为 678 公里，二级公路为 627 公里，一般二级公路为 0.64 万公里，质量较好的铁路和高等级公路多布局在主要旅游中心城市之间和东部沿海省份。不少重要旅游中心的沟通耗费时间较长，如武汉和南昌的铁路长度仅有 340 公里，中途运行时间近 9 个小时。主要铁路、公路干线与旅游点的联系线路质量差、费时长。我国空港无论数量还是质量与经济、社会和旅游发展的需要仍有较大距离。从旅游交通设施来看，1992 年铁路共开行专线旅游列车 32 列，到 1993 年共拥有旅游汽车 52000 辆，旅游船 1100 艘。在旅游高峰期间，游客买票难、乘车难仍很突出。面积接近我国四川省、人口只有 3000 多万人的西班牙，1993 年接待外国旅游者 573 万人次，使用的交通工具 5% 靠小轿车、45% 则乘飞机进去。同这一水平相比，我国高等级公路和航空运输业差距极大。

交通运输的服务质量提高和改善也面临着考验。国家旅游局在 1993 年对旅游服务质量的各个方面进行抽样调查，调查结果显示，国内旅游者对交通持满意态度的占 54.1%，略高于餐饮、旅行社，远低于景点、娱乐、购物、住宿，与国家规定的高于 85% 以上的标准有较大差距；19% 的受访者持不满意的态度，与其他旅游服务相比，明显偏高，远超过国家标准 10% 的期望指标。[①] 供小于求、服务质量达不到规定的要求是旅客不满意的主要原因。少数乘务人员巧立名目乱收费，甚至敲卡旅客钱物，管理不严，治安和安全的漏洞使旅客忧心。在航运方面，对外营销正面宣传不够，也使我国国际旅游形象受到影响。

（二）发展阶段机遇挑战并存（20世纪90年代中期~21世纪10年代）

随着党和国家对旅游业发展的认识逐渐深化，旅游业由单一的外交功能转变为带动经济发展的重要产业。党中央在 1998 年提出旅游业是国民经济的新增长点。国务院于 2001 年发布了《关于进一步加快旅游业发展的通知》，提出要树立大旅游观念，充分调动各方面的积极性，进一步发挥旅游业作为国民经济新的增长点的作用。五年后的"十一五"规划纲要明确提出，要把旅游业培育成为国民经济的重要产业。

国家于 1998 年起发行国债，为基础设施建设提供资金来源，其中，近 70 亿元旅游专用国债在 2000 年至 2004 年发行；又于三年后发行 21 亿元国债支持国内红色旅游发展。

在千禧年之后，我国构建了现代化的交通运输网络体系，影响着人们的旅游出行，各地区为满足日益增长的旅游需求争相建设旅游线路，改革开放初期面临的供给不足问题在一定程度上得以解决。截至 2007 年，我国境内民用航空定期航班通航机场数量达到 148 个，定期航班通航城市也接近 150 个；铁路营业里程在全球范围内排名第三，为 7.8 万公里，全国公路总里程达

---

① 朱一兵、饶权：《我国旅游事业发展中的"长线制约"与"短线制约"问题》，《旅游学刊》1989 年第 1 期。

358.37 万公里，超过 10 个省级行政区的公路里程超过 2000 公里。值得注意的是，专为旅游供给的旅游包机、旅游专列等逐渐增加，成为交通行业不可忽视的组成部分。

在这一发展阶段，旅游交通也面临挑战。第一，旅游交通基础设施建设存在区域不均衡，[①] 相对于经济落后地区，经济发展基础较好的地区拥有更丰富的旅游交通资源，为其保持领先的经济地位提供了优势条件，而对落后地区而言，交通依旧是发展旅游业的限制因素。第二，作为与国计民生息息相关的重要产业，交通运输业一直保持国家垄断地位，但缺乏市场竞争和激励机制，致使其效率较低，服务质量不高，尤其是与西方发达国家和国际标准相比，仍有较大提升空间。第三，景区内交通规划不足，或未能满足游客出行需求，或建设过程中缺乏环境保护意识与可持续发展理念，大规模建设不合理的交通设施，对景区自然环境造成了一定程度的负面影响。

（三）腾飞阶段走向信息化立体化（21世纪10年代至今）

在大众旅游时代，旅游散客化和个性化的特征日益明显，旅游已经成为一种"自我设计的生活"。这一过程中，互联网技术的普及及其在交通领域的应用，使旅游交通走向信息化、立体化发展阶段，民航与铁路已使用电子订票系统，致力于旅游交通服务的网站不断发展。携程、去哪儿、途牛、同程等布局大交通业务，可全面提供铁路、航空、汽车票的售卖，不断创新旅游交通产品，满足游客个性化的交通需求。

全国正在形成立体化旅游交通发展格局，在集散中心、城市观光巴士、旅游景观公路、旅游交通标识标牌体系、休闲绿道、公共自行车系统等领域共同发展。

全国对旅游交通的关注度越来越高，各省区市均已认识到旅游交通对于发展全域旅游、扶贫开发的重要性。旅游交通客运、旅游交通接驳、旅游交

---

① 黄柯、祝建军、蒲素：《我国旅游交通发展现状及研究述评》，《人文地理》2007 年第 1 期。

通产品、旅游公路、旅游交通标识以及相关配套旅游交通服务设施等均已进入被高度关注状态，各地均做出了相应的理论研究和实践探索。对于旅游景观公路，国外有比较成熟的发展经验，我国也推出了一些特色旅游景观公路，例如恩施壁挂公路、终南山公路隧道、矮寨盘山公路等。海南甚至宣称要打造"会讲故事"的旅游公路。旅游交通标识标牌体系建设也开始受到关注。截至目前，宁夏回族自治区已维护更新了高速公路、国省干线、农村公路、城市道路及旅游公路出入口设置的 328 块旅游景点标志牌和指路标识，全区主干道路沿线千里绿色旅游长廊基本形成，成为展示"塞上江南美丽宁夏"的一道风景线。在旅游交通管理方面，大数据、信息技术仍存在发展空间。交通信息数据将在旅游部门实施应急救援管理、杜绝旅游黑车黑导、引导自驾车游客科学出行、为自助游客提供出行参考等方面助力；旅游信息数据将为交通部门规划路网建设、解决通往景区的道路拥堵、科学调度运营车辆等提供依据。

（四）未来展望：交通引领旅游发展

2017 年，交通部印发《全国红色旅游公路规划（2017—2020 年）》（以下简称《规划》），确定 126 个红色旅游公路项目，建设总里程约为 2442 公里。其中，中西部地区建设里程占比达 90.8%。

《规划》明确提出，要重点对现状四级以下的红色旅游经典景区景点出口路、直接连接和服务景点景区的三级及以下普通干线公路进行升级改造。共有 20 个普通干线公路项目和 106 个红色旅游专用公路项目纳入《规划》，涉及 28 个省区市，建设总里程约为 2442 公里。其中，二级公路约为 1214 公里，三级公路约为 1228 公里。从项目区域上来看，东部地区项目 20 个，建设里程约为 224 公里；中部地区项目 50 个，建设里程约为 873 公里；西部地区项目 56 个，建设里程约为 1345 公里。

根据《规划》，到"十三五"末，我国将基本实现所有红色旅游经典景区景点至少有一条三级以上公路衔接，50% 以上的红色旅游经典景区景点有二级以上公路（城市道路）衔接，景区与周边城区、交通网络的衔接更加顺畅，能够较好地满足游客出行的全方位需求，为推进红色旅游健康发展提供交通运输保障。

三　旅游交通发展现状

（一）铁路旅游交通

1. 发展态势

（1）高速铁路发展迅速，改变了旅游出行方式。近年来，我国高速铁路建设如火如荼，2016年营业里程超过2.2万公里。根据我国《中长期铁路网规划》，截至2020年，我国高速铁路运营里程将达到3万公里，2025年将突破3.8万公里，建成"八纵八横"高速铁路网。与此同时，其速度快、运量大、便捷安全的特征极大地改变了旅客的旅游交通出行方式，旅游节点可达性提升，减少旅游行程的交通时间成本，使得旅行者有机会将旅游时间投入更多旅游体验之中。对于时间价值较高的商务旅行者而言，高铁与航空相比，具有衔接时间较短、受天气影响较弱的特征，有利于商务旅行者时间控制及商务活动按时进行。对区域发展而言，"高铁+"成为热点旅游模式，合福"最美高铁"、贵广高铁、杭昆高铁等催生系列旅游线路，促使以高铁枢纽节点为核心的旅游经济圈逐渐形成，提升了区域旅游发展活力。

（2）铁路旅游服务质量提升，改善旅客体验。随着人民生活水平的提升与旅游需求的逐渐提升，我国铁路部门不断创新铁路客运服务方式，建设铁路信息系统，开通互联网订票与自助取票。各地方铁路局推出"旅游专列"，在旅游旺季运力不足的情况下，新增旅游列车对数。经统计，北京、上海、郑州铁路局每年开行旅游列车对数达100对以上，游客成为铁路客运增长的重要组成部分。同时，列车服务质量提升，观景座位、特色歌舞表演、特色餐饮、生活设施的提供改善了旅行者出游体验，原本枯燥无味的铁路乘坐时间变成丰富多彩的旅游体验时间。

（3）提升信息化应用水平，促进旅行便捷化。互联网与信息化改变日常生活的方方面面，对旅游交通的便利化也具有促进作用。我国铁路部门逐渐改变传统运营方式，引入互联网改善管理与服务。铁路客户服务中心，即12306官方网站上线，各企事业单位与个人用户均可通过网络查询信息并购票。铁路总公司构建的新媒体服务平台名为"中国铁路"，包括同名官方微博、微信、移动客户端、12306手机购票客户端以及"铁路同行小伙伴"APP，提供方便快捷的铁路服务，信息化水平不断提升。西安铁路局开展"众筹列车"活动，在微博平台发布有关信息，以定制化服务应对国庆假期客流高峰。此类信息化应用极大地方便了旅游者购票、查询等需求，有利于旅途舒适化和便利化。

2. 案例

合福"最美高铁"

于2015年6月开通的合福高铁一直被称为我国"最美高铁"，沿线地区风景秀丽，景区包括黄山、三清山、武夷山、婺源等，是"高铁+旅游"的成功案例。合福高铁线路开通的第一个月，已经达到每天开行动车组列车43对，平均客座率达96%，其中，福建江西两省共计发送旅客177万人次，最高单日发送旅客达6.2万人次，部分方向客座率高达100%，如福州往武夷山北、上海虹桥等。

国家旅游局的官方数据表现出高铁拉动旅游发展的作用，在合福高铁沿线上的福建省内四十余个景区的游客量平均增长超过20%，明显高于未开通高铁的其他景区。高铁旅游成为旅游新业态，激活了高铁沿线城市的旅游潜力，中短线旅游市场迅速升温，长线市场稳步提升。合福高铁开通一个月后，上饶车站发送旅客达47.93万人次，同比增长19.66%；婺源站发送旅客5.7万人次，婺源景区日均接待游客6000余人次，同比增长15%；福州三坊七巷游客总量达50万人次，同比增长11%；武夷山游客人数同比增长200%，单个周末游客达到6万人次。

安全、高速、便捷的交通优势和优美的自然风光相融，使合福高铁成为一条旅游精品线，休闲游、周边游、生态游、乡村游等旅游产业火爆兴起。

这一年，合福高铁对旅游业的拉动立竿见影。26 分钟交通圈，让古田县进入"环三都澳核心区"，为打造"省会后花园"提供了绝佳契机。2015 年，古田县接待游客首次突破百万大关。借助交通条件的改善，古田举办赏花、采摘等活动，2016 年上半年接待游客 75 万人次，同比增长 81.3%，旅游综合收入达 3.5 亿元，同比增长 52%，旅行社接待团队同比增长超过 500%。武夷山逐渐成为周边主要城市旅游的后花园，上海、北京、厦门至武夷山方向高铁动车平均客座率超八成，武夷山旅游呈现全年无淡季的态势，仅春节假期接待游客就达 34.13 万人次，同比增长 42.09%，旅游收入达 4.19 亿元，同比增长 48.05%。

截至 2015 年 6 月末，合福高铁安徽段累计输送旅客已达到 2008 万人次，日均输送 5.6 万人次。

除沿线风光之外，众多珍贵鸟类也是稀缺旅游资源，为观鸟者所厚爱，促使合福高铁沿线黄金观鸟带初步形成，为旅游经济发展增添动力。

合肥已经形成以快速客运铁路为主骨架的区域综合交通网络，合肥市作为长三角旅游经济副中心作用将更加凸显。合肥已依托高铁形成 1 个小时到南京、金寨、蚌埠、南陵，2 个小时到无锡、杭州、武汉、黄山、枣庄，3 个小时到上海、苏州、岳阳、济南、南通，4 个小时到北京、天津、长沙、南昌、福州，5 个小时以上到厦门、威海、成都、重庆、贵阳、南宁、沈阳的旅游经济交通圈，旅游经济辐射的影响范围进一步扩大。

"环游北疆"旅游列车

9 月，新疆喀纳斯迎来秋色最美的时节，乌鲁木齐开往阿勒泰、伊宁方向的 Y953 次旅游列车上人潮涌动。截至 2017 年 9 月，"环游北疆"旅游列车已开行 200 列，运送旅客达 27.4 万人次。

2017 年以来，新疆铁路部门持续推出"坐着火车游新疆"旅游品牌系列产品。自 6 月 15 日开行首趟"环游北疆"旅游列车以来，新疆铁路部门根据游客需求，优化设计旅游线路，完善娱乐休闲设施，满足旅客的个性化服务需求。随着"环游北疆"旅游列车的开行，乘坐火车前往喀纳斯旅游成为很多游客的首选，旅游列车让景区旅游热潮提前到来。自 8 月开始，喀纳斯景区游客数量大幅提升，涨幅达 40%，单日游客数量连续突破 3 万人次。

"环游北疆"旅游列车的规模化开行，发挥铁路交通网优势，构建"旅游景区大联通、游客出行大公交、旅游列车大循环"的"铁路 + 旅游"融合联动发展新模式，用旅游列车把北疆最美的旅游资源、精品旅游线路串联起来，提供出行"一站式"服务。游客组团环线、私人定制、自由行等多样性需求得到满足，倡导深度游、体验游，推动新疆旅游向全域化旅游转型发展。

新疆铁路部门在开行旅游专列的过程中及时了解旅客需求，动态完善产品设计，做好定期出行的常规旅游团的服务工作，并于 7 月推出了 6 晚 7 天、8 晚 9 天两种行程的精品环线旅游团，实行导游随团一站到底，受到游客热捧。多样化的旅行路线满足了疆内外游客短途游、自助游需求，旅客可以借助列车顺、逆时针环线开行的特点，中途上下，自由组合旅行线路，实现长短途兼顾，列车开行以来，客流量居高不下。

在旅游设施方面，"环游北疆"列车提供餐吧车、休闲车、淋浴车、餐饮、无线 WiFi、健身等高端设施，使旅客拥有便捷舒适的旅游环境。列车也为家庭集体出游的旅客提供包厢，深受广大游客好评。与此同时，坚持服务标准高铁化，按照高铁客运服务标准选拔的 142 名乘务员，经过业务知识、作业标准、礼仪举止的重点培训后才正式上岗值乘。在值乘中，列车乘务员主动与旅客交流，推出的导游、舞蹈、翻译等特色服务深受旅客欢迎。当遇到列车上儿童较多时，列车乘务员主动加强安全知识的宣传，及时提醒家长看好孩子，为重点旅客送水到座，充分做好铁路旅游服务工作。

新疆铁路部门积极开拓旅游新线路，将"环游北疆"精品旅行团的首站放在喀纳斯，铁路部门同时设计了喀纳斯加禾木村、五彩滩、可可托海等新线路，促进铁路运输与旅游发展充分融合，使交通带动旅游经济发展。

（二）公路旅游交通

1. 发展态势

（1）注重公路旅游资源开发，风景道蓬勃发展。我国旅游公路发展初期只具有景区连接功能，旅游业的蓬勃发展，使得公路旅游资源被逐渐开发，按照资源类型划分主要包括人文旅游资源公路、自然旅游资源公路以及兼具自然与人文资源的旅游公路。以此为代表的风景道事业迅速发展，融合了经济、社会、生态功能，备受重视。风景道指的是一条土地所有权公有的，具备风景、历史、休闲、文化、考古、自然六大品质的道路，该道路不单指道路本身，还包括道路两边视域范围内的廊道风景。风景道不仅是重要的交通通道，也与周边各类旅游资源相融合，成为体验性强、感知力强的旅游产品，丰富了旅游市场供给，促进自驾游的兴起。2016 年 12 月，国务院在《"十三五"旅游业发展规划》中提出要打造 25 条国家生态风景道，作为优化空间布局、构筑新型旅游功能区的五大重要措施之一。在此基础上，各地方积极打造旅游风景道，如京津冀蒙"环京津冀千里草原旅游大道"，湖北及安徽提出要建设大别山国家级跨省风景道，河北的"国家 1 号风景道"、"千里太行"、"浪漫渤海"、"京承皇家御道"和"京西百渡"5 条品牌风景道等。

（2）自驾游快速增长，私家车成为主要旅游工具之一。随着移动互联网技术的普及与汽车保有量的上升，自驾游以其小规模、私人空间大、体验性高的特征赢得了游客的青睐。据中国旅游研究院统计，近年来我国自驾出游人数不断提升，成为我国散客出游的主要组成部分，在 2015 年国内旅游的 40 亿人次中，自驾游游客占到 58.5% 以上，达到 23.4 亿人次。预计到"十三五"末，我国自驾游人数将达到 58 亿人次，约占国内旅游人数的 70%。2017 年"五一"及"十一"期间，全国自驾游（跨市）游客达到 3213 万人次。除游客数量庞大外，双节期间自驾游客平均出游时长达 54.44 小时，平均出游距离达 234.87 公里。可见相较于往年单一国庆假期，2017 年双节假期使游客有了更充裕的出游时间，出游距离也相应增加。

交通设施的完善是自驾游发展的必要条件，高速公路服务区、自驾游营地、景区汽车维修站等的建设、更新与改造不断满足自驾游旅客的行车需要，自驾游线路更为丰富，西部地区自然环境差别较大，人口相对稀少，旅游资源丰富，自驾游线路逐渐开发，增长势头强劲。同时，房车市场得到发展，内部空间更大、更为便捷宜居的房车出现，房车旅游热度上升，此类交通工具的创新与进步为公路旅游带来契机。

2. 案例

海南环岛旅游公路

2016 年，海南省交通运输厅编制了《海南环岛旅游公路实施方案》，计划全面推进环岛旅游公路建设，打造交通、旅游和生态保护有机结合，旅游服务设施完善的环岛旅游公路，结合国际机场、环岛高铁共同构建"快进慢游"的旅游综合交通网络，形成交通运输与旅游融合发展的新格局。环岛旅游公路主线规划总里程约 888 公里，主线利用原有道路及已建成道路里程约 477 公里，在建道路里程约 138 公里，新改建道路里程约 273 公里。支线规划新改建里程 73 公里，覆盖沿线尚未联通的旅游资源。环岛旅游公路贯穿海口、文昌、琼海、万宁、陵水、三亚、乐东、东方、昌江、儋州、临高、澄迈等沿海 12 个市县和 1 个国家级开发区，有机串联沿途 9 个旅游小镇、37 个产业小镇、50 余个旅游景区和度假区，建成后将助推全域旅游示范省建设。环岛旅游公路的建设以休闲慢游为目的，将在沿路设置若干个观景台路、休闲小咖啡屋、旅游服务设施、景观绿化等，为旅客提供高质量公路旅行体验。集大海、沙滩、山岭、半岛、内海、河流、港口、田园等多种风光于一体，将突出观光旅游、休闲度假和生态景观三大特色，沿线将布设慢行功能车道，为旅行者提供多形式的户外运动，布设观景平台与小型停车场，满足旅行者观光与休闲需求。同时，根据区域发展特点以及不同风景、不同背景设计不同的主题，赋予旅游公路更多人文内涵和故事。到 2020 年，新改建旅游公路达到 1000 公里以上，基本建成环岛滨海旅游公路，17 大旅游景区和 22 个旅游小镇通达率为 100%。

2016 年，海南省公路运输发展迅速，公路运输客运量、旅客周转量、货运量、货物周转量分别完成 9920 万人次、75.4 亿人公里、1.1 亿吨、76.1 亿吨公里。据有关部门统计，海南岛利用私家车入岛旅行的旅客超过 1/3，公路旅游成为海南主要旅游方式之一，旅游公路建设将极大满足该部分旅游者需求，助推全域旅游发展。

（三）水路旅游交通

1. 发展态势

（1）水路交通旅游功能增强。由于航空客运在远距离客运方面具有快速、安全、舒适的优势，水路客运无法与之竞争，以交通位移为核心的水路客运消失殆尽，转化为以度假休闲为主要目的的旅游观光行为。短途渡轮、游轮或远洋游船均被纳入水上旅游的主要产品，为旅游者带来与陆上交通截然不同的旅游体验，其旅游功能远大于交通功能，较少考虑交通可达性与时效性，注重交通行程中高质量、高标准、高娱乐的服务。各地开发水路旅游积极性高，绍兴、厦门、三亚、桂林等地纷纷开设水上旅游航线，水路旅游交通发展潜力巨大，各层次需求总体上仍有待挖掘，以充分发挥水路交通的旅游经济带动辐射作用。

（2）邮轮产业上升，集中竞争走向分散化。数据表明，中国在世界邮轮经济格局中的地位与日俱增，国际市场份额从 2006 年的 0.5% 增长到 2016 年的 9.6%，2016 年我国在线邮轮市场收入规模突破 18 亿元，邮轮旅游游客数年均增长率达 30% 以上，远高于世界平均增长率 8%。根据 2017 年 1 月中国交通运输协会邮轮游艇分会数据，2016 年我国邮轮出境旅客达 212.26 万人次，首次突破 200 万人次，位居全球邮轮游客数量的第 8 位，同比增长 91%，而邮轮入境境外旅客达到了 13.87 万人次，同比增长 8%。以中国为代表的亚太地区邮轮市场需求激增，推动以大型豪华邮轮为代表的邮轮产业进入"黄金时期"。国际邮轮企业协会（CLIA）预测，未来十年中国有望成为世界最大邮轮旅游市场，国际邮轮经济将进入中国时代。目前国内邮轮产业仍在起步阶段，主要集中在中、下游环节，集中在邮轮包船运营、邮轮游客接待等辅助环节，存在较大运营风险，受外界环境干扰较为明显。同时，邮轮市场过于集中引发过度竞争问题，2016 年以上海港和天津港为母港的邮轮占比超过70%，其中上海港占 50%，成为亚洲最大的邮轮港口城市。同时，广州南沙母港、深圳太子湾两大邮轮母港先后投入使用，推动珠三角地区邮轮旅游发展，在政策支持下，厦门、三亚等地纷纷增加邮轮投放，国内邮轮产业逐步走向空间分散化。

2. 案例

大连国际邮轮中心

大连港是中国最早接待国际邮轮的港口之一。在十余年的时间里，每年都有十几艘国际豪华邮轮靠港，但是一直没有成为国际邮轮始发港。东北及内蒙古一带的游客如果乘坐豪华邮轮出境旅游，需要辗转天津或上海等港口登船。借助东北亚国际航运中心建设的契机，大连港集团创新经营模式，自2016 年 10 月开始对大连港区的两个泊位进行改造，对航道水域进行了疏浚，并将具有上百年历史的 22 库升级为客运候船厅，全面启动了国际邮轮中心建设。2016 年 6 月，初步具备了大型邮轮的接靠条件。

2016 年，大连港国际邮轮中心正式开港运营，标志着大连港正式步入国际邮轮始发港行列。"海洋神话"号是大连港始发的第一艘国际豪华邮轮，标志着大连港正式进入国际豪华邮轮始发港行列，经过一年紧张建设的大连港国际邮轮中心正式开港运营。2017 年，继"维多利亚"号、"辉煌"号等多艘大型国际邮轮相继在大连港始发后，国际豪华邮轮"抒情"号从大连港始发。大连港已迎来邮轮到港高峰期，国际邮轮始发航次数量再创新高。

据介绍，此次始发的"抒情"号是该邮轮今年第四次从大连港始发，累计有近万名游客乘坐"抒情"号去往日本。其中，在 9 月 12 日的始发航次中，"抒情"号搭载出港旅客 2510 人，创下了大连港国际邮轮中心成立至今出港旅客历史新纪录。

　　除"抒情"号外，"维多利亚"号、"辉煌"号等多艘大型国际邮轮 2017 年在大连港始发 15 个航次。其中，"辉煌"号在大连港始发共计 13 个航次，"维多利亚"号始发共计 2 个航次；共接待国际挂靠邮轮 3 个航次，分别为"娜蒂卡"号、"七海航海家"号以及"世鹏旅居者"号。

　　邮轮经济效应已经开始快速延伸到大连市旅游行业的各个环节中，拉动效应初步显现。以"抒情"号 2016 年数据为例，在该轮五个航次进出大连港的 21152 名游客中，外地游客选择酒店住宿的达 8000 人，并产生了餐饮和购物等旅游消费；约有 3000 名游客选择顺便前往大连的著名景区游览，使相关行业从中受益。初步估算，到 2020 年，大连国际邮轮中心可为城市带来两万个就业岗位和百亿元的税收。

（四）航空旅游交通

1. 发展态势

　　（1）创新旅游产品，构建多样化航空运输。随着我国低空领域的逐步开放，低空旅游市场得到一定程度的发展，低空旅游交通方式开始进入人们的视野，并形成新型旅游产品，如直升机旅游项目，丽江、北京、厦门、杭州、三亚等旅游城市均设有直升机观光游览服务。航空方式本身成为旅游产品，丰富了旅游市场，为旅游者带来不同的旅行体验。"通用航空＋旅游"的新商业模式也成为旅游与通航产业协同、健康快速发展的推动者，促进旅游产业结构转型升级。与此同时，航空旅游业需求潜力巨大，利用小型飞机、直升机航空开展观光旅游逐渐兴起，除此之外，诸如通勤飞行、个人娱乐等航空消费也呈上涨态势。通用航空具有机型小、成本较低、起降场地要求较低的优势特征，是提升地理位置偏远但景色优美的景区可达性的有效方式。

　　（2）航空枢纽分级化，推进旅游发展。2017 年 2 月 13 日，国家发展改革委与中国民航局联合印发的《全国民用运输机场布局规划》提出中国机场规划建设发展目标为：2020 年，运输机场数量达 260 个左右，北京新机场、成都新机场等一批重大项目将建成投产，枢纽机场设施能力进一步提升，一批支线机场投入使用。2025 年，建成覆盖广泛、分布合理、功能完善、集约环保的现代化机场体系，形成 3 大世界级机场群、10 个国际枢纽、29 个区域枢纽。京津冀、长三角、珠三角世界级机场群形成并快速发展，北京、上海、广州机场国际枢纽竞争力明显加强，成都、昆明、深圳、重庆、西安、乌鲁木齐、哈尔滨等国际枢纽作用显著增强，航空运输服务覆盖面进一步扩大。

以大型国际枢纽、门户枢纽和区域性枢纽为龙头，大力提升枢纽机场中转功能和中小机场的输送作用，对于完善大型国际枢纽航班分流补偿机制，优化航权、航线、航班时刻结构，增加国际航线覆盖面和国际中转比例具有重要作用，也对区域旅游市场产生重要影响，形成不同层次范围的旅游经济圈，为国际旅游及国内长途旅行游客构建多层次航空旅游交通网络。

2. 案例

云南航空助推旅游

在《云南省旅游产业发展和改革规划纲要（2008 — 2015）》中，明确指出要积极探索开展小型飞机、直升机旅游。在政府部门的大力支持下，云南省航空旅游业已经获得长足的发展。结合自身资源优势与云南"航空强省"战略，鼓励机场规划建设，到 2015 年，已有 12 个民用运输机场和超过 40 家航空公司开始运营，其中昆明长水国际机场是关键的国际化枢纽机场，开通了始发航线 332 条，其中国内航线达 281 条、国际和地区航线达 51 条，通航城市达 132 个。由此，云南省构建了省会昆明位于核心位置，向我国一线、二线城市辐射并与周边国家联系紧密的航线网络。除此之外，云南省致力于国际旅游航空市场，计划与东盟十国、南亚七国首都机场开展合作，将开通到各个国家首都与主要旅游城市的航线。到 2020 年，为使近九成的人口都能够享受到航空服务的舒适体验，将建设民用运输机场 20 个，开通航线 400 余条。

2017 年 5 月举行第五届云南航空旅游市场推介会，云南机场集团与省旅游发展委员会签订了《支持云南通用航空发展战略合作协议》，共同推动云南航空旅游市场持续健康发展。

推介会上，云南机场集团还与友和道通集团签订了战略合作框架协议，共同打造货运门户机场。友和道通集团将在昆明机场投放 3 架全货运飞机，并陆续开通昆明至南亚、东南亚地区的货运航线。

根据《支持云南通用航空发展战略合作协议》，云南机场集团将联合省旅游发展委员会，统筹协调与航空公司、旅游产品及相关产业间的产品设计、资源整合，共同加速云南航空旅游产品国际化进程。

江西航空旅游

中航工业昌飞直升机婺源低空游活动于 2017 年 3 月正式启动，游客登上 AC311 直升机，在两三百米的高空，观赏婺源油菜花美景。随着旅游业朝气蓬勃的发展，以空中游览为主要方式的国内航空旅游项目也进入人们的视野并迅速兴起。目前，中航工业昌飞已相继在南昌、景德镇、井冈山、婺源等地建立了直升机运行基地，并成功开展了空中游览、空中婚礼、公务飞行等通航业务。

江西丰富的自然风光与人文景观，拥有完备的直升机产业优势，已使旅游市场成为通用航空事业发展的重要组成部分。中航工业昌飞积极与各景点合作，创新运营模式，拓展旅游产品和市场。通过开展空中游览项目，既能够展示江西优质旅游资源的独特魅力，又将新型低空观光娱乐活动融入其中，推动江西省航空业与旅游业走向新时代。

（五）区域内旅游交通

1. 发展态势：公共交通完善旅游功能促进城市精品慢游

优先发展城市公共交通，积极发展城市轨道交通、快速公交系统（BRT）等多种形式的大容量公共交通方式，公共交通系统应当具有安全、便捷、经济的本质特征，既是发展绿色交通的基本要求和保障人民大众交通权益的需要，也是大众旅游时代背景下推动城市旅游发展的需要。为此，近年来诸多城市或旅游景区推出旅游公交、旅游巴士，将区域内主要旅游景点串联起来。携程也推出了游客出行新方式——超级巴士。"超级巴士"是以巴士价格提供专车服务，主要用于商旅客人的接送机、接送站，拓展了获客渠道，提高了服务竞争力。

随着共享单车热潮在国内兴起，城市内"单车＋旅游"模式受到大众游客的青睐。以北京什刹海烟袋斜街为例，据统计，上午十时至十时三十分，有超过百辆共享单车从路口经过，平均每 20 秒一辆。共享单车进驻旅游区带动了城市老城区旅游业发展，不仅利于降低环境污染，还能更快到达短途周边目的地，提高游玩效率及体验度。事实上，共享单车解决了城市旅游交通中的诸多问题：一方面，游客旅游交通出行中"最后一公里"可由共享单车完成，更便利了游客交通出行；另一方面，有助于实现快旅慢游，对于很多规模庞大的平原类景区，或者长距离的线性景区等，共享单车可以帮助游客实现慢游的深度体验，延长游客逗留时间，增加旅游收入。另外，共享单车可适度缓解旺季时景区周边的拥堵现象。

2. 案例

北京公交旅游

2017 年 1 月，北京市开通多条公交旅游线路，截至 8 月 21 日，旅游公交线路已累计接待游客 408673 人次，其中旅游公交 1 线发出 8436 车次，接待游客 387057 人次；旅游公交 2 线发出 776 车次，接待游客 11957 人次；旅游 3 线发出 564 车次，接待游客 9659 人次，实现了旅游出行零投诉。3 条旅游公交线路，形成了前门、天安门、八达岭长城、十三陵等景区的旅游闭环线路组合。

共享单车进入旅游业

乌海市拥有丰富的原生态类型旅游资源，整个城市依山傍湖，又被沙漠环绕，自然风光优美，集大漠、湖泊、黄河、湿地、戈壁、奇山等自然景观于一体，是一个适合"骑游"的城市。与此同时，乌海市位于黄河上游，东临鄂尔多斯，西接阿拉善，北靠巴彦淖尔，西临甘肃省，是华北与西北的接合部，地理区位优势明显。深度开发乌海市资源，让乌海变成一个时尚、休闲、具有活力的旅游度假综合体，同时加强旅游交通规划管理，构建旅游服务体系，将成为乌海旅游发展必由之路。

在乌海市与 ofo 合作的基础上，借助 2017 年法国 PBP·乌海湖环湖骑行大赛举办契机，结合乌海旅游体育局与 ofo 各自优势，双方计划在户外骑行、旅游骑行体验等方面探索联合营销合作方式。通过在 ofo 和乌海旅游体育局官方双微平台征集"爱旅行""爱摄影""爱冒险"的 ofo 粉丝，组成"沙漠看海挑战团"参与游乐挑战，通过"逐沙越野""空中钢铁人""沙漠 BBQ"等项目，展示乌海骑行的魅力。

四 旅游交通综合协调机制

（一）构建多部门协调合作机制

改革开放以来，在国家层面，国务院一直有旅游综合协调机制，这种机制一般由国务院领导同志担任组长，由多个部门组成。各地在推进旅游业发展过程中也因地制宜地进行了各种探索。目前全国的旅游综合协调体制、机制大致有 5 种基本类型：体制型的旅游发展委员会，体制、机制混合型的部门旅游职能显性化，机制型的以权威为依托的等级制纵向协调模式，常态型的横向协调模式与其他模式。①

2017 年 2 月，交通部、国家旅游局、国家铁路局、中国民航局、中国铁路总公司、国家开发银行六部门联合印发了《关于促进交通运输与旅游融合发展的若干意见》，提出到 2020 年，我国将基本建成结构合理、功能完善、特色突出、服务优良的旅游交通运输体系，并对旅游交通产品、服务供给、旅游交通质量提升提出了新要求，明确指出："交通运输部门、旅游部门等加强协作，建立健全促进交通运输与旅游融合发展重大问题协调推进机制，形成分工明确、协同联动的工作机制。"

在交通、旅游两部门信息共享方面，2017 年 6 月，交通部联合国家旅游

---

① 马海鹰、吴宁：《全域旅游发展首在强化旅游综合协调体制机制》，《旅游学刊》2016 年第 12 期。

局联合制定"交通旅游大数据"应用实施方案，要依托促进大数据发展部级联席会议制度，成立交通旅游服务大数据应用工作组，统筹推进交通和旅游服务跨部门数据共享机制、试点示范工程建设。要进一步健全完善两部门信息共享机制，以节假日大客流服务保障为抓手，推动智慧公交与旅游融合发展，为人民群众出行提供旅游景区多样化公交服务等综合信息，方便游客通过手机等智能终端阅览、咨询、预订出行。由此，将推进旅游与交通产业融合发展，构建旅游交通综合管理体系，对旅游交通大数据应用、供给侧结构性改革产生积极作用。

对地方政府而言，也需要各地进一步加强对旅游综合协调制度设计的精细化，明确协调机构设立、分工及运行的标准，以法律法规的形式明确政府各部门职责，并将有关指标纳入考核体系中，确保政府旅游工作的各个流程、环节、部门之间都有良好的衔接与配合。

（二）促进区域一体化合作机制

促进区域旅游一体化合作是各地区旅游整体竞争力提升的有效路径，旅游交通基础设施规划建设一体化是不可忽视的重要内容。在区域旅游发展的过程中，提升旅游交通网络的质量、结构、连接度，增强地区旅游可达性，进而影响区域旅游空间布局。对目的地而言，可达性提升有利于游客旅行时间节约，激发潜在旅游需求，扩大其旅游市场；对客源地来说，可达性增强也将提升其市场感知度与知名度。客源地旅游市场需求的扩大和目的地吸引力的增强，使得区域旅游空间相互作用增强，区域旅游合作潜力增强，为区域旅游合作的推进和实施提供可能性和必要性。

在旅游交通的区域一体化发展方面，充分发挥交通基础设施的作用，整合旅游资源，建立具有自身优势的产业链条，完善市场化机制，搭建合作平台框架，促进知识、信息等无障碍传递，促进区域旅游一体化，提高旅游产业竞争力。

政府部门与行业组织在促进区域旅游协同发展中起到重要作用。政府部门应当摒弃地方保护主义，以开放包容的心态推动区域合作，构建区域旅游整体品牌，制定无差异旅游政策，建立联席会议制度，促进各地旅游资源在区域内充分发挥作用，促进经济要素自由流动，减少地方壁垒。同时，加强旅游市场监管，打击违反《旅游法》的不良经营行为，保障旅客合法权益，营造安全的旅游环境。行业组织则应当强化组织协同与治理，发挥行业组织的标杆性作用，制定行业标准，引导区域合作，监督旅游企业，提升旅游服务品质。

丝路高铁城市搭建旅游合作平台

2017 年 8 月，丝绸之路高铁沿线城市在陕西宝鸡联合开启"丝路高铁城市合作之旅"。来自全国 14 个省区市和 10 条高铁线路沿线的 33 座城市的代表见证了启动活动。

7 月，宝兰高铁的开通打通了陕甘段联通丝路高铁的"最后一公里"，便捷舒适的高铁为丝路沿线旅游业注入了新活力，沿线城市、重点景区游客接待量均呈现大幅增长态势。为充分利用丝路高铁贯通之际促进东西部旅游客源互动和城市间深度合作的机遇，因地制宜地推出适合大众旅游的高铁线路产品，陕西省旅游发展委员会、宝鸡市政府在西北旅游协作区和海上丝绸之路旅游推广联盟的协助下，联合主办了 2017 年丝绸之路高铁城市旅游合作大会，共同探讨"高铁＋旅游＋城市"合作模式，并发表了《丝绸之路高铁城市合作宣言》和《合作共识》，通过合作领域的不断拓宽和合作模式的进一步深化，为旅游市场打造更加丰富的线路产品，让广大民众和游客都能分享到"高铁＋旅游＋城市"融合发展带来的惊喜。

（三）创新旅游交通组织模式

随着交通企业市场化程度不断加深，应结合旅游活动的周期性变化，创新旅游交通服务的组织模式，创新道路客运组客模式，开展客运企业自主组客试点，开展个性化服务试点，利用"互联网＋交通"，促进智慧出行，利用众筹手段调整运行时间，以满足不同时期旅游市场的交通出行需求，为旅游者提供现代化交通服务。

西安至榆林：全国首趟"众筹火车"

2017 年 10 月 7 日，我国首趟"众筹火车"西安至榆林 K8188 次列车成功运行，全车共有 218 个硬座、817 个硬卧和 22 个软卧，上座率达到 100%。这趟列车是铁路部门为满足返程客流高峰，联合清华大学设计团队推出的"众筹开火车"。若旅客存在出行需求，只需通过微博平台加入"众筹开火车"活动，自行选择需要乘坐列车的区段、日期和席别，当众筹上座率达 50% 时，火车即可按预定时间开行。而此次众筹列车在出行服务上也充分考虑到旅客需求，将时间由中午 15 点出发改为"夕发朝至"，调整硬座与卧铺的比例，增开卧铺床位，设置众筹取票窗口及候车区域。

过去铁路部门增发列车往往需要经过调查、客流量估算、海量数据分析等较长过程，无法及时满足旅游高峰期间旅客出行的需求，此次"众筹火车"利用互联网平台，迅速收集出行需求，短时间内调整列车出行方案，是交通服务供给模式的创新，促使旅客出行便利化，改善出行体验，深受旅客好评。首趟"众筹火车"的细节还有待完善，应当丰富互联网平台的使用、突破取票方式等。未来只要有足够的旅客提出大致相同的出行需求，只要在铁路运输的安全范围内，铁路部门就可以为旅客们提供"定制化"出行服务，让运输资源得到最大化的合理配置。

第十二章　中国煤炭运输

改革开放40年是我国经济高速发展时期，也是建设小康社会的奋斗阶段。作为目前世界上人口最多、地域辽阔、经济增长最快的发展中国家，经过全国人民改革开放以来的不懈努力，我国经济发展取得了举世瞩目的伟大成就。能源产业战略为这一时期的经济腾飞提供了坚实的物质基础保障。长期以来，煤炭作为我国的主体能源，在一次能源生产和消费中所占比例一直保持在70%左右，煤炭能源战略地位举足轻重。煤炭产业作为关系国家能源安全和经济命脉的重要基础产业，在经济发展中发挥了重要作用，推动着我国经济快速增长和社会持续进步。煤炭行业为发电行业、钢铁行业、运输行业、冶金行业等其他行业发展提供强大的能源保障。由于我国能源分布不均和地区经济发展严重不协调，煤炭跨区调度运输对经济的发展显得尤为重要。

改革开放伊始，邓小平就提出了"能源问题是经济的首要问题，能源问题解决不好，经济建设很难前进"[1]的著名论断，并强调我国能源问题的侧重点是煤炭的开采和利用。[2] 本章着重研究我国煤炭资源区域调度运输这一

---

[1] 中共中央文献研究室编《邓小平思想年编（1975~1997）》，中央文献出版社，2011，第299页。

[2] 李文华：《新时期国家能源发展战略问题研究》，博士学位论文，南开大学，2013。

重要课题。改革开放以来，我国煤炭运输体系建设基本完成，形成了以铁路运输为主、以水路运输为辅、公路运输相协调的煤炭运输格局。铁路运煤占据铁路货物运输的半壁江山；水路港口不断发展扩容，水路煤炭运量不断提升；建设了若干条重载运煤铁路专用线与港口等重要煤炭集散地相连，形成"铁－水"联运的煤炭大通道，煤炭输送通道长期瓶颈基本消除。通过合理布局煤炭中转储备基地、加强煤炭物流园区建设、发展特高压输电技术建设特殊能源运输通道等措施，有力保障了我国经济发展的能源供给需求。2013年12月30日，国家发展改革委、国家能源局联合发布了《煤炭物流发展规划》，全面总结了我国煤炭物流发展所取得的成就，充分肯定了煤炭运输发展成果，专业化、信息化和网络化水平显著提升，基本形成了物流网络配套衔接、技术装备先进适用、服务绿色高效的现代煤炭物流运输体系。

一 中国煤炭运输40年发展概况

（一）煤炭在我国能源中的重要作用及区域分布

我国是个富煤、贫油、少气的国家，煤炭占我国化石能源资源的90%以上，是稳定、经济、自主保障程度最高的能源。根据官方统计数据，改革开放40年我国一次能源生产和消费结构变动趋势如图12-1所示，煤炭在我国一次能源生产和消费结构中的占比长期维持在70%左右，略有波动并基本保持产消平衡。石油生产结构由改革开放前期的20%以上下降至10%以下，而石油的消费结构虽有波动但相对稳定地保持在20%左右，我国石油资源的缺乏导致其对外依存度较高。在国家大力倡导推动水电、风电等一次电力及其他能源的发展情况下，一次电力等清洁能源的生产及消费结构占比40年间均大约增长了10个百分点，但依然占比较低，约为13%。天然气的生产及消费结构占比最低，40年来有略微增长，大约由2%提高到5%。随着清洁能源的发展，煤炭在一次能源消费中的比重虽有所下降，但预计在相当长时期内，煤炭的能源主体地位不会动摇；鉴于我国的能源储量特征，能源格局在过去以及未来比较长的一段时期内都不会发生根本改变。与此同时，我国仍处于社会主义初级阶段及工业化、城镇化快速发展的历史时期，能源需求总量仍有增长空间。立足并依靠国内能源资源保障能源供给与安全是我国能源战略的出发点，必须将国内煤炭供应与运输调度作为满足能源需求保障能源安全的主要手段，牢牢掌握能源安全主动权。1978~2015年我国一次能源生产和消费结构数据见表12-1、表12-2。

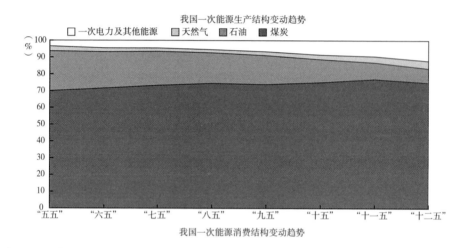

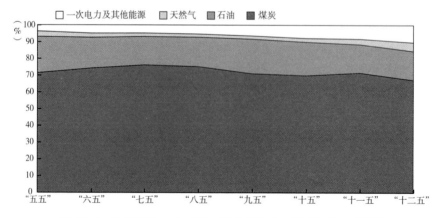

图12-1 改革开放40年我国一次能源生产和消费结构变动趋势

注："五五"期间数值为1978~1980年的平均值，其余为五年的平均值。

资料来源：中华人民共和国国家统计局编《中国统计年鉴》，http://www.stats.gov.cn/tjsj/ndsj/。

表 12-1　1978~2015 年我国一次能源生产总量及构成

年份	一次能源生产总量（万吨标准煤）	占一次能源生产总量的比重（%）			
		煤炭	石油	天然气	一次电力及其他能源
1978	62770	70.3	23.7	2.9	3.1
1979	64562	70.2	23.5	3.0	3.3
1980	63735	69.4	23.8	3.0	3.8
1981	63223	70.2	22.9	2.7	4.2
1982	66772	71.2	21.9	2.4	4.5
1983	71263	71.6	21.3	2.3	4.8
1984	77847	72.4	21.1	2.1	4.4
1985	85546	72.8	20.9	2.0	4.3
1986	88124	72.4	21.2	2.1	4.3
1987	91266	72.6	21.0	2.0	4.4
1988	95801	73.1	20.4	2.0	4.5
1989	101639	74.1	19.3	2.0	4.6
1990	103922	74.2	19.0	2.0	4.8
1991	104844	74.1	19.2	2.0	4.7
1992	107256	74.3	18.9	2.0	4.8
1993	111059	74.0	18.7	2.0	5.3
1994	118729	74.6	17.6	1.9	5.9
1995	129034	75.3	16.6	1.9	6.2
1996	133032	75.0	16.9	2.0	6.1
1997	133460	74.3	17.2	2.1	6.5
1998	129834	73.3	17.7	2.2	6.8
1999	131935	73.9	17.3	2.5	6.3
2000	138570	72.9	16.8	2.6	7.7
2001	147425	72.6	15.9	2.7	8.8
2002	156277	73.1	15.3	2.8	8.8
2003	178299	75.7	13.6	2.6	8.1
2004	206108	76.7	12.2	2.7	8.4
2005	229037	77.4	11.3	2.9	8.4
2006	244763	77.5	10.8	3.2	8.5
2007	264173	77.8	10.1	3.5	8.6
2008	277419	76.8	9.8	3.9	9.5

续表

年份	一次能源生产总量（万吨标准煤）	占一次能源生产总量的比重（%）			
		煤炭	石油	天然气	一次电力及其他能源
2009	286092	76.8	9.4	4.0	9.8
2010	312125	76.2	9.3	4.1	10.4
2011	340178	77.8	8.5	4.1	9.6
2012	351041	76.2	8.5	4.1	11.2
2013	358784	75.4	8.4	4.4	11.8
2014	360000	73.2	8.4	4.8	13.7
2015	362000	72.1	8.5	4.9	14.5

资料来源：中华人民共和国国家统计局编《中国统计年鉴》，http://www.stats.gov.cn/tjsj/ndsj/。

表 12-2 1978~2015 年我国一次能源消费总量及构成

年份	一次能源消费总量（万吨标准煤）	占一次能源消费总量的比重（%）			
		煤炭	石油	天然气	一次电力及其他能源
1978	57144	70.7	22.7	3.2	3.4
1979	58588	71.3	21.8	3.3	3.6
1980	60275	72.2	20.7	3.1	4.0
1981	59447	72.7	19.9	2.9	4.5
1982	61937	73.9	18.7	2.6	4.8
1983	65648	73.7	18.6	2.5	5.2
1984	70732	75.1	17.7	2.3	4.9
1985	76682	75.8	17.1	2.2	4.9
1986	80850	75.8	17.2	2.3	4.7
1987	86632	76.2	17.0	2.1	4.7
1988	92997	76.2	17.0	2.1	4.7
1989	96934	76.0	17.1	2.0	4.9
1990	98703	76.2	16.6	2.1	5.1
1991	103783	76.1	17.1	2.0	4.8
1992	109170	75.7	17.5	1.9	4.9
1993	115993	74.7	18.2	1.9	5.2
1994	122737	75.0	17.4	1.9	5.7
1995	131176	74.6	17.5	1.8	6.1
1996	135192	73.5	18.7	1.8	6.0

续表

年份	一次能源消费总量（万吨标准煤）	占一次能源消费总量的比重（%）			
		煤炭	石油	天然气	一次电力及其他能源
1997	135909	71.4	20.4	1.8	6.4
1998	136184	70.9	20.8	1.8	6.5
1999	140569	70.6	21.5	2.0	5.9
2000	146964	68.5	22.0	2.2	7.3
2001	155547	68.0	21.2	2.4	8.4
2002	169577	68.5	21.0	2.3	8.2
2003	197083	70.2	20.1	2.3	7.4
2004	230281	70.2	19.9	2.3	7.6
2005	261369	72.4	17.8	2.4	7.4
2006	286467	72.4	17.5	2.7	7.4
2007	311442	72.5	17.0	3.0	7.5
2008	320611	71.5	16.7	3.4	8.4
2009	336126	71.6	16.4	3.5	8.5
2010	360648	69.2	17.4	4.0	9.4
2011	387043	70.2	16.8	4.6	8.4
2012	402138	68.5	17.0	4.8	9.7
2013	416913	67.4	17.1	5.3	10.2
2014	426000	66.0	17.1	5.7	11.2
2015	430000	64.0	18.1	5.9	12.0

资料来源：中华人民共和国国家统计局编《中国统计年鉴》，http://www.stats.gov.cn/tjsj/ndsj/。

　　我国煤炭资源依赖性强，且东西南北地理分布极不均衡，华北和西北煤炭资源丰富，其中又以陕西、山西和内蒙古西部（简称"三西"）地区的煤炭储量最为丰富，集中了中国煤炭资源的60%[1]，其次是西南、中南、华东和东北。西北、华北煤炭资源储量大、种类齐全、煤炭质量较好，东南部不仅储量少，而且开采难度大，煤炭质量差，综合利用价值低。改革开放以来，我国已建成和正在开发建设的亿吨级大型煤炭基地有14个，每个煤炭基地包

---

[1] 韩信美：《交易视角的电煤资源配置契约选择》，博士学位论文，北京交通大学，2013。

含若干个矿区，如表 12-3 所示。2013 年，这 14 个亿吨级大型煤炭基地共计产煤 33.6 亿吨，占全国总产量的 91%。[①] 各大煤炭基地及矿区煤炭产量除了满足当地煤炭需求外，还分区进行煤炭输出满足全国煤炭需求。陕北、晋北、神东、晋中、晋东基地处于我国中西部地区，主要担负华北、华东、东北等地区的煤炭供给，同时作为"西电东送"和"北电南送"的电煤基地。河南、冀中、两淮、鲁西基地处于煤炭需求量大的东中部，担负中南、华东、京津冀等部分地区的煤炭供给。蒙东（东北）基地担负内蒙古东部和东北三省地区煤炭供给。云贵基地担负西南、中南地区煤炭供给，并作为"西电东送"的电煤基地。黄陇（含华亭）、宁东基地担负西北、中南、华东地区煤炭供给。

表 12-3 全国 14 个亿吨级大型煤炭基地及矿区名称

序号	煤炭基地名称	矿区名称
1	神东基地	神东、准格尔、万利、乌海、包头、府谷矿区
2	陕北基地	榆神、榆横矿区
3	黄陇基地	铜川、彬长（含永陇）、蒲白、黄陵、旬耀、韩城、澄合、华亭矿区
4	晋北基地	大同、朔南、平朔、河保偏、轩岗、岚县矿区
5	晋中基地	汾西、西山、离柳、东山、霍州、霍东、乡宁、石隰矿区
6	晋东基地	阳泉、晋城、潞安、武夏矿区
7	蒙东（东北）基地	宝日希勒、大雁、扎赉诺尔、伊敏、霍林河、白音华、平庄、阜新、胜利、沈阳、铁法、七台河、抚顺、双鸭山、鸡西、鹤岗矿区
8	两淮基地	淮南、淮北矿区
9	鲁西基地	兖州、枣滕、济宁、龙口、淄博、新汶、巨野、肥城、黄河北矿区
10	河南基地	郑州、鹤壁、平顶山、义马、焦作、永夏矿区
11	冀中基地	邢台、峰峰、井陉、张家口北部、邯郸、开滦、宣化下花园、蔚县、平原大型煤田
12	云贵基地	六枝、水城、筠连、老厂、黔北、小龙潭、普兴、昭通、镇雄、织纳、恩洪、盘县、古叙矿区

[①] 2014 年 1 月 18 日，国家能源局煤炭工作座谈会上，时任国家能源局局长吴新雄会议介绍。

续表

序号	煤炭基地名称	矿区名称
13	宁东基地	石炭笋、横城、石嘴山、积家并、鸳鸯湖、韦州、马家滩灵武、萌城矿区
14	新疆基地	伊犁、准东（大井、将军庙、西黑山和五彩湾）吐哈、库拜矿区

资料来源：国家能源局《煤炭工业发展"十二五"规划》。

　　我国煤炭资源在地理分布上呈现明显的西多东少、北富南贫的特点，与东南部经济发达地区用煤量大的经济特征形成逆向分布，使得煤炭区域调度运输成为必然。根据《煤炭工业发展"十一五"规划》的划分，煤炭的功能区、调入调出区和自给区划分如表 12-4 所示，调入区主要是煤炭储量少经济较为发达的京津冀、华东、东北和中南地区；调出区是煤炭富集区，主要是晋陕蒙宁地区；自给区主要为西南和新甘青藏地区。新疆地区新增探明的煤炭储量丰富，除了通过兰新铁路线进行煤炭外运，还大力发展特高压输电线运煤，在大型煤炭基地旁边建设坑口电站，将煤炭就地转化为电能，然后通过特高压输电线将能量运送到华北、华东等地区。

表 12-4　煤炭的功能区、调入调出区和自给区划分

功能区	调入区				调出区	自给区	
规划区	京津冀	东北	华东	中南	晋陕蒙宁	西南	新甘青藏
具体区域	北京 天津 河北	辽宁 吉林 黑龙江	山东 江苏 浙江 安徽 福建 江西	河南 湖北 湖南 广东 广西	山西 陕西 内蒙古 宁夏	重庆 四川 贵州 云南	新疆 甘肃 青海 西藏

资料来源：国家能源局《煤炭工业发展"十一五"规划》。

　　《煤炭工业发展"十三五"规划》指出：晋陕蒙甘宁地区煤炭主要调往京津冀、华东、中南、东北地区及四川、重庆；新疆地区煤炭主要供应甘肃西部，少量供应四川、重庆；贵州地区煤炭则主要调往云南、湖南、广东、广

西、四川、重庆；煤炭调入省区的煤炭消费主要由晋陕蒙、贵州、新疆供应，沿海、沿江地区进口部分煤炭。

（二）我国煤炭区域调运

改革开放前 30 年，煤炭运输一直处于运力较为紧张的阶段。随着京沪、京广高铁和众多客运、城际铁路相继建成运营，包西铁路、集包铁路第二双线完工，大秦线、朔黄线持续扩能，铁路煤运通道的保障能力得到极大提高，铁路建设成果显著，煤炭铁路运输瓶颈基本解除，运力总体宽松[①]，铁路运力基本可以满足"北煤南运、西煤东调"的煤炭运输需求，西部地区煤炭外调量增长较快。同时，煤炭港口建设卓有成效，煤炭水路运输长足发展。煤炭运输以晋陕蒙煤炭外运为主，全国形成"九纵六横"铁路运输通道和内河沿海水运运输通道的煤炭物流通道网络，构成西煤东调、北煤南运的运输格局。各煤炭调出区煤炭外运通道具体介绍如下。

1. 晋陕蒙外运通道

晋陕蒙地区是我国煤炭储量最为丰富的区域，所以这里的煤炭外运通道也最为发达。晋陕蒙煤炭铁路外运通道由北通道（大秦线、朔黄线、丰沙大线、京原线、集通线）、中通道（石太线、邯长线、太焦线）、南通道（南同蒲线、陇海线、侯月线、宁西线）三大横向通路和京九线、焦柳线、京广线、蒙西至华中、包西线五大纵向通路组成，成为华东、京津冀、华中和东北地区煤炭外运通道。北通路主要运输蒙西、陕北、山西北部和宁夏的煤炭，其中大秦线是最主要的运输线路，附近煤炭聚集到大同枢纽，通过大秦线运达秦皇岛港。中通路主要负责山西中部和东南部的煤炭外运。南通路的外运铁路主要负责山西中部和西南部的煤炭外运。此外还通过西康线、襄渝线外运少量的陕西煤。表 12-5 列举了北通道、中通道及南通道部分煤炭外运铁路 2005 年和 2010 年的综合货运能力。

---

① 国家发展改革委、国家能源局：《煤炭工业发展"十三五"规划》，2016 年 12 月发布。

表 12-5 部分煤炭外运铁路综合货运能力

单位：万吨

通道	线路	起始点	2005 年运能	2010 年运能	运能增加
北通道	集通线	集宁—通辽	1500	5000	3500
	丰沙大线	大同—北京	6000	6000	0
	大秦线	大同—秦皇岛	20000	40000	20000
	朔黄线	朔州—黄骅	11000	20000	9000
	小计		38500	71000	32500
中通道	京原线	太原—北京	2000	2700	700
	石太线	太原—石家庄	6200	12000	5800
	石太客运专线	太原—石家庄	—	4400	4400
	太焦—邯长线	太原—长治—邯郸	500	1400	900
	小计		8700	20500	11800
南通道	侯月线	侯马—月山	10000	15000	5000
	侯西线	侯马—西安	1600	5000	3400
	包西线	包头—西安	—	10000	10000
	小计		11600	30000	18400
总计			58800	121500	62700

资料来源：《山西省铁路"十一五"规划》；中投证券《"煤炭运输动脉、盈利能力稳固"深度报告》。

2. 蒙东外运通道

主要为锡乌、巴新横向通路，担负向东北地区外运煤炭。

3. 云贵外运通道

主要包括南昆纵向通路、沪昆横向通路，担负向湘粤桂川渝地区外运煤炭。

4. 新疆外运通道

主要包括兰新、兰渝纵向通路，承担新疆煤炭外运需求。

5. 水运通道港口运输

由长江、珠江—西江横向通路、沿海纵向通路、京杭运河纵向通路组成的水运通道，承担由北方各大煤炭下水港向内河港口及东南沿海港口的煤炭调运，满足华东、华中、华南等地区的煤炭需求。秦皇岛、唐山、黄骅、天津、青岛、锦州、日照、连云港等北方下水港，上海、江苏、浙江、广东、福建、广西、海南等沿海接卸港，以及沿长江、京杭大运河的煤炭港口及水系，组成北煤南运水上运输系统。

6. 进出口煤炭通道

由沿海港口和沿边陆路口岸组成，适应煤炭进出口需求。

由于我国煤炭资源地域分布极其不平衡，需要长距离大运量地进行区域间煤炭调运，铁路和水路由于其具有的低成本、大运量、相对节能环保而成为煤炭运输的最主要运输方式，本章根据可获得的相关统计资料，统计了 2000~2013 年我国煤炭产量、铁路煤炭运输量和铁路总货运量之间的对比情况（见表 12-6）。改革开放以来，为适应我国不断发展的经济增长需要，煤炭需求及运量逐年攀升，全国煤炭产量由 2000 年的 13.84 亿吨增长到 2013 年的 37 亿吨，年均增长 7.86%。与此同时，铁路煤炭运量也快速增加，发送量从 2000 年的 68545 万吨增加到 2013 年的 167946 万吨，年均增长 7.14%；同期的铁路煤炭周转量从 380605 百万吨公里增加到 1086168 百万吨公里，年均增长 8.4%。全国煤炭产量及铁路煤炭运输量与这一时期的经济发展保持同步增长的趋势。

表 12-6 2000~2013 年煤炭产量及铁路煤炭运输量和铁路货运量统计

年份	全国煤炭产量（亿吨）	铁路发送量（万吨）		煤炭发送量占比（%）	铁路周转量（百万吨公里）		煤炭周转量占比（%）
		煤炭	总货运		煤炭	总货运	
2000	13.84	68545	165498	41.4174	380605	1333606	28.5395
2001	14.72	76625	178592	42.9051	427604	1424980	30.0077
2002	13.80	81852	186894	43.7959	463886	1507817	30.7654
2003	17.22	88132	199076	44.2705	505540	1632341	30.9702
2004	19.92	99210	216961	45.7271	571298	1810994	31.5461

续表

年份	全国煤炭产量（亿吨）	铁路发送量（万吨）		煤炭发送量占比（%）	铁路周转量（百万吨公里）		煤炭周转量占比（%）
		煤炭	总货运		煤炭	总货运	
2005	23.50	107082	230920	46.3719	637383	1934612	32.9463
2006	23.73	112034	244395	45.8414	672849	2032162	33.1100
2007	25.26	122081	261239	46.7315	741632	2185613	33.9324
2008	28.02	134325	273932	49.0359	836028	2336032	35.7884
2009	29.73	132720	276276	48.0389	847819	2335450	36.3022
2010	32.40	156020	308209	50.6215	1001551	2562619	39.0831
2011	35.20	172126	328136	52.4557	1124668	2729649	41.2019
2012	36.60	168515	322346	52.2777	1087436	2692553	40.3868
2013	37.00	167946	321614	52.2197	1086168	2670285	40.6761
年均增长率（%）	7.86	7.14	5.24	——	8.4	5.49	——

资料来源：中华人民共和国国家统计局编《中国交通统计年鉴》；中华人民共和国国家统计局编《中国统计年鉴》，http://www.stats.gov.cn/tjsj/ndsj/。

从表 12-6 铁路煤炭发送量、周转量与全铁路货运发送量、周转量的数据及煤炭运输占比数据可以看出，铁路煤炭运输长期以来占据铁路总货物运输的半壁江山，并持续保持稳定增长的趋势。煤炭铁路发送量占铁路总货运发送量的比重从 2000 年的 41.42% 上升到 2013 年的 52.22%；煤炭铁路周转量占铁路总货物周转量的比重从 2000 年的 28.54% 上升到 2013 年的40.68%。图 12-2 展示了铁路货运与煤炭发送量 / 周转量及其煤炭运输比例趋势。

水运作为煤炭运输的第二大运输方式，其煤炭运输承担比例在不断增大。我国的煤炭运输进出港分为沿海港口和内河港口。总体而言，沿海港口的煤炭进出量要比内河港口多，而内河港口的煤炭进出量年均增长率要比沿海港口快（见表 12-7）。沿海港口和内河港口的煤炭总出港量从 2000 年的

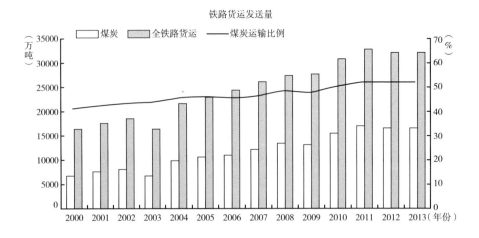

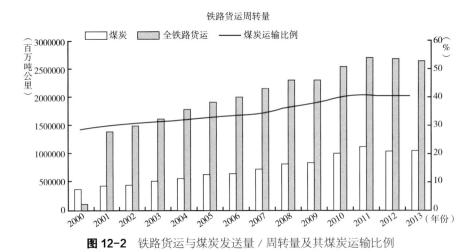

图 12-2 铁路货运与煤炭发送量/周转量及其煤炭运输比例

资料来源：中华人民共和国国家统计局编《中国交通统计年鉴》。

24215 万吨上升到 2015 年的 101070 万吨，年均增长 9.99%；同期的煤炭总进港量也从 16346 万吨增加到 106160 万吨，年均增长 13.28%。对比表 12-6 和表 12-7 数据可以看出，2000 年煤炭总出港量仅为铁路煤炭发送量的 1/3，到 2013 年煤炭总出港量已经超过铁路煤炭发送量的 1/2，煤炭总进港量的运输比例亦有大幅提升。表 12-7 统计了 2000~2015 年沿海和内河港口煤炭进出港量。

表 12-7 2000~2015 年沿海和内河港口煤炭运输量

单位：万吨

年份	沿海港口出港量	沿海港口进港量	内河港口出港量	内河港口进港量	总出港量	总进港量
2000	20641	11895	3574	4451	24215	16346
2001	24136	13067	3644	4394	27780	17461
2002	25063	15219	4249	5177	29312	20396
2003	30477	16395	4371	6215	34848	22610
2004	36396	20717	5714	9201	42110	29918
2005	40155	23359	6354	10870	46509	34229
2006	44214	26254	6657	13535	50871	39789
2007	51035	30889	8462	15932	59497	46821
2008	55518	33431	10232	17780	65750	51211
2009	52548	42354	12879	24505	65427	66859
2010	63856	52402	16563	31795	80419	84197
2011	75729	61221	18403	38997	94132	100218
2012	74300	63803	19099	42405	93399	106208
2013	81341	69059	20457	46441	101798	115500
2014	83428	65221	20941	49329	104369	114550
2015	78631	59239	22439	46921	101070	106160
年均增长率（%）	9.33	11.30	13.03	17.00	9.99	13.28

注：进出港量为沿海和内河港口进出港量之和。

资料来源：中华人民共和国国家统计局编《中国交通统计年鉴》。

二 煤炭运输基础设施建设

我国煤炭调度运输方式主要有铁路、水运和公路运输，铁路和水路煤炭运输主要用于跨省域的长途煤炭调运，公路煤炭运输由于运量小、成本高，一般用于省内或短途的煤炭运输。煤炭运输基础设施主要包括铁路、公路、港口、航道等。部分基础设施建设在其他章节也有所涉及，比如国铁建设、公路建设等等，本章不再赘述。本章重点介绍铁路煤炭专用线、煤炭公路运输、港口煤炭码头、特殊煤炭运输通道——特高压输电线等基础设施的建设。

（一）铁路煤炭专用线

改革开放 40 年以来，国铁系统、地方铁路以及重载煤炭运输专用铁路的快速建设与发展组成了强大的铁路煤炭运输网络。煤炭铁路运输占到铁路总货物运输的半壁江山，为我国改革开放的经济发展提供了源源不断的动力支持和物质保障。我国煤炭铁路运输除了借助国家铁路货运及客货混用干线进行煤炭的大宗运输，还建设了若干连接大型煤炭基地及重要港口或用煤企业（电厂等）的铁路重载煤炭运输专用线（有些也少量承运非煤货运）。这些重载铁路煤炭运输专用线一方面与普通铁路相交会进行煤炭的集聚和分流，另一方面直达大型煤炭港口，是水运煤炭的重要来源，是构成煤炭"铁－水"联运系统的重要基础和组成部分。我国大部分北方煤炭下水港都有一条或数条重载煤炭运输专用线或普铁延伸线直通港口，极大地方便了煤炭的中转和流通。我国的铁路重载煤炭运输专用线主要有大秦铁路、神黄铁路（包括神朔铁路和朔黄铁路）、瓦日铁路、白音华—白音诺尔铁路、集通铁路、赤大白铁路等，本章重点介绍前三条运煤专线。

1. 大秦铁路重载煤炭运输专用线

大秦铁路起于著名的煤都大同，跨谷穿山，直抵渤海之滨河北省秦皇岛港，全长 653 公里，被誉为中国能源战略动脉。大秦线是我国建设的第一条重载煤炭运输专用双线电气化铁路，主要担负大同、准格尔、平朔和东胜等煤炭基地的煤炭外运，是我国"西煤东运"的重要通道。大秦铁路于 1992 年底全线通车，2002 年运力设计能力已达到 1 亿吨。2004 年起，为了有效缓解煤炭运输运力紧张状况，扩展大秦铁路运能，铁道部对大秦线实施持续扩能改造。成功完成了大秦线 1 万吨、2 万吨、3 万吨列车牵引试验研究，以技术创新手段推动铁路运能提高。如今，这条年设计运量为 1 亿吨的铁路，不仅早就突破设计运量，而且大大突破了世界重载铁路单条铁路年运量 2 亿吨的理论极限，2007 年大秦线年运量突破 3 亿吨。为继续缓解煤炭供应紧缺矛盾，2008 年大秦铁路实施了 4 亿吨扩能改造。2010 年大秦线煤炭运量达 4.05 亿吨。4 亿吨扩能改造工程之后，大秦线连续五年完成煤炭运量都在 4 亿吨以上，为经济发展提供源源不断的动力支持。受我国经济发展速度放缓的影响，2015 年和 2016 年煤炭运量下调，分别为 3.97 亿吨和 3.51 亿吨，图 12-3 展示了 2002~2016 年大秦线历年煤炭运量情况。

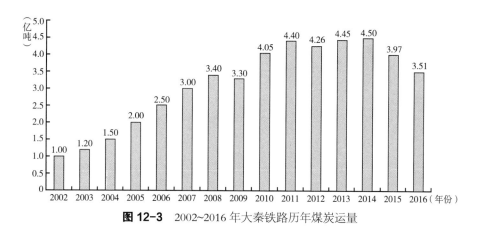

图 12-3　2002~2016 年大秦铁路历年煤炭运量

资料来源：大秦铁路股份有限公司官网，http://www.daqintielu.com/。

（1）大秦线 2 亿吨扩能改造工程：2003~2005 年

大秦线 2 亿吨配套扩能改造施工工程于 2005 年底按期完成，工期比计划压缩 80 天，创造了 128 天完成 5 年工作量的既有线施工史的新纪录。施工期间共开行万吨列车 12825 列，取得了大规模开行万吨级重载列车的成功经验。施工完成后，大秦线的设备状况发生了质的改变，通道能力大大加强，为进一步增运扩能奠定了坚实的基础，并取得了大面积开行万吨单元重载列车的成功经验。同时，运输组织创造了我国铁路运输史上运量、牵引重量、运输收入三项主要运输指标的最高纪录，重载列车开行密度、运输总量、运输组织水平达到世界先进水平。2004 年完成运量 1.52 亿吨，运输收入 109 亿元；2005 年完成运量 2 亿吨，运输收入 125.9 亿元。

　　项目特点及技术创新包括以下几个方面。①探索制定万吨重载列车行车组织办法：在中国铁路史上没有任何开行单元重载列车成熟经验的情况下，针对大秦线运输组织模式和设备现状，摸索实践，反复研究论证，制定了关于万吨重载列车在车站作业、列车运行、调度指挥、事故救援、列尾装置、列车标志等的相关行车组织办法。②首次实行双司机配班、单司机值乘制度，实现机车乘务制度改革的突破，成为现行乘务制度的基本规范。③针对大功率的 DJ1 型机车及 C76、C80 车底等移动设备配属不到位，不能满足施工期间开行重载列车的需求，基于现有条件开发出双 SS4 牵引 100 辆 C63 车底的8400 吨单元等重载列车方案。④研究制定列车在区间内停留等天窗的超常规组织办法：针对大秦线区间大、车站配线少，大部分线路有效长不能满足重载列车停车需要，天窗结束后列车追踪运行间隔长等缺陷，研究制定了列车在区间等天窗的组织办法，施工完毕后区间、站内停留列车同步起车，列车的运行间隔缩减一半以上，大大增加了列车密度。⑤首次提出路用列车"先追踪，后封、停"进入封锁区间的组织方式。按照单位别、用途别、运行区段别，对路用列车进行编号，统一编制施工封锁区间路用列车运行计划图，将"先封、停，后开行"改为"先追踪，后封、停"，研究多组施工作业车跟随进、出封锁区间的程序化组织模式，提高了作业效率。

　　（2）大秦线 4 亿吨扩能改造工程：2008~2010 年

　　2008 年 8 月大秦铁路 4 亿吨扩能改造工程正式启动，2010 年 5 月，最后一个车站玉田北站扩能改造工程顺利完工标志着大秦铁路 4 亿吨扩能改造施工圆满完成。一列 2 万吨列车共有 210 节车厢，绵延 2.58 公里，原有的到发线远远满足不了要求，经常发生"肠梗塞"，此次 4 亿吨扩能改造彻底解决了"肠梗塞"问题，在车站两端延长到发线，由原来的 1400 米延长到 3700 米，2 万吨大列顺利开行。大秦线 4 亿吨扩能改造工程还高度重视采用先进适用的技术装备和质量可靠的行车设备，注重科学规范的行车管理。围绕大秦线开行 2 万吨重载组合列车核心技术，先后联合北京交通大学、中国铁道科学研究院、中国铁路通信信号集团公司等多家高校及科研机构开展了 60 多项科研项目。攻克了恶劣环境下铁路通信可靠性等多项技术难关，不断推进开行 2 万吨重载列车的技术创新工作，形成了具有自主知识产权的重载运输技术体系，并多次获得重载运输成套技术项目国家级奖项。这些技术创新成果带动了一批重载列车高新技术装备的开发、研制、生产及产业化，显著提升了铁路货车制造业水平、铁路无线通信网络技术水平、铁路电气化技术水平和铁路重载轨道装备技术水平，带动了相关行业的发展，提升了行业竞争力。

2. 神黄铁路

神黄铁路起于陕西省神木县神东煤田，跨越黄河、京杭大运河，穿过太行山、黄土高原，到达河北省沧州市的黄骅港。神黄铁路的建设目的是解决陕西、山西两省的煤炭外运问题，整条线路由神朔铁路和朔黄铁路组成。与神黄线路相交会的铁路线有京沪线、京九线、京广线，小部分煤炭运输由这些铁路干线分流，大部分煤炭由神黄线直达黄骅港。神黄铁路全长 815 公里，是我国煤炭"西煤东运"的第二大铁路运输通道，输送能力设计为近期 3.5 亿吨/年，远期可达 4.5 亿吨/年。

（1）神朔铁路

神朔铁路是神黄铁路的西半段，自陕西省神木县至山西省朔州市，正线全长 266 公里。神朔铁路于 1996 年 7 月建成开通，单线设计运输能力为 3500 万吨，主要承担"世界七大煤田"之一的神府东胜煤田的煤炭外运任务。为了进一步适应神东煤田巨大的煤炭外运需求，2002 年 3 月开工建设复线，2004 年复线全线贯通后列车密度已由最初的 2 对提升至 112 对，运输能力增加到每年 1.4 亿吨。此后，在不影响正常运营的情况下，神朔铁路不断进行扩能改造建设，设备不断升级改造，运输能力不断提升。2009 年，神朔铁路成功开行万吨列，随着信息化水平逐年提高，建成了先进的调度指挥与运输管理信息系统，实现全线微机联锁，机车牵引方式实现由 2+2/2+1 直流向 3+0 交直流混编牵引过渡。2009 年应用重载列车动力分布无线重联控制技术首次成功开行万吨重载组合列车，2012 年实现了万吨列车开行一万列的历史新突破。在大运量的背景下，初步建成了以"明示化"为基础的风险预控管理体系，成为运输能力提升的强力推手。截至 2016 年底，神朔铁路实现开通运营 20 年累计煤炭运输 25.45 亿吨，实现了经济效益和社会效益双丰收，其中 2016 年神朔铁路完成货物运输 2.45 亿吨（其中非煤货运 260 万吨），利润实现 26 亿元。[1]图 12-4 为 2002~2016 年神朔铁路历年煤炭运量情况统计。数据显示，2002 年神朔铁路煤炭运量仅为 0.47 亿吨，而后运量连年攀升，到 2014 年煤炭运量增至 2.54 亿吨，达到历史最高点。2002~2016 年神朔铁路运量年均增速为 12.42%。

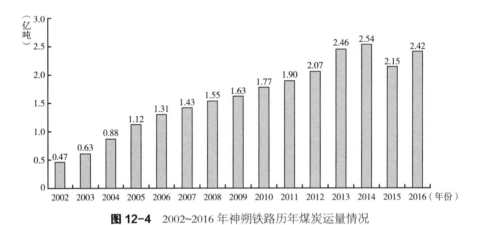

图 12-4 2002~2016 年神朔铁路历年煤炭运量情况

资料来源：神华集团神朔铁路分公司官网，http://sstl.shenhuagroup.com.cn/shsstl/1382701407160/gsjs.shtml。

（2）朔黄铁路

朔黄铁路为神黄铁路的东半段，与神朔铁路相连，西起山西省神池县，东至河北省黄骅市，是中国第二条双线 I 级电气化重载煤炭运输铁路。朔黄铁路于 1997 年开工建设，2002 年全线正式通车，是中共十四大报告中与"长江三峡、南水北调"齐名的跨世纪特大工程。朔黄铁路主要承担来自神朔线上的陕西煤炭运输，同时中途汇集增加部分山西煤炭的外运，与大秦线一起成为我国最大的两条"西煤东调"铁路煤炭运输通道，是通向环渤海地

---

① 神华集团神朔铁路分公司官网，http://sstl.shenhuagroup.com.cn/shsstl/1382701407160/gsjs.shtml。

区煤炭外运的重要铁路。朔黄铁路全长 588 公里，少部分煤炭在途中与京广铁路、京九铁路、京沪铁路线交会处分流，大部分煤炭直达黄骅港经由水路转运至全国。朔黄铁路重视管理和技术创新，"朔黄铁路重载铁路建设与运营技术"获 2007 年国家科技进步二等奖。在持续的扩能改造过程中，逐步提高线路运输能力，年货运设计能力为 2005 年 6800 万吨、2010 年 1 亿吨、2013 年 3.5 亿吨，远期规划是 4.5 亿吨 / 年。2016 年朔黄铁路的煤炭运量为 2.72 亿吨。

3. 瓦日铁路

瓦日铁路是山西中南部煤炭铁路运输通道，起于山西省吕梁市瓦塘镇，终点为东部沿海港口山东省日照港。2009 年 12 月瓦日铁路开工建设，2014 年 12 月建成通车，是世界上第一条按 30 吨轴重重载铁路标准建设的双线电气化铁路，年货运能力达到 2 亿吨，是连接我国东西部的重载煤炭资源运输通道。2017 年 11 月首个煤炭万吨大列经过日照南站进入日照港。这是瓦（塘）日（照）首列万吨重载货物列车，瓦日铁路成为继大秦线后全国第二条拥有万吨列车的铁路运输通道。[①] 今后，万吨煤炭列车在日照港将成为常态，"大进大出"的铁路运输优势进一步凸显，东部沿海的能源利用将更加便捷，日照港的煤炭输出港地位巩固提升。瓦日铁路全线运营后，加上既有的新菏兖日铁路，日照港成为全国唯一一座拥有两条千公里以上干线铁路直通港区的沿海大港。

（二）港口煤炭区建设——专业化煤炭码头

改革开放以来，随着我国经济及工业化发展，能源需求持续上涨，能源的运输及储备关系国家安全和民生稳定。我国煤炭储备量世界第三，可谓资源丰富，但因其地理分布不均需要进行大规模区域调度，煤炭的运输"瓶颈"长期难以缓解。20 世纪 80 年代，为了解决煤炭运力紧张问题，我国大力实施

---

① 中港网，http://www.chineseport.cn/bencandy.php?fid=20&id=262627。

煤炭运输大通道建设计划，其中就包括大规模建设煤炭专业化码头泊位和水运通道。2007 年底，我国建成煤炭专业化码头泊位 151 个，整体水平达到国际先进行列；又经过 10 年的发展建设，截至 2016 年底，我国共建成煤炭专业化码头泊位 246 个，并以秦皇岛港、黄骅港、天津港、唐山港为建设重点，在环渤海地区建成世界上吞吐量最大、煤炭专业化程度最高的煤炭输出港群。其中秦皇岛港，是中国装载能力最大且最重要的煤炭运输铁路——大秦线的主要中转港口，拥有 23 个煤炭专业泊位码头和堆存能力 1027 万吨的专业化煤炭堆场，并建立了一系列高度自动化的干散货运输系统，有效转运西北地区开采的煤炭，为实施"北煤南运""西煤东调"的煤炭调运奠定了坚实的基础。为了提高运输能力和运输效率，黄骅港已投产 17 个煤炭装船泊位，四期工程总计建设煤炭运输能力 1.83 亿吨 / 年。同时，在上海、江苏、福建、广东、浙江等东南沿海地区建设了一批煤炭接卸码头，组成煤炭水路运输大系统。

根据历年交通统计公报资料，我国港口煤炭泊位已经从 2000 年的仅有 82 个增加到 2016 年的 246 个，年均增长 7.1%。图 12-5 展示了我国 2000~2016 年历年港口煤炭泊位建设情况。专业化煤炭码头的建设，使港口煤炭吞吐能

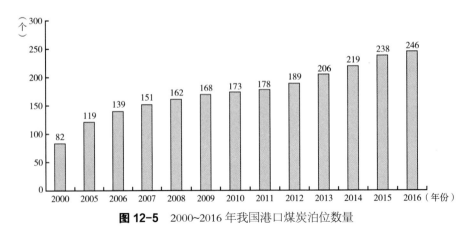

图 12-5 2000~2016 年我国港口煤炭泊位数量

资料来源：历年交通统计公报。

力迅速提升，截至 2016 年，沿海港口完成煤炭及其制品吞吐量已达 21.51 亿吨。港口煤炭泊位建设为煤炭"铁－水"联运发展奠定了基础，极大地提高了煤炭运输能力和效率，尤其是以晋陕蒙煤炭调出地的煤炭经过铁路直达环渤海地区四大北方港口（天津港、秦皇岛港、黄骅港、京唐港）下水港，再通过长江、京杭运河等内河水运及海运运往沿江沿海省市的"铁－水"联运体系煤炭港口建设最为发达。

1. 北方大型港口煤炭码头

北方大型煤炭港口承接了我国大部分重载铁路输送的煤炭，并将其通过水运转运到其他地方。我国主要的大型煤炭港口有秦皇岛港、天津港、黄骅港、日照港等。它们基本都有一条或多条运煤铁路直达港口，经过多年多期的煤炭码头工程建设及扩容改造大大提高了煤炭进港量和下水运输量，适应了不断增长的经济发展带来的煤炭能源需求。下面以秦皇岛为例介绍大型煤炭港口的建设与运营。

我国秦皇岛港是一个天然良港，地理条件优越，位于环渤海西岸河北省秦皇岛市海港区。经过多年建设，秦皇岛港已经成为世界最大能源输出港，是以煤炭、石油输出为主的综合性港口。秦皇岛港是我国"西煤东调""北煤南运"大通道的主枢纽港，是我国乃至世界上最大的煤炭中转港口，是我国晋陕蒙煤炭基地的重要煤炭出海口岸。李鹏同志曾称秦皇岛港为"国民经济的一颗重要棋子"，温家宝总理将其称为"国家经济的晴雨表"。改革开放以来，秦皇岛港历经多次扩建不断发展壮大，煤炭吞吐量逐年攀升。2001年该港煤炭吞吐量首次突破 1 亿吨，经过几年的努力，2006 年煤炭吞吐量突破 2 亿吨，2009 年完成煤炭吞吐量 2.06 亿吨，2015 年完成煤炭吞吐量 2.5亿吨。

秦皇岛港于 1898 年正式开港，最初为开滦煤矿的煤炭出海港。1960年秦皇岛港建成中华人民共和国成立后的第一座煤炭码头。1978 年秦皇岛港开工建设，与京秦铁路相配套的煤炭码头一期工程于 1983 年建成投产，该工程建成 5 万吨级和 2 万吨级煤炭泊位码头各一个，年煤炭通过能力达

1000 万吨。同期通过能力为 800 万吨的扩容工程建成一个 5 万吨级煤炭专用泊位、13 万平方米的煤炭堆场及配套设施。1985 年秦皇岛港煤炭码头二期工程建成两个 5 万吨级煤炭输出专用泊位码头，年通过能力为 2000 万吨。1989 年秦皇岛港与大秦铁路煤炭运输专用线配套的煤炭码头三期工程竣工，建成两个 3.5 万吨级和一个 10 万吨级煤炭泊位码头，年通过能力为 3000 万吨。秦皇岛港煤炭码头三期工程的建成投产对加快晋煤外运、缓解南方各省煤炭供应的紧张状况、推进煤炭出口和秦皇岛的对外开放发挥了极其重要的作用。1997 年作为国家重点建设项目的秦皇岛港煤炭码头四期工程竣工，建成两个 3.5 万吨和一个 10 万吨煤炭泊位码头及配套操作设施，年通过能力为 3000 万吨。2005 年秦皇岛港煤炭码头四期扩容工程建成 3.5 万吨和 5 万吨级煤炭专用泊位各一个和 25.7 万平方米的煤炭堆场，年通过能力为 1500 万吨。2006 年秦皇岛港与大秦铁路煤炭扩能 1 亿吨配套设计吞吐能力达 5000 万吨的煤炭五期工程成功投产，建成两个 5 万吨级、一个 10 万吨级、一个 15 万吨级煤炭泊位码头和 77 万平方米堆存能力达 400 万吨的煤炭堆场。秦皇岛港煤炭码头工艺流程先进、自动化程度高，堪称世界一流，卸车系统可接卸 2 万吨和 3 万吨编组列车，卸煤效率达到每小时 7200 吨。煤炭五期码头投产之后，秦皇岛港已建成的煤炭泊位码头高达 23 个，秦皇岛港煤炭年运输能力达到 1.83 亿吨，完全满足大秦铁路扩能改造后对港口煤炭中转能力的需求。表 12-8 介绍了秦皇岛港煤炭码头一期至五期工程建设及吞吐能力情况。秦皇岛港煤炭码头工程分期通过国家的竣工验收，建设质量达到了国内领先水平，稳固了秦皇岛港作为我国乃至世界最大能源输出港的地位。凭借与铁路、煤炭及电力公司丰富的合作经验，港口成功建立了有效的运输计划对接模式，收集、分析并向有关部门提供煤炭需求信息，以便有效结合路港运输能力管理煤炭货流，进而提高港口煤炭服务质量及货物周转率、设施利用率。此外，秦皇岛港超高的煤炭堆场能力也使其成为国家重要的煤炭储备基地。

表 12-8　秦皇岛港煤炭码头一期至五期工程建设及吞吐能力情况简介

煤炭码头	一期	二期	三期	四期	五期
投产年份	1983	1985	1989	1997、2005	2007
设计能力（万吨）	1000+800	2000	3000	4000+1000+1500	5000
累计吞吐能力（万吨）	1800	3800	6800	13300	18300

资料来源：秦皇岛港务集团网站，http://www.portqhd.com/html/index.php。

2. 沿海省市港口煤炭码头

我国东南部地区基本属于煤炭净调入区，与北方煤炭富集区相去甚远，煤炭远距离大批量调运成为必然，低成本、大运量的水运方式优势凸显。改革开放 40 年以来，我国也很重视沿海城市港口煤炭码头的建设，基本上我国沿海大部分城市都有自己的煤炭码头，沿海煤炭运输除了满足当地煤炭需求外，也通过其他运输方式辐射周边地区的煤炭调运需求。东南部地区港口煤炭码头的建设吨位一般依据港口自身条件和当地及周边经济发展的能源需求有所不同，但大部分的规模都小于北方煤炭下水港的规模，并且更注重煤炭码头的多方合作开发，尤其是"煤－运－电"企业合作开发的方式，确保煤炭码头的健康持续运行。国家高度重视东南沿海地区港口煤炭专用码头建设，"十一五"规划纲要明确提出要积极发展水路运输，推进江海联运，适时建设华东、华南地区港口及煤炭中转储存基地。沿海省市港口煤炭建设的介绍以太仓港与湄洲湾煤炭码头为例。

（1）太仓港

太仓港是世界级天然良港，地处长江和沿海开放交汇地江苏省苏州市，拥有 25.7 公里可建万吨级以上泊位的深水海岸线。太仓港处于中国经济最发达的长江三角洲的核心，腹地辽阔且经济发达、对外贸易繁荣。改革开放以来，长江三角洲经济快速发展带动煤炭需求持续增长，由于本地煤炭资源匮乏绝大部分煤炭需外地供应，供需缺口巨大。2007 年长江三角洲地区煤炭海运调入量约为 2.3 亿吨，约占全部煤炭调入量的 2/3，其中江苏省海运煤炭调入量为 8100 万吨。如此庞大的海运煤炭调入量需要充足的专业煤炭码头提供支撑，尽管长江三角洲地区海运条件优越，但煤炭泊位码头通过能力建设长期滞后于经济发展需要。2008年国家针对长江三角洲地区煤炭运输格局现状，提出"改善煤炭运输条件，研究规划建设大型储煤基地"，建设一批煤炭专业码头的要求。太仓港是长江三角洲地区煤炭水运中转集散和战略储备的重要节点之一，为满足区域经济发展对煤炭运输的需求，2008年太仓港引进华能国际投资建设太仓港华能煤炭储运中心码头。2014年太仓港华能煤炭储运中心码头项目竣工，一次性建成12个煤炭泊位码头，其中包括10万吨级和5万吨级煤炭接卸泊位码头各1个、5000吨级煤炭装船泊位码头4个、1000吨级煤炭装船泊位码头6个，总设计吞吐能力为2700万吨（其中接卸能力为1300万吨、装船能力为1400万吨），成为我国沿江地区最大的煤炭战略储备中转基地，服务苏州市及周边辐射地区的煤炭用户。太仓港华能煤炭储运中心码头项目建成投产，有效缓解了江苏地区煤炭码头通过能力不足的状况，促进了专业化和规模化的港口煤炭运输发展，保障了长江三角洲地区经济发展和居民生活的能源供应安全。

（2）湄洲湾煤炭码头

湄洲湾位于福建省泉州市和莆田市两地湾口交汇处，是与台湾海峡相距最近且最大的一个多泊位天然深水港口。国投湄洲湾煤炭码头是国家"北煤南运"战略的重要支撑项目，项目总体规划建设年吞吐量8000万吨的大型煤炭集配中心，其中煤炭卸船能力为5000万吨、煤炭装船能力为3000万吨。目前一期项目已建成投产，建成7万吨级、10万吨级卸船泊位码头各一个和66.3万平方米堆煤量为154万吨的煤炭堆场及相应配套设施。该码头自动化程度高，可通过皮带廊道为湄洲湾第二发电厂直接供煤，既节约成本又环保，实现煤电一体化，更好地为临港产业服务。国投湄洲湾煤炭码头区位优势明显，港口距离台湾较近，成为最经济、便捷的对台煤炭中转口岸。拥有完善的集疏运能力，可通过水路、铁路、公路转运。同罗源湾相比，通过铁路运输的运距可缩短约42公里，具有一定的优势。从进口煤来说，国投湄洲湾煤炭码头是北方煤炭的补充，从国外运来的煤炭将供给福建当地企业，并可经由铁路运往江西等地的用煤企业。待二期工程建设完成，便可以大力开拓湄洲湾地区煤炭"水水中转"和"铁 – 水"联运业务，与东南沿海、长江流域、台湾等地区进行煤炭联动，为福建省及周边地区经济社会发展提供稳定的能源保障。

（三）煤炭公路运输

我国煤炭公路运输具有悠长的历史，尤其是改革开放前 30 年，经济高速发展带动能源的巨大需求，而我国煤炭分布不平衡，加之当时的铁路建设发展滞后，铁路运力长期紧张的局势得不到缓解，港口建设及运行能力建设也比较缓慢，甚至一度通过公路进行大量的煤炭跨省调运，来满足经济发展的能源需求。内陆省区市煤炭一般通过铁路和公路运输，比如山西、陕西、内蒙古。就山西来说，不管是煤矿还是洗煤厂，都比较倾向于选择公路运输。沿海及港口省市一般偏向于铁路和水路运煤，但在改革开放前 30 年，由于煤炭铁路运力不足，大量的沿海及港口城市也不得不用公路运煤，甚至长期采用"公 – 水"联运的模式。但总体而言，由于运量小、运输成本较高、环境污染大，煤炭公路运输主要还是短途运输，除了少量专门建设用于连接煤炭坑口基地与运煤铁路专用线、港口、煤炭中转储备基地、国有公路的煤炭运输公路外，一般没有公路煤炭运输专用线这一说法，煤炭公路运输大部分是走国有公路。公路煤炭运输经过几十年的发展，运输工具车辆类型获得了多样化发展，按车辆轴承数划分有 2~6 轴数的车辆，同时车型也多种多样，有载货汽车、中置轴挂车、全挂汽车、铰接列车等多种车型，每辆汽车载重也从十几至几十吨不等，一般轴承数越多载重越多，公路运煤的车辆类型如表 12-9 所示。

改革开放的最近 10 年，一方面，四通八达的国家铁路网基本建成、多条铁路重载煤炭专用线的建设扩能，以及高铁大发展极大地补充和释放了铁路货运能力，我国铁路货运能力大大增强，煤炭铁路运力紧张状况基本解决。另一方面，煤炭港口建设以及水路运煤也得到长足发展，远距离大运量的"铁 – 水"联运大发展，公路运煤已经越来越少。此外，长期以来小运量、高成本、低环保的公路运煤带来的空气污染及环境保护问题越来越引起

表 12-9　公路运煤的车辆类型

轴数	车型	图例	总质量限值（吨）	轴数	车型	图例	总质量限值（吨）
2轴	载货汽车		18	5轴	铰接列车		43
3轴	中置轴挂车列车		27				42
	铰接列车				全挂汽车列车		43
	载货汽车		25				49
4轴	中置轴挂车列车		36				46
			35		中置轴挂车列车		49
	铰接列车		36				46
	全挂汽车列车			6轴			49
5轴	中置轴挂车列车		43		铰接列车		46
	铰接列车						49
							46
					全挂列车		49
							46

重视。大型运煤车辆公路运输，对空气质量造成较大影响，特别是以柴油为燃料的煤炭运输大货车，一辆大型货车尾气产生的污染相当于 200 多辆小汽车排放的尾气总量，且产生大量的扬尘。已有部分地区在进行公路运煤整治甚至取缔，沿海港口城市越来越偏向铁路和水路运煤。天津市以前每年经公路运输到达天津港的煤炭高达千万吨，过境运煤车辆高达百万辆次，这无疑会对环境产生较大影响。为此，天津市对煤炭运输方式进行调整，天津港禁止煤炭公路运输，港区环境也因此大变样。以前港区内来往穿梭的运煤车辆没了，汽运卸下的一堆堆小山高的煤炭不见了，取而代之的是一片片新种植的绿地。2017 年 5 月 1 日起天津煤炭全部实现铁路进港，天津港不再接收汽运煤炭进港。相关的港口企业及时对清空的场地以及进出道路进行了清扫、清洗，使得整体面貌焕然一新。天津港在禁止接收汽运煤炭进港的同时，市交通运输委和市环保局、市公安局联合发布通告，自 2017 年 6 月 1 日起，其他汽运煤炭车辆必须遵守本市载货汽车限行规定及载货汽车禁行标志。①

---

① 中国煤炭市场网，http://www.cctd.com.cn/list-40-1.html。

数据显示，2016 年环渤海港口天津港、黄骅港、曹妃甸港下水的汽运煤高达 7000 万吨，其中天津港煤炭汽运集港运量达 5654 万吨。[①] 预计将有大量原来依靠汽运集港的煤炭转为火车运输，有的将由张唐线运至唐山港口群下水，有的将由大秦线运至秦皇岛港下水，还有的将由黄万线运至天津港下水。据了解，天津港禁止汽运煤集港已经不是汽运煤第一次受到限制了。20 世纪 90 年代，由于"西煤东调"运煤铁路车皮紧张，优质煤紧俏，进入秦皇岛港、天津港的山西汽运煤大幅增加。而进入 21 世纪，受环保等因素影响，在秦皇岛港，汽运煤逐渐被禁止。汽运煤的兴衰背后与我国煤炭铁路运力及铁路煤炭运输长期存在的价高、低效、门槛高等问题的解决度直接相关，一些小电厂、小企业用煤选择汽运煤既是方便之举也是无奈之举。2014 年下半年随着公路运价和石油成本大幅下降，刺激了中小煤炭贸易商更多地选择汽运煤，从而推动汽运煤规模达到了较高的历史水平。然而公路运煤大增带来的环保问题、安全问题不容小觑。大型运煤车辆过境运输对空气质量影响较大，尤其是在国家对大气污染治理决心坚定的京津冀等地区，公路运煤受限必将成为趋势。综合煤炭运输的发展以及环保重拳砸向煤炭汽运环节，未来汽运煤受限可能会大面积展开。

（四）特殊煤炭运输通道——特高压输电线建设

我国 50% 以上的煤炭用于发电，煤电（也叫火电）占全国发电总量的 80% 以上。过去的很长一段时间内，我国主要采用运煤来解决当地电力的需求，后来随着特高压输电技术的发展，通过输电来满足电力需求的方式得到发展。运煤是指通过铁路、公路、水路把西部的煤炭运到能源需求地再转化成电能的方式；输电是指直接将煤炭就地发电转化成电能，再通过特高压输电线路和电网把电送到中东部等能源需求地。输电策略避免了运煤策略先要把煤装车，千里长途奔袭到达港口再装到大型煤炭轮船上，从水路运输到目

---

① 中国煤炭市场网，http://www.cctd.com.cn/show-40-165331-1.html。

的地港口，又再卸煤储存装上火车、汽车等运输工具转运到需求地火电厂发电的烦琐过程和高运输成本等一系列麻烦。特高压输电作为方便、快捷、高效的能源资源运输配置通道其优越性已经展露，成为煤炭运输方式的有效补充。

特高压输电代替铁路运煤的方案在我国得到了论证和建设。论证方面，国家电网多年来领导组织了多项特高压输电技术的论证咨询研究工作。2007年国家电网公司邀请国内政策研究、电网规划、煤炭、运输、水利、环保等专业领域的 13 家权威机构共同参与，完成了能源基地建设及电力中长期发展规划深化研究课题，系统论证了北方煤电基地大规模开发建设坑口电站及特高压输电线路的可行性。

工程建设方面。中国国家电网已累计建成"三交四直"特高压工程，包括：①晋东南—南阳—荆门 1000 千伏特高压交流试验示范工程；②淮南—浙北—上海 1000 千伏特高压交流工程；③浙北—福州 1000 千伏特高压交流工程；④向家坝—上海 ±800 千伏特高压直流工程；⑤锦屏—苏南 ±800 千伏特高压直流工程；⑥哈密南—郑州 ±800 千伏特高压直流工程；⑦溪洛渡左岸—浙江金华 ±800 千伏特高压直流工程。工程建设实践使特高压输电技术发展成熟。2016 年列入国家大气污染防治行动计划的"四交"特高压输电工程锡盟—山东、淮南—南京—上海、蒙西—天津南、榆横—潍坊工程的建设，将进一步促进内蒙古、山西、陕西等大型能源基地集约开发和电力外送，变运煤为输电，使西北部地区资源优势向经济优势转化，在保障电力可靠供应、服务经济社会发展、改善生态环境质量等方面发挥更大作用。特高压输电工程的建设为特高压输电积累了丰富的经验和技术储备，并能够有效调和我国火电、水电、风电资源的区域分布不均，风火水电共济。根据我国能源资源禀赋和"北煤南运"、"西煤东调"以及"西电东送"、"北电南供"的能源和电力流向，现已建成"晋东南—南阳—荆门""宁东—山东""哈密—郑州"三条主要运煤高压输电线，并能协调北部的风电和中西部的水电在季节高峰期的电力调度。下面主要介绍"晋东南—南阳—荆门""哈密—郑州"两条特高压输电线。

1. 晋东南—南阳—荆门1000千伏特高压交流输电工程

2006年8月该工程正式开建，2008年12月竣工运营，起点为山西省东南地区长治市，途经河南省南阳市，终点为湖北省荆门市，全长654公里，最高运行电压1100千伏。起点山西长治是煤炭（火电）富集区，终点湖北则为三峡水电外送的起点，是西电东送的重要通道、南北互供的电力枢纽、全国电网联网的中心，我国首条特高压输电线建设连接山西与湖北意在最大限度发挥电网资源调配作用。冬季枯水季节，湖北等地通过特高压接受北方火电输入，夏季丰水季节，又通过特高压将西南四川三峡等地富余水电送到华北电网，南北互济，水火交融，实现了电网资源的优化配置。据统计，2009年底与2010年初迎峰度冬时节，国家电网通过晋东南—南阳—荆门特高压输电线路，为湖北输送电能超过100万千瓦，相当于一个中等城市的用电量。该工程扩建完成后，线路年输送能力提高了一倍，从原来的250万千瓦增加到500万千瓦。每天最多可从山西向湖北输送电量1亿千瓦时。每年可减少电煤运输700余万吨，相当于"支援"了一个葛洲坝电站，有效缓解了湖北电网缺电状况。特高压输电水火互济的电力输送模式，不仅有效避免了丰水期的弃水问题，提高了清洁能源的利用率，水电输送至华北地区也降低了当地的电煤消耗，为华北平原的环境保护添了一份保障。作为世界首条1000千伏特高压交流工程，这条"电力高速路"在南北能源互济、环境生态保护、提高经济效益等方面发挥了重要作用。

2. 哈密—郑州特高压输电工程

新疆基地煤炭资源丰富，开采条件好，市场相对独立，以区内就地转化为主，少量外调。根据哈密—郑州和准东—华东等疆电外送通道建设和准东、伊犁煤炭深加工项目建设情况，新疆适度开发了配套大型、特大型一体化煤矿，满足电力外送用煤需要。哈密—郑州特高压直流工程，连接新疆哈密南部煤炭基地与河南省郑州市，途经甘肃、宁夏、陕西、山西等地，全长2210公里。哈密—郑州特高压输电线路于2014年建成投产，输电能力800万千瓦，每年输送电量480亿千瓦时（相当于运送煤炭2210万吨），在我国西部边疆与中原大地架起了一条"电力丝绸之路"。该工程是继宁东—山东 ±660 千伏直流输电线路之后"西电外运"的又一重要通道，承担着打捆外送新疆火电、风电的重要任务。特高压输电线路建设有利于促进我国西部能源的开发利用，实现煤电、水电、风电的集约化开发，提高能源开发和利用效率，实现经济和环保双重效益。

三　煤炭运输发展创新

改革开放 40 年来，煤炭运输已经不仅仅是单纯地完成煤炭运输调度的任务，还非常重视运输中转与煤炭资源的自然储备、应急储备相适应，合理布局建设大型煤炭储备基地，制定降低经济发展需要、自然灾害、突发事件影响的煤炭资源储备战略是解决煤炭应急管理和煤炭安全问题、保障国家能源安全的有效途径。煤炭应急储备基地是煤炭运输中重要的一环也是国家能源安全中重要的一环。我国根据煤炭供需分布及港口条件配合煤炭运输基础铁路建设，因地制宜地制定我国煤炭应急储备部署方针。在重要的铁路枢纽、条件适宜的港口以及电厂枢纽地区，遵循中转快速、辐射广泛、应急机动、成本低廉、污染甚小的原则，以政府统筹、市场运作的方式建设我国大型煤炭应急储备基地。同时煤炭中转应急储备基地作为发展配煤一条龙服务体系的重要组成部分，建成多个专业化大型煤炭储配基地和大型煤炭物流园区，在煤炭中转港口和主要集散地建设洗煤厂、配煤厂、信息化销售服务平台等设施，为用户稳定提供质量上乘、价格合理、清洁环保的煤炭资源。通过"铁－水"等多式联运方式送达全国各地。本节主要介绍大型煤炭储配基地、煤炭物流园区和"铁－水"联运的发展情况。

（一）大型煤炭储配基地

根据国家发展规划，依托煤炭陆路和水路运输通道条件，在沿海沿江主要港口和重要铁路枢纽以及煤炭主要生产地、消费地建立大型煤炭储配基地。

目前，我国已基本建成环渤海、长三角、山东半岛、珠三角、海西、中原、长株潭、北部湾、泛武汉、成渝、环鄱阳湖 11 个大型煤炭储配基地。[①] 其中，环渤海、山东半岛两个基地偏重配煤和煤炭下水能力建设；泛武汉、长株潭、中原、成渝、环鄱阳湖基地，偏重煤炭接卸、中转、储配能力建设，保障煤炭稳定供应；长三角、珠三角、海西、北部湾基地，偏重对港口煤炭接卸和配送能力建设。每个煤炭储配基地都建设有 1~7 个不等的物流园区，主要功能包括煤炭接卸、下水中转、应急储备、储配、辐射周边地区等，每个储配基地的具体物流园区和专业功能介绍如表 12-10 所示。

表 12-10　煤炭储配基地及其功能情况介绍

煤炭储配基地	序号	物流园区	功能
环渤海	1	锦州	煤炭接卸、中转、储配
	2	营口	煤炭接卸、中转、储配
	3	秦皇岛	晋陕蒙煤炭下水中转、应急储备、储配
	4	京唐港	晋陕蒙煤炭下水中转、储配，进口炼焦煤接卸
	5	曹妃甸	晋陕蒙煤炭下水中转、应急储备、储配
	6	天津	晋陕蒙煤炭下水中转、储配
	7	黄骅	晋陕蒙煤炭下水中转、应急储备、储配
山东半岛	8	青岛	晋陕蒙煤炭下水中转、储配
	9	日照	晋陕蒙煤炭下水中转、应急储备、储配
	10	龙口	煤炭接卸、中转、储配，辐射鲁东北等地区
长三角	11	宁波—舟山	煤炭接卸、中转、应急储备、储配，辐射沪浙等地区
	12	镇江	煤炭接卸、中转、储配，辐射苏沪等地区
	13	靖江	煤炭接卸、中转、储配，辐射苏沪等地区
	14	芜湖	煤炭下水中转、应急储备、储配，辐射皖苏沪等地区
海西	15	罗源湾	煤炭接卸、中转、应急储备、储配，辐射闽赣等地区
	16	莆田	煤炭接卸、中转、储配，辐射闽赣等地区

① 国家发展和改革委员会：《煤炭物流发展规划》，2013 年 12 月发布。

续表

煤炭储配基地	序号	物流园区	功能
珠三角	17	广州	煤炭接卸、中转、应急储备、储配，辐射粤湘赣等地区
	18	珠海	煤炭接卸、中转、应急储备、储配，辐射粤桂琼等地区
北部湾	19	防城港	煤炭接卸、中转、储配，辐射云贵桂黔等地区
	20	北海	煤炭接卸、中转、储配，辐射云贵桂黔等地区
中原	21	义马	煤炭中转、储配，辐射鄂豫皖等地区
	22	濮阳—鹤壁	煤炭中转、储配，辐射像皖鲁苏等地区
	23	南阳（内乡）	煤炭中转、储配，辐射豫鄂皖等地区
泛武汉	24	荆州	煤炭下水中转、储配，辐射鄂湘等地区
长株潭	25	岳阳	煤炭接卸、中转、储配，辐射鄂湘等地区
环鄱阳湖	26	九江	煤炭接卸、中转、应急储备、储配，辐射赣皖等地区
成渝	27	万州	煤炭下水中转、储配，辐射湘鄂赣等地区
	28	广元	煤炭中转、储配，辐射川渝等地区
	29	武威	煤炭中转、储配，辐射川渝、河西走廊等地区
	30	中卫	煤炭中转、储配，辐射宁川渝等地区

资料来源：国家发展和改革委员会《煤炭物流发展规划》，2013年12月发布。

（二）大型煤炭物流园区

煤炭物流园区一般包括七大系统工程：一是运输系统——铁路/港口系统，铁路/港口系统的功能是实现园区列车/轮船直达港口进行牵引、停泊及煤炭装卸堆场作业；二是包含洗煤厂、配煤厂及煤炭传送装卸在内的煤炭储备、洗选加工、数字化配煤及自动装车系统；三是煤炭运输公路网系统；四是煤炭市场化贸易服务的电子商务及信息化网络系统；五是煤炭皮带廊道运输系统；六是煤泥、煤矸石等煤炭次生品的深加工循环利用系统；七是园区供电、供水等其他配套设施项目。煤炭物流园区是一个全方位多功能集煤炭储备、配选、装卸、贸易、信息平台管理等功能为一体的煤炭物流集散地。我国已建成的大型煤炭物流园区包括秦皇岛、曹妃甸、锦州、京唐港、黄骅、日照、天津、青岛、宁波、舟山、龙口、镇江、芜湖、靖江、罗源湾、莆田、珠海、广州、防城港、北海、南阳、荆州、岳阳、九州、万州物流园区。

　　大型煤炭物流园区建设是健全煤炭市场交易体系，完善煤炭生产运输需求衔接机制的重要举措。煤炭物流园区建设有利于积极引导各类市场主体参与煤炭交易市场建设，加快建设区域性煤炭交易市场，培育多个全国性煤炭交易中心。完善煤炭交易市场运行机制，发展煤炭期货交易，创新煤炭金融服务，降低交易成本，优化煤炭资源配置，推动煤炭交易平台信息共享，形成跨区域和行业的智能物流信息服务平台。物流园区注重整合煤炭物流信息，致力于提供高效、集约、清洁、环保的煤炭物流服务，并与煤炭生产、运输及需求各方企业达成战略联盟实现动态整合集成的煤炭供应链网络，加快煤炭物流信息化建设，促进煤炭物流产业升级。积极推广采用先进物流技术装备，在主要运煤通道推广应用重载专用车辆及相关配套技术装备；采用节能环保技术，减少煤炭物流于消费过程各环节中的能耗和环境污染。研究制定煤炭产品、设备、物流技术、交易等相关标准，完善煤炭物流标准化体系，鼓励相关企业采用标准化物流装备设施、信息系统和作业流程等，提高煤炭物流标准化水平。

（三）"铁-水"联运合作发展

　　我国煤炭的供给很大程度上取决于整个煤炭运输系统的效率。"铁－水"联运作为重要的煤炭运输方式，是有效利用我国铁路、水路资源实现无缝衔接，合理调运煤炭资源的重要手段，对于解决煤炭运力瓶颈，缓解沿海城市煤炭供应不足具有重要意义。[①] 我国煤炭"铁－水"联运系统铁路段主要由煤炭三大通道铁路线组成，即前文介绍的铁路运输通道，主要煤炭运输铁路包括大秦线、神朔线、石太线、京九线等；水路段主要包括海运、江运（长江三口一枝、西江）和河运（京杭大运河）及各海江河港

---

　　① 李大海、赵鹏飞：《我国煤炭铁水联运现状和发展趋势分析》，《物流工程与管理》2015 年第 4 期。

口。长期以来，我国"铁－水"联运系统铁路段货运能力得到快速发展，国铁系统和铁路重载运煤专用线运能迅速发展，铁路运力不足基本得到解决。北方装船港煤炭码头的建设备受瞩目，建成了世界上最大的环渤海煤炭下水港，主要港口秦皇岛港、京唐港、黄骅港、天津港、日照港、青岛港、连云港港七个北方港口承担了全国绝大部分的煤炭发运量。我国主要的接卸港为东部沿海各省市港口群，主要包括上海港、宁波舟山港、苏州太仓港、广州港、珠海港等。从"铁－水"联运煤炭运输系统运输能力来看，铁路段运力建设已经完全能够胜任未来较长一段时间内的煤炭下水量需求。东部沿海煤炭接卸港的通过能力相对不足，还处于建设高峰期，是解决煤炭"铁－水"联运系统的瓶颈所在，也是未来煤炭运输通道的建设重点。

综合来看，"铁－水"联运在长距离大运量运输上具有得天独厚的优势，已经成为我国煤炭长距离运输的主要方式。"铁－水"联运模式基本上是由各大煤炭基地通过铁路将煤炭汇集到连接北方煤炭装船港的铁路线上直达港口，通过港口装船运往南方甚至是全国各接卸港和电厂码头等，形成"铁－水"联运的主要过程。下面以大秦线"铁－水"联运为例进行介绍。如图 12-6 大秦线"铁－水"联运所示，大秦线是连接大同和秦皇岛港的煤炭重载铁路运输专用线，除了本线的煤炭装车外，还从其他铁路支线接入蒙西、晋北、

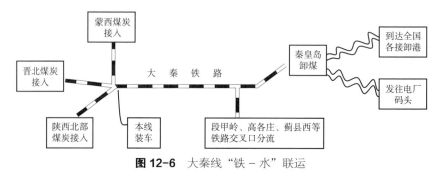

图 12-6 大秦线"铁－水"联运

资料来源：笔者绘制。

陕西北部等地的煤炭一起运往秦皇岛港装船发往全国各地的煤炭接卸港码头和电厂码头，中途与其他铁路线在段甲岭、高各庄、蓟县西等铁路交叉口进行煤炭铁路分流。

根据秦皇岛港股份有限公司统计，"铁－水"联运煤炭在秦皇岛装船后，即运往全国各个港口码头或者电厂码头，2016年，秦皇岛港煤炭到达目的港数量较多，共251个，煤炭主要流向南方沿海城市。统计排名前50位的港口或电厂码头主要包括广州、南京、江阴、北仑电厂、东莞海昌等。在主要港口中流向广州、南京、江阴的煤炭量最高，分别达到8244641吨、7064470吨、6611281吨；流向电厂码头的流量也不少，到达北仑电厂、温州电厂、台州第二电厂的煤炭量为6315430吨、3640259吨、3242121吨；排名前50位的港口或电厂码头的煤炭到达量都在70万吨以上。2016年秦皇岛港煤炭主要流向区域统计数据见图12-7。

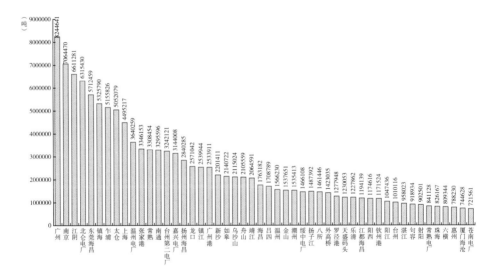

图 12-7　2016 年秦皇岛港煤炭主要流向区域统计数据

资料来源：赵谙博、侯贵宾、韩丽《秦皇岛港煤炭运输流向分析》，《港口科技》2017 年第 7 期。

四　总结与展望

我国以煤炭为主体能源的供应格局在未来很长一段时间内不会发生改变。随着我国经济持续平稳较快发展，未来煤炭需求总量仍将继续保持一定的增长，煤炭仍将是保障我国未来能源安全的基础能源。煤炭资源地理分布和我国能源高需求的逆向分布的特征，使煤炭地区间调运工作成为我国交通运输史上的一个重要课题。改革开放40年来，我国煤炭运输发展取得了巨大的成就。铁路、港口等煤炭运输通道建设已经较为完备；调度运输安排也基本形成体系；煤炭储备基地和大型煤炭物流园区的快速发展，一方面解决了煤炭的中转和应急之危，另一方面也促进了我国煤炭深加工、煤炭贸易、煤炭调运向科技化、网络化、信息化发展。总结我国煤炭运输40年发展历史，未来的发展展望总体上需要关注以下这些方面。

1. **加快铁路、水运通道及集疏运系统建设**

健全铁路直达和"铁－水"联运体系，加快煤炭运输铁路、水运、进出口通道建设，完善煤炭物流转运设施，实现铁路与港口码头煤炭运输无缝衔接，形成大运量方便快捷的煤炭运输通道网络及高效的集中疏散转运体系。注重加强煤炭运输管理体系建设，未来的煤炭运输基础设施建设方向应该从大规模兴建转为细致化完善，重视建设与管理一体化综合考虑。比如已有越来越多南方港口煤炭码头建设重视引入煤炭企业、电力企业、地方港口三方合资建港，这对后期煤炭港口管理、稳健的港口煤炭来源与去向，甚至港口赢利能力等都有比较好的把控，值得推广，有利于港口建设与管理一体化发展。

2. **逐步减少公路运煤的承担比例**

改革开放前30年，由于铁路煤炭运力不足，大量的沿海及港口城市不得不用公路运煤，甚至形成"公－水"联运的模式。经过几十年的发展，四通八达的国家铁路网初步建成、多条铁路重载煤炭的建设扩能，以及高铁大发展进一步释放铁路货运能力，我国铁路货运能力大大增强，煤炭铁路运力基本满足需求。此外，煤炭港口建设以及水路运煤也得到长足发展，远距离、大运量的"铁－水"联运蓬勃发展，使得我国公路煤炭运输逐渐减少。长远来看，小运量、高成本、低环保的公路运煤方式将越来越少，随着环境保护日益受到重视，预计将有越来越多的城市加入公路煤炭禁运的行列。煤炭运输向环保高效的方式转变。

3. 逐步发展特高压输电线路，充分调配利用水电风电

在西北部地区，重视能源资源开发与生态环境保护统筹发展，在大型煤炭基地实现能源就地转化，合理建设特高压输电线路，促进能源输送由运煤向输电方式转变。特高压输电线路要注重与水电、风电等清洁能源富集区的联通，形成水火共济、清洁能源外送的良好能源利用局面，减少弃水电、风电现象的发生，提高清洁能源的使用效率，促进环境健康持续发展。

4. 推进大型煤炭储配基地和物流园区建设，完善煤炭市场体系

进一步完善煤炭储配基地和物流园区布局，健全煤炭储配体系，实现煤炭精细化加工配送，优化煤炭物流网络。推广采用先进煤炭物流技术装备，加快电子商务、移动互联等先进技术在煤炭物流领域的应用，促进煤炭物流标准化信息化建设，提高煤炭物流专业化管理和服务水平。在煤炭主要生产地和集散地，建设区域性的煤炭交易市场，与煤炭生产、运输、需求企业形成煤炭战略联盟，形成产运需高度衔接的物流网络与稳定的市场。同时，深化煤炭产运需衔接制度改革，建立以全国性煤炭交易中心为主体，以区域性煤炭交易市场为补充，以信息技术为平台，政府宏观调控市场主体自由交易的煤炭市场体系。

索　引

A

安全水平　13

D

多式联运　13，23，316，317，374

多方式竞争合作　20

电气化改造　31，42，46

冻土技术　48

F

放松管制　125，127~130

法规体系　15，162，163，220

G

港口群　3，138，140，146，371，378

高速公路　8，9，19，62，64，65，66~76，82，87，304，324，327，333

干线公路　8，66~68，327

管理体制　14，15，18，24，124~126，129，131，132，159，160，183~187，303

高原铁路　46~48

高铁外交　60

国际航运中心　143~145，335

管道网络　206，219~221

H

行业垄断　130

宏观调控　21，24，131，308，381

海运贸易　134，136，142

J

交通强国　1，7

机场体系　3，11，95，337

兼并重组　125，129，158，313

经济核算体制　125

技术标准　54，69，71，72，77，152，
　178，180~185，233，250

K

快速交通网　19，257

空间布局　21，23，332，341

L

路网密度　21，28，73，78

旅游交通　320~329，331~342

M

码头泊位　11，134，138，141，364

煤炭运输专用线　358，366，369

N

农村公路　3，8，9，19，63，64，
　76~79，87，327

内河航道　3，10，11，19，165，166，
　168，169，174~177，189，304

能源运输通道　345

P

票价管制　128

R

人均基础设施　21

融资租赁　104，109，110，158，159

S

市场化　14，15，24，128，131，132，
　184，185，191，308，315，341，
　342，376

市场机制　21，24，128，132，159，
　184，185，229

市场份额　80，81，110，121，124，
　137，188，231，334

社会资本　15，67，254，255，267，
　278，281，283~287，315

社会物流总额　295，297~299

生态恢复　47，49

T

铁路体制改革　27，61

通用货车　33，50，59

体制改革　14，15，18，24，27，28，
　31，61，76，90，124，125，
　128~131，159，160，183，185，

187，254，255，314

投融资体制 135，254，255

X

信息化 13，18，20，21，136，139，177，256，300，301，310~312，326，328，329，345，361，374，376，377，380，381

Y

运输能力 7，13，16~18，20，21，23，43，52，79，81，84，124，141，142，166，177，184，187，188，190，191，193，220，228，235，254，303，361~366

运输服务通达性 14

运输效率 7，17，20，22，49，61，141，167，177，182，188，193，228，243，302，364

运输需求 6，21，23，170，188，190，220，303，352，377

Z

综合交通运输体系 1，4，15，16，18，19，24，27，241，303，304

政企分开 14，15，28，85，125，126，131

智能化 1，18，20，57，60，137，139，148，169，234，305

重载铁路 31，49~51，61，141，358，363，365，378

"走出去" 60，61，81，87，229，235，239，250~253

准入管制 127~129

自主知识产权 26，38，111，137，148，154，227，232，233，253，361

政策变迁 187

图书在版编目(CIP)数据

中国交通运输发展. 1978-2018 / 林晓言, 刘秀英著
. -- 北京：社会科学文献出版社, 2018.10
（改革开放研究丛书）
ISBN 978-7-5201-2864-3

Ⅰ.①中…　Ⅱ.①林…②刘…　Ⅲ.①交通运输发展
－中国－1978-2018　Ⅳ.①F512.3

中国版本图书馆CIP数据核字（2018）第119181号

·改革开放研究丛书·

中国交通运输发展（1978~2018）

丛书主编/　蔡　昉　李培林　谢寿光
著　　者/　林晓言　刘秀英

出 版 人/　谢寿光
项目统筹/　恽　薇
责任编辑/　冯咏梅　吴丽平

出　　　版/　社会科学文献出版社·经济与管理分社（010）59367226
　　　　　　地址：北京市北三环中路甲29号院华龙大厦　邮编：100029
　　　　　　网址：www.ssap.com.cn
发　　　行/　市场营销中心（010）59367081　59367018
印　　　装/　三河市东方印刷有限公司

规　　　格/　开　本：787mm×1092mm 1/16
　　　　　　印　张：25.25　字　数：368千字
版　　　次/　2018年10月第1版　2018年10月第1次印刷
书　　　号/　ISBN 978-7-5201-2864-3
定　　　价/　148.00元

本书如有印装质量问题，请与读者服务中心（010-59367028）联系